Heimatreise

AUF ZU DEUTSCHLANDS SCHÖNSTEN ZIELEN!

Heimatreise

AUF ZU DEUTSCHLANDS SCHÖNSTEN ZIELEN!

Inhalt

DER NORDEN

Wasser, Strand und schier endloser Himmel sind nur drei Charakteristika des weiten Nordens.

Nordfriesische Inseln | 8–23

Holsteinische Schweiz | 48–55

Rügen und Usedom | 56–69

Ostfriesland | 24–39

Mecklenburgische Seenplatte | 70–83

Lüneburger Heide und Wendland | 40–47

Nordfriesische Inseln

Offenes Meer und Watt, Strände und Marschen, beschauliche Dörfer wie gemalt: Die Nordfriesischen Inseln sind ein einzigartiges Küstenerlebnis.

Der Leuchtturm am Lister Ellenbogen auf Sylt schickt sein Licht weit über die Nordsee hinaus.

Urlaub auf den Inseln ist Balsam fürs Gemüt und Erholung pur. Schon auf der Fahrt übers Wattenmeer setzt ein Gefühl von Befreiung ein. Wie vom salzigen Seewind weggepustet, bleibt die hektische Betriebsamkeit des Alltags auf dem Festland zurück und immer näher rückt die faszinierende Welt der Nordfriesischen Inseln.

Eingerahmt von der ungestümen Nordsee im Westen und dem friedlichen Wattenmeer im Osten liegen Sylt, Föhr, Amrum, Pellworm und Nordstrand sowie die Halligen gegenüber der nordfriesischen Küste.

Urwüchsige Dünen, majestätische Kliffs – wie Sylts legendäres Rotes Kliff – und feinsandige Strände säumen die Inselküsten, Leuchttürme

schicken ihr Licht weit über das Meer hinaus und bieten den Schiffen sicheres Geleit. Schmucke Reetdachdörfer mit romantischen Bauerngärten wie das malerische Keitum auf Sylt oder Nieblum auf Föhr zeugen vom Wohlstand der Kapitäne früherer Jahrhunderte, blühende Heiden und fruchtbares Marschland bestimmen das Innere der Inseln. Weiße Tupfer vor grüner Landschaft unter weitem Himmel sind die zahllosen Schafe, die wichtigen Pfleger der kilometerlangen Deiche, die die Inseln gegen den „Blanken Hans", wie die Nordsee bei Sturmfluten genannt wird, schützen.

Das Meer mit seiner archaischen Kraft hat die Küstenlinie im Lauf der Jahrhunderte immer wieder verändert und geprägt; Sturmfluten

Nordfriesische ●
Inseln

Salzwiesen. Später verwandeln Strandnelken und Stechginster die Halligen in ein Blütenmeer, heiter wie der nordfriesische Sommer.

Mal stürmisch und wild, dann wieder sanft und spiegelglatt bis zum Horizont, zur Nordsee offen oder im Windschatten der Inseln als Wattenmeer – die See ist ein Lebensraum der Extreme. Alle sechs Stunden wechseln **Ebbe und Flut** einander ab, verändern Sand und Schlick das Watt. Wer hier überleben will, muss anpassungsfähig sein und mit diesen Bedingungen zurechtkommen. Der nordfriesische Küstenraum gehört zu den **wichtigen Kinderstuben der Nordsee** – Seehunde, Kegelrobben und Schweinswale tummeln sich im Wasser und unzählige Wasservögel bevölkern die Luft oder waten durchs Watt.

Durch die Abgeschiedenheit der Inseln konnte sich teils eine ganz eigene Kultur entwickeln. Dazu gehören beispielsweise die **friesische Sprache** und einzigartige **Inselkirchen** wie der „Friesendom" in Nieblum auf Föhr oder die

ließen neue Inseln entstehen, während alte verschwanden – wie die Insel Strand, aus der Pellworm und Nordstrand hervorgingen, oder das legendäre **Rungholt**, das „Atlantis des Nordens". Und die Inseln verändern sich kontinuierlich weiter: durch menschlichen Einfluss wie den Deichbau auf Pellworm und Nordstrand, der der Nordsee das Land abringt, vor allem aber durch den immerwährenden Zugriff des Meeres – besonders deutlich zu sehen an der sich verändernden Gestalt Sylts.

Weltweit einzigartig ist die **Wunderwelt der Halligen**. Ungeschützt vor der See liegen die zehn Inselchen Gröde-Appelland, Habel, Hamburger Hallig, Hooge, Norderoog, Nordmarsch-Langeneß, Nordstrandischmoor, Oland, Süderoog und Südfall vor der Westküste Schleswig-Holsteins praktisch als Wellenbrecher mitten in dem einzigartigen Lebensraum **Nationalpark Schleswig-Holsteinisches Wattenmeer**. Diese „amphibische Landschaft" ist im Wechsel der Gezeiten von Wasser bedeckt oder liegt frei. Im Winter heißt es oft „Land unter" auf den Halligen, im Frühjahr nisten Tausende Ringelgänse auf den

▶ TOPZIELE IN DER REGION

Natur, pittoreske Ortschaften und historische Architektur: Die Attraktionen der Nordfriesischen Inseln sind vielfältig.

KNIEPSAND

Amrums unendlich weit wirkende Sandkiste ist der größte Badestrand Europas. Auf dem Kniepsand kann man herrlich wandern und sich von Wind und Wetter zerzausen lassen. „Kniepen" heißt auf Plattdeutsch „kneifen" – und das macht der Sand auf Amrum bei einer steifen Brise tatsächlich. → S. 11

OLAND

Auf der schönsten Hallig leben Einheimische und Gäste auf der einzigen Warft des Inselchens wie in einem Dorf. Die Warft, eine von Menschen geschaffene Erhöhung, auf der die Häuser stehen, schützt die Bewohner wie früher bei Sturmflut. → S. 13

ROTES KLIFF

Das berühmte Kliff zeigt bei einem glutroten Sonnenuntergang seine

ganze Schönheit, denn dann funkelt es in allen erdenklichen Farbschattierungen, die es zu einem atemberaubenden Naturschauspiel machen. In seiner Nähe befindet sich auch die höchste Erhebung Sylts, die Uwe-Düne. → S. 14

KEITUM

Verschlungene Wege führen durch das hübsche Dorf auf Sylt, an alten Kapitänshäusern, schicken Boutiquen und Werkstätten von Töpfern und Goldschmieden vorbei. Üppige Kastanien erheben ihre mächtigen Kronen über den Reetdächern, als wollten sie die alten Häuser vor allen Wettern schützen. → S. 18

ST. SALVATOR

Die Turmruine ist das Wahrzeichen Pellworms und bei guter Sicht auch von Amrum aus zu erkennen. Eine Attraktion ist die einzige in Schleswig-Holstein noch erhaltene Arp-Schnitger-Orgel, Zeugnis der Kunst des norddeutschen Orgelbaumeisters. → S. 18

„sprechenden Grabsteine", die in Stein gemeißelt ganze Geschichten erzählen. Und Traditionen werden hier nicht einfach inszeniert, sondern gelebt. Biikebrennen statt Osterfeuer, Söl'ring statt Hochdeutsch, Ringreiten, Rummelpott und Trachtentanz: Ob Jung oder Alt, bei den Bewohnern der Nordfriesischen Inseln steht das **überlieferte Brauchtum** unverändert hoch im Kurs.

Die Welt der Nordfriesischen Inseln nahm zu jeder Zeit Menschen gefangen, Künstler wie **Emil Nolde** und Dichter wie **Theodor Storm** fanden hier Inspiration. Jede Jahreszeit, jeder Tag besitzt eine ganz eigene Atmosphäre. Mal kräftiger Wind, ohrenbetäubende Brandung, starker Geruch nach Salz und Seetang, mal spiegelglatte See, stille Luft, Duft von Dünenrosen, Heide und Sanddorn – und immer gellen die Schreie der Möwen in der Luft.

Ganz richtig ist man auf dem Holzweg in den Dünen, wie hier auf Sylt. Die Holzstege sollten nicht verlassen werden, um die sensible Dünenflora zu schützen.

Geest, Dünen, Marsch

Die Nordfriesischen Inseln sind in ihrem Erscheinungsbild erdgeschichtlich eine noch relativ junge Landschaft, deren geografische Gestalt nach wie vor ständigen Veränderungen unterworfen ist.

Geesten

„Geest" ist abgeleitet vom niederdeutschen Wort „gest" mit der Bedeutung „trocken". Soweit man heute weiß, hat sich der Geestkern der Inseln im Rahmen der Eiszeiten, namentlich der Saale-Eiszeit (180 000–120 000 v. Chr.), entwickelt. Gletscher haben gewaltige Geröllmassen aus dem skandinavischen Raum vor sich hergeschoben und als sogenannte Endmoränen hier aufgetürmt und abgelagert. Aus diesen Ablagerungen besteht der Geestkern der heutigen Inseln. Das **Rote Kliff** auf Sylt und das **Goting-Kliff** auf Föhr sind in dieser Zeit entstanden, das **Morsum-Kliff** bereits im Rahmen einer früheren Eiszeit. Das Rote Kliff ist ein besonders sehenswertes Eiszeitrelikt – 4 km lang und 35 m hoch ragt es fast senkrecht an der Westküste Sylts auf und gibt den Blick auf die Moräne der Saale-Eiszeit frei. Durch Wasserunterspülungen und anschließende Abbrüche ist die geologische Struktur, die normalerweise mit Lehm überdeckt ist, deutlich zu sehen.

Am Ende der Eiszeiten (um 10 000 v. Chr.) lag der Meeresspiegel vermutlich 50 m tiefer als heute, der Küstenstreifen verlief wesentlich weiter westlich. England, die heutigen Niederlande und Norddeutschland bildeten eine **zusammenhängende Landmasse**, der Bereich der heutigen Nordfriesischen Inseln war Festland. Durch das Abschmelzen der Gletscher stieg der Meeresspiegel jedoch ständig an.

Um 3000 v. Chr. drang das Wasser wohl erstmals bis in den heutigen Küstenbereich vor. Eine amphibische, von Wasserrinnen (Prielen) durchzogene Landschaft entstand, die hin und wieder überflutet war und dann wieder trockenlag. Aus diesem **Wattenbereich** ragten die erhöhten Geestkerne als **kleine Inseln** heraus, auf denen sich Heide, Wälder, Wiesen und Moore bildeten.

Dünenlandschaft

Wie und wann es zur **Bildung von Dünen** kam, ist bis heute nicht geklärt. Einige Forscher glauben, dass sich westlich der Inseln Sandbänke oder trockene Böden befanden, von denen Sand mit den vorherrschenden Westwinden nach Osten auf die höher gelegenen Geestkerne geweht wurde. Andere meinen, dass dem heutigen Inselbereich vorgelagerte Sandansammlungen per Strömung nach Osten transportiert wurden, sich an die Geestkerne anlagerten, trockneten und als Wanderdünen auf die Landflächen vordrangen, wo sie landwirtschaftlich genutzte Böden und

ganze Dörfer unter sich begruben. Als relativ sicher gilt, dass die Entstehungszeit um 1000 n. Chr. oder sogar einige Jahrhunderte später gelegen haben muss.

Keine Düne, sondern ein besonders sehenswerter Strand ist der sogenannte **Kniepsand** auf der Insel Amrum. Er erstreckt sich zur offenen Nordsee hin auf einer Länge von 15 km und einer Breite bis zu 1,5 km. Damit macht er allein ein Drittel der gesamten Inselfläche aus. Er umgibt die gesamte Westseite Amrums und bietet so einen natürlichen Inselschutz gegen die See. Ursprünglich gehörte der Kniepsand gar nicht zu Amrum, sondern war der Insel als Sandbank vorgelagert. Erst in der ersten Hälfte des 20. Jhs. rückte diese in ihrer gesamten Länge direkt an die Insel heran.

Marschen

Eine gänzlich andere Entstehungsgeschichte hat das **Marschland**. Im Verlauf der Jahrhunderte kommt es auf natürliche Weise zur Bildung von neuem Land durch Aufschlickung. Dabei spielt die Salzwasserflora eine entscheidende Rolle. Eine der Pflanzen, die Schlickpartikel anlagern und durch ihre Wurzeln den Boden festigen, ist der Queller, der an der Hochwasserlinie wächst, also in einem Gebiet, das zeitweilig von Wasser überflutet ist. Durch die Schlickansammlung erhöht sich der Boden allmählich und wird nur noch in Ausnahmefällen, etwa bei Sturmfluten, überspült. Mit **Eindeichungen** und Entwässerun-

gen entsalzt man den Bereich und erhält mit der Zeit fruchtbare Ackerböden. Künstlich kann man den Prozess der **Landneubildung** fördern, indem man niedrige Lahnungen aus Buschwerk anlegt, die die Strömung des Wassers abschwächen und ebenfalls Schlicke ansammeln. Auf den Inseln sieht man mehrere solcher in das Meer gebauter Dämme, die heute allerdings eher dem Küstenschutz dienen.

Sturmfluten

Der „Blanke Hans" – so wird die Nordsee bei Sturmflut genannt – war im Lauf der Jahrhunderte und Jahrtausende eine Hauptursache für eine **ständige Verlagerung der Küstenlinie**. Schon im 14. Jh. haben zwei katastrophale Fluten innerhalb von nur zwölf Jahren Küste und Inseln nachhaltig verändert: Ganze Dörfer und Inseln verschwanden, andere Inseln wurden auseinandergerissen.

Eine grundlegende Veränderung des Küstenbereichs brachte die Sturmflut von 1362, als sich unter der Gewalt der Wassermassen die Form der heutigen Inseln herausbildete. Ernsthafte Gefahren für Mensch und Natur entstehen durch den Einfluss des Windes auf die Wasserstände, wenn starke Stürme über dem Atlantik vermehrt Wasser durch den Ärmelkanal in die Nordsee drücken. Beson-

Sprichwörtlich großartig in seinen Ausmaßen ist der wunderschöne Kniepsand auf Amrum, der sich hinter den Dünen erstreckt.

WUSSTEN SIE, ...

... dass man bei Ebbe die Entfernung zwischen Föhr und Amrum zu Fuß zurücklegen kann? Auf geführten Wanderungen durch das einzigartige Watt geht es vorbei an versunkenen Hügelgräbern und Muschelbänken.

ders gefährlich sind anhaltend starke Nordwestwinde, die große Wassermassen in die breiten Flussmündungen der Deutschen Bucht pressen. Sturmfluten von ungeheuren Ausmaßen können so entstehen, die sogar das rund 80 Flusskilometer landeinwärts liegende Hamburg gefährden. Sturmfluten haben auch im 20. Jh. zahlreiche Menschenleben gefordert: 1976, 1981, 1994, 1999 und 2007 wurden die höchsten Nordsee-Pegelstände seit Menschengedenken erreicht. Die als „Grote Mandränke" („großes Ertrinken") bezeichnete Flut von 1362 soll fast 200 000 Menschenleben gekostet haben.

Eine Tour zum Morsum-Kliff gewährt einen Einblick in die Entstehungsgeschichte Sylts – vielleicht betrachtet man ja nicht nur die Landschaft, sondern erspäht sogar Fossilien?

Pellworm und Nordstrand

Die Marscheninsel **Pellworm** entstand erst mit der großen Oktoberflut, der Burchardiflut, die als zweite „Grote Mandränke" gilt. In der Nacht des 11. auf den 12. Oktober 1634 war damals die alte Insel Strand auseinandergebrochen. Ihr Westteil, der damals bereits Pellworm hieß, wurde zur eigenen Insel – wie auch **Nordstrand**, das schon seit 1907 durch einen 3 km langen Straßendamm mit dem Festland verbunden ist und damit streng genommen seither keine Insel mehr ist.

Menschengemacht

Die heutige geschützte Lage gen Norden im Windschatten von Amrum und Föhr und die Gestalt von Pellworm und Nordstrand wären ohne menschlichen Eingriff nicht denkbar. Nach und nach wurden einzelne **Köge**, d. h. tief liegendes, landwirtschaftlich nutzbares Marschland, **eingedeicht**. Durch die Köge fließen **Entwässerungsgräben**, da das Regenwasser aufgrund der kompletten Eindeichung nicht von selbst abfließen kann.

Als Schutz vor weiterem Landverlust durch starke Sturmfluten umgibt heute ein je 8 m hoher und 28 km langer **Außendeich** beide Inseln.

Bis in die Gegenwart hat sich Nordstrand durch Neueindeichungen immer wieder verändert. Es wird seinen Inselcharakter mehr und mehr verlieren, denn in den 1980er-Jahren wurde die Nordstrander Bucht aus Küstenschutzgründen eingedeicht. Der neue, der **Beltringharder Koog**, Schleswig-Holsteins größtes Naturschutzgebiet (33,5 km²), verbindet Nordstrand in einer Breite von fast 9 km mit dem Festland. Die Halbinsel hat ihre jetzige Form also erst in allerjüngster Zeit erhalten.

Morsum-Kliff

Das rund 20 m hohe Morsum-Kliff auf Sylt, wegen seiner Farbigkeit auch „Buntes Kliff" genannt, steht wegen seiner **geologischen Bedeutung** seit 1923 unter Naturschutz. Seine Entstehungsgeschichte unterscheidet sich grundsätzlich von derjenigen der anderen Kliffs auf Sylt. Sedimente, die normalerweise in 100 m Tiefe liegen, wurden durch Druck und Schub von Eisgletschern an die Oberfläche befördert und schräg gestellt. Drei Schichten sind auszumachen – als älteste: ursprünglich schwarzer Glimmerton aus dem **Miozän** (etwa 6 bis 7 Mio. Jahre), der sich auf dem Grund eines warmen Meeres ablagerte. In den nachfolgenden Jahrmillionen änderten sich offensichtlich die Verhältnisse, das tiefe Meer wurde zu einem flachen Gewässer. Es lagerte sich vor ca. 4 bis 5 Mio. Jahren Limonitsandstein ab, eine durch hohen Eisenanteil rötlich gefärbte Schicht. Darüber floss vor 2 bis 4 Mio. Jahren noch ein gewaltiger Fluss hinweg, der den weißen Kaolinsand hinterließ. Limonitsandstein und Kaolinsand stammen aus dem **Pliozän**.

Diese Millionen Jahre währenden Ablagerungen lägen normalerweise tief im Erdinnern verborgen, geschichtet wie ein Baumkuchen, wenn vor 120 000 Jahren die Schichten nicht durch den Druck eines gewaltigen **Gletschers** an die Oberfläche gelangt wäre. Das Morsum-Kliff

Halligen – Relikte des Festlands

Sie liegen im Wattenmeer vor der Westküste Schleswig-Holsteins zwischen der Halbinsel Eiderstedt im Süden und den Inseln Amrum und Föhr im Norden. „Schwimmende Träume" hat Theodor Storm die **zehn nicht eingedeichten Inselchen** genannt. Sie umfassen insgesamt 2282 ha und zählen rund 270 Einwohner. Gröde-Appelland, Habel, Hamburger Hallig, Hooge, Norderoog, Nordmarsch-Langeneß, Nordstrandischmoor, Oland, Süderoog und Südfall entstanden bei der Ersten Marcellusflut (1362) und sind Relikte des Festlands, das einst viel weiter nach Westen reichte. Während das Meer immer weiter landeinwärts vordrang, blieben die Inseln stehen.

„Land unter" heißt es auf den Halligen etwa 40-mal im Jahr. Trotz dieser Bedingungen ist man wegen der Küstenschutzfunktion daran interessiert, dass die Inseln bewohnt bleiben und bewirtschaftet werden. Die Häuser stehen auf künstlich aufgeworfenen Hügeln, sogenannten **Warften**, die auch bei starken Fluten noch aus dem Meer herausragen. Das Dach der Häuser ruht auf einer fest im Boden verankerten Ständerkonstruktion, die selbst dann noch stehen bleibt, wenn die Mauern vom Wasser eingedrückt werden, und das Dach einigermaßen sicher trägt. So konnten die Bewohner bei Sturm-

fluten auf den Dachboden fliehen. Heute werden auch flutsichere Schutzräume aus Beton im Giebel eingerichtet. Sogenannte Fethinge (Süßwasserbrunnen) versorgten die Bewohner früher mit Wasser, heute gibt es Trinkwasserleitungen.

Seit den 1950er-Jahren haben Hooge, Langeneß und Oland Strom, Gröde erhielt dagegen erst Mitte der 1970er-Jahre Elektrizität. Für die wenigen Kinder wurden eigene Grundschulen auf den Halligen eingerichtet. Zur weiterführenden Schule müssen sie allerdings hinüber auf eine der Inseln. Norderoog und Habel sind unbewohnt; lediglich in den Sommermonaten leben hier Vogelwarte des Naturschutzvereins Jordsand.

Auf der hübschen **Hallig Oland** (ca. 1 km²) stehen auf der einzigen Warft 15 Häuser, der einzige reetgedeckte Leuchtturm Europas sowie eine Kirche aus der ersten Hälfte des 19. Jhs. anstelle zweier Vorgängerkirchen. Sehenswert sind ein romanisches Taufbecken und ein spätgotisches Kruzifix. Auch der Halligfriedhof lohnt einen Besuch.

Eine Erklärung für den Ursprung der Bezeichnung „Hallig" für die Inselchen weist übrigens auf die früher praktizierte Salzsiederei hin.

Kleines Bild: Briefe und Pakete bringt der Postschiffer auf die Halligen. Fiede Nissen, eine Legende unter den Postschiffern, tat seinen Dienst fast 37 Jahre lang.

Großes Bild: Pricken, im Meeresboden befestigte Birken, weisen den Weg in Olands kleinen Hafen.

FAKTEN

Erst im frühen 20. Jh. wurde die besondere Bedeutung der Halligen als Wellenbrecher für die Festlandsmarschen erkannt. Hunderte norwegische Findlinge schützen daher seit den 1960er-Jahren als „Igel" die insgesamt 52 km lange Hallig-Küste, die daher kaum noch ihre Gestalt und Größe verändert.

Fossile Krabbe aus dem obermiozänen Glimmerton des Morsumer Kliffs

Erosion und Erosionsschutz sind am Roten Kliff bei Kampen auf Sylt besonders eindrucksvoll zu erkennen.

ist der **einzige Ort in Deutschland**, an dem die Grenzschichten zwischen **Miozän** und **Pliozän** zutage treten.

Gleichzeitig stehen weite Bereiche des Geländes unter Denkmalschutz, denn hier findet sich eine der am besten erhaltenen **prähistorischen Kulturlandschaften** Schleswig-Holsteins. Auf engem Raum wurden Siedlungsspuren aus der Stein-, Bronze-, Wikinger- und Römerzeit nachgewiesen.

Im **Sylter Heimatmuseum** in Keitum sind Fossilien aus den Schichten des Morsum-Kliffs erhalten, die der Sylter Heimatforscher Christian Peter Hansen gesammelt hat. Die Schutzstation Wattenmeer „Morsum Kliff" bietet auf einer Schautafel Informationen zur Fauna und Flora und zur Geologie. Zwei gut markierte Wanderwege führen durch bzw. um das Naturschutzgebiet.

Insel im Wandel

Das berühmte **Rote Kliff** erstreckt sich bis zu 30 m hoch und nahezu 4,5 km lang vom Norden Westerlands bis zum Kliffende bei Kampen. Durch Wasserunterspülungen und anschließende Abbrüche ist die geologische Struktur, die normalerweise mit Lehm überdeckt ist, deutlich zu sehen. Bei Sonnenuntergang leuchtet das Kliff glutrot und macht seinem Namen alle Ehre. Doch das Rote Kliff bröckelt. In Kampen bricht die Nordsee große Stücke aus dem alten Kern der Insel. Bei Westerland greifen die Wellen die Vordünen an. An der Südspitze bei Hörnum beträgt der Landverlust nach jeder Sturmflut bis zu 50 m. Die Küstenlinie Nordfrieslands hat sich unter dem nagenden Einfluss der Nordsee immer weiter nach Osten verlagert und Sylt ist aufgrund seiner Lage und Gestalt am meisten gefährdet.

Wie sehr die Nordsee seit Jahrhunderten die Insel immer wieder verändert, zeigt sich besonders gut in **Wenningstedt**, das vor 1000 Jahren noch 2 km weiter westlich lag. Der damalige Ort Wendingstadt galt als größter Hafen der Insel. Bei der „Groten Mandränke" 1362 wurden Ort und Hafen von den Wellen verschluckt, ebenso Listum im Norden.

Ein bekanntes Beispiel für Veränderungen der Sylter Küstenlinie in der jüngeren Vergangenheit ist das **Haus Kliffende** in Kampen. Das reetgedeckte Anwesen, in dem Thomas Mann 1927 noch 50 m vom Strand entfernt nächtigte, steht seit einem starken Sturm im Jahr 1999 gefährlich nah an der Kliffkante.

Sand für den Küstenschutz

Als Schutzmaßnahme gegen den Landraub durch den Blanken Hans wurden daher im 19. Jh. erste **Holzpfahlbuhnen** rechtwinklig zur Küste in die See gebaut, später durch Buhnen aus Metall und Beton abgelöst. Diese Maßnahme bewährte sich jedoch nicht, die Buhnen wurden schließlich abgetragen. Auch Betonelementen, sogenannten **Tetrapoden**, gelang es nicht, die Meeresgewalt zu stoppen. Mit bis zu 6 t Gewicht waren sie schlicht zu schwer für den Sylter Strand und versanken langsam im Sand. Mitte 2005 wurden die Vierfüßler aus Beton daher wieder entfernt. Starre Bauwerke, so zeigen die Erfahrungen, sind aufgrund der hohen Wellenenergie zum Schutz von Sylt nicht geeignet. Die wirksamste Maßnahme sind **flexible Sandvorspülungen**. Seit den 1980er-Jahren pumpt eine dänische Firma mit Saugbaggerschiffen, sogenannten Hopperbaggern, aus 15 m Tiefe Millionen Tonnen an Sand und verteilt ihn mit Bulldozern vor der Westküste. Bei der nächsten Sturmflut wird nur der vorgespülte Sand geraubt, nicht jedoch die eigentliche Küstenlinie Sylts verändert. Im Winter wird der Sand mit Baggerschiffen aus der Fahrrinne zum Fähranleger Wittdün entnommen und mit vielen Spülleitungen vor der Süd- und Westküste der Insel verteilt – jedes Jahr werden etwa 1 Mio. m³ Sand vor Sylt aufgespült. Knapp 50 Mio. m³ Sand wurden seit 1972 insgesamt aus dem Meer gesaugt, aufgeschüttet – und wieder weggewaschen.

Pflanzen geben Halt

Der oft nährstoffarme und erosionsgefährdete Sandboden lässt nur wenige Pflanzen gedeihen. Hierzu zählt die klassische **Dünenvegetation** mit Strandmiere, Kalisalzkraut und Meersenf sowie der Strandquecke, die mit ihren langen Wurzeln sehr zur Bodenbefestigung beiträgt. Eine ähnliche Funktion erfüllen **Strandhafer und -roggen**. Die langen Stängel des Strandhafers besitzen bis zu 1 m hohe, weißlich-grüne, steif eingerollte Blätter und dichte gelbe Ähren. Er zieht sich in großen Feldern über die Dünenkuppe und trägt zu deren Stabilität genauso bei wie der Strand-

roggen mit seinen weit verzweigten, langen Wurzeln. Außerdem wächst hier die **Stranddistel**, auch Seemannstreu genannt: eine 15 bis 50 cm hohe Edeldistel mit dornig-gezähnten, blaugrünen Blättern und grünlicher Blüte. Stängel und Blätter sind meist weiß bereift. Erst dort, wo die Düne nicht mehr so stark durch Windeinflüsse gefährdet ist, kann sich eine dünne **Humusschicht** bilden. Sie bietet die Lebensgrundlage für die **Sandsegge**, das Silbergras oder das Bergsandglöckchen. Die Sandsegge verfügt über unterirdisch kriechende Wurzelstöcke mit einer Länge von bis zu 10 m, die in regelmäßigen Abständen Ableger hervorbringen; daher wird sie im Volksmund „Nähmaschine Gottes" genannt. Im Volksglauben symbolisiert die vom Aussterben bedrohte Pflanze Heimweh und Treue. Charakteristische Dünenpflanzen sind auch die **Kriechweide**, die **Krähenbeere** und die weiß blühende **Dünenrose**.

Salzresistenz

Sammelt sich durch diese dichtere Pflanzenschicht mehr Humus an, können sich z. B. die **Krähenbeere**, verschiedene **Heidearten** oder der **Sumpfbärlapp** ansiedeln. Flächen, die den Deichen vorgelagert sind und deshalb bei höherem Wasserstand vom Meer überspült werden, weisen eine spezifische, **salzresistente Vegetation** auf. Diese ist vor allem dort zu finden, wo sich

Im Kampf gegen Wind und Wellen dienen Deiche seit Jahrhunderten dem Küstenschutz wie hier in Keitum auf Sylt.

Eine typische Pflanze der Dünenlandschaften ist die sonnenliebende Dünenrose.

WUSSTEN SIE, ...

... dass Amrum mit 200 ha die waldreichste deutsche Nordseeinsel ist? Die Brennholzbeschaffungsmaßnahmen bescherten „Oomram", wie es auf Friesisch heißt, nach dem Zweiten Weltkrieg eine umfangreiche Aufforstung.

Auf Sandbänken, wie hier des Norderoogsands westlich von Pellworm, dösen Seehunde gern vor sich hin. Im Sommer bringen sie hier auch ihre Jungen zur Welt.

strömungsbedingte Ablagerungen ansammeln. Die an Salz angepassten Pflanzen befestigen den Boden, tragen wesentlich zur allmählichen **Landgewinnung** bei und profitieren von den vielen Nährstoffen ihres Lebensraums, die bei jeder Flut erneut angeschwemmt werden. Durch Landgewinnung und Eindeichungen werden diese Salzwiesen jedoch immer wieder gefährdet. In häufig überfluteten Bereichen wachsen der **Queller** oder das **Schlickgras**, die beide wasserspeichernde Eigenschaften haben. In seltener überfluteten Bereichen gedeiht **Andel** oder der **Strandwermut**, der das Salz über seine behaarten Blätter ausscheidet. Besonders faszinierend sind die **Blütenpflanzen** der Salzwiesen wie Strandkamille, -aster, -grasnelke oder -flieder, allesamt Überlebenskünstler.

Seehunde und Schweinswale

Besonders beliebt bei den Besuchern der Nordfriesischen Inseln sind vor allem die **Seehunde** und die selteneren **Kegelrobben**, die wegen ihrer kegelförmigen Zähne so heißen. Sie bevorzugen die Sandbänke und die flachen Wasser der Küste.

Vor allem an der Küste vor Schleswig-Holstein finden sie neben einer guten Nahrungsgrundlage – Krabben und Fische – abgelegene und ruhige Sandbänke. Auf diesen liegen sie am liebsten. Man kann sie in der Nähe von Pellworm sehen und auf den Bänken zwischen Sylt und Rømø sowie zwischen Sylt und Amrum.

Junge Seehunde werden nach einer Tragezeit von elf Monaten geboren. Unter den Welpen gibt es immer wieder ein paar Heuler – sie haben ihre Mutter verloren und jaulen laut, um von ihr gefunden zu werden. Gelingt dies nicht, werden sie in den **Seehundstationen** von Friedrichskoog und Norddeich so lange aufgepäppelt, bis sie sich selbst versorgen können.

Steigend ist auch der Bestand der einst fast ausgerotteten **Kegelrobben**, die im Wattenmeer rasten, z. B. auf dem Jungnamensand vor der Odde auf Amrum, ihr Fell wechseln und den Nachwuchs aufziehen.

Kleine Meeressäuger

Vor Sylt und Amrum liegt die Kinderstube einer der kleinsten Walarten, nämlich die der zu den Zahnwalen gehörenden **Schweinswale**: Nach einer Tragezeit von elf Monaten wird der Nachwuchs im Juni oder Juli hier geboren und anschließend vier bis acht Monate gesäugt. Mit etwas Glück kann man die mit Delfinen verwandten Meeressäuger sichten. Gut zu erkennen sind sie an ihrer dreieckigen Rückenfinne.

▶ SCHÄTZE DER NATUR

Lister Wanderdüne
Besonders imposant ist die große Wanderdüne im größten Dünengebiet Sylts am Mannemorsumtal, das in einem Naturschutzgebiet im Norden der Insel liegt. Der ca. 30 m hohe und 1 km lange Sandberg wird von dem kräftigen Westwind immer weiter, pro Jahr bis zu 10 m, gen Osten getrieben. Die Lister Wanderdüne ist die einzige an der gesamten deutschen Nordseeküste.

Schwalben und Schnepfen

Seeschwalben, von denen man an der Nordsee vor allem die Fluss- und Küstenseeschwalben antrifft, nisten vorzugsweise auf Sandbänken und in Dünentälern. An die 1000 Brutpaare kommen jedes Jahr auf die Hallig Norderoog, vor 30 Jahren waren es noch mehrere Tausend. Seeschwalben legen Flüge bis zu 20 000 km zurück, um im Mai/Juni auf den Inseln zu brüten, wo sie im Watt ausreichend Nahrung zur Aufzucht der Jungen finden. Ende August ziehen sie über den Süden Afrikas bis in die Antarktis zurück. Ständige Begleiter auf den Inseln sind die **Möwen**: Silbermöwen mit dem charakteristischen roten Fleck am gelben Schnabel, die kleinere und dunklere Heringsmöwe, Lachmöwen mit braunem Kopf bzw. dunklem Fleck am Hinterkopf und Sturmmöwen mit grünlich-gelbem Schnabel und ebensolchen Beinen. Der **Austernfischer** ist an seinem typischen Ruf, dem wohl lautesten und auffälligsten an der Wattseite, und am roten Schnabel zu erkennen. Er findet seine Nahrung vorzugsweise im Wattboden.

Aufgeregt, laut und gezogen ist der Ruf des **Kiebitzes**, der sich in den Marschwiesen und auf der Wattseite der Inseln tummelt. Zu erkennen ist er an seinem typischen Schopf am Hinterkopf und seinem schwarz-weißen Gefieder. Der **Rotschenkel** – wie der Name verrät, hat er rote Beine – lebt ebenfalls in den Watt- und Marschwiesen. Unverwechselbar ist die **Uferschnepfe** mit ihrem sehr langen und schmalen braunen Schnabel, mit dem sie den Boden nach Essbarem durchsucht. Ihr kräftiger Ruf ist charakteristisch für die Wattregionen und die deichnahen Wiesen.

Schafe als Deichpfleger

Das ganze Jahr hindurch sind sie weiße Tupfer in der grünen Landschaft: die Schafe und Lämmer, die auf den Nordseedeichen weiden.

Bis heute sind Schafe auf den Inseln und im küstennahen Festland ein wichtiger **landwirtschaftlicher Faktor**. In Nordfriesland gehörten sie wahrscheinlich von Anfang an zu den Nutztieren. Doch erst vor etwa 100 Jahren erkannte man ihren Vorteil für die Deichpflege und damit auch für den **Küstenschutz**. Vom Frühjahr bis in den Herbst übernehmen die Tiere im Vordeichland die Aufgabe eines „Rasenmähers" und halten das Gras kurz. Gleichzeitig treten die Schafe das Wurzelwerk der Begrünung fest, verdichten den Boden und düngen ihn mit ihrem Kot.

Delikatesse von der Salzwiese

Die würzigen Salzgräser auf den Deichen und Weiden sind für die Schafe die reinste Delikatesse – und verleihen Nordfrieslands Nationalgericht seinen unvergleichlichen Geschmack: dem **Salzwiesenlamm**. Sein zartes, aromatisches Fleisch, das seit Jahrzehnten französische Gourmets begeistert, lässt inzwischen zunehmend auch die Herzen der deutschen Feinschmecker höherschlagen. Aber es hat nicht nur viel Aroma, es ist zudem ausgesprochen gesund: Salzwiesenlammfleisch enthält eher wenig Fett, aber viel hochwertiges Eiweiß. Das liegt an der nordfriesischen Heimat der Schafe. Die bis zu 45 kg schweren Jungtiere, geschlachtet in einem Alter zwischen drei und zwölf Monaten, verbringen ihr kurzes Leben ausschließlich draußen, im milden Reizklima der Nordsee – und können beim Herumlaufen auf den Wiesen und den ausgedehnten Deich- und Vorlandflächen reichlich zartes, schmackhaftes Muskelfleisch aufbauen.

Wer viel für den Küstenschutz leistet, muss auch mal ruhen dürfen.

Denghoog

Dieser „Thing-Hügel" in Wennigstedt auf Sylt gilt als eine der bedeutendsten Grabanlagen in Nordeuropa. Er besteht aus riesigen Findlingen, die während der Saale-Eiszeit aus dem skandinavischen Raum hierher transportiert worden waren und um 2200 v. Chr. zu der Grabanlage aufgeschichtet wurden. Von außen ein etwa 3 m hoher Hügel, verfügt er im Innern über eine 15 m² große Kammer, in der man wertvolle Beigaben gefunden hat.

Die St.-Salvator-Kirche in Pellworm zeigt noch ihre romanischen Ursprünge.

Traditionsreich

Geschützt hinter den Deichen finden sich auf den Nordfriesischen Inseln zahlreiche malerische Ortschaften, die noch heute vom Leben der Menschen am Meer zeugen.

Historisches Erbe

Besonders schön ist das idyllische **Keitum**, das geschützt an der Wattseite Sylts liegt. Durch diese Lage war es nie von Sturmfluten betroffen und konnte sein historisches Erbe gut bewahren.

Die traditionelle Bebauung, der alte Baumbestand und die schöne Lage am Rand des Grünen Kliffs haben Keitum zur eigentlichen Attraktion der Insel werden lassen. Von ca. 1650 bis um 1800 lebte Keitum wie die meisten Inseldörfer vom **Walfang**. Diese Arbeit war abenteuerlich, aber ertragreich: Viele Kapitäne setzten sich hier zur Ruhe und bauten prachtvolle Häuser im friesischen Stil. Ab 1820 war Keitum großer Hafen- und Hauptort der Insel. 1868 versandete der Hafen, Munkmarsch wurde Hafenort, das aufstrebende Westerland Verwaltungssitz.

Keitum, mit gut 1700 Sonnenstunden pro Jahr gesegnet, ist nun die nördlichste Weinbaugemeinde Deutschlands..

Das **Altfriesische Haus**, in dem im 19. Jh. der Sylter Chronist Christian Peter Hansen wohnte, hat der Sylter Heimatverein Söl'ring Foriining als Museum eingerichtet. Küche, Wohnstube, der für Feste vorgesehene Pesel, die „gute Stube" des Hauses, und die Kellerkammer enthalten traditionelles Mobiliar und Hausrat. Gefliese und holzgetäfelte Wände gelten als typisches Merkmal des hiesigen Einrichtungsstils. Die Seefahrertradition bezeugen einzelne Gegenstände, die einst von „großer Fahrt" heimgebracht wurden.

Auch **Nebel**, in der Mitte Amrums gelegen, wirkt mit seinen alten Friesenhäusern und teils unbefestigten Wegen mancherorts wie aus einer längst vergangenen Zeit stammend. Rosen, Malven und Hortensien blühen im Sommer üppig in Gärten und an Hauswänden. Die Häuser aus dem 18. und 19. Jh. sind gut erhalten, ohne zu sehr herausgeputzt zu wirken. Sie zeugen vom Wohlstand, den einst die Grönlandfahrten einbrachten.

Friesendom

Bereits im 18. Jh. wurde **Nieblum** auf Föhr als außerordentlich schönes Dorf erwähnt. Hier stehen wunderbare alte Friesenhäuser, ebenfalls erbaut von den durch Seefahrt und Walfang reich gewordenen Kapitänen. Am Rand von Nieblum steht der „Friesendom" – so genannt wegen seiner Größe und des einst riesigen Einzugsbereichs. St. Johannis geht auf einen Vorgängerbau aus dem 12. Jh. zurück und entstand überwiegend im 13. Jh. Von außen zeigt sich der „Friesendom" streng und spröde und für eine Inselkirche außergewöhnlich mächtig. Die Größe des massiven Turms lässt auf die damalige Bedeutung schließen, zumal andere Föhrer Kirchen seinerzeit keinen bzw. nur einen Holzturm hatten. Der Innenraum birgt wahre Schätze. Der Granittaufstein (um 1200) gehört zu den ältesten Kunstwerken. Der Flügelaltar mit den Aposteln, Jesus, Maria, Johannes dem Täufer und Papst Silvester stammt aus dem 15. Jh., ebenso die große farbige Holzfigur Johannes des Täufers im Chor.

Ruine als Wahrzeichen

Wahrzeichen von Pellworm ist ebenfalls ein Sakralbau – die 26 m hohe Turmruine der „**Alten Kirche**" St. Salvator, die zu den sogenannten Knuts-Kirchen gehört. Dänenkönig Knut hatte in der ersten Hälfte des 11. Jhs. diverse Kirchenbauten initiiert, um das seinerzeit gerade ein-

geführte Christentum zu festigen. Der Ziegel-
turm des mittelalterlichen Gotteshauses stürzte
1611 ein, weil der weiche Wattboden seinem
Gewicht nicht gewachsen war. Dramatischer
beschreibt eine Sage den Einsturz. Im kalten
Winter 1420 soll der Büsumer Seeräuber Cord
Widderich dort mit 50 wilden Dithmarscher
Kerlen gehaust und die Stützbalken des Gebäudes verfeuert haben.

Wegweiser für Schiffe

„Aufstrebende" Bauwerke wie der Turm von St.
Salvator sind auch die an der Küste unverzicht-
baren Leuchttürme, die den Schiffen sicheres
Geleit entlang der Küste bieten. Südlich von
Süddorf, heute ein Nebeler Ortsteil, erhebt sich
der 41,8 m hohe **Amrumer Leuchtturm**. Das
höchste und älteste Seezeichen der deutschen
Nordseeküste wirft seit 1875 sein Licht aus 63 m
Höhe 23 Seemeilen (42,5 km) weit übers Meer.
Zur Aussichtsplattform mit beeindruckendem
Panorama führen 297 Stufen, 172 davon auf
der Wendeltreppe im Turm (www.wsa-toenning.
wsv.de).

Der wiederum **kleinste Leuchtturm** nicht
nur an der Nordseeküste, sondern sogar ganz
Deutschlands steht auf der **Hallig Oland**. Mit
7,45 m Höhe wirkt er eher wie eine Laterne –
und ist als einziger Leuchtturm reetgedeckt.

Friesisches Kulturgut

Nicht nur die hübschen Ortschaften der Nord-
friesischen Inseln zeugen von jahrhundertealtem
Kulturgut. Auch traditionelle Trachten, Sprache,
Architektur und Kunst dokumentieren die tiefe
Verwurzelung der Menschen mit ihrer manch-
mal rauen Heimat.

Sprache

Ab 700 n. Chr. kamen mit den Friesen aus dem
niederländischen Raum die Grundlagen für das
Inselfriesisch auf die Nordfriesischen Inseln.
Es handelt sich nicht etwa um einen Dialekt,
sondern um eine **westgermanische Sprache**. Sie
ist dem Englischen wesentlich ähnlicher als dem
Hoch- oder dem Plattdeutschen. Weg heißt auf
Sylter Friesisch z. B. Wai (engl. way), Mittwoch
heißt Winjsdai (engl. Wednesday). Das Sylter
Friesisch wird als Söl'ring oder Soltring bezeich-
net, das Amrumer Inselfriesisch als Amring oder
Öömrang, das Föhrer als Föhring oder Fering.

Das Inselfriesisch unterscheidet sich stark vom
Festlandsfriesisch. Bei Verständigungsschwierig-
keiten muss das Plattdeutsche als gemeinsame
Sprache herhalten.

Friesenhäuser

Die hübschen reetgedeckten Friesenhäuser prägen das Landschaftsbild. Sie beruhen auf einer
Ständerkonstruktion, damit bei Sturmfluten das
auf den Ständern ruhende Dach als erhöhter Zufluchtsort genutzt werden konnte. Der uthland-
friesische Haustyp ist lang gestreckt und besteht
aus einem Wohnbereich und dem Wirtschafts-
teil. Sehenswert ist meist die Gestaltung des
Eingangsbereichs: Die Holztüren weisen häufig
wunderschöne Ornamente auf oder sind mit de-

*Keitum repräsentiert mit
seinen reetgedeckten
Friesenhäusern noch das
alte Sylt. In einem der von
Steinwällen begrenzten,
blumenbunten Gärten liegt
das Altfriesische Haus.*

korativen Einrahmungen, Figurenschmuck oder Wappen gestaltet. Besonders schöne Häuser, die meist von gut situierten Kapitänen errichtet wurden, stehen in Keitum auf Sylt. Das Altfriesische Haus gibt einen guten Einblick in die friesische Wohnkultur des 18. und 19. Jhs.

Friesentrachten

Die **Sylter Tracht** aus der Zeit um 1800 war je nach gesellschaftlichem Stand unterschiedlich prächtig. In der warmen Jahreszeit trugen Sylterinnen knielange Kleider aus hellem Leinen, bei Kälte ein Kleid aus Fellen, dazu grobe rote Wollstrümpfe. Später wurden die Kleider etwas schlichter und änderten ihre Farben. Auffällig war vor allem der Kopfschmuck, die Hüüf aus schwarzem Samt. Das Heimatmuseum in Keitum zeigt Sylter Trachten insbesondere aus dem 18. Jh. Die Trachten haben sich auf den einzelnen Inseln sehr unterschiedlich entwickelt. Besonders hübsch sind die **Föhrer Trachten**, die heute ab und zu noch bei Konfirmationen getragen werden. In der Blütezeit des Walfangs, im 17. und 18. Jh., waren sie bunt und auffällig; damals gab es noch Alltags-, Sonntags- und Festtagstrachten. Mit abnehmendem Wohlstand wurden sie einfacher. Im 19. Jh. prägte sich eine Trachtenform aus, die farblich auf schwarz und weiß reduziert ist. Sie besteht aus einem langen Faltenrock und einem Oberteil mit eng anliegenden Ärmeln, um

das ein großes Tuch gelegt wird. Auf dem Kopf wird eine runde, bestickte Haube getragen. Ein Charakteristikum der festlichen Föhrer Tracht ist neben der weißen Schürze der auffällige Brustschmuck aus Silber. Quer über die Brust wird ein breites Gliederband getragen, dessen Mittelteil Glaube, Liebe und Hoffnung symbolisiert. Daran hängen in mehreren Bogen silberne Ketten, den Abschluss bildet ein Halbkreis filigraner Kugeln. Die Festtagshaube ist mit Fransen verziert. Dazu werden oft fein gearbeitete Broschen und Halsketten getragen. Beeindruckende Kunstwerke einheimischer Goldschmiede zeigt das Heimatmuseum in Wyk.

Fliesenkunst

Zu den besonderen kunsthandwerklichen Produkten gehören die **Fliesen**. Sie weisen eine deutliche Verwandtschaft zu den im Volksmund als „Delfter Kacheln" bezeichneten holländischen Vorbildern auf. 1508 war die erste Manufaktur in Antwerpen gegründet worden. Die nordfriesischen Seefahrer hatten die Fliesen dort kennengelernt, und wer es sich leisten konnte, brachte sie von seinen Reisen mit. Man kann zwei Arten unterscheiden: die **Einzelfliese**, die jeweils ein Motiv oder Ornament aufweist, und **großflächige Bilder** aus mehreren Fliesen. Letztere zeigen meist Schiffe oder biblische Szenen. Die eindrucksvollsten Fliesenbilder entstanden in der ersten Hälfte des 18. Jhs. Als Einzelmotive waren florale oder biblische Motive und kleine Landschaften üblich. Gelegentlich wurde ein geometrisches Muster aus vier Einzelfliesen zusammengesetzt. Im Altfriesischen Haus in Keitum ist eine Wohnstube der damaligen Zeit mit Fliesenwänden zu sehen. Ein ausgesprochen schönes Beispiel eines mit Fliesen ausgekleideten Zimmers können Besucher der Hallig Hooge besichtigen: den sogenannten Königspesel im Kapitänshaus Tade Hans Bendiks.

Biike-Brennen

Am 21. Februar feiern Sylt und Föhr ihr Biike-Brennen, die Amrumer das Biaken. Seine Ursprünge gehen auf ein jahrtausendealtes heidnisches Feuerritual zurück. Früher zündeten die Friesen ihre mehrere Meter hohen Feuer zum Frühlingsbeginn zu Ehren des **germanischen Gottes Wotan** an. Erst im 18. Jh. wandelte sich das Opferfeuer zum einem weltlichen Fest, mit dem die Seeleute zur **Walfangsaison verabschiedet** wurden. Noch lange konnten die Walfänger die Feuer ihrer Heimat am Horizont sehen, wenn sie mit ihren Schiffen die Segel setzten, um monatelang im Nordatlantik nach Walen zu jagen.

Für das Biike-Brennen bauen die örtlichen Feuerwehren aus gut abgelagerten Weihnachtsbäumen, Strandgut und Stroh am Strand oder Dorfrand hohe **Holzstapel** auf, die auf Friesisch „Biike" heißen und dem Fest seinen Namen gaben, das nach Einbruch der Dunkelheit beginnt. Der Bürgermeister hält eine Ansprache, es wird etwas zur Geschichte des Biike-Brennens erzählt, dann ziehen Groß und Klein im Fackelzug zur Biike. Auf das Kommando: **„Tjen di Biiki ön!"** („Zündet die Biike an!") fliegen die Fackeln in hohem Bogen auf den Holzstoß. Sekunden später schießen die ersten Flammen in den nachtschwarzen Himmel. Kurze Zeit später stürzt eine Tonne, die mitten auf der Biike auf einem Pfahl thront, in die Flammen: Jetzt ist der Winter gestürzt, von der Insel vertrieben!

Sprechende Grabsteine

Die alten Grabsteine auf den Friedhöfen von Amrum und Föhr sind faszinierende historische Dokumente. Die meist aus Sandstein kunstvoll hergestellten Stelen und Platten erzählen ganze Lebensgeschichten. Um mit dem begrenzten Platz auszukommen, wurden die bildlichen Darstellungen gleichzeitig zu allgemein verständlichen Zeichen. Ein Beispiel: Schiffe, die die Grabsteine von Seefahrern zieren, wurden aufgetakelt in den Stein gehauen, wenn der Mann in jungen Jahren gestorben war. Ein abgetakeltes Schiff symbolisiert, dass er alt geworden war.

Auf Föhr in der Gemeinde Süderende stehen auf dem **Friedhof von St. Laurentii** zahlreiche, teilweise sehr gut erhaltene sprechende Grabsteine, darunter auch der berühmteste Grabstein Föhrs, der des „glücklichen Matthias", der ausnahmsweise lateinisch beschriftet ist. Glücklich gepriesen wurde der als Matz Petersen am 24. Dezember 1632 in Oldsum geborene Matthias, weil er als erfolgreicher Walfangkommandeur am Fang von 373 (!) Walen beteiligt war.

Auch der Ort Nebel auf Amrum besitzt an der **Kirche St. Clemens** sehenswerte Exemplare. 90 Grabsteine auf dem Friedhof stehen unter

Auch heute noch beliebt bei den Friesen: die alte Tradition des Ringreitens

Emil Nolde

Als ein Eigenbrötler, der sich mit seinen Künstlerkollegen schwertat und sich lieber in die Einsamkeit zurückzog, wird Emil Nolde (1867–1956) charakterisiert.

Obwohl er als Maler völlig neue Wege ging und bis in die Südsee reiste, war er mit seiner Heimat tief verwurzelt: Die Farben Frieslands und das Meer kehren in seinen Bildern immer wieder. Dänisch und Deutsch sprach der 1867 als **Emil Hansen** geborene Bauernsohn fließend, lag doch sein Geburtsort **Nolde** im schleswigschen Grenzgebiet. Die vom nahen Meer geprägte Landschaft, tiefe Religiosität sowie das überaus karge Leben im Einklang von Mensch, Tier und Natur beeinflussten ihn ein Leben lang. Doch schon früh wurde klar, dass sich Emil nicht wie seine Geschwister zur Landarbeit eignete. Deshalb ging er nach der Schule als **Möbelschnitzer**-**Lehrling** nach Flensburg. Es folgten 17 lange Jahre, die ihn als Kunsthandwerker und Lehrer nach Karlsruhe, München, St. Gallen und Dachau führten. Doch weder als Pädagoge noch als Kunsthandwerker fand er zu sich selbst und zu seiner Berufung als Maler.

Atelier in Berlin

Als Emil Nolde sich 1901 entschloss, den Namen seines Heimatorts als Künstlernamen anzunehmen, schienen die Jahre der Unsicherheiten und Selbstfindung zu Ende zu sein. Er heiratete die dänische Schauspielerin **Ada Vilstrop** und bezog mit ihr eine kleine Atelierwohnung in Berlin, um als freier Künstler zu arbeiten. Die folgenden Jahre verbrachte Nolde abwechselnd auf der dänischen Ostseeinsel Alsen und in **Berlin**. **Wirtschaftliche Sorgen** und wiederholte Krankheiten seiner Frau belasteten das Leben, ebenso das mühsame künstlerische Schaffen: Nolde studierte tagelang Farben und Natur, rang um Inspiration, Umsetzung und Ausdruck, zerstörte aber oft unbefriedigt die fertigen Werke. Sein stark expressionistischer Stil war radikal und stand den Ausdrucksformen seiner Altersgenossen entgegen.

Fern und nah der Heimat

Umso größer war die Freude, als ihn 1906 ein Brief der neu gegründeten Künstlergruppe „**Die Brücke**" zur Mitgliedschaft einlud. Vor allem Karl Schmidt-Rottluff (Varel/Dangast) sah in Nolde einen Mitstreiter für die **Revolutionierung** der deutschen Kunst. Zwar erfuhr Nolde von den Brücke-Kollegen fachliche Anerkennung, doch entsprachen gemeinsame Diskussionen oder Malausflüge nicht seinem Arbeitsstil. Die Suche nach Ursprünglichkeit und wahren Empfindungen führte Emil Nolde 1913/1914 in die **Südsee**. Hier fand er, was ihn an seinen Vorbildern **Gauguin** und **van Gogh** faszinierte: Farbe als Ausdruck. Auch heute zählen Noldes Südseebilder neben den Landschaften und Naturthemen zu seinen charakteristischsten Werken. Seine Reisen führten ihn jedoch immer an den Ausgangspunkt zurück, nach **Nordfriesland**: In dieser Landschaft am Meer wollte er leben und arbeiten.

Denkmalschutz. Die ältesten stammen aus dem 17. Jh. Der Inselforscher und -chronist Georg Quedens hat die Inschriften entziffert und zu einem einzigartigen Dokument zusammengestellt, das die Geschichte Amrums auf vielfache Weise erhellt. Ein Turban schmückt den Stein von **Hark Olufs**. Als 16-jähriger Matrose war er von Piraten bei den Scilly Islands entführt und in Algier als Sklave verkauft worden – ein nicht ungewöhnliches Seemannsschicksal in jener Zeit. Bei seinem neuen Herrn im algerischen Constantine machte er Karriere und stieg zum Schatzmeister und Kommandeur von dessen Leibgarde auf. Als er 1735 als 27-jähriger reicher Mann in seine Heimat zurückkehrte, wollte ihn der dänische König anwerben – er jedoch lehnte ab. Stattdessen wurde Olufs Strandvogt, hatte mit Antje Harken fünf Kinder und starb 1754.

Friesisches Atlantis

Manchmal ist in windstillen Nächten vor Pellworm und Nordstrand ein Läuten zu hören, und ein Wehklagen zieht durch die dunkle Nacht – Klänge aus dem versunkenen **Rungholt** sollen dies sein.

Hätten die vom Glück verwöhnten Bewohner in ihrem Übermut nicht Gott verhöhnt, würde die sagenumwobene Stadt noch stehen, es gäbe keine Halligen, und die „grote Mandränke", die Sturmflut 1362, hätte nicht stattgefunden. So hörte es der Dichter **Detlev von Liliencron** von den Insulanern. Der Dichter, 1882 Hardesvogt auf Pellworm, also Vorsteher eines Verwaltungsbezirks, schrieb flugs eine seiner schönsten Balladen, „Trutz, Blanke Hans", die vom norddeutschen Rock-Musiker Achim Reichel 1978 vertont wurde. Sie endet mit den Zeilen: „Ein einziger Schrei – die Stadt ist versunken, und Hunderttausende sind ertrunken. Wo gestern noch Lärm und lustiger Tisch, schwamm andern Tags der stumme Fisch. Heut bin ich über Rungholt gefahren, die Stadt ging unter vor fünfhundert Jahren. Trutz, blanke Hans?" Auch der berühmte norddeutsche Dichter **Theodor Storm** verewigte das legendäre Rungholt in seiner Novelle „Eine Halligfahrt".

Mögliche Zeugnisse von Rungholt?

Man mag die Legende glauben oder nicht – Rungholt gab es tatsächlich. 1361 wurde die Stadt in einer Handelsvereinbarung mit Ham-

burger Kaufleuten erwähnt, 1636 noch vom Husumer Kartografen J. Mejer verzeichnet. Als sich 1920 die Strömung im Watt änderte, gab die See erste Spuren frei: Scherben von Töpfen und Krügen, Reste von Schleusen und Pfählen. Der Nordstrander Landwirt Andreas Busch ging die Sache akribisch an: Die im Wattenmeer bei Südfall zum Vorschein gekommenen Kulturspuren dokumentierte er ab 1921 in jahrzehntelanger Arbeit bis zu seinem Tode 51 Jahre später. Busch konnte beweisen, dass Rungholt tatsächlich existiert hatte. Zwar dürfte es keine unerhört reiche Stadt gewesen sein, wohl aber ein vermutlich wohlhabender Hafenort mit einer für diese Epoche ungewöhnlich großen Einwohnerzahl von bis zu 2000 Menschen. Die gefundenen Reste von Deichen, Gebäuden und Werkzeugen ließen allerdings nur eine teilweise Rekonstruktion des untergegangenen Rungholt zu. Ein Großteil des Orts liegt vermutlich unter der Hallig Südfall. Die Suche geht weiter. Einige Funde zeigt der frühere Fischer Helmut Bahnsen in seinem **Rungholtmuseum**. Das Schicksal Rungholts und der vielen in Jahrhunderten untergegangenen Dörfer ist Anlass für die **„Rungholttage"**, im August auf Nordstrand begangen (www. rungholt-gesellschaft.de). An den Festtagen werden Wattwanderungen und Bootsausflüge zu der Stelle nahe Südfall angeboten, wo der sagenumwobene Ort vermutet wird.

Helmut Bahnsen in seinem Rungholtmuseum mit Resten von Töpfen und Krügen

Ostfriesland

"90 Prozent Himmel und 10 Prozent Erde – das ergibt 100 Prozent Ostfriesland." Das jedenfalls sagen die Ostfriesen selbst über ihre Heimat.

Als das „Tor Ostfrieslands" wird das malerische, an der Emsmündung gelegene Städtchen Leer auch bezeichnet

Kein Berg, kaum ein hoher Bau verstellt den Blick auf den endlosen Horizont. Dies macht die ostfriesische Landschaft so reizvoll. Wer sich auf sie einlässt, findet viel mehr vor als nur Strände auf den Inseln: eine einzigartige Natur- und Kulturlandschaft mit eigener Musik, eigenen Sportarten und – charakteristisch – einer besonderen Teezeremonie.

Die Nordsee, die das Leben hier schon immer geprägt hat, ist anders als das Mittelmeer, die Ostsee oder gar die Karibik: Sie befindet sich dank Ebbe und Flut in einem ständigen Kreislauf. Die Gezeiten bewirken, dass der Meeresboden vor der deutschen Nordseeküste zweimal täglich für einige Stunden trockenfällt. Dieser von der Tide be-

einflusste Bereich, das **Wattenmeer**, ist heute als Nationalpark weitgehend unter Schutz gestellt, denn es bietet Tausenden von Tieren und vielen Pflanzen eine weltweit einzigartige Lebenswelt. Diesen Lebensraum kann man entdecken: in den vielen **Nationalparkhäusern** entlang der Küste, auf geführten **Wattwanderungen**, die manchmal bis auf die vorgelagerten Inseln hinüberführen, aber auch schon bei Spaziergängen entlang der Strände. Mit kilometerlangen, von Dünenketten gesäumten Sandstränden können die sieben bewohnten Ostfriesischen Inseln wie Juist, Baltrum oder Spiekeroog aufwarten, entlang des Festlandufers finden sich Strände hingegen nur selten. Zum Meer gehören Fischerei und Schifffahrt. Sie haben jahrhundertelang neben der Viehwirt-

das Meer bei ihnen ja See heißt, siehe Nordsee), wie z. B. das **Ewige Meer**.

Zum Erstaunen vieler Besucher gibt es hier im Norden sogar **Wasserburgen** und stattliche **Schlösser**, von denen das in **Jever** das prächtigste ist. Die Burgen stellen größtenteils Relikte aus den vielen Jahrhunderten dar, in denen die Mächtigen immer wieder ihr Volk in den Krieg schickten, um für sie Land zu erobern. Zunächst waren die Friesen, die seit etwa 700 n. Chr. entlang der gesamten Küste siedelten, ein Volk von freien Bauern, die sich zu einem gemeinsamen Bund, dem **Upstalsboom**, zusammenschlossen. Im Lauf der Zeit bildeten sich jedoch auch hier in vielen Siedlungsgebieten **Häuptlingsdynastien** heraus, die später zu gräflichen oder fürstlichen Geschlechtern erhoben wurden.

90 Kilometer Inselreich

Man muss schon ein wenig aufpassen, damit sich niemand auf den Schlips getreten fühlt, wenn man die Grenzen Ostfrieslands benennt. Allgemein spricht man heute eher von der

schaft den Charakter der Region geprägt. Als es noch keine Eisenbahnen und Straßen gab, spielte sich der überwiegende Teil des Fernhandels an den Küsten und auf Flüssen, seit dem 17. Jh. dann auch auf künstlichen Kanälen ab. Heutzutage fast bedeutungslose Hafenorte wie etwa **Greetsiel** waren in früheren Zeiten Handelshäfen von überregionaler Wichtigkeit, in denen Segelschiffe gebaut wurden, die im Namen ihrer Reedereien auf allen Weltmeeren unterwegs waren. Dort sind alte Pack- und Kapitänshäuser erhalten geblieben.

Immer wieder nahm das Meer sich Land; die Menschen hielten dagegen, bauten höhere Deiche und versuchten, durch **Eindeichungen** altes Land zurückzugewinnen und neues zu schaffen. Sie nahmen dafür sogar in Kauf, dass Hafenstädte wie Norden oder Jever plötzlich im Binnenland lagen und ihre alte Funktion verloren. Ostfriesland auf die Küste und die Inseln zu reduzieren, würde dem Landstrich jedoch nicht gerecht. Ausflugsfahrten ins Hinterland der ostfriesischen Küste vermitteln den ganzen Reiz der Region. Landschaftlich ist da viel zu entdecken, Moorseen, die die Friesen Meere nennen (weil

▶ TOPZIELE IN DER REGION

Stille, pure Natur, reiche Kultur oder spannende Stadterlebnisse: Ostfriesland mit den vorgelagerten Inseln ist alles – außer langweilig.

NATIONALPARK NIEDERSÄCHSISCHES WATTENMEER
Der einmalige Lebensraum, der von der UNESCO als Weltnaturerbestätte geschützt ist, wirkt nur auf den ersten Blick wie eine eintönige Fläche aus Schlick und Schlamm. → S. 28

SPIEKEROOG
Keine Autos, kein Flugplatz, keine großen Hotelanlagen, kein Lärm und keine Hektik: Fast wie eine Insel der Seligen erscheint Spiekeroog, das seit 1972 ein anerkanntes Nordseeheilbad ist. → S. 32

SCHLOSS JEVER
Die schönste Adelsresidenz zwischen Weser und Ems: Ledertapeten, Gobelins und eine der wenigen erhaltenen

Fürstenbibliotheken Norddeutschlands sind besondere Schätze. → S. 35

LEER
Die Stadt mit langer Geschichte besitzt neben der historischen Altstadt mit der Jann-Berghaus-Brücke über die Ems ein technisches Meisterwerk: Sie ist nach Rotterdams Erasmus-Brück die größte Klappbrücke Westeuropas. → S. 36

GREETSIEL
Auch im Kleinen maritim: Mehr als 800 Buddelschiffe aus aller Welt, damit eine der größten Sammlungen in Europa, kann man im Greetsieler Museumshaus bewundern. → S. 36

EMDEN
Auch Kunstliebhaber kommen in der Hafenstadt auf ihre Kosten: Die Kunsthalle zeigt Werke deutscher Expressionisten sowie zeitgenössische Malerei und Plastik. → S. 36

Die Flutmarken in Greetsiel zeigen dramatische Sturmfluten an.

Salzwiesen: besonders wertvolle Biotope am Meer

ostfriesischen Halbinsel zwischen dem Dollart im Westen und dem Jadebusen im Osten. Dazu gehören auch Teile des Landkreises Friesland sowie des Ammerlandes, das historisch stets zu Oldenburg zählte. Nach Westen grenzt die ostfriesische Halbinsel an die Niederlande, im Norden an die Nordsee, südlich von Ostfriesland liegt das Emsland. Nahe der Küste erstreckt sich weites Marschland, das landeinwärts in Niedermoore, Geest und Hochmoore übergeht. Das ganze Gebiet ist von zahlreichen Wasserstraßen durchzogen.

Dem Festland vorgelagert sind die sieben bewohnten **Ostfriesischen Inseln** Borkum, Juist, Norderney, Baltrum, Langeoog, Spiekeroog und Wangerooge sowie die unbewohnten Inseln Lütje Hörn, Memmert, Mellum und Minsener Oog. Die Inseln erstrecken sich über rund 90 km Länge im „**Nationalpark Niedersächsisches Wattenmeer**". Wangerooge zählt als einzige bewohnte Insel zum Landkreis Friesland und historisch zu Oldenburg. Um sich die Lage der Inseln – von Ost nach West – zu merken, hilft folgende „Eselsbrücke" (der Anfangsbuchstabe jedes Wortes steht für eine Insel): Welcher Seemann Liegt Bei Norderney Im Boot?

Entstanden durch Wind und Meer

Entstanden, so besagt es die heute allgemein gültige „**Platen-Hypothese**", sind die Inseln im Lauf der Jahrhunderte einzig durch den Einfluss von Wind- und Meeresströmungen, teilweise aus den ehemaligen Inseln Bant und Buise. Die Nordseeküste ist eine ständig im Wandel begriffene Landschaft. **Wasser und Wind** formen sie bis heute, auch wenn Menschen seit Jahrhunderten daran arbeiten, mit Deichen und andere Küstenschutzmaßnahmen Menschen, Tiere, Häuser und Dörfer zu sichern. Besonders wichtig ist dies natürlich bei den großen Sturmfluten.

„Wandernde" Inseln

Strömungen, Winderosion und andere Umweltfaktoren lassen die Inseln „wandern". Im Lauf der Jahrhunderte hat sich ihre Lage deutlich verändert; so schieben sich die Ostfriesischen Inseln z. B. **jährlich um mehrere Meter ostwärts**.

Die Nordsee ist erdgeschichtlich noch sehr jung. Erst vor rund 45 000 Jahren ließ das Abschmelzen des Eises der letzten großen Eiszeit den Wasserspiegel stark steigen, sodass zwischen den britischen Inseln und dem europäischen Festlandsockel allmählich die Nordsee auflief. Vor rund 4500 Jahren bildeten sich zwischen der höher liegenden und deshalb trockenen **Geest** und dem im Küstenbereich flach abfallenden Küstenboden **Sandablagerungen**. Gezeiten und Meeresströmung schafften mehr und mehr Sand heran und ließen die Ostfriesischen Inseln entstehen. Damals lag die Küstenlinie noch 10–20 km weiter im Landesinneren. Durch Sedimentablagerungen entstand die fruchtbare **Marsch**.

Groden, Heller und Polder

Aber nicht nur die Natur nimmt Einfluss auf die ostfriesische Wattenmeerküste, auch der Mensch gestaltet sie. Die Bezeichnungen Groden, Heller und Polder finden sich häufig als Teil topografischer Namen, welche Landstriche entlang der Küste des Wattenmeers benennen. Diese Namensbestandteile leiten sich her von der ursprünglichen Bedeutung der Begriffe Polder, Groden und Helder. Polder oder Innengroden heißt zum Schutz gegen Hochwasser **eingedeichtes Grünland**, aus dessen Boden durch Niederschläge das vor der Eindeichung enthaltene Salz herausgespült worden ist. Häufig liegen diese Polder unterhalb des Wasserspiegels. Polderwiesen werden teilweise gemäht; sie eignen sich gut

Die Moorlandschaft des Ewigen Meers in der Nähe von Aurich besitzt einen ganz eigenen Zauber.

als Viehweiden. Als Heller oder Außengroden bezeichnet man hingegen das **nicht eingedeichte Grünland** an der Wattküste, das größtenteils aus Salzwiesen besteht.

Salzwiesen

Zwischen dem Deich und dem Watt liegen mit den Salzwiesen besonders schützenswerte Gebiete, die nur auf wenigen markierten Wegen betreten werden dürfen. Als Salzwiesen bezeichnet man die nur noch **gelegentlich vom Meer überspülten Landflächen** zwischen dem Seedeich und der meist 20–30 cm hohen Abbruchkante, an der das Watt beginnt. In diesem vordersten Bereich des Watts, dem Schlick- oder Quellerwatt, setzt der Verlandungsprozess ein. Wenn der Groden eine gewisse Höhe erreicht hat, wird er ebenfalls eingedeicht, der Innengroden entsteht.

Im Wechsel der Gezeiten

Die Gezeiten (Tiden), die die Küstenlinie formen, entstehen durch die Gravitationskräfte von Mond, Sonne und Erde. Zweimal täglich, bei Ebbe, sinkt der Meeresspiegel um mehrere Meter bis zum sogenannten **Niedrigwasser** ab, um bei Flut allmählich wieder zum **Hochwasser** aufzulaufen. Zwischen Hochwasser und Einsetzen der

Ebbe gibt es für wenige Minuten **Stillwasser**, eine kurze Gezeitenpause. Zwischen zwei Hochwassern liegen 12 Std. und 25 Min. Der mittlere **Tidenhub** (Differenz zwischen Niedrig- und Hochwasser) an der deutschen Nordseeküste beträgt 3 m, am höchsten ist er bei Dangast im Jadebusen mit 3,70 m. Zu sogenannten **Springtiden**, bei denen der Tidenhub extrem hoch liegt, kann es bei Voll- oder Neumond kommen; bei Halbmond entsteht die **Nipptide**, bei der das Hochwasser unter seinem normalen Niveau bleibt. Die Gezeitenwelle gelangt von Westen an die deutsche Küste, erreicht also zuerst Borkum. Bei Niedrigwasser sind die flachen Strände extrem breit und das Wattenmeer liegt trocken.

Ewiges Meer

Auch im ostfriesischen Hinterland prägt Wasser in Gestalt von Mooren die Landschaft. In den meisten norddeutschen Mooren wird zwar die schaurige Stimmung kaum noch spürbar, die die deutsche Dichterin Annette von Droste-Hülshoff in ihrer von fast jedem Schüler einmal auswendig gelernten Ballade „Der Knabe im Moor" so gut vermittelt. Anders ist das hingegen bei einem etwa einstündigen Spaziergang ans Ewige Meer ca. 8 km nordwestlich von Aurich im Meerhusener Moor – und das besonders an einem trüben,

Salzwiesen, Dünen und Heidelandschaften sind wahre Nachtfalterparadiese; hier lebt auch das Kleine Nachtpfauenauge.

Wattwanderungen

*Großes Bild: Wanderer im
Wattenmeer bei Neuwerk*

*Kleines Bild: Krabben sind
typische Wattbewohner.*

Das Wattenmeer an der Nordseeküste – das
sind ca. **8000 km² Schlickflächen**, 58 Inseln,
unzählige Priele und Salzwiesen, Sandbänke
und die landseitigen Seemarschen. Kaum ein
anderes Ökosystem wird seit Jahrtausenden von
den Gewalten der Natur, von Ebbe und Flut so
geprägt wie das Wattenmeer. **Unterschiedliche
Gezeitenhöhen** und die geologischen Gegebenheiten schufen drei Wattregionen: An der
nord- und ostfriesischen Küste, wo der Tidenhub
nicht mehr als 1,5 bis 3 m beträgt, säumen lang
gestreckte Sandinseln und hohe Sandbänke wie
eine Barriere die Küste. Sie sind den anstürmen-
den Wellen frontal ausgesetzt. Im nordfriesischen Bereich kommen noch einige Marsch- und
Geestinseln mit einem Moränenkern hinzu. In
der inneren Deutschen Bucht konnten sich bei einem Tidenhub von 3
bis 4 m keine größeren Sandinseln
entwickeln. Hier münden die Flüsse Elbe und Weser, die mit ihren
enormen Süßwassermengen große
Schwankungen des Salzgehalts im
Wattbereich bewirken.

WUSSTEN SIE, ...

*... dass im Wattenmeer mehr als
10 000 Tier- und Pflanzenarten
beheimatet sind? Alle sind an die
besonderen Lebensbedingungen zwischen Ebbe und Flut angepasst, von
Muscheln, Schnecken und Krebsen
bis hin zum Queller, einer Salzwiesen-
pflanze.*

Naturerbe Wattenmeer

Das heute vollständig unter Schutz
gestellte und in Deutschland als
Weltnaturerbe der UNESCO
anerkannte Wattenmeer erstreckt sich vom dänischen Esbjerk bis zum holländischen Den Helder. Zwei Drittel der Fläche nimmt der deutsche
Anteil ein. Um diesen einzigartigen Lebensraum
für Tiere und Menschen zu erhalten, wurde 1985

in **Schleswig-Holstein** der erste Nationalpark
Wattenmeer gegründet. Ein Jahr später folgte
Niedersachsen mit dem Nationalpark Niedersächsisches Wattenmeer, und 1990 richtete **Hamburg** seinen Nationalpark ein.

Einblick erhalten

„Meeresgrund trifft Horizont" lautet das Motto
des **Nationalparks Wattenmeer**. Würmer, Krebse
und Muscheln, unzählige Meeresvögel, Fische
und die freundlichen Seehunde sind das lebendige, Salzwiesen, Priele, Schlick- und Sandflächen
das landschaftliche Kapital dieses einzigartigen
Meeresraums. Das alles in Aktion hautnah mitzu-
erleben ist nur im Watt möglich.

Einsichten über die vielfältigen Zusammen-
hänge der Wattenmeerregion und der Nordsee
vermitteln zahlreiche Tafeln und Informationsstellen überall im Nationalpark. Doch nichts
geht über eine **Wattwanderung**, wo man dies
alles mit eigenen Augen sehen und unmittelbar
erleben kann. Besonders empfehlenswert ist eine
geführte Wattwanderung, denn die Experten
schärfen den Blick für vieles, was einem Laien
sonst entgehen würde. Ein ganz besonderer
„Clou" sind die Wattwanderungen vom Festland
hinüber zu den Inseln. Allerdings sind diese
Touren, die zum Teil kilometerweit durch tiefen
Schlick führen, keine leichten Spaziergänge:
Beispielsweise beträgt die Entfernung von Neu-
harlingersiel nach Langeoog 10 km, von Neß-
mersiel nach Baltrum sind es hingegen lediglich
6 km. Zurück aufs Festland geht es nach den
Strapazen gemütlich mit der Fähre.

regnerischen Tag. Es ist **Deutschlands größter Hochmoorsee** und auch einer der schönsten. Es entstand vor etwa 8000 Jahren, als sich zwischen langsam zusammenwachsenden Hochmooren eine Mulde bildete, in die Wasser einfloss. Seit 1934 steht es unter Naturschutz. Im braunen, säurereichen Wasser des etwa 90 ha großen und 1,8 m tiefen Sees ist kaum Leben möglich, doch das schilfumsäumte Ufer ist erfüllt davon. In der Moorlandschaft um den See gedeihen viele seltene Pflanzen wie Rausch- und Moorbeere, und sogar Rehe und Füchse sind hier heimisch. Das **Ewige Meer** besitzt keinen Zufluss, wird also lediglich von Regenwasser und dem Grundwasser des höher liegenden Moors gespeist. Ein uriger, als Naturlehrpfad gestalteter Holzbohlenweg führt in einer halben Stunde an den See und durch dieses außergewöhnlich schöne Naturschutzgebiet.

Mehr als Meer

Ostfriesland, Watt und Nordsee – die Begriffe wecken zunächst Assoziationen an Salzwasserwellen, die sich an der Küste brechen. Doch auch hier gibt es, auf den Inseln und im Hinterland, Süßwassergewässer, die wie das Meer die Landschaft prägen.

Hammersee auf Juist

Eines davon ist der Hammersee auf Juist, der **größte Süßwassersee der Ostfriesischen Inseln**. Er ist in ein weites Tal zwischen bewegte Dünenkämme eingebettet, von dichten Röhrichtbeständen gesäumt und von üppigem Grün umgeben. Ein schmaler, windungsreicher Pfad führt zwischen Kriechweiden, Sanddorn, Holunder und anderen kaum mannshohen Bäumen und Büschen hindurch um seine Ufer herum und erklimmt im Norden die halbe Höhe der Dünenkette. Der Hammersee ist 160 000 m² groß, 1,2 km lang, bis zu 130 m breit und 90 cm tief. Er steht schon seit 1952 unter Naturschutz und ist **Rastplatz für viele Vögel** wie Rallen, Haubentaucher, Enten und Laichgebiet der **Kreuzkröte**. Sein Name weist darauf hin, dass er die Fläche des ehemaligen Hammrichs, also der dörflichen Gemeindewiese, bedeckt. Bei der schweren Petriflut 1651 brach das Meer durch die Dünenkette und verwandelte den Hammrich in eine weite Sandfläche, die immer niedriger wurde. Um 1800 hatten sich dann auf dem Hammer bis zum

Wattenmeer reichende Rinnen gebildet, die sich bei jeder Springflut mit Salzwasser füllten. Das **Hammergat** war entstanden, das Juist zweiteilte. 1877 wurde dieses Hammergat durch einen Deichbau im Süden erstmals geschlossen. So bildete sich im Lauf der folgenden Jahrzehnte eine ausgedehnte Strandbucht, die bei Niedrigwasser durch einen Sandstreifen vom offenen Meer getrennt war. Diese Öffnung zur Nordsee hin wurde dann 1928–32 durch die Anlage eines 1,6 km langen Sanddamms geschlossen. In den 1940er-Jahren war das Wasser im Hammersee noch brackig; seitdem süßte der See völlig aus. Das bedeutet, dass das Wasser des Sees allmählich seinen Salzgehalt verlor und vollständig zu Süßwasser wurde. Entlang des nördlichen und südlichen Deichs haben sich dichte **Dünenketten** gebildet. Die Natur erobert die Landschaft neu; im Westen des Sees entsteht sogar ein **Flachmoor**; Moosglöckchen, Sumpfherzblatt, Kammfarn und Orchideen gedeihen.

Kreuzkröte: Über ihr „Kreuz" (den Rücken) zieht sich in der Regel eine dünne gelbe Längslinie.

Zwischenahner Meer

Südöstlich des ostfriesischen Kernlands, im Ammerland, liegt das Zwischenahner Meer, der Legende nach „Düwelswark", Teufelswerk. Der Teufel habe Bäume aus dem Wald gerissen, um damit in Oldenburg eine neu errichtete Kirche zu zerstören. Auf dem Weg dorthin wurde er in seinem Vorhaben gestört und verlor seine Fracht. Die Kuhle im Wald hat sich inzwischen mit Wasser gefüllt, und über dem „Meer" schweben seither silberne Möwen, die als Schutzengel alles Böse

Idyllisch ist nicht nur der Hammersee auf Juist selbst, sondern auch der Uferweg, der den See umrundet.

Ein Bild wunderbarer Eleganz: Setzt die Seeschwalbe zur Landung und Fütterung an oder hat sie gerade erst den Fisch aus dem Wasser gezogen?

Ein großer Schwarm von Austernfischern erhebt sich an der Küste Borkums.

von seinen Gestaden fernhalten. Schnickschnack, sagen die Wissenschaftler: Der See ist durch Salzauslaugungen entstanden, die zu einem **Einsturz des Salzstockes** und des darüber liegenden Deckgebirges geführt hatten. Das Zwischenahner Meer ist mit 526 ha drittgrößtes Binnengewässer Niedersachsens. Fast durchgängig von einem Schilfgürtel umzogen, bietet es zahlreichen Vogelarten Lebensraum.

Landschaftsbilder

Natürlich ist es vor allem die Nordsee, die den Landschaftseindruck an der ostfriesischen Küste prägt, ebenso die Dünenlandschaften der Inseln, aber es gibt auch kleine und größere Wälder.

Dünental Baltrum

Eine der schönsten Kleinlandschaften auf Baltrum ist das große Dünental, das sich etwa 1000 m lang und bis zu 300 m breit zwischen den **Weißdünen** im Norden und den **Graudünen** im Süden erstreckt. Teile der nur 1 m ü. NHN gelegenen Talsohle stehen unter Wasser und werden von Schilf bedeckt. Andere typische Pflanzen für das Dünental sind Vogelbeere und Schwarzer Holunder, Grauweide, Sand- und Weißdorn. Die

Wasserflächen sind Heimat vieler Kreuzkröten, die die Insulaner ihrer kraftvollen Frühjahrskonzerte wegen auch ganz romantisch „Baltrumer Nachtigallen" nennen. Die **Salzwiesen** auf der Wattseite schützen als Vorland zwischen Land und Meer die Deiche, fördern die Verlandung und dienen auch als Weidefläche. Viele Vogelarten wie die Austernfischer und die Wiesenpieper sowie Möwen und Seeschwalben sind hier zu Hause. Das schöne Dünental kann auf mehreren Wegen in allen Richtungen durchwandert werden.

Greune Stee und Waterdelle auf Borkum

Ein Rundwanderweg führt durch dieses **schönste und größte Wäldchen der Insel**. In der Greunen Stee (Grünen Stelle) wachsen Kiefern, Birken und Schwarzerlen in einer sumpfigen Mulde, die um 1815 durch einen Meereseinbruch entstand. Darin laichen Lurche und Kreuzkröten, brüten Korn- und Rohrweihen. Die unter Naturschutz stehende „Wassermulde" war Teil des Meeresdurchbruchs, der den Westen bis 1864 vom Osten Borkums trennte. Gepflasterte Wanderwege erschließen das 870 000 m² große Areal mit seltenen Pflanzen und vielen Brutvogelarten.

Die Waterdelle ist ein flacher See, der jeden Sommer austrocknet und dann nur noch an seinem Schilfgürtel zu erkennen ist. Neben dem Ostland ist sie das zweite Grundwassergewinnungsgebiet der Insel.

Flinthörn auf Langeoog

Das Flinthörn auf Langeoog ist eine **Dünen- und Wattlandschaft** im Südwesten der Insel, die nur auf dem markierten Wanderweg betreten werden darf. An diesem Weg befindet sich zwischen März und Oktober auch ein Stand der Nationalparkverwaltung. Das Flinthörn ist ein auf den Ostfriesischen Inseln einmaliger, nehrungsartiger Fluthaken, eine Landzunge, die sich seit 1825 durch Sand- und Schwebstoffablagerungen gebildet hat. Hier kann man alle Stadien der Dünenentwicklung studieren.

Bei Regenpfeifer & Co.

Allgegenwärtig an der Nordsee sind die Möwen, doch der **Nationalpark Niedersächsisches Wattenmeer** dient zahlreichen weiteren Vogelarten als Brutstätte oder Rastplatz. Insbesondere auf den Inseln bieten sich günstige Bedingungen für Wasser- und Zugvögel, um zu rasten und die Jungen aufzuziehen.

Juister Vogelparadies

Auf Juist haben Hobby-Ornithologen gleich drei interessante und landschaftlich unterschiedliche Vogelparadiese zur Auswahl. In der Dünenlandschaft des **Kalfamer** ist u. a. die vom Aussterben bedrohte Zwergseeschwalbe zu beobachten. Während der Brutzeit von April bis Oktober ist der Zutritt nur im Rahmen von Führungen möglich, ansonsten nur auf den markierten Wegen gestattet. Am **Billriff** geben sich Alpenstrandläufer, Kiebitz, Regenpfeifer und Knutts ein Stelldichein. Zum Schutz der Vögel, aber auch wegen des Treibsands, ist auch hier der Zutritt nur eingeschränkt möglich. Auch am Hammersee (s. S. 29) herrscht reges Treiben der gefiederten Freunde. Es rasten Blässhühner, Haubentaucher sowie zahlreiche Entenarten.

Vogelinsel Memmert

Besonders eindrucksvoll ist für Vogelliebhaber die Vogelinsel Memmert südwestlich von Juist. Memmert war ursprünglich eine Sandbank und wurde durch die Anpflanzung von Strandhafer

zur Vogelinsel. Hier befindet sich einer der in **Europa äußerst seltenen Brutplätze des Löfflers**. Auch die Heringsmöwe, der Kormoran, diverse Seeschwalbenarten und Watvögel brüten auf dem Eiland. Scharen von Schnepfenvögeln, Regenpfeifern, Wasser- und Strandläufern, Säbelschnäblern und Austernfischern leben vorübergehend nahe der Sandbank. Memmert darf allerdings nur mit schriftlicher Genehmigung der Nationalparkverwaltung, außerhalb der Brutzeit und ausschließlich unter fachkundiger Führung betreten werden. In der übrigen Zeit ist die Beobachtung nur vom Schiff aus erlaubt.

Vogelkolonie Langeoog

Auch auf Langeoog haben zahlreiche Vögel ein Refugium gefunden. Die Dünen im Osten der Insel sind zum Großteil Vogelschutzgebiet und dürfen nur im Rahmen von Führungen betreten werden, die zu bestimmten Terminen am Vogelwärterhaus am Weg zur Meierei beginnen. Die Vogelkolonie ist zwischen Mai und Anfang Juli Brutrevier vor allem von Silbermöwen. Von dieser Möwenart brüten auf Langeoog etwa 2100 Paare. Noch zahlreicher sind jedoch die Heringsmöwen. Von ihnen gibt es beinahe 5000 Brutpaare.

Ein eindrucksvolles Beispiel für eine Dünenlandschaft ist das Flinthörn auf Langeoog, das ebenfalls unter dem Schutz des Nationalparks Niedersächsisches Wattenmeer steht.

▶ SCHÄTZE DER NATUR

Sandbank Juist
Ein ausgedehnter Strandspaziergang ist besonders während der Vogelzugsaison ein großartiges Naturerlebnis, das man sich auf keinen Fall entgehen lassen sollte. Dann bevölkern Tausende und Abertausende von Vögeln die Insel, um auf ihrem weiten Weg zu rasten.

Ein Urwald mitten in der Norddeutschen Tiefebene – der Hasbruch ist ein solcher.

wie Austernfischer, Eiderenten, Silbermöwen, Zwergseeschwalben, See- und Sandregenpfeifer. Das gesamte Areal darf nur auf wenigen, gut markierten Wegen betreten werden, die jedoch während der Brutzeit von April bis Juli komplett gesperrt sind.

Ostfriesische Wälder

Weite, Dünen, Sand und Marschen bestimmen das Landschaftsbild Ostfrieslands, doch schöne Wälder lassen sich hier ebenfalls sowohl auf dem Festland als auch auf den Inseln erleben und erwandern. Manche von ihnen sind uralt und sich selbst überlassen, andere wiederum sind menschlichem Tun zu verdanken.

Neuenburger Urwald

Westlich von Varel gelegen wuchert der als **Naturschutzgebiet** ausgewiesene Neuenburger Urwald. Bereits seit über 200 Jahren wird dieses Waldstück weitgehend sich selbst überlassen und kann sich ungestört im natürlichen Rhythmus entfalten. Baumveteranen wie eine 700-jährige Eiche, seltene Farne, Moose und Blumen finden ideale Bedingungen, verschiedene Specht- und Kauzarten haben hier ihre Nisthöhlen. Die Wege, die den Urwald erschließen, dürfen nicht verlassen werden, damit das sensible Ökosystem nicht gestört wird.

Alte Eichen, zum Teil über 1000 Jahre alt, lassen sich auch bei einem **Ausflug ins Oldenburger Land** bewundern. In einem südlich von Hude gelegenen „Urwald", dem **Hasbruch**, wachsen imposante Exemplare.

Grüne Insel Spiekeroog

Alles wirkt ein wenig ruhiger und grüner als auf den anderen Ostfriesischen Inseln, besonders auffallend sind die vielen Bäume. Spiekeroog ist wohl nicht nur die beschaulichste, sondern auch die grünste der Ostfriesischen Inseln. Was in erster Linie einem Oberforstdirektor aus Hannover zu verdanken ist, denn Spiekeroog war nicht immer so grün, wie es sich heute zeigt. Als der Forstmann Mitte des 19. Jhs. als Gast auf der Insel weilte, begann er, das erste Wäldchen anzulegen. Den Insulanern gefiel die Idee, und sie taten es ihm nach. Schwarzkiefern, Eichen, Erlen, Ebereschen, Zitterpappeln und Birken, aber auch die weit verbreiteten Krähenbeerheiden, gediehen und gedeihen prächtig und geben

Lebensraum Sandplate

Spiekeroog ist in den letzten 100 Jahren stärker als jede andere Ostfriesische Insel nach Osten hin gewachsen. Jenseits der Hermann-Lietz-Schule und des Quellerdünenheims entstand nach 1850 eine gewaltige Sandplate von 7 km Länge und bis zu 2,5 km Breite, die sich weiter vergrößert (eine Sandplate ist eine **große Sandbank**, die nur bei Sturmfluten, nicht aber bei normaler Flut unter Wasser gerät). Sie kann als ein Musterbeispiel für das langsame, aber stetige Ostwärtswandern aller Ostfriesischen Inseln gelten. Überblickt man sie von Westen her, sieht man niedrige Dünen unterschiedlichen Alters und von vielen Wasserflächen durchzogene Salzwiesen. Überraschenderweise hat man Richtung Osten kein Sandmeer wie sonst, sondern ausgedehntes Grün vor sich. Dieses einzigartige Areal hat sich seit etwa 1935 nahezu ungestört von Menschen entwickeln können, sodass hier selten gewordene Pflanzen wie der Strandqueller, die gelb blühende Strandwinde und die Strand- oder Salzaster noch in größerer Zahl vorkommen. Außerdem ist die Ostplate **Lebensraum zahlreicher Insekten und Brutstätte vieler Vögel**

der Insel ihr charakteristisches grünes Kleid. So durchziehen Wäldchen stellenweise auch den außergewöhnlich breiten, **grün bewachsenen Dünengürtel**, und selbst in den Mulden hat man häufig kleine Baumgruppen mit Erlen und Birken gepflanzt.

Im Kampf um das Land

Die Menschen, die unmittelbar an der Nordsee leben, sahen sich schon immer der Herausforderung gegenüber, sich gegen die Gewalten der Nordsee zu schützen. Der Deichbau war und ist eine der wirksamsten Maßnahmen, Ansiedlungen vor Schäden zu bewahren. Im Binnenland wiederum schufen sich die Menschen durch die Trockenlegung von Mooren neues Land, das sie bewirtschaften konnten.

Der „Goldene Ring"

Für die Ostfriesen an der Küste gehört das „Übern-Deich-Gucken" schon fast so zum Alltag wie das Teetrinken. Es ist vielleicht auch eine

Art der Ehrerbietung in dem Wissen, dass sie ohne die Deiche nicht überleben könnten. „Deus mare, Friso litora fecit" („Gott schuf das Meer, der Friese die Küste") heißt es nicht ohne Stolz. Begonnen wurde mit dem Deichbau an Ostfrieslands Küsten vor gut 1000 Jahren. Zunächst waren es kleinere, ringförmige Deichanlagen um die Gehöfte, erst im 13. Jh. wurden sie zu einem **durchgehenden Seedeich** verbunden, dem sogenannten „Goldenen Ring". Doch wenn der „Blanke Hans" zu wüten begann, erwiesen sich diese Deiche oft genug als nicht ausreichend. Abertausende fanden in hereinbrechenden Fluten den Tod. Bis ins 18. Jh. waren allein die Landbesitzer an der Küste für die Deiche verantwortlich. Diese Pflicht überforderte viele Bauern: Sahen sie sich außerstande, für die Sicherung ihres Deichstücks zu sorgen, steckten sie gemäß dem damals geltenden Recht ihren Spaten hinein, was die Kapitulation bedeutete. „Keen nich will dieken, de mutt wieken", hieß es: „Wer nicht will deichen, der muss weichen." Wer den Spaten herauszog, war automatisch der neue

Spiekeroog bezaubert mit seinem Wechsel aus Grün und Dünenlandschaft.

Besitzer von Haus und Hof – inklusive des Deichpfands, also aller anliegenden Pflichten. Lag die durchschnittliche Deichhöhe im 16. Jh. noch bei 4,5 m, so beträgt sie nun mehr als 8 m. Längst sorgen neben dem Haupt- oder Seedeich zusätzliche Sommer- und Flügeldeiche für Sicherheit.

Fehnsiedlungen

Um 1650 begann die **Erschließung der Moore** im Landesinneren (Fehnkulturen), es wurden zahlreiche **Moordörfer** gegründet, wie im Overledingerland. Nach strengem rechtwinkligen Muster sind die Kanäle, die sogenannten

Wieken, in der Fehnlandschaft angelegt. Diese Wasserläufe sorgten einst dafür, dass die menschenfeindliche Moorlandschaft entwässert und schließlich kultiviert werden konnte. „Den ersten der Tod, den zweiten die Not, den dritten das Brot." Diese Redensart macht deutlich, welche Entbehrungen die ersten „Fehntjer" auf sich nehmen mussten. Die Kanäle dienten auch als Transportwege für den gewonnenen Schwarztorf. Auf dem Rückweg luden die Moorpioniere Schlick, den sie mit Weißtorf als Dünger für ihre „Kolonate" mischten. Erst dadurch konnten sie Ackerbau und Viehzucht betreiben und ihre Lebenssituation verbessern.

Norddeutsche Perlen

Wie die Landschaft besitzen auch die Städte Ostfrieslands einen ganz besonderen und eigenen Charme. Ob älteste Siedlung, heimliche Hauptstadt, Tor Ostfrieslands oder dörfliche Idylle, der maritime Einfluss ist unverkennbar, die historische Architektur zeugt von langer Geschichte.

Norden, die älteste Siedlung Ostfrieslands

Die Ursprünge Nordens reichen wohl ins 6. Jh. zurück, damit ist es die älteste Siedlung Ostfrieslands. Die erste urkundliche Erwähnung erfolgte 1255; die Stadterhebung allerdings erst 1535. Dazwischen lagen mehrere Sturmfluten, die die Leybucht vergrößerten und Norden zur Hafenstadt werden ließen, was man im 19. Jh. aber durch Eindeichungen wieder rückgängig machte und dafür Norddeich ausbaute. Umgeben von alten Bäumen, dominiert die **Ludgerikirche**, die größte mittelalterliche Kirche Ostfrieslands, den Markt. Begonnen 1235, wurde sie 1445 fertiggestellt. Geweiht ist sie Ludger, dem Apostel der Friesen und Schutzheiligen des Norderlandes.

Das **Alte Rathaus**, ein Renaissancebau von 1542, beherbergt heute neben dem Heimatmuseum das einzigartige **Ostfriesische Teemuseum**. Es ist dem Anbau der Teepflanze, ihrer Ernte und ihrer Verarbeitung bis hin zur Bedeutung des Tees als Fernhandelsprodukt gewidmet. Ein weiterer Schwerpunkt ist die Teekultur: Liebevoll werden Teegeschirr, Samoware, Stövchen und andere Gerätschaften präsentiert. Ein weiteres schönes Beispiel für die Renaissancearchitektur ist das Schöninghsche Haus, ein ehemaliges Kaufmannshaus.

Detailreiche Renaissancefassade des Schöninghschen Hauses in Norden

Vor Nordens Toren in Norddeich wiederum werden in der Seehundstation mutterlose Heuler und kranke Seehunde aufgepäppelt.

Jever

Die Stadt geht auf eine Siedlung des Germanenstammes der Chauken zurück und lag bis zum 11. Jh. noch direkt am Meer. Auch nach der Versandung des Hafens blieb das 1158 erstmals erwähnte Jever eine **Handels- und Residenzstadt** von großer Bedeutung, nacheinander beherrscht von den Friesen, Sachsen und Ostfriesen. Der Clan der Wiemken prägte mit Edo d. J. und dessen Erbtochter, dem legendären Fräulein Marie, den Ort ganz besonders, denn in diese Zeit fiel die Verleihung der Stadtrechte. 1575 fiel Jever an das Herzogtum Oldenburg und bald darauf an das Haus Anhalt-Zerbst, bevor es 1793 – mit einem russischen Intermezzo – wieder oldenburgisch wurde.

Jevers Hauptattraktion ist das **Schloss**. Vom ehemaligen Charakter der Ende des 14. Jhs. von Edo Wiemken d. Ä. angelegten Vierflügelanlage zeugt noch der 61 m hohe Turm, das Wahrzeichen der Stadt. Ihm wurde 1730 der barocke Helm aufgesetzt, nur eine von vielen Veränderungen, die das im Kern jedoch unverändert gebliebene Bauwerk erfuhr. Das **Schlossmuseum** beherbergt eine umfangreiche Sammlung zur Stadt- sowie zur Regionalgeschichte Frieslands.

Aurich

Als „**heimliche Hauptstadt**" Ostfrieslands gilt die ehemalige, ca. 20 km von der Nordsee landeinwärts gelegene Residenzstadt, die in der ostfriesischen Geschichte seit jeher eine wichtige Rolle spielte.

Aurichs große Zeit begann 1464, als das Geschlecht der Cirksena von hier aus Ostfriesland regierte, bis es preußisch wurde. Anfang des 16. Jhs. legte sich Graf Edzard I. mit dem zum Erbstatthalter der friesischen Lande ernannten Herzog Georg von Sachsen an – 1517, am Ende dieser „Sächsischen Fehde", war Aurich völlig zerstört, wurde aber planmäßig als Residenzstadt wieder aufgebaut.

Etwa in Höhe der Hafenstraße liegt der vermutlich älteste Gebäudekomplex Aurichs und auf der

Auffällig hebt sich das Schloss von Jever gegen den Himmel ab.

▶ **ERLEBTE GESCHICHTE**

Moormuseum

Das Moormuseum in Moordorf informiert über die 200-jährige Entwicklung der Moorkolonie. Das einstige Leben an diesem „Ort der Armut" stellt ein Film anschaulich dar. Danach besucht man die Gebäude aus unterschiedlichen Zeiten – Katen, Lehmhütten und ein Kolonistenhaus. An Aktionstagen führen „Dorfbewohner" Torfstechen, Mattenflechten oder Hüttenbau vor.
www.moormuseum-moordorf.de

In Emden liegen die „schwimmenden Museen" im Hafen vor Anker.

Die Goldscheibe von Moordorf hat einen Durchmesser von 14,5 cm und ist hauchdünn, sie stammt vermutlich aus der Nordischen Bronzezeit.

Hafenstraße selbst das 1800 erbaute **niedrige Pingelhus**, dessen Glocke früher das Ablegen der Schiffe vom heute nicht mehr vorhandenen Kanalbecken ankündigte. Im Sitzungssaal des um 1900 in historisierenden Renaissanceformen erbauten „Hauses der Ostfriesischen Landschaft" hängen Porträts ostfriesischer Grafen und Fürsten. Hervorgegangen aus einem regionalen Parlament der Landstände, kümmert es sich um die Bewahrung und Förderung regionaler Traditionen. In der **Stiftsmühle**, einem 30 m hohen, fünfstöckigen Galerieholländer und damit Ostfrieslands größter Windmühle, zeigt das **Mühlenfachmuseum** mit altem Mahlgerät, diversen Maschinen und Mühlenmodellen die technische Entwicklung der verschiedenen Mühlenarten.

Leer

Leer ist mit knapp 35 000 Einwohnern **drittgrößte Stadt Ostfrieslands**. Gegründet wurde das „Tor Ostfrieslands" bereits im 8. Jh., schließlich weihte der Friesenapostel Liudger 791 n. Chr. hier die erste Kirche in der Region. Im späten 14. und frühen 15. Jh. regierte der mächtige Häuptling Focko Ukena Ostfriesland von Leer aus. 1508 erhielt der Flecken Leer Marktrecht, aber erst 1823 Stadtrecht.

Die **Altstadt** zählt zu den schönsten historischen Stadtkernen Norddeutschlands. In der Nähe des Museumshafens sind die beiden Wahrzeichen zu finden, die niederländisch-barocke Stadtwaage (1714) und das Rathaus, 1894 im Neorenaissancestil erbaut. Die zweiflüglige Haneburg geht zurück auf das 15. Jh. und den Ostfriesenhäuptling Hayo Unken; im 17. Jh. wurde der Herrensitz im Renaissancestil erneuert.

Greetsiel

Ostfriesische Idylle verspricht Greetsiel, der Hauptort der Krummhörn, mit seinem historischen Ortskern und den malerischen Gassen. Als die Häuptlinge der Cirksena noch auf der Domäne Appingen lebten, gründeten sie Greetsiel. In der Folge verlor die Domäne immer mehr an Bedeutung, während der Hafenort schließlich zum Häuptlingssitz aufstieg. Erstmals urkundlich erwähnt wurde Greetsiel 1388, als Hamburger Schiffe im Hafen lagen und Zoll entrichten mussten. Schon von Weitem sieht man am östlichen Ortsrand die „**Greetsieler Zwillinge**", zwei zweistöckige Windmühlen am Greetsieler Sieltief. Beide wurden als Nachfolger für durch Sturm oder Brand beschädigte ältere Mühlen erbaut. Der **Greetsieler Hafen** ist die Heimat der größten Kutterflotte Ostfrieslands, zeitweise sieht man hier 30 Kutter, dazu Muschelfänger, Ausflugsdampfer, Segelboote und holländische Tjalken. Die ältesten **Bürgerhäuser** stehen unmittelbar am Hafen in der Sielstraße. Zum Teil stammen sie aus dem 18. Jh., ihre Wappen erzählen von der Zeit ihrer Entstehung und den einstigen Besitzern.

Emden

Trotz der Verluste an historischer Bausubstanz im Zweiten Weltkrieg ist die Gegend um den alten, Ratsdelft genannten Hafen sehr stimmungsvoll und erinnert an große Zeiten der 1200-jährigen Hafenstadt, heute wirtschaftliches und kulturelles Zentrum Ostfrieslands. Um den **historischen Stadtkern** zieht sich im Verlauf des alten Stadtwalls ein Grüngürtel; jenseits der Parkanlage regelt die alte Kesselschleuse den Bootsverkehr auf den vier Kanalarmen, südlich der Stadt liegt der **viertgrößte deutsche Hafen**. Im Stadtzentrum steht am Ratsdelft das wieder aufgebaute **Alte Rathaus**, 1574 errichtet und heute Sitz des **Ostfriesischen Landesmuseums**. Es stellt die ostfriesische Geschichte vor und zeigt u. a. mittelalterliche Kunst, Schiffsmodelle, die vollständig erhaltene Moorleiche von Bernuthsfeld (7./8. Jh.) oder ein Stadtmodell von Emden, wie es um 1650 aussah. Vor dem Rathaus liegen im Ratsdelft der Seenotrettungskreuzer „Georg Breusing", das Feuerschiff „Amrumbank/ Deutsche Bucht" und der hölzerne Heringslogger „AE7 Stadt Emden" als **schwimmende Museen** vor Anker.

Große Namen, starke Bündnisse

Um 600 n. Chr. stießen aus den Niederlanden kommende friesische Volksstämme in das nur wenig besiedelte Land vor. Um 700 n. Chr. einigte **König Radbod** diese Stämme und schuf ein friesisches Großreich, das jedoch nur bis zur Weser reichte. So blieb die Macht vieler **Stammesfürsten** groß, auch nachdem Karl der Große das östliche Friesland seinem fränkischen Reich einverleibt hatte. Bis um 1100 erschlossen die Friesen die gesamte Nordseeküste bis ins südliche Dänemark, zu dessen Herrschern sie meist freundschaftliche Kontakte pflegten. In dieser Konstellation zwischen dem Heiligen Römischen Reich und den Dänenkönigen hielten sich bis gegen Ende des Mittelalters **zahlreiche autonome Stammesgebiete**, sie gerieten jedoch zunehmend unter den Einfluss mächtiger Häuptlingssippen. Dennoch bestanden die einzelnen Stämme auf ihrer althergebrachten Eigenständigkeit und hielten an ihren Rechtsformen fest.

Upstalsboom

Legendär wurde der Upstalsboom, wo sich seit 1156 friesische Stammesvertreter jährlich trafen. Ein Ort in der Nähe von Rahe bei Aurich, der seit 1833 als Upstalsboom bezeichnet wird, kann jedoch höchstens die ungefähre Lage der **historischen Versammlungsstätte** markieren. In Ostfriesland stiegen **Emden** und **Jever** dank ihrer Lage an den Hauptverkehrswegen nach Westfalen und Sachsen zu wichtigen Handelsplätzen auf.

Friesenhäuptlinge

Eine überragende friesische Häuptlingspersönlichkeit war **Edo Wimken d. Ä.**, der ab 1383 in Rüstringen, heute ein Stadtteil von Wilhelmshaven, seine legendäre Siebethsburg zur Festung ausbauen ließ. Im westlichen Ostfriesland herrschte die Häuptlingssippe der **tom Brok**.

Deren große Machtentfaltung ließ den Freiheitswillen der Friesen bald wieder erstarken: So schlossen sich 1430 um **Enno Cirksena** sieben Stämme zu einem Freiheitsbund zusammen, und es begann eine neue Ära: Der Kaiser ernannte den Sohn Ennos, Ulrich Cirksena, 1454 zum Reichsgrafen in Ostfriesland. Damit stand das gesamte Land zwischen Weser und Ems unter einheitlicher Herrschaft. Der letzte große Friesenhäuptling war **Edo Wimken d. J.**, dessen Sippe nach dem Verlust der Siebethsburg an die Hanse nach Jever umsiedelte. Sein Haus war durch Heirat mit dem Grafengeschlecht von Oldenburg verbunden. Unter Edo d. J. und dem legendären **Fräulein Marie von Jever**, seiner Tochter und Nachfolgerin, erlebten die Stadt und das zugehörige Land eine Blüte. Mit ihrem Tod 1575 endete in Ostfriesland die

Sie sind das prominente Wahrzeichen von Greetsiel: die Zwillingsmühlen.

große Zeit der Stammesherrschaf-ten. Divergierende Interessen hatten verhindert, dass Friesland als ein einheitliches Gebiet in die Neuzeit starten konnte.

Boßeln, Kloot-schießen und Co.

Der Nationalsport der Nordseeküste heißt **Bo-ßeln**. Bei dem Wurfspiel, das seine Wurzeln mit Boule und Boccia teilt, treten zwei Mannschaften gegeneinander an, die aus vier Gruppen mit vier Werfern bestehen. Ziel ist es, eine festgelegte Strecke mit möglichst wenigen Würfen einer schweren Holz- oder Gummikugel zu bewältigen.

Älter und uriger als das Boßeln, das auf ge-teerten Straßen mit Fahrbahnmarkierung gespielt wird, ist das **Klootschießen**, dessen Wurzeln in der Vorzeit liegen – damals waren die Friesen für ihre Wurfgeschosse gefürchtet. Klootschießen setzt Schnelligkeit, Konzentra-tion und Kraft voraus. Anfangs wurde noch mit kiloschweren Flint- und Eisenkugeln gearbeitet,

die später faustgroßen Apfelholzkugeln mit Blei- oder Eisenkern wichen – und immer noch 500 g auf die Waage brachten. Gespielt wird ausschließlich im Winter. Unter dem Motto „Lüch up un fleu herut!" (Hebe auf und fliege weit hinaus!) treffen sich die Friesen bei Frost zum Wettkampf und versuchen, nach kurzem Anlauf und Absprung von einer Rampe die Ku-gel möglichst weit über den Acker zu schleudern. Wo sie ausgerollt liegen bleibt, befindet sich die nächste Abwurfstelle, die gesamte Stecke ist beachtliche 7 km lang.

Treffsicherheit schließlich ist beim Friesen-sport **Pick Folt** gefragt, bei dem eine rot-weiße Markierungsstange aus 6 m mit einem Holzstab getroffen werden muss. Was sich leicht anhört, erfordert allerhand Geschick: Ohne die richtige Wurftechnik trudelt der Stock durch die Luft und landet neben dem Ziel.

Ostfriesische Teekultur

Das Teetrinken wird in Ostfriesland zelebriert. Gemütlich sollte es sein zur „Teetied" am Nach-mittag oder auch beim „Elführtje" am Vormit-tag. Sich selbst einzuschenken, gilt als höchstes Banausentum. Als Erstes wandert **Kandis** in die Tasse. Ein leises Klingeln, ein Knistern ertönt, wenn die heiße Flüssigkeit auf den „Kluntjes" trifft, „Wohlklang" genannt. Auch die **Sahne** wird nicht einfach so in die feinwandige Tasse gekippt, sondern mit einem angewärmten Löffel, dem „Rohmlepel", aufgelegt. Wie in einem Gemälde verteilt sich das „Sahnewölkchen". Getrunken wird in drei Schritten. Zuerst die milde Sahne an der Oberfläche, dann die Mitte, wo sich der eher herbe, intensive Geschmack des Tees entfaltet. Als „Nachtisch" etwas Süßes – den teilweise aufgelösten Kandis in einer Pfütze Tee. 1610 brachten erstmals Schiffe der „Niederlän-dischen Ostindien-Kompanie" Tee nach Europa. Seit Beginn des 18. Jhs. importierten die Ostfrie-sen die kostbaren Blätter selbst. Heute liegt die Hauptaufgabe der Teetester darin, jedes Jahr aufs Neue eine exakt gleich schmeckende Mischung zu zaubern, was scheinbar der Quadratur des Kreises gleichkommt. Sie schaffen es trotzdem. 50 000 Teesorten sind jedes Jahr auf dem Markt. Und keine schmeckt genauso wie im Vorjahr. Also muss immer wieder neu getestet und ge-mischt werden, um den Geschmack der Ostfrie-sen zu treffen.

Die Teezeremonie ist den Ostfriesen heilig und ein ganz besonderes Ritual.

Friesisches Kulturgut

Shantychöre treten zwar heute noch bei jeder Volksmusikveranstaltung an der Küste auf, doch haben diese Darbietungen nur noch wenig mit dem Originalcharakter der Seemannslieder zu tun. Die ursprünglichen Shantys (engl. „to chant"/franz. „chanter" = singen) **sangen die Seeleute bei ihrer anstrengenden Arbeit** auf den Segelschiffen – daraus ist eine ganze Kunstform entstanden. Die Grundstruktur der Lieder besteht aus dem Wechsel von Liedzeilen, die von einem Vorsänger oder einer Vorsängergruppe vorgetragen werden, und kurzen Choreinwürfen. Die Chorstellen waren dem jeweiligen **Arbeitsrhythmus** angepasst und besaßen etwa die Funktion von Kommandos: Zu „oh roll", „haul away" oder „bring back" aus dem bekannten „My Bonnie is over the ocean" wurden Segel gehisst, Netze und Anker eingeholt oder Pumpen bedient.

Andere Lieder, die eher in der Freizeit gesungen wurden und oft von einem **Schifferklavier** (Akkordeon) oder einer **Mundharmonika** begleitet waren, hatten die Sehnsucht nach der Heimat oder der Geliebten zum Thema. Die Sprache der Shantys war meist Englisch, das von der international gemischten Crew der Segelschiffe des 18./19. Jhs. am ehesten verstanden wurde.

Zu jener Zeit war diese Musik ein unverzichtbarer Bestandteil des zumeist harten und gefährlichen Lebens auf hoher See.

Vermutlich reichen die Wurzeln der Shantys deutlich weiter zurück als bis ins 18. Jh. – es existieren Überlieferungen von der Existenz solcher maritimen Arbeitslieder aus dem 15. und 16. Jh.

Mit dem technischen Fortschritt, der auch vor der Seefahrt nicht haltmachte und die Arbeit an Bord veränderte, ging der Stellenwert der Shantys allmählich zurück und sie verschwanden schließlich gänzlich aus dem Matrosenalltag.

Auch wenn die heutigen Interpretationen der Shantys nur noch bedingt etwas mit den Originalen zu tun haben mögen, so erfreuen sich Shantychöre dennoch nach wie vor großer Beliebtheit und sind fester Bestandteil des norddeutschen Brauchtums. So wird auch auf Baltrum das Liedgut gepflegt. Der örtliche Shantychor wurde bereits 1985 gegründet und schmettert die Seemannslieder nicht mehr nur auf der Insel, sondern hat längst auch das Festland „geentert" und sogar diverse CDs veröffentlicht.

Kleines Bild: Das Schifferklavier ist unverzichtbares Utensil für jeden Shantychor.

Großes Bild: Das Shantysingen hat an der norddeutschen Küste eine jahrhundertelange Tradition und wird noch immer liebevoll gepflegt.

Lüneburger Heide und Wendland

Hier finden sich die größten zusammenhängenden Heideflächen Mitteleuropas, aber auch faszinierende Rundlingsdörfer und ein einzigartiger Bahnhof.

Ein typisches Fachwerkgebäude mit tief herabgezogenem Dach schmiegt sich in die Landschaft der Lüneburger Heide, die im Spätsommer vom Violett des Heidekrauts geprägt wird.

Am Wilseder Berg, dem Zentrum des Naturschutzparks Lüneburger Heide, erfüllt die Heidelandschaft scheinbar jedes Klischee: Von dort oben blickt man auf weite, im späten August und September intensiv lila blühende Heideflächen, aus denen vereinzelt helle Birken und viele dunkelgrüne Wacholder aufragen. Gelegentlich markiert ein Reetdach einen Heidschnuckenstall. Heidschnuckenherden, die Landschaftspfleger, die diese Kulturlandschaft erhalten, ziehen mit ihrem Schäfer durch die Heide.

Doch der Wilseder Berg ist nur ein Teil der weiten Region zwischen Aller und Elbe, andernorts dominieren **Wälder** und **Weiden**, ebenso wie die **Kartoffeläcker** und **Zuckerrübenfelder**, deren Produkte genauso zu Schmackhaftem verarbeitet werden wie das Schnuckenfleisch, das hier Bestandteil zahlreicher Speisekarten ist.

Die beiden letzten Eiszeiten haben mit Urstromtälern und Moränen diese reich bewegte Landschaft geformt. **Findlinge** genannte gewaltige Felsbrocken zeugen als Schmuck vieler Dörfer und Vorgärten sowie – besonders aufschlussreich – im Findlingspark bei Clenze von der einstigen Kraft der Gletscher. **Moore** wie das Pietzmoor und plätschernde Quellen sind einzigartige Naturschätze, die seltenen Tier- und Pflanzenarten einen Lebensraum bieten.

Die Lüneburger Heide bedeutet aber nicht nur Natur mit wieder heimisch gewordenen Bewohnern wie dem Fischotter, sondern auch reiche

Hotels, alle wirken wie Boten aus Zeiten, als Tourismus noch ein Fremdwort war. Bunt und modern kommt der **Bahnhof von Uelzen** daher. Das ursprünglich wilhelminische Bahnhofsgebäude wurde nach einem Modell des österreichischen Künstlers und Architekten **Friedensreich Hundertwasser** gestaltet und ist ein gelungenes Beispiel für Kunst ganz nah am Lebensalltag der Menschen.

Urstromtäler, Findlinge und Moränen

Die Landschaft in Heide und Wendland ist das Werk gewaltiger Gletschermassen, die sich während der **Saale-Eiszeit** von Skandinavien aus bis zu den deutschen Mittelgebirgen vorschoben und teilweise bis zu 3 km dick waren. Diese Gletscher schürften auf ihrem Weg gewaltige Geröll- und Gesteinsmassen aus dem Boden heraus und transportierten sie über weite Entfernungen. Wo die Gletscherzungen zum Stillstand

Architektur und Kultur. Das Gesicht vieler Dörfer wird noch immer von alten Höfen mit **reetgedeckten Häusern** und altem Baumbestand geprägt. Die jetzt von evangelischen Stiftsdamen bewohnten **Heideklöster** setzen eine über 700-jährige Tradition fort. Kunstschätze von überregionalem Rang finden sich nicht nur in den Klosterkirchen und den stattlichen Gotteshäusern von **Lüneburg** und **Celle**, sondern auch in vielen kleinen Heidekirchen, die im Sommer oft zu stimmungsvollen Konzerten einladen. Farbig bemalte und reich beschnitzte Fachwerkhäuser schmücken viele Städte. Am schönsten sind sie in Celle, während in Lüneburg die Werke der Backsteingotik faszinieren. Da biegen sich mancherorts sogar die Wände, weil sich der Boden über den alten Salzstöcken teilweise senkt. **Salz**, das „weiße Gold", war ein Jahrtausend lang der wichtigste Bodenschatz der Heide und machte Lüneburg reich. Eine Besonderheit sind die eigenartigen **Rundlingsdörfer** im Wendland mit ihren stattlichen Fachwerkhöfen rund um den zentralen Dorfplatz mit Milchbank und alten Eichen. Nur in wenigen von ihnen stehen kleine

▶ TOPZIELE IN DER REGION

Neben der sehenswerten Landschaft haben die Lüneburger Heide und das angrenzende Wendland auch historisch und architektonisch Einzigartiges zu bieten.

PIETZMOOR
Zwei Rundwanderwege führen über Moordämme und an schwierigen Stellen auch über Bohlenwege und Knüppeldämme durch das 2,4 km² große Naturschutzgebiet, in dem die Renaturierung durch Wiedervernässung weit fortgeschritten ist. → S. 42

DEUTSCHES SALZMUSEUM
Das Salzmuseum in Lüneburg ist bundesweit einzigartig, denn hier wird die Geschichte der Salzgewinnung besonders anschaulich dokumentiert. Originell ist hier auch die Eintrittskarte: Statt einer gedruckten Karte erhält der Besucher zum Einlass ein kleines Säckchen Salz – die ideale Einstimmung für den Museumsbesuch. → S. 46

SCHLOSS CELLE
Das 1674 eingeweihte Schlosstheater dient heute noch seinem ursprünglichen Zweck. Einen Einblick in den Alltag des Personals gewährt die Küche aus der Mitte des 19. Jhs. Höhepunkt ist die Besichtigung der Schlosskapelle mit ihrer Fürstenempore und einer reichen malerischen Renaissanceausgestaltung von 1570. → S. 46

HUNDERTWASSER-BAHNHOF UELZEN
Der Bahnhof, der zu den weltweit schönsten zählt, wurde anlässlich der EXPO 2000 gestaltet. Eine bessere Auswahl an modernen Kunstgewerbegeschäften gibt es wohl in keinem anderen deutschen Bahnhof. → S. 46

RUNDLINGSDORF LÜBELN
In Lübeln im Wendland kann man im Freilichtmuseum hautnah erleben, wie die Menschen in früheren Zeiten in einem Rundlingsdorf lebten und arbeiteten. → S. 47

Die Torfschicht im Pietzmoor ist bis zu 7,5 m mächtig. Da das Moor jährlich nur um 1 mm wächst, dürfte sein Alter bei etwa 7500 Jahren liegen. Ab dem 16. Jh. wurde im Pietzmoor Torf als Brennmaterial abgebaut, seit Mitte des 19. Jhs. legte man es außerdem durch Entwässerungsgräben trocken. Bis 1960 wanderte so fast ein Viertel des Moores in die Öfen. Auf trockeneren Flächen siedelten sich Kiefern und Birken an, das Moor verlandete. Heute kann die Torfschicht wieder wachsen und das Moor sich weiterentwickeln, da Gräben verfüllt und die Entwässerung unterbunden wurde.

Wasserwelten

Die Gewässer und ihre Quellen zählen zu den eher unbekannten landschaftlichen Kostbarkeiten der Heide. Die meisten fließen über Aller und Wümme der Weser zu, ein Teil vereint sich mit der Elbe. Wie unterschiedlich Heidequellen sein können, zeigen die Vissel- und die Schwindequelle. Die **Visselquelle** sprudelt in einem Quellteich mitten im Dorf Visselhövede neben der Kirche. Die **Schwinde** hingegen tritt in einem Wäldchen bei Amelinghausen aus vielen Löchern in einem flachen, völlig naturbelassenen, vielfarbigen Quellbecken von über 30 m² Größe aus feinem weißen Sand aus. Sie ist die zweitstärkste Quelle Niedersachsens.

Auch der 2,5 m tiefe **Grundlose See** ist ein Kleinod inmitten des Grundlosen Moores. Hier leben zahlreiche Libellen, Bekassinen, Kiebitze und der Große Brachvogel. Abgestorbene Birken und Kiefern in alten, wieder verwässernden Torfstichen und eine Verlandungszone mit Schwingrasen, Torfmoosen und Wollgras prägen seine Ufer.

Schützenswerte Kulturlandschaft

Die Heide ist eine Kultur- und keine Naturlandschaft. Der Mensch hat sie geschaffen, nur mit seiner Hilfe kann sie zumindest in Deutschland fortbestehen. Schon seit der Bronzezeit leben die Bauern auf den nährstoffarmen, für Ackerbau kaum geeigneten Böden zwischen Weser, Elbe und Aller überwiegend von **Viehzucht**. Die Herden fraßen in den Wäldern nicht nur Eicheln und Bucheckern, sondern auch jeden Sprössling.

Einst diente es der Torfgewinnung, heute ist es ein wertvoller Lebensraum: das Pietzmoor.

kamen, türmten sie die Geröllmassen auf; hier entstanden sogenannte Endmoränen wie der **Wilseder Berg** oder der **Höhbeck**. Am seitlichen Rand der Gletscher bildeten sich Seitenmoränen. Bei jedem Stillstand während des Eisrückzugs entstanden später niedrige Moränenwälle, die staffelförmig hintereinander liegen blieben und so ein sanft gewelltes Hügelland geschaffen haben. Auch die vielen **Findlinge** genannten großen Steinblöcke sind ein Produkt der Eiszeit: Die Gletscher haben sie aus Skandinavien mitgeführt. Sie lagerten im oder auf dem Eis und blieben beim Abschmelzen liegen.

Moorlandschaften

Zu den typischen Landschaftsformen der Heide gehört das Moor wie das **Grundlose Moor** oder das **Pietzmoor**. Die Hochmoore der Lüneburger Heide sind in Mulden entstanden, die ebenfalls durch die letzte Eiszeit geschaffen wurden und über denen ein toniger und wasserundurchlässiger Grund zurückgeblieben ist. Das Pietzmoor bei Schneverdingen ist mit 2,5 km² Fläche größtes **Hochmoor** der Region. Es besteht aus abgestorbener, von Pilzen und Bakterien aber erst teilweise abgebauter pflanzlicher Substanz und wird nur von nährstoffarmem Regenwasser gespeist, im Gegensatz zu „bodenwassergenährten" **Niedermooren**.

Zudem forcierten die Lüneburger Salinen ab dem frühen Mittelalter den **Holzeinschlag**. Auf den kargen Böden konnten die Wälder nicht schnell genug nachwachsen. **Strauchheide** aus viel Besen- und etwas Glockenheide, **Ginster** und **Wacholder** breitete sich immer mehr aus. Die **Heidschnucke** war und ist das ideale Tier zu ihrer Beweidung. Sie ernährt sich von den jungen Trieben der Heidesträucher und verbeißt alle Baumtriebe, verhindert also eine natürliche Wiederverwaldung und erhält diese Kulturlandschaft. Nur die spitzen Nadeln des Wacholders sind für sie ungenießbar. Die Schnucken halten die Heideblüten auch von Spinnweben frei und ermöglichen so eine intensive **Bienenzucht**.

Naturschutzpark Lüneburger Heide

Im Naturschutzpark Lüneburger Heide lassen sich **Landschaft, Tier- und Pflanzenwelt** noch weitgehend ungestört von Kraftfahrzeuglärm und Hochspannungsmasten genießen.

Der Naturschutzpark Lüneburger Heide ist das größte und älteste großflächige Naturschutzgebiet Deutschlands. Eine wirtschaftliche Nutzung ist hier nur unter strengen Auflagen möglich; Besucher müssen sich auf den ausge-

wiesenen Wegen halten. Dieser Teil der Heide ist nicht nur zur Blütezeit im August und September ein lohnendes Ziel: Die Heide hat je nach Jahreszeit ganz unterschiedliche Gesichter, und sie ist äußerst vielfältig. Es gilt, die verschiedenen Waldtypen und Moore, Quellen und Bachläufe zu entdecken – und auch die Äcker zu akzeptieren, die weiterhin bewirtschaftet werden. Eine kostengünstige Chance zur Erweiterung hat die deutsche Wiedervereinigung geschaffen. Truppenübungsplätze am Rand des Parks wurden 1994 von den Briten an Deutschland zurückgegeben, auf denen große neue Heideflächen entstanden sind.

Heide und Wacholder

Die Wahrzeichen der Heide entfalten ihren Reiz insbesondere im Spätsommer und Herbst. Dann blüht das **Heidekraut** oder die **Erika**, wie die Besenheide landläufig genannt wird, und verwandelt die Landschaft in ein lilafarbenes Pflanzenmeer. Der kleine Zwergstrauch fühlt sich auf trockenen, sandigen Böden besonders wohl, findet auf den kargen Böden der Lüneburger

Streng und aufrecht stehen Wacholdersträucher, durch ihre Stacheln vor Verbiss geschützt, wie Wachsoldaten im rosa Blütenmeer.

Heide also einen idealen Lebensraum. Die Blüten der Erika sind eine wertvolle Bienenweide. So kommt es nicht von ungefähr, dass die **Imkerei** für viele Heidebauern immer schon ein einträgliches Nebengeschäft war. Aus diesem Grund sind überall in der Lüneburger Heide sogenannte **Bienenzäune** anzutreffen, mit Reet gedeckte Regale oder einfache Häuser, die die Bienen vor Wind und Sonne schützen.

Die immergrünen **Wacholderbüsche**, die zu den Zypressengewächsen zählen, gehören zu jeder Heidelandschaft fast so unerlässlich dazu wie das violett blühende Heidekraut. Oft stehen sie aufrecht wie einsame Wächter in ihrem Bett aus Heidekraut. Auf der 20 ha großen **Schmarbecker Wacholderheide** aber bildet der Wacholder fast schon einen Wald. Schöner als im **Steingrund** ist die Heide nirgendwo. In diesem Trockental bildet der Wacholder tatsächlich einen dichten, hoch gewachsenen Wald. Seinen Namen bekam er, weil hier besonders viele Findlinge herumliegen, die allerdings vom Weg aus nicht zu sehen sind.

In der Lüneburger Heide findet der selten gewordene Fischotter heute wieder einen Lebensraum.

Neue „alte" Bewohner

Im Mittelalter war der **Fischotter** in der Heide noch in großer Zahl heimisch. Inzwischen aber ist er durch Flussbegradigungen, sinkende Wasserqualität, Bejagung und Autoverkehr überall in Mitteleuropa vom Aussterben bedroht. Am Heideflüsschen Ise ist es jedoch gelungen, den Fischotter nach über 20 Jahren wieder heimisch zu machen.

Auch der einst ausgerottete **Wolf** zieht allmählich wieder aus dem Osten in die Lüneburger Heide hinein. Begegnungen in freier Wildbahn sind selten; hautnah erleben kann man die Raubtiere beispielsweise im **Wolfcenter Dörvenden**. Am Rand der kleinen Gemeinde zwischen Weser und Aller dreht sich alles um die Tierfamilie der Hunde mit Schwerpunkt Wolf. Rund ein Dutzend dieser Tiere lebt in zwei insgesamt 20 000 m² großen, bewaldeten Gehegen; sie lassen sich von 3 m hohen Plattformen aus beobachten.

Am östlichen Rand der Lüneburger Heide ist auch der **Biber** in die **Niedersächsische Elbtalaue** zurückgekehrt. Auch die Nagetiere galten seit dem 19. Jh. als ausgerottet, jetzt leben wieder über 500 in der Elbe zwischen Schnackenburg und Lauenburg, in ihren Altarmen und Nebenflüssen. Der bis zu 30 kg schwere und bis zu 1,30 m lange Nager ist ein reiner Pflanzenfresser. Er lässt sich Obst, Kräuter, Wurzeln, Blätter, Zweige und Rinde schmecken – und fällt auch deshalb mit seinen scharfen Zähnen Büsche und Bäume bis zu einem halben Meter Stammdurchmesser. Zweige braucht er außerdem zum Bau seiner Burgen, deren „Burgtor" grundsätzlich unter Wasser liegt.

Auf Salz gebaut

Die alte Salz- und Hansestadt **Lüneburg** gab der ganzen weiten Region zwischen Elbe, Weser und Aller ihren Namen. Ihr Wohlstand gründet sich historisch auf ein unscheinbares Mineral und eine sich im Schlamm suhlende Sau. Jäger spürten das Tier einst im Morast auf und sahen, wie sich ihre dunklen Borsten beim anschließenden Sonnenbad schimmernd weiß färbten. Die **Sole von Lüneburg** war entdeckt. Kaiser Otto I. übertrug im Jahr 956, nur fünf Jahre nachdem zur Überwachung der Furt an der Ilmenau hier eine erste Burg gegründet worden war, die Nutzungs-

Jeden Tag im Dienst

Ein Schäfer mit seiner Heidschnuckenherde und den Hütehunden in der rosafarbenen Pracht der Heidelandschaft, im Einklang mit sich, seinen Tieren und der Natur: Was auf Besucher wie pure Romantik wirkt, ist für den Schäfer täglich harte Arbeit. Bei Wind und Wetter, rund um das Jahr, sorgt er mit seinen Tieren dafür, dass die Heide so erhalten bleibt, wie sie ist. Die mit dem europäischen Wildschaf, dem Mufflon, eng verwandten Heidschnucken sollen zwar die Graskanten an Feld- und Wegrändern abweiden, ebenso Baumschösslinge – die Kartoffeln und Rüben auf den angrenzenden Feldern sind jedoch tabu für sie. Der Schäfer muss daher geeignete Hütehunde auswählen, die die Schnucken zwar von den Feldern fernhalten, ihnen aber trotzdem genug Ruhe zum Fressen lassen und sie nicht ständig scheuchen. Für große Wanderherden wie in der Heide sind vor allem Altdeutsche Schäferhunde geeignet.

Die Heidschnuckenherden umfassen mehrere Hundert Tiere, vorwiegend Mutterschafe, aber auch einige Böcke. Nach fünfmonatiger Tragezeit werden die Lämmer im Februar und März geboren, und die Herden wachsen dann schnell auf über 1000 Schnucken an. Auch hier ist der Schäfer gefordert – als Geburtshelfer, denn ein

Tierarzt ist nicht dabei, wenn die Lämmer mit schwarzem Fell auf die Welt kommen.

In den ersten Lebenstagen bringt der Schäfer Lamm und Muttertier im Stall in einer Einzelbucht unter, um die Bindung zwischen den Tieren zu stärken. Die Lämmer sind etwa 120 Tage auf Muttermilch angewiesen, die kein Kraftfutter ersetzen kann. Ab April nimmt der Schäfer die Tiere jedoch bereits mit in die Heide, denn jeder Tag im Stall kostet Geld, das erwirtschaftet werden muss. Und ab dem neunten Lebensmonat werden die ersten männlichen Jungtiere geschlachtet, während der Schäfer die besten jungen Böcke zur Bockauktion bringt.

Rentabel ist die reine Haltung der Schafherden nicht, die Schnuckenprodukte erwirtschaften nicht genug, sodass der Schäfer auf die Prämien angewiesen ist, die der Staat und die EU dafür zahlen, dass er an 365 Tagen im Jahr einen Beitrag dazu leistet, dass die schützenswerte Landschaft der Heide und die grau gehörnte Heidschnucke in ihrem Fortbestand bewahrt werden.

Kleines Bild: Der Hund des Schäfers ist ein unverzichtbarer Helfer, wenn es darum geht, die Herde zusammenzuhalten.

Großes Bild: Ein Heideschäfer und seine vierbeinigen Landschaftspfleger

FAKTEN

*Im 12 km südlich von Schneverdingen gelegenen Neuenkirchen, das sich wegen seiner 3000-beinigen Herde auch als Schnuckendorf bezeichnet, kann man montags und mittwochs bis samstags ab 17.30 Uhr Schäfer und Herde beim Schnuckeneintrieb auf den **Schäferhof** ganz nahe kommen und zudem die Schnuckenzucht durch Fleisch- und Wursteinkäufe unterstützen. www.schaeferhof-neuenkirchen.de*

rechte an der Saline dem Lüneburger Benediktinerkloster St. Michaelis. Dieses verpachtete die Rechte an bürgerliche Siedemeister weiter.

Ende des 13. Jhs. erzeugten 54 Siedereien in der Stadt jährlich etwa 30 000 t des „weißen Goldes". Es wurde in einer Zeit, in der das Haltbarmachen von Lebensmitteln ein Problem darstellte, vor allem als **Konservierungsmittel**, zum Einpökeln von Fisch und Fleisch, europaweit benötigt. Ursprünglich wurde das Salz im Mittelalter an der Erdoberfläche gewonnen, doch bald schon unter Tage. Die dort arbeitenden sogenannten Fahrtknechte beseitigten die Kalk- und Gipsablagerungen an den Solequellen und erneuerten die Filter aus getrocknetem Heidekraut. Sogenannte Sodeskumpane in weißen Leinenkitteln zogen die mit Sole gefüllten Eimer ans Tageslicht und schütteten den Inhalt in hölzerne Rinnen, die zu den Siedehäusern führten, die rund um die Solebrunnen errichtet waren.

Dem „weißen Gold" ist das **Deutsche Salzmuseum** gewidmet. Die Ausstellung im hochmodernen Industriemuseum, einem 1980 stillgelegten Salzwerk, macht anhand von Objekten, Modellen und lebensecht nachgestellten Szenen die Geschichte der Salzgewinnung und des Salzhandels lebendig und bietet Einblicke in den Alltag der Arbeiter. In einem nachgebauten Stollen kann man zu einer Solequelle hinabgehen und in kleinen Pfannen selbst Salz sieden. Größtes Ausstellungsstück ist die letzte erhaltene Siedepfanne mit 8 m Breite und 20 m Länge; eindrucksvoll ist auch ein 6 t schwerer, 200 Mio. Jahre alter Steinsalzbrocken aus Helmstedt.

Reiche Kultur

Das kulturelle Gesicht der Heide prägen historische Städte und sakrale Bauten, wie die **Ole Kerk** in **Bispingen**, eine Feldsteinkirche von 1353 mit 16 modernen Bleiglasfenstern. Von religiöser und historischer Bedeutung sind aber ebenso die historischen **Heideklöster** Medingen, Ebstorf, Wienhausen, Walsrode und Lüne, in denen heute evangelische Stiftsdamen leben und Kunstschätze von unermesslichem Wert verwalten.

Kunst in Klöstern

Im **Kloster Ebstorf** bei Bad Bevensen sind die farbigen Glasfenster im Kreuzgang einem neu- und drei alttestamentarischen Ereignissen zugeordnet. Wertvollstes Objekt im Klostermuseum ist die **rekonstruierte Weltkarte aus dem 13. Jh.** Mit einzigartigen Wandmalereien aus dem 14. Jh., mit Motiven aus dem Leben Christi und aus dem Jahresablauf der Menschen, mit Rankwerk und Ornamenten ist das **Kloster Wienhausen** bei Celle der Höhepunkt jeder Kunstreise durch die Lüneburger Heide. Bedeutendste Hinterlassenschaft der Zisterzienserinnen sind auf gewobener Leinwand gestickte weltliche und biblische Szenen.

Die Altstadt von Celle

Zentrum der südlichen Heide ist die alte Residenzstadt Celle mit ihrem **Schloss** und ihren ca. 450 **Fachwerkhäusern**. Von Celle aus wurde die Heide dreieinhalb Jahrhunderte lang regiert. Im Celler Schloss residierten die Lüneburger Herzöge von 1378 an; auf ihre Residenz war die ganze Stadt ausgerichtet. Das Welfenschloss entstand aus einer älteren Burg und wurde mehrfach erweitert und umgestaltet. So findet man hier Stilelemente der Spätgotik, der Renaissance und des Barock.

Hundertwasser-Bahnhof Uelzen

Friedensreich Hundertwasser hat Uelzen nie gesehen, und doch prägte der österreichische

WUSSTEN SIE, ...

... dass die Lüneburger dem salzhaltigen Wasser unter Tage folgten und sechs Solequellen in bis zu 35 m Tiefe erschlossen, von wo aus die Sole durch ausgehöhlte Baumstämme zum zentralen Solebrunnen geleitet wurde?

Beim Salzsieden wird, wie hier im Deutschen Salzmuseum, die Sole erhitzt, sodass durch Verdampfen des Wassers schließlich das Salz ausfällt.

Künstler und Architekturphilosoph die Stadtentwicklung entscheidend, 1999 lieferte er den Entwurf für eine Umgestaltung des kaiserzeitlichen Bahnhofs. Das von ihm geschaffene Modell, einziger Anhaltspunkt für Projektarchitekten und Handwerker, steht im Rathaus. Bunt wie die mittelalterlichen Darstellungen in den Heideklöstern ist auch dieses moderne Werk: Wichtigste Merkmale sind die fröhliche Farbigkeit der vielgestaltigen Keramiksäulen, die Vermeidung gerader Linien und ebener Flächen sowie die goldenen Kugeln, die Glaskuppel und Dachsäulen bekrönen.

Einzigartige Siedlungsform

An den östlichen Ausläufern der Lüneburger Heide, im **Wendland**, findet sich eine ganz eigene Siedlungsform, die sogenannten **Rundlingsdörfer**. Diese wurden wahrscheinlich im Rahmen der deutschen Ostkolonisation in der Mitte des 12. Jhs. von Slawen angelegt. Niederdeutsche Hallenhäuser gruppieren sich mit der Stirnseite um einen kreis- bis tropfenförmigen Platz, die dazugehörigen Grundstücke liegen strahlenförmig an der Hofrückseite. Die Dorfkirchen stehen fast immer außerhalb des Rundlings am Dorfrand – Indiz dafür, dass sie erst im Zuge einer späteren Christianisierung der Slawen erbaut wurden. Oft träumt im Mittelpunkt des Dorfplatzes eine Milchbank unter hohen Bäumen vor sich hin. Hier wurden früher die gefüllten Milchkannen für den Transport in die Molkereien abgestellt. Nur wenige Rundlinge werden – wie das sehenswerte **Lübeln** mit seinem Freilichtmuseum – touristisch herausgestellt, während die meisten von ihnen noch bäuerlich geprägt sind.

Unter einem Dach

Typisch für Heide und Wendland ist das **Niederdeutsche Hallenhaus**, in dem Menschen und Tiere unter einem Dach leben. Das Haupttor an der Giebelseite führt in die Diele mit Stallungen zu beiden Seiten. Die Wohnung des Hofbesitzers am entgegengesetzten Ende des Hauses nimmt nur wenig Raum ein. Vor diesem Wohnbereich liegt das sogenannte Flett mit einer offenen Feuerstelle sowie den Schlaf- und Arbeitsräumen des Gesindes. Der vom Feuer aufsteigende Rauch wurde genutzt, um Schinken und Wurstwaren

zu räuchern, zugleich konservierte der Rauch auch die Holzbalken und hielt Ungeziefer fern. Ein auffallendes Merkmal vieler Bauernhäuser sind die **geschnitzten Pferdeköpfe** als Giebelzier an den Enden des Dachfirsts. Dass sie als Windschutz für die Firstenden dienen, ist eindeutig; ansonsten ist ihre Bedeutung umstritten. Manche sehen in ihnen germanische Symbole für Krieg und Landnahme, andere sprechen ihnen eine Unheil abwehrende Funktion zu.

So schmeckt die Heide

In der Heide „isst" man der Natur ganz nah. Regionale Spezialitäten stehen auf den Karten fast aller guten Restaurants; die Zutaten kommen häufig von heimischen Höfen. Am bekanntesten sind sicherlich die vielfältigen **Heidschnuckenprodukte**, sei es als frisches Fleisch, das von September bis November in den Handel gelangt, fettarm ist und geschmacklich an Wild erinnert, oder sei es die zu Dosenware verarbeitete Wurst. Deftig-herzhaft sind auch die Kartoffelgerichte aus der **Lüneburger Heidekartoffel** – die seit 2010 sogar als geografische Herkunftsbezeichnung durch die Europäische Union geschützt ist. Auch für das andere, süße Ende der Geschmacksskala hat die Heide etwas zu bieten: köstlichen **Heidehonig** und auch **Zuckerrüben** für die industrielle Zuckerproduktion, die in Uelzen 1885 aufgenommen wurde – heute werden hier im Jahr ca. 8 Mio. t Zuckerrüben verarbeitet.

Die Anlage der Rundlinge ist am besten aus der Luft erkennbar – wie hier in Lübeln.

Schmackhafte Knollen aus der Lüneburger Heide

> ▶ **ERLEBTE GESCHICHTE**
>
> *Heide-Kohle*
> *West-Berlin hat die Bewahrung seiner Freiheit ein wenig auch dem Heidedorf Faßberg zu verdanken. Vom 8. Juli 1948 bis zum 27. August 1949 starteten amerikanische und britische Piloten von hier aus 53 911-mal mit insgesamt 539 112 t Kohle nach Berlin. In drei alten Nissenhütten und zwei historischen Kohlewaggons wird diese Zeit von der „Gedenkstätte Luftbrücke" dokumentiert.*

Holsteinische Schweiz

Mit Schweizer Bergen kann sich der 167 m hohe Bungsberg nicht messen, aber ansonsten präsentiert sich der Landstrich als sehr idyllisch.

Malerisch liegt die Stadt Plön unmittelbar am Großen Plöner See, nur einer von vielen Seen der Holsteinischen Schweiz.

Dichte Wälder, hügelige, weite Felder, die typischen Wallhecken und mehr als 150 Seen prägen das Landschaftsbild zwischen Lütjenburg im Norden, Schönwalde im Osten und Bad Segeberg im Südwesten.

Die größten Seen sind durch die Schwentine verbunden. So ergibt sich eine zusammenhängende Wasserfläche von rund 40 km². Dazwischen laden beschauliche Dörfer zu einer Landpartie ein. Als vor rund 200 Jahren in diesem Gebiet der Fremdenverkehr begann, erfand ein cleverer Hotelier einen zugkräftigen Namen für die liebliche Landschaft: Holsteinische Schweiz. Der Name ist geblieben, und die gesamte Region, vor allem im Dreieck **Plön**, **Bad Malente** und **Eutin**, gehört heute zu den bedeutendsten Feriengebieten Schleswig-Holsteins. Hierher zieht es vor allem aktive Urlauber, die gern wandern oder Fahrrad fahren. Denn die Landschaft, geprägt von der letzten Eiszeit mit Grund- und Endmoränen, bietet zwischen Seen und Wäldern wunderbare Naturerlebnisse, die sich am besten entschleunigt genießen lassen.

Im **Naturpark Holsteinische Schweiz** trifft man auf eine reiche Vielfalt geflügelter Bewohner, die an den zahlreichen Gewässern ihren Lebensraum haben; und wer genauer hinschaut, kann mit etwas Glück auch einen Blick auf das Leben unter Wasser erhaschen, vielleicht sogar einen „Wasserdrachen" erspähen oder einen der seltenen Fischotter durchs Wasser gleiten sehen.

Im 12. Jh. war der Ort für sechs Jahre Bischofssitz; aus diesem Grund wird die Kirche auch als kleinster Dom der Welt bezeichnet. Und in den abenteuerlichen Wilden Westen, so wie ihn sich Karl May ausgemalt und in seinen zahlreichen Romanen beschrieben hat, geht es seit den 1950er-Jahren in **Bad Segeberg**, wenn alljährlich Winnetou, Old Shatterhand und Co. bei den Karl-May-Spielen im Kampf um Recht und Gesetz über die Freilichtbühne am Kalkberg reiten und regelmäßig das Böse besiegen.

Paradiesische Idylle

Morgens, wenn die geschäftige Welt noch schläft, sind die Holsteinischen Seen ein Paradies im Urzustand. Der Besucher trifft hier auf eine **amphibische Idylle**, geformt von der letzten Eiszeit mit sanft gewellten Endmoränen, lichtdurchfluteten Buchenwäldern und an die **200 Seen**, glasklar und erfrischend. Wer sich frühmorgens darauf einlässt, kann sich ganz diesem Naturerlebnis hingeben, das zu belebteren Zeiten ein Eldorado für Wanderer, Radfahrer und Wassersportler ist, die mit schnittigen Jachten über die Wasserflächen gleiten oder im Kanu verwun-

Eine gemächliche Bootsfahrt auf der beschaulichen **Schwentine** erlaubt ganz neue Ein- und Ausblicke auf Leben und Natur entlang des Flusses und der Seen. Besonders schön ist eine mehrtägige Fahrt, auf der man die vielen Naturschätze in aller Ruhe genießen kann. Und ist eine Pause an Land fällig, so kann diese vielleicht mit einem heimischen edlen Tropfen gekrönt werden – denn auch ausgezeichneter Wein wird in der Holsteinischen Schweiz angebaut.

Eine Reise in die Vergangenheit, als Herzöge und Landadel das Land regierten, kann man in historischen Städten wie **Preetz** oder **Eutin** und **Plön** mit ihrer sehenswerten Architektur, ihren Schlössern und ihrer reizvollen Lage an den Seen unternehmen. Aber auch das Mittelalter wird in der Region wieder zum Leben erweckt: Die liebevoll rekonstruierte mittelalterliche Turmhügelburg im Nienthal bei **Lütjenburg** macht die Zeit der Slawen, die vor über 1000 Jahren als Erste die Region besiedelten, mit fundierten Informationen und abwechslungsreichen Veranstaltungen erfahrbar. Mittelalterlich ist auch die **Feldsteinkirche** im Dorf Bosau am Plöner See.

▶ TOPZIELE IN DER REGION

Kultur und Geschichte werden großgeschrieben in den sehenswerten Orten und Städten der Holsteinischen Schweiz, von denen viele an einem der zahlreichen Seen liegen.

SCHWENTINE

Die Schwentine, der ca. 50 km lange Fluss, der sich sanft durch die Holsteinische Schweiz windet, ist einfach prädestiniert für eine entschleunigte Naturerfahrung auf dem Wasser. Wer mit einem Paddelboot den Fluss „erfährt", trifft auf stille Landschaften und zahlreiche Seen. → S. 53

EUTIN

Das auch als „Rosenstadt" bezeichnete Eutin hat eine hochprozentige Spezialität zu bieten: den hier hergestellten Rosenlikör. Die Brennerei und Mosterei kann nach Vereinbarung auch besich-

tigt werden. Vom Alten Wasserturm aus hat man einen wunderbaren Blick über die Stadt und die Holsteinische Schweiz. → S. 55

PLÖN

In der Schlossgärtnerei des Plöner Schlosses werden zahlreiche Kräuter sowie Gemüsesorten und Duftpflanzen angebaut. Welche schmackhaften Gerichte sich daraus zaubern lassen, kann man im angeschlossenen Café probieren. → S. 55

KLOSTER PREETZ

Zu den bedeutendsten Kunstschätzen des ehemaligen Klosters der Benediktinerinnen, die hier nach dem Motto „Ora et labora" lebten, gehören die 137 Tafelbilder im Nonnenchor, die Szenen aus dem Alten und dem Neuen Testament darstellen. → S. 55

Schmuckstücke: in Gestein eingeschlossene Fossilien als Anhänger

schene Winkel entdecken, in denen Schildkröten brüten, Frösche quaken und Reiher stolz durchs Wasser staken. Die Hügel und die Seen der Holsteinischen Schweiz sind ein eindrucksvolles Anschauungsbeispiel dafür, wie die Schaffenskraft der Eiszeit ein Landschaftsbild geformt hat, das auch heute noch immer von seiner im wahrsten Sinn des Wortes umwälzenden Entstehungsgeschichte zeugt.

Erbe der Weichseleiszeit

Das Gesicht der Holsteinischen Schweiz, wie es sich heute zeigt, begann vor ca. 120 000 Jahren erste Gestalt anzunehmen. Die letzte Eiszeit, die sogenannte **Weichseleiszeit**, führte, von Norden nach Mitteleuropa hereinkommend, gewaltige Gletscher aus dem skandinavischen Raum mit sich, die sich allmählich in das heutige Norddeutschland vorarbeiteten.

Moränen gestalten die Landschaft

Durch diese Gletscherbewegungen gelangten auch große Massen an Gestein in die Region, die gewaltigen Aktivitäten schufen Vertiefungen und Erhebungen, die unter der Eisschicht verschwanden – und das für gut 100 000 Jahre bei einem Klima, dessen Durchschnittstemperatur um ca. 3 °C niedriger lag als das heutige. Als die Gletscher schließlich im Zuge der nachfolgenden

Warmzeit, des bis heute reichenden Holozäns, abzuschmelzen begannen, blieb das Gestein in Form von sogenannten End- und Grundmoränen zurück, die die sanft-hügelige Landschaft der Holsteinischen Schweiz prägen. Der Großteil des Schmelzwassers floss ab, doch dort, wo einst die Gletscherflüsse existiert hatten, entstanden die heutigen Seen durch Wasseransammlungen.

Findlinge

„Mitbringsel" der Weichseleiszeit war nicht nur das sogenannte Geschiebe, also kleineres Gestein, das die Gletscher transportierten. Auch große Gesteinsbrocken, die heute als Findlinge bezeichnet werden, fanden im Zuge der Eisbewegungen ihren Weg nach Norddeutschland und blieben dort auch nach Rückzug der Gletscher liegen. Im **Findlingsgarten** bei Bad Malente kann man imposante Exemplare bestaunen – der größte unter ihnen, zugleich auch einer der größten in Schleswig-Holstein überhaupt, ist der **Wandhoff-Findling** mit einem Gewicht von 126 t – ein „kleiner" Beweis dafür, welche Kraft die Gletscher- und Eismassen entwickelten.

Holsteiner Gestein

Weitaus älteren Datums als Moränen und Findlinge der letzten Eiszeit ist das sogenannte Holsteiner Gestein. Diese besondere Form von **Sandstein** entstand bereits vor ca. 23 Mio. Jahren in einem warmen Flachmeer und enthält oft **Fossilien** aus dieser Epoche, die in Norddeutschland auch als Vierlandium bezeichnet wird. In der Umgebung der heutigen Gemeinde Damsdorf südwestlich des Großen Plöner Sees wurde Gestein aus dieser Zeit gefunden, das nach dem Ort als Damsdorfer Gestein bezeichnet wird.

Nordische Rekorde

Auch wenn die Holsteinische Schweiz nur einen begrenzten Raum im Osten Schleswig-Holsteins einnimmt, so darf sie sich doch auf die Fahne schreiben, mit **drei Superlativen** des Bundeslandes aufwarten zu können.

Immerhin 167 m misst der höchste Berg Schleswig-Holsteins, der **Bungsberg** bei der Gemeinde Schönwalde. Im Gegensatz zu der ihn umgebenden Landschaft, die von der letzten Eiszeit geformt wurde, existierte der Bungsberg schon, als die letzten Gletscher die Region von Norden überzogen; er entstand bereits vor

Gelb leuchtet der Raps im Frühling in der Holsteinischen Schweiz.

150 000 Jahren, in der sogenannten Saale-Eiszeit. Nicht nur der größte, sondern auch der tiefste See Schleswig-Holsteins liegt mit dem **Großen Plöner See** ebenfalls inmitten der Holsteinischen Schweiz. Entstanden aus zwei Gletschern, die zwei unterschiedlich tiefe Becken schufen, beeindruckt er mit einer Fläche von gut 30 km² und einer maximalen Tiefe von 61 m. Mit einer Länge von 10 km und einer Breite von 8 km zählt er darüber hinaus zu den zehn größten Seen in Deutschland.

Mit dem **Naturpark Holsteinische Schweiz** hat die Region zudem den größten Naturpark, der die übrigen vier Parks des Bundeslandes an Fläche bei Weitem übertrifft. Er erstreckt sich auf 750 km², ca. 200 Seen liegen auf seinem Gebiet zwischen Bad Segeberg im Süden und Lütjenburg im Norden. Mit Plön, Eutin und Bad Malente liegen drei weitere reizvolle und historisch bedeutende Städte im Naturpark. Und auf seinem Gebiet entspringen auch zwei der bedeutendsten Gewässer Schleswig-Holsteins, die 63 km lange **Schwentine** am Bungsberg und die 124 km lange **Trave** in der südlichen Region des Parks.

Heimisch und fremd

Nicht nur am und über, sondern auch im Wasser der Flüsse und Seen tummeln sich zahlreiche Lebewesen. Typisch für die Holsteinische Seenplatte ist die **Maräne**, die zu den lachsartigen Fischen, den sogenannten Coregonen, zählt. Die Bezeichnung, die aus dem Griechischen stammt,

weist darauf hin, dass die Fische keine runden, sondern winkelförmige Pupillen besitzen und sich dadurch von anderen Artgenossen unterscheiden. In den Holsteinischen Seen sind sowohl die Große als auch die Kleine Maräne heimisch. Die Fische gelten als Eiszeitrelikte und fühlen sich vor allem in tiefen Seen wohl.

Ebenfalls urzeitlich, ja fast mystisch mutet der auch als „Wasserdrache" bezeichnete **Nördliche Kammmolch** an, der zu den charakteristischen Vertretern der Fauna in der Holsteinischen Schweiz zählt. Seinen Kosenamen verdankt der in der Dämmerung und nachts aktive Lurch dem gezackten Rückenkamm, den die Männchen zur Paarungszeit ausbilden, um die Weibchen zu umwerben, und der tatsächlich an einen Miniaturdrachen denken lässt.

Keineswegs ursprünglich heimisch in den Seen der Holsteinischen Schweiz war ein Vertreter der Krebse, der erst durch menschlichen Eingriff hier angesiedelt wurde. Der **Kember Krebs** ist ein Eindringling, ein Bioinvasor, denn seine Heimat ist Amerika. Der US-Flusskrebs sieht dem deutschen Edelkrebs zwar ähnlich, hat aber einen entscheidenden Vorteil: Er ist gegen den Erreger der Krebspest resistent, die den deutschen Krebs ausgerottet hat. Kurzerhand setzten Fischer daher einst seinen US-Vetter aus. Heute darf dies

Morgenstimmung am Dieksee bei Malente: Warum in den Süden schweifen, ist das Schöne doch so nah ...

Der Kammmolch wirkt wie aus der Urzeit entsprungen.

Auffällig ist der Haubentaucher mit seiner namensgebenden Federhaube.

Ein Wasservogel in seinem Element: die Schellente

nicht mehr geschehen, da nur noch das Aussetzen einheimischer Arten gestattet ist.

Um den vom Aussterben bedrohten Fischotter in den holsteinischen Gewässern wieder heimisch zu machen, sind menschliche Eingriffe hingegen hochwillkommen, der Verein „Wasser Otter Mensch" macht sich seit 1999 für den Erhalt des Lebensraums und die Wiederansiedlung der schwimmenden Raubtiere stark, auch im Naturpark Holsteinische Schweiz.

Eine tauchende Maus? Ja, auch die gibt es in der Holsteinischen Schweiz. Die an Gewässerrändern lebende **Wasserspitzmaus** findet einen Großteil ihrer Nahrung bei Tauchgängen unter Wasser.

Auf bunten Flügeln

Der Wasserreichtum im Naturpark Holsteinische Schweiz mit seinen zahlreichen Seen, Flüssen und Bächen bietet nicht nur einer Vielzahl von Vögeln, sondern auch Insekten einen schützenswerten Lebensraum. An den Seeufern tummeln sich Wasservögel wie **Haubentaucher** und verschiedene Entenarten. Die **Schellente** brütet im Gegensatz zu anderen Entenvögeln nicht am Boden, sondern in Bruthöhlen, die sie in Bäumen oder mit menschlicher Unterstützung in entsprechenden

Nisthöhlen findet. Diese Höhlen können sich durchaus auch in Höhen von bis zu 10 m befinden, aus denen die Küken ihrer Mutter mit einem beherzten Sprung in die Tiefe folgen.

Im dichten Schilf entlang der Ufer fühlen sich **Schilfrohrsänger** wohl. Und auch die auf der Roten Liste der vom Aussterben bedrohten Arten stehende **Rohrdommel** findet im Schilf einen geschützten Lebensraum; ebenso besitzt der einst vom Aussterben bedrohte **Kranich** in der Holsteinischen Schweiz wieder eine größere Population.

Farbenprächtig wie der **Eisvogel**, der im Naturpark Holsteinische Schweiz ideale Lebensbedingungen vorfindet, ist auch die **Gebänderte Prachtlibelle**, deren Flüge man über den Seen und im Röhricht beobachten kann. Blau die Männchen, grün die Weibchen, sind die Insekten echte Flugkünstler. Wie alle Libellenarten besitzen sie zwei Flügelpaare, die sich unabhängig voneinander bewegen lassen und den Insekten blitzschnelle Manöver ermöglichen.

Waldgesellschaften

Die Holsteinische Schweiz ist eine besonders waldreiche Region Schleswig-Holsteins, doch wie andernorts wurde das Erscheinungsbild der Wälder im Lauf der Jahrhunderte auch hier stark vom Menschen geprägt. Ursprünglich dominierten in der Region an nassen Standorten **Erlenbruchwälder**, die jedoch häufig schnell wachsenden Holzarten weichen mussten. Dennoch sind einige von ihnen erhalten geblieben und vermitteln einen Eindruck davon, wie die Wälder zu Zeiten der Slawen ausgesehen haben mögen. Ursprünglich heimisch waren auch weitläufige **Laubmischwälder** – Buchen und Eichen wuchsen hoch in den Himmel und werden heute durch den Menschen wieder angesiedelt.

Edle Lagen, edle Weine

Wein aus der Holsteinischen Schweiz? Das mag kurios klingen, tatsächlich aber wird auch hier Wein angebaut, und das mit Erfolg.

Steile Hänge gen Süden: So fühlt sich die **Solaris-Rebe**, eine erstmals 1975 neu gezüchtete Weißweinsorte, wohl. Angebaut wird sie auf dem Weingut Ingenhof in Malkwitz, einem Ortsteil von Bad Malente-Gremsmühlen, seit 2008; 2010 wurde der fruchtige Weiße erstmals

Unterwegs auf dem heiligen Fluss

Er schlängelt sich durch 17 Seen und ist der „heilige Fluss" der Holsteinischen Schweiz: die **Schwentine**. Vom Bungsberg, wo sie sprudelnd entspringt, fließt sie gemächlich rund 50 km bis zur Landeshauptstadt Kiel. Kann es eine schönere Einladung zum **Wasserwandern** geben?

Die Slawen hatten schon recht, als sie ihn „heiligen Fluss" nannten: Geradezu göttlich sind die Landschaften und Orte, die die Schwentine auf ihrem kurzen Lauf durchfließt. Die ganze Wegstrecke kann in vier Tagestouren bewältigt werden; gemütlicher wird es jedoch, wenn Sie eine Woche im Paddel- oder Schlauchboot unterwegs sind. Starten Sie am Restaurant Redderkrug am **Großen Eutiner See**. Vorbei geht es an kleinen Inseln, liegt links die hübsche Innenstadt von Eutin mit ihrem Seglerhafen. Neben dem Anleger des Ausflugsschiffs können Paddler an einem niedrigen Steg festmachen und zu einer Landpartie starten. Hinter der Fissauer Mühle erreichen Sie den Kellersee, kurz darauf den Naturcampingplatz Prinzenholz und die Halbinsel Riemenstein. **Bad Malente-Gremsmühlen** ist ebenfalls ein lohnenswerter Stopp. Hier bereitete sich zwischen 1970 und 1994 die

deutsche Fußballnationalmannschaft 6-mal auf die Weltmeisterschaft vor. Deutlich früher, in den 1950er-Jahren, entstanden auf dem Hof Rothensande in Bad Malente die „Immenhof"-Filme. Plakate, Filmaccessoires und -fotos sind im **Immenhof-Museum** zu bewundern. Von Bad Malente geht es dann auf der Schwentine weiter mit Gefälle hinab zum Dieksee. Achtung! In Timmdorf geht's durch eine sehr schmale Durchfahrt in den Langensee, dann in den Behler See. Dann folgt See um See, aufgereiht wie an einer Perlenkette: Höftsee, Großer und Kleiner Plöner See, Kronsee, Fuhlensee und Lankersee. Hinter Preetz taucht die Schwentine in einen Auwald ein, wild und ursprünglich wie zu den Zeiten, als die Schwentine noch der „heilige Fluss" hieß. Am Kraftwerk Raisdorf heißt es: aussteigen und umtragen. 1,6 km geht's zu Fuß durch den Schwentinepark. Für all die Mühen entschädigt die idyllische Natur im Schwentinetal. Weiter geht's dann noch bis Neumühlen-Dietrichsdorf vor den Toren Kiels.

Kleines Bild: Mit etwas Glück erspäht man auch Eisvögel an der Schwentine.

Großes Bild: Die Schwentine ist einer der schönsten Wasserwanderwege des Nordens.

FAKTEN

Die Tourlänge beträgt 55 km/4 Tage. Paddeln auf der Schwentine ist leicht, die Strömung verhalten. Wer bereit ist, kurze Strecken zu treideln, kann die Strecke in beide Richtungen befahren. Umgesetzt werden muss an sechs Stellen. Am Ufer der Schwentine gibt es fünf Zeltplätze bzw. Wasserwanderrastplätze; hinzu kommen Campingplätze an den Seen sowie einige Gasthöfe.

Das Schloss Eutin, dessen vierflüglige Anlage aus einer mittelalterlichen Burg hervorging, ist von einem herrlichen Park umgeben.

▶ **ERLEBTE GESCHICHTE**

Mit dem Nachtwächter durch Eutin

„Hört ihr Leut' und lasst euch sagen" – die historische Kulisse des hübschen Städtchens Eutin lässt sich besonders stimmungsvoll bei einer Nachtwächter-führung durch die alten Straßen und Gassen erleben. Dabei erfährt man nicht nur Wissenswertes über die Geschichte der Stadt, sondern auch einiges Kurioses aus dem Berufsalltag eines Nachtwächters.

auf die Flasche gezogen. Insgesamt 3 ha Anbau-fläche machen das Gut zum größten Weinbau-gebiet Schleswig-Holsteins. Etwas weiter östlich, in Grebin bei Plön, gedeihen rote **Regent**- und **Rebergerreben** auf dem Weingut S. J. Montigny, Hof Altmühlen vortrefflich. Und dies wurde von den Kennern honoriert: Als erster Tropfen Schleswig-Holsteins wurde seine Abfüllung „So mookt wi dat" in den Gault-Millau-Weinführer mit 83 von 100 Punkten aufgenommen.

Ins norddeutsche Mittelalter

Von Weinanbau war noch nicht die Rede, als in der Holsteinischen Schweiz **Turmhügelburgen** gebaut wurden. Eine Zeitreise in das Mittelalter ermöglicht die Rekons-truktion einer solchen im **Lütjen-burger Nienthal**. Die Anlage ist der originalgetreue Nachbau einer mittelalterlichen slawischen Burg-anlage der Region, die aus Eichen-holz als Freilichtmuseum entstand. Im Kreis Plön sollen ca. 36 solcher Turmhügelburgen existiert haben, von denen allerdings keine die Jahrhunderte überdauert hat. So war der Förderverein, der sich der Geschichtsbewahrung verschrieben hat, auf historische Vorlagen ange-wiesen. Mit der Hilfe erfahrener Handwerker entstanden so die von

einem Graben umgebene Hauptburg mit Motte und Turm sowie die Vorburg mit Wohn-, Stall-und Wirtschaftgebäuden sowie Kapelle. Neben der eigentlichen Anlage lassen auch Märkte, Vorträge und Veranstaltungen das Mittelalter in Norddeutschland wieder lebendig werden.

Karl-May-Spiele Bad Segeberg

Auch Bad Segeberg macht eine Zeitreise mög-lich, und zwar in den Wilden Westen. Mehr als ein halbes Jahrhundert ist es her, dass dieser in der Holsteinischen Schweiz Einzug hielt. Die Vorlage lieferten die Romane des Schriftstellers Karl May, dessen Vorstellungen vom Wilden Westen zwar seiner Fantasie entsprungen waren, nichtsdestotrotz aber Generationen von Lesern begeisterten. 1952 ritten Winnetou und Old Shatterhand zum ersten Mal über die Bühne im zuvor nur selten genutzten **Kalkbergstadion** in Bad Segeberg – unter großer und vor allem aktiver Teilnahme der örtlichen Bevölkerung, die auf und hinter der Bühne in das Geschehen mit eingebunden war und so die Veranstaltung zu einem Teil ihrer Heimat machte. Das Spektakel vor der eindrucksvollen Kulisse des Kalkbergs wurde schnell zur Institution, seit der ersten Aufführung wird alljährlich ein anderer Roman des ursprünglich aus Sachsen stammenden Karl May inszeniert; die Festspiele sind zu einem nicht mehr wegzudenkenden Wahrzeichen Bad Segebergs geworden und ziehen alljährlich Hunderttausende Besucher an (www.karl-may-spiele.de).

Herrschaftlich

Zu den schönsten Sehenswürdigkeiten der Holsteinischen Schweiz gehören die **Herrenhäuser** und **Schlösser** der einstigen Landesherren. Ob Eutin oder Plön, Preetz oder Gut Panker bei Lütjenburg, sie alle zeugen von Lebensstil und Kultur vergangener Zeiten.

Weimar des Nordens

Zwischen zwei großen Seen gelegen ist **Eutin**, eine zauberhafte, klassizistisch geprägte und lebendige Kleinstadt im Herzen der Holsteinischen Schweiz. Ihr Ruf als „Rosenstadt" ist den rosenberankten Fassaden zu verdanken. Unter den kunstsinnigen Oldenburger Herzögen Friedrich August (1750–1785) und Peter Friedrich Ludwig (1785–1829) erlebte die Kleinstadt eine kulturelle Blüte, die ihr den Beinamen „Weimar des Nordens" einbrachte. Nicht ganz unschuldig daran war ein Mann, der „Goethe in der Campagna" auf die Leinwand gebannt hatte: Goethes Freund Friedrich Wilhelm Tischbein, der 1806 nach Eutin kam, um am Hof zu arbeiten. Er malte Szenen aus der Odyssee und der Ilias und verbrachte seine letzten Lebenstage bis zum Tod 1829 in der Zweiseenstadt.

Das **Schloss** von Eutin, die einstige Residenz der Fürstbischöfe von Lübeck und Großherzöge von Oldenburg, zählt zu den bedeutenden Kulturdenkmälern des Landes. Der **Schlosspark** im englischen Landschaftsstil besitzt eine 200 m lange Lindenallee. Den Schlossplatz säumen klassizistische Gebäude: Marstall, Wagenremise, Kavaliershaus.

Sommerresidenz

Plön wird von seinem Schloss dominiert. Der dreiflügelige, weiße Bau auf dem Schlossberg grüßt den Besucher des Luftkurorts am Großen Plöner See schon von Weitem. Das Gebäude im Stil der Spätrenaissance entstand 1633–1636, als Plön Residenz der Herzöge von Schleswig-Holstein-Sonderburg-Plön wurde. Später diente es dem dänischen König als Sommerresidenz. Zu seinen Füßen gruppiert sich die Altstadt mit typischen, Twieten genannten engen Gässchen, vielen liebevoll restaurierten Häusern und Fachwerkbauten.

Nonnen und Schuster

In **Preetz** ist ein großer Teil des alten Stadtbilds erhalten. Schönes Fachwerk sieht man vor allem in der Kirchen- und Löptinerstraße und Kronsburg. Kunsthistorische Kostbarkeit ist das **Kloster** aus dem 13. Jh., heute ein Damenstift. Die dreischiffige Backsteinbasilika besitzt einen Barockaltar und ein gotisches Chorgestühl für 70 Nonnen. Im 19. Jh. war Preetz „**Schusterstadt**", fast alle Einwohner lebten von diesem Handwerk.

In Adelshand

Panker in der Nähe von Lütjenburg zählt zu den schönsten **Gutsanlagen** im Land. Zwar ist das schlossähnliche Herrenhaus, das seit dem 18. Jh. im Besitz der Landgrafen von Hessen ist, nur von außen zu bewundern, doch der Besuch lohnt sich wegen der schönen Geschäfte und Galerien auf dem Gelände.

Er weiß, wie's geht: Holzschuhmacher Lorenz Hamann in Preetz

Rügen und Usedom

Mondäne Seebäder, markante Kreidefelsen, Bernstein und ursprüngliche Natur – Rügen und Usedom bieten vielerlei Entdeckungen.

Ein einzigartiger Anblick sind die hell im Sonnenlicht leuchtenden Kreidefelsen im Nationalpark Jasmund auf Rügen.

Steil aus dem Meer aufragende Kreidefelsen, grüne „Alleentunnel" und dichte Buchenwälder, bekannte Seebäder und verträumte Dörfer: Rügen ist ein (Ferien-)Paradies. Nicht minder paradiesisch ist das benachbarte Usedom mit seinem Sonnenreichtum, den feinen Sandstränden und den prächtigen Kaiserbädern.

Auf den Seebrücken in Göhren, Sellin und Binz spaziert man trockenen Fußes über den Ostseewellen. Die Juwele von Rügens Seebädern sind Villen und Pensionen mit verzierten Loggien, putzigen Dachaufbauten und korinthischen Säulen. **Bäderarchitektur** wird diese Mischung verschiedener Baustile genannt, die im 19. und um die Wende zum 20. Jh. entstand und

zunächst den Adel, später aber auch das Bürgertum zum Urlaub auf die Insel lockte. Nach der Wiedervereinigung wurden die Gebäude sorgfältig saniert, heute geben sie den Seebädern der Insel ein unverwechselbares Gesicht. Und es gibt viele weitere Überraschungen auf **Deutschlands größter Insel**.

Rügen ist „ausgefranst", seine Küste zerfurcht von Wieken und Bodden. Das erklärt die beachtliche **Küstenlänge von 574 km** – mehr, als die gesamte Außenküste des Bundeslands Mecklenburg-Vorpommern misst. Die 926 km² Landmasse verteilen sich auf Zentralrügen und auf viele Halbinseln, unzählige Landzungen und kleine Nebeninseln. Vieles davon kennen selbst Rüganer, wie die Einheimischen sich nennen,

worden sein. In Ralswiek habe er einen seiner Schlupfwinkel besessen und auf Jasmund seine Schätze vergraben, lautet die Legende. Mit Spaten und Hacke anzurücken, empfiehlt sich jedoch keinesfalls. Der **Jasmund** ist ein Nationalpark, und dessen Bestimmungen verbieten es, etwas abzupflücken, geschweige denn auszugraben. Hier finden sich auch die berühmten **Kreidefelsen** wie Königsstuhl und Viktoriasicht, aber auch urtümliche **Rotbuchenwälder**, die zu den Letzten ihrer Art in Europa zählen.

Trubel am Strand oder Einsamkeit im Hinterland, Baden in der Ostsee oder Wandern um einen Binnensee – auch **Usedom** ist voller Naturschönheiten und kontrastreich. Dicht drängen sich an der Ostseeküste die Badeorte mit bis zu 70 m breiten Puderzuckerstränden, darunter so traditionsreiche wie die **Kaiserbäder** Ahlbeck, Bansin und Heringsdorf, wo der wilhelminische Adel sich ein Stelldichein gab. Nur einige Hundert Meter vom Trubel entfernt dösen kleine Dörfer vor sich hin – mit sandigen Wegen,

nicht. Anderes, wie etwa die schmale Schaabe mit ihrem feinsandigen weiten Strand, ist dagegen längst kein Insidertipp mehr. Sogar das uralte **Fischerdörfchen Vitt** nicht, obwohl man es nicht einmal von den Leuchttürmen am nahen Kap Arkona aus sehen kann, weil es versteckt in einer Schlucht liegt.

Keine deutsche Insel wurde wohl so oft beschrieben und gemalt wie Rügen. Der Romantiker Caspar David Friedrich hat mit seinen Bildern hervorragende PR-Arbeit geleistet, aber auch der große Erzähler Theodor Fontane, der seine Effi Briest zur Erholung auf die Insel reisen ließ. Rügen ist jedoch nicht nur schön, Rügen hat auch Geschichte. Stumme Zeugen dafür sind die 4000 Jahre alten **Großsteingräber**, wie sie in dieser Menge auf so engem Raum keine andere Region Europas vorweisen kann. Und auch die slawischen Burgwälle in Garz sowie auf **Kap Arkona** oder die jahrhundertealten Kirchen sind Zeugnisse der Vergangenheit. Zu Rügens Geschichte gehört auch der Seeräuber **Klaus Störtebeker**, der legendäre „Robin Hood" der Ostsee. In Ruschvitz bei Sagard soll er geboren

▶ TOPZIELE IN DER REGION

Von spektakulärer Natur bis zu reizvoller Architektur – Deutschlands größte Inseln Rügen und Usedom locken mit abwechslungsreichen Zielen.

VORPOMMERSCHE BODDENLANDSCHAFT
Vom Darß über Hiddensee bis nach Rügen erstreckt sich ein einzigartiges Landschaftsschutzgebiet. Hier kann man erkennen, wie sich Land neu bildet oder ans Meer verloren wird. → S. 59

DIE „KAISERBÄDER" AUF USEDOM
Verbunden über die längste Promenade Europas, zeugen Ahlbeck, Heringsdorf und Bansin von der reichen Bädertradition. Das Seebrückengebäude von Ahlbeck ist das einzige historisch erhaltene an der Ostseeküste. → S. 67

VITT
Das Bilderbuchdörfchen mit seinen reetgedeckten Häusern und der achteckigen Kapelle duckt sich unter der Steilküste des Kap Arkona. Die Strandpredigten des Dichters Gotthard Ludwig Kosegarten führten 1806 zum Bau der achteckigen Kapelle. → S. 68

NATIONALPARK JASMUND
Kreideküste und Urwald – der Nationalpark Jasmund schützt vielfältige Lebensräume. Das im Jahr 2004 eröffnete Nationalpark-Zentrum, ein Null-Emissions-Haus, bietet eine 15-minütige Multivisionsschau über den Nationalpark und einen Naturspielplatz mit Abenteuerparcours, auf den sich auch Erwachsene wagen dürfen. → S. 69

KÖNIGSSTUHL UND VIKTORIASICHT
Der Legende nach hat Schwedenkönig Carl XII. 1715 seinen Stuhl auf den Felsen stellen lassen, um von der Höhe aus das Seegefecht zwischen seinen Schiffen und denen der Dänen zu beobachten. Preußenkönig Wilhelm I. benannte die Viktoriasicht 1865 nach seiner Schwiegertochter. → S. 69

Hiddensees Leuchtturm auf dem Dornbusch ist ein beliebter Aussichtspunkt, von dem der Blick bis nach Rügen reicht.

Friedlich präsentiert sich hier das Meer am Jasmunder Bodden, doch der entwurzelte Baum ist Zeuge dafür, dass die Ostsee auch andere Gesichter hat.

blumengeschmückten Vorgärten, rohrgedeckten, weißen Häuschen. Usedom vereint auf 445 km² alle landschaftlichen Besonderheiten der Ostseeküste: flache Dünen, Steilufer und einen 42 km langen, weißen Sandstrand, dazu leicht gewelltes Hinterland mit Wäldern, Wiesen, Äckern, Boddengewässern und Binnenseen. Fast das ganze Jahr über bieten sich schöne Ansichten: Im Frühjahr blühen auf der Halbinsel Gnitz Felder von saftigen Sumpfdotterblumen, im Mai und Juni leuchten im Usedomer Winkel die gelben Rapsfelder, und einige Monate später hängen im Lieper Winkel die Sträucher voller Brombeeren, zeigen sich die Buchenwälder in prächtigen Farben. Hier haben Graureiher, Kranich, Fischadler, Weißstorch und Fischotter ihr Zuhause.

Vom Eis geprägt

Nur wenige Besucher der Inseln Rügen und Usedom wissen, dass das Land an der Ostseeküste **erdgeschichtlich sehr jung** ist. Es wurde erst während und nach der letzten Eiszeit gestaltet, die **vor etwa 10 000 Jahren** endete. Von Skandinavien nach Süden vordringende **Gletscher** hobelten den Boden ab, rissen die Erde auf und schoben gewaltige Gesteinsmassen vor sich her. Mergelhügel und Moränen bildeten sich dabei heraus. Überall blieben Geröll, Kies, Sand und große Felsbrocken, die sogenannten Findlinge, liegen. Es entstanden Kliffranddünen, steinige Blockstrände, Kessel- und Flachmoore sowie Sandmager- und Salzrasen. Letztere bildeten sich auf Kies- und Sandflächen, die von Schmelzwasserflüssen am Gletscherrand aufgeschüttet wurden. Die Ostsee selbst entstand erst nach dem Abschmelzen des Eises, als der Meeresspiegel um knapp 100 m anstieg.

Zwischen Küste und Binnenland

Eiszeit, Wind und Meer schufen im Lauf der Jahrtausende eine Landschaft, die ihresgleichen sucht. Wohl nirgendwo sonst wie auf Rügen und Usedom treffen so **unterschiedliche Landschaftsräume** aufeinander: weite Strände und steile Küsten, stille Bodden und schattige Waldgebiete, die vergessen lassen, dass man sich auf einer Insel befindet – wenn nicht ab und zu, wie auf der Halbinsel Jasmund auf Rügen, die Bäume den Blick auf die blau schimmernde Ostsee freigeben würden.

Ausgleichsküste

Zwischen den eiszeitlichen Gesteinshügeln bildete sich zunächst eine buchtenreiche Küsten-

linie heraus. Die heutige Küstenform entstand über mehrere Jahrtausende nach der Eiszeit und ist Resultat gleichbleibender Strömungsverhältnisse: Die **Ostsee** ist das jüngste Meer der Welt, im Schnitt nur 55 m tief und durch viele Süßwasserzuflüsse wenig salzig. Die das Meer säumenden mecklenburgischen Küsten wirken wie mit dem Lineal gezogen mit einem vorwiegend flachen, geradlinigen Verlauf. Bei diesen sogenannten **Ausgleichsküsten** haben Meer und stetiger Westwind im Wechselspiel sämtliche Landzungen, die sogenannten „Haken", abgetragen. Haken und Buchten wurden somit durch die Naturelemente „ausgeglichen".

Bodden

Im Falle der Inseln **Usedom** und **Rügen** sowie des Rügen vorgelagerten **Hiddensees** handelt es sich um eine Sonderform der Ausgleichsküste, die sogenannte **Boddenküste**. Bodden (Niederdeutsch = Meeresboden) sind seichte Buchten mit unregelmäßigen Umrissen an einer flachen Küste. Was als Insel vor den Küsten lag, wurde durch schmale Landbrücken miteinander verbunden. Das ehemalige Meer im Hinterland, nunmehr vollständig von der See abgeschnürt, entwickelte sich zum lagunenhaften Bodden.

Bleibt dagegen eine Rinne zum Meer hin offen, spricht man von einem **Haff** oder einer **Nehrung**, wie beim Stettiner Haff bei Usedom oder der Küstenlandschaft östlich von Danzig im ehemaligen Ostpreußen.

Feinsandige Strände

Ein weiteres Produkt von Wind und Meer sind die heutigen weitläufigen Strände. Zwischen den höher gelegenen Inselkernen lagerte die Strömung Schlick und Sand ab – so entwickelte sich der für eine Ausgleichsküste typische flache und breite Sandstrand. Die so entstandenen Sandstrände haben die Ostseeküste seit dem 19. Jh. zu einem beliebten Urlaubsziel gemacht. Da die Ostsee **keinen Gezeitenwechsel** zwischen Ebbe und Flut kennt, sind diese Strände aber dennoch nicht so flach und breit wie an der Nordsee.

Steilküsten und Kliffe

Entlang der Küste Mecklenburg-Vorpommerns treten Steilküstenabschnitte mit markanten und

Usedoms Strände, hier der Strand von Bansin, sind eine Kategorie für sich und werden aus gutem Grund seit mehr als 100 Jahren in ganz Deutschland geschätzt.

> ▶ **SCHÄTZE DER NATUR**

Usedomer Gesteinsgarten

Die rund 140 riesigen, tonnenschweren Felsbrocken im Usedomer Gesteinsgarten bei Ückeritz sind Fremde in der Usedomer Landschaft, angereist aus Skandinavien. Die Gletscher der Eiszeit haben sie vor rund 100 000 Jahren hierher geschoben. Die Findlinge blieben an Ort und Stelle liegen, als das Eis abzuschmelzen begann, und zeugen heute noch von den gewaltigen Kräften, die vor Jahrtausenden wirkten.

Vermächtnis aus der Kreidezeit

Die **Kreidefelsen von Rügen** sind das spektakulärste Wahrzeichen der Insel und das Vermächtnis aus einer Zeit, als dieses Gebiet noch von Meerwasser überflutet war. Kilometerweit leuchtet das Weiß der berühmten Rügener Kreidefelsen, die schon **Caspar David Friedrich** im Bild festhielt. Sein Ölgemälde der einzigartigen Steilküste, „Kreidefelsen auf Rügen" aus dem Jahr 1818 ist das **berühmteste Landschaftsporträt der Insel** und ihres Markenzeichens, das heute noch die Menschen in Scharen anlockt. Wie aber entstand der strahlend weiße Fels?

Kreidemeer

Des Rätsels Lösung liegt etwa 70 Mio. Jahre zurück, als Rügen, wie weite Teile Europas, von einem warmen Flachmeer überflutet war. An der Wasseroberfläche herrschten Temperaturen, wie man sie heute z. B. von der Mittelmeerküste her kennt, etwa 20 bis 24 ℃. In dem **nordeuropäischen Kreidemeer** lebten u. a. Coccolithophoriden, kleine Einzeller mit gallertartigen Körpern. Aus den winzigen, **Coccolithen genannten Kalkplättchen**, die sie auf ihren Körperchen trugen, bildete sich in der Meeresstraße, die sich zwischen dem heutigen Südschweden und dem Harz hinzog, im Lauf von Jahrmillionen eine mächtige, bis zu

500 m dicke Schicht aus feinkörnigem, mürbem Kalk, der seit Langem als Rügener Schreibkreide bekannt ist.

Steilküste

Den Kräften der Erde, der Gletscher und des Meeres, die die Küste in ihre heutige Gestalt formten, ist es zu verdanken, dass Besucher die leuchtend weißen, mächtigen Felsen sowohl von einem Wanderweg an der **Abbruchkante** der 8 km langen Steilküste als auch von einem der Ausflugsboote aus bewundern können. Weiß, Blau, Grün – das sind im Frühjahr und Sommer die beherrschenden Farben. Denn die weißen Felsen sind gekrönt von dichten, grün belaubten Wäldern, die sich an manchen Stellen bis fast hinunter zur blau schimmernden Ostsee ziehen, wo die Felsen teilweise nahezu senkrecht auf das Wasser treffen.

Kreidemuseum

Keinesfalls versäumen sollte man den Besuch des **Kreidebruchs Gummanz**. Östlich von Bobbin beginnt an der Hotelanlage „Jasmar Resort" der 1,5 km lange Kreidelehrpfad Gummanz mit Schautafeln zur Kreidegewinnung sowie zu Flora und Fauna. In der restaurierten Werkhalle des Kreidebruchs und auf dem umgebenden Freigelände zeigt das Kreidemuseum u. a. Exponate zur Geologie der Kreide, zum Abbau der Rügener Schreibkreide und eine große Fossiliensammlung.

aussichtsreichen Kliffen hervor. Berühmtestes Beispiel ist der 118 m hohe **Kreidefelsen Königsstuhl** auf Rügen. Die heutige Form der Küstenabschnitte wurde von vielen Faktoren beeinflusst – zum Teil waren es Kräfte aus tieferen Erdschichten, zum Teil die Macht der Gletscher und des Meeres.

Aber auch auf Usedom findet man in unmittelbarer Nähe zu den Inselkernen beeindruckende Steilküsten, wie rund um den 58 m hohen **Streckelsberg**.

Hügel, Wald und Moorwiese

Auch die reizvolle hügelige Binnenlandschaft wurde in der letzten Eiszeit geformt. Auf Rügen gehen die Hügel in wellige Ebenen mit großen Wiesen, ausgedehnten Feldern und sumpfigen Mooren über. Ursprünglich war die Insel überwiegend mit artenreichen Laubwäldern bedeckt, die jedoch schon im Mittelalter großflächig gerodet wurden. Nur noch wenige Restflächen der seit etwa 1000 Jahren wachsenden **Rotbuchenwälder** sind in der Stubnitz im Nationalpark Jasmund, auf der Granitz und auf der Insel Vilm vorhanden.

Den nordwestlichen, vorwiegend flachen Teil **Usedoms** prägen Küstenwälder und feuchte Moorwiesen. Südöstlich der Schmalstelle bei Koserow sind Sanddünen sowie Binnenseen in einer hügeligen Moränenlandschaft charakteristisch. Ausgedehnte Mischwälder und Moorgebiete, wie rund um Thurbruch und den 59 m hohen Golm, sind nur im Süden anzutreffen.

Fundstücke am Strand

Zu den schönsten Fossilien, die man an der Steilküste von Rügen finden kann, zählen die **Seeigel**. Diese Stachelhäuter kamen in der Kreidezeit in großer Vielfalt vor; sie unterschieden sich sowohl im Körperbau (kugelig, kegel- oder auch herzförmig) als auch in ihrem Stachelkleid (lang, kurz, spitz oder keulenförmig). Als Versteinerungen findet man die schön gezeichneten Kalzitgehäuse, Stacheln und einzelne Platten.

Donnerkeil

Auf den Stränden Rügens, vor allem an der Steilküste Jasmunds, findet man häufig versteinerte Skelettteile von urweltlichen tintenfischähnlichen Tieren, den **Belemniten**. Diese walzenförmigen, fingerartigen Steine werden „Donner-

keile" oder auch „Teufelsfinger" genannt. In der Mythologie der Germanen betrachtete man diese Gebilde als Keile beziehungsweise Pfeile des Gottes Donar. Auch versteinerte Kiesel- und Kalkschwämme und Armfüßer sind in den kreidezeitlichen Sedimenten keine Seltenheit.

Feuerstein

Kieselschwämme, die im Kreidemeer gelebt haben, lieferten jene Säure, aus der sich einzelne Knollen und auch ganze Bänder bzw. Lagen von Feuerstein bilden konnten, der heute noch in großer Zahl im Ufergeröll zu finden ist. Schon die Jäger und Sammler der Steinzeit erkannten, dass man durch Aneinanderschlagen von Feuersteinen **Funken** erzeugen und somit Feuer entfachen konnte. Die beim Absterben von Kieselschwämmen und Kieselalgen freigesetzte Kieselsäure führte in einem komplizierten physikalisch-chemischen Prozess über Zwischenstufen zum glasig-spröden Knollenfeuerstein. Die meisten Feuersteinknollen haben kalkige Fossilien eingeschlossen und sind von einer kalkigen Kruste umhüllt. Das besondere Charakteristikum des Feuersteins ist jedoch das an den Umriss einer Muschel erinnernde Erscheinungsbild, das sich zeigt, wenn ein Feuerstein bricht. Am Rügener Kreideufer findet man Feuersteine in allen Variationen, darunter auch die sogenannten **Hühnergötter**, jene durchlöcherten Feuersteine, die man früher dem Federvieh in die Nester legte. Man glaubte, die Hühner blieben auf diese Weise gesund und legten mehr Eier. Als „Sassnitzer Blumentöpfe" werden besonders große durchlöcherte Feuersteine bezeichnet, die man hauptsächlich an der Jasmunder Kreideküste entdeckt.

Von der Sonne verwöhnt

Rügen und Usedom sind nicht nur die größte und die zweitgrößte Insel Deutschlands, sondern auch vom Klima besonders begünstigt, denn an der Küste ist manches anders: Wenn es im Hinterland regnet und die Wolken schwer über

Feuersteine gehören zu Rügen wie die Kreidefelsen. Besondere Exemplare sind solche mit Löchern, die sogenannten „Hühnergötter".

Ostseegold

Bernstein ist untrennbar mit Usedom und Rügen verbunden. Stürme tragen ihn im Seetang an die Küste. Die kleinen, weingelben bis rötlichen Steine haben ein Alter von etwa 40 Mio. Jahren; sie entstanden aus dem erhärteten Harz vorzeitlicher Nadelbäume. In Bernsteinstücken sind oft Pflanzenreste wie z. B. Tannennadeln oder Fliegen, Mücken und Käfer eingeschlossen, Inklusen genannt.

Faszinierend wirkt der fleischfressende Sonnentau mit seinen zahlreichen Tentakeln, deren klebriges Sekret die Insekten anlockt und festhält.

den Alleen und Feldern hängen, weht der Küstenwind häufig alle Schlechtwetterwolken von den Stränden weg und schafft dem Sonnenschein Platz. Die Statistiker schreiben **Usedom** regelmäßig Rekordwerte ins Stammbuch. In den Badeorten, allen voraus Zinnowitz, werden die **meisten Sonnenstunden Deutschlands, nämlich ca. 1917 Std.,** pro Jahr gezählt. Im Winter allerdings kann es äußerst kalt werden, und in Rekordwintern schiebt die Ostsee meterhohe Eisschollen ans Ufer. Strände im Schnee besitzen dann einen ganz eigenen Zauber. Auch **Rügen** kann mit jährlich rund **1870 Sonnenstunden** den sonnenreichen Süden Deutschlands (Freiburg im Breisgau bringt es z. B. auf 1740 Std., München auf 1681 Std.) mühelos übertreffen.

Am und im Wasser

Auf Rügen und Usedom bestimmt nicht nur die Ostsee die Fauna und Flora, sondern auch die **Binnengewässer** wie Bodden, Moorseen und die eiszeitlichen Gletscherseen. So ist die Pflanzen- und Tierwelt Usedoms beeinflusst durch die außergewöhnliche Lage zwischen Ostsee und Oderhaff und durch die Abgeschiedenheit von Inseln, Buchten und Binnenseen. Da große Industriebetriebe fehlen, konnten sich ganze Landstriche mit naturnahem Lebensraum für Pflanzen und Tiere erhalten. In abgeschiedenen

Gebieten oder geschützten Bereichen schufen Naturschützer außerdem **Reservate** für verschiedene vom Aussterben bedrohte Tier- und Pflanzenarten.

Meerkohl und fleischfressender Sonnentau

Zu den unter Naturschutz stehenden Pflanzen gehören der **Meerkohl**, eine bis zu 70 cm hohe, buschartig verzweigte Pflanze, die besonders gut am Wittower Ufer auf Rügen auf dem Salzrasen gedeiht, und die bis zu 40 cm hoch werdende **Stranddistel** mit kugelartigen Blüten.

Eine Besonderheit ist der **fleischfressende Sonnentau**, der sich von Insekten ernährt und u. a. am Wockninsee bei Ückeritz auf Usedom heimisch ist. Am Mümmelkensee führt ein Naturlehrpfad zu verschiedenen Arten dieser Pflanze.

Fischotter und Sumpfschildkröten

Der **Gothensee** auf Usedom ist Schutzgebiet für die seltenen Fischotter. Besucher werden die scheuen Tiere kaum zu Gesicht bekommen, sollten aber auf die Tafeln mit der Tiersilhouette und dem Schriftzug „Otterwechsel" unter den üblichen dreieckigen Warnschildern achten. Der allmählich verlandende Wockninsee ist Heimat einer anderen vom Aussterben bedrohten Tierart: Wenige Exemplare der seltenen Sumpfschildkröte sollen noch in dem See leben.

Vogelparadies

Usedom besitzt noch zahlreiche einzigartige Refugien für Vögel. Ausgedehnte Salzwiesen, überflutete Polder, die Flachwasserzonen an Haff, Achterwasser und Peenestrom bilden ein attraktives Revier. Das gesamte Mündungsgebiet der Oder, das neben Usedom auch die Insel Wollin umfasst, formt eine **zentrale Landmarke für den europäischen Vogelzug**. Legendär sind riesige Schwärme von Erlenzeisigen und Bergfinken. In den Wintermonaten rasten im Stettiner Haff Tausende nordischer Enten und Säger. Auch die kleinen Inseln um Usedom (Ruden, Greifswalder Oie, Görmitz, die Halbinsel Gnitz und der Große Wotig) sind Vogelschutzgebiete. Allein auf dem Großen Wotig leben rund 170 verschiedene Vogelarten, darunter auch der Austernfischer und vom Aussterben bedrohte Arten wie der Sandregenpfeifer.

Seeadler und Störche

Die fast 40 besetzten Storchennester begründen Usedoms Ruf als **Storcheninsel**. Vor allem in Gothen ist es gelungen, mehrere Storchenpaare anzusiedeln. Die Lage abseits größerer Straßen und des geschäftigen Heringsdorfs sichert den Tieren ruhige Nistplätze. Greifvögel wie Falken oder Habichtarten kann man auf Usedom leicht finden. Dagegen ist der Seeadler auf Usedom trotz des Anstiegs der Zahl der Brutpaare ein seltener Vogel. Mit etwas Glück erspäht man einen von ihnen: Weil sie weite Reviere durchstreifen, stehen die Chancen gut, die markanten Jäger auf ihren Flügen zu sehen.

Kranichkolonien

Jedes Jahr von **Anfang Oktober bis Mitte November** wird es eng im Luftraum über der Ostsee. Wenn die Feriengäste die Strände geräumt haben, fliegt die gefiederte Ablösung aus Skandinavien, Polen und dem Baltikum ein. Bis zu 80 000 Kraniche suchen dann in der sogenannten Rügen-Bock-Kirr-Region ihre **Rastplätze** auf. Während ihres „Herbsturlaubs" findet man die „Vögel des Glücks", wie sie in vielen Ländern genannt werden, bei der Futtersuche auf abgeernteten Feldern, so auch auf der zu Rügen gehörenden Insel Ummanz. Abends kehren die Wanderer der Lüfte im Formationsflug zu ihren Schlafplätzen in den Flachwasserzonen der Uferbereiche zurück, sicher vor Feinden. „Gru-gru" trompetet es dann aus langen Hälsen in den Himmel. Während der Frühjahrszug in die Brutgebiete im Baltikum und in Skandinavien sehr rasch erfolgt, bleiben die Vögel während ihres **Herbstzuges** in die Winterquartiere in Frankreich und Spanien oft über mehrere Wochen in der Rastregion.

Mehlschwalben

An den Küsten Rügens befinden sich bedeutende Brutgebiete verschiedener Vogelarten des Ostseeraums. Besonders die geschützten, unzugänglichen Gebiete und kleinen Inseln sind sichere Brutbiotope. Hier nisten verschiedene Möwenarten, Brandseeschwalben und zahlreiche Watvögel auf den Salzwiesen. Eine Besonderheit sind die **Brutgebiete der Mehlschwalben** an der Kreidesteilküste im Nationalpark Jasmund, die ihre Lehmnester an die Felsen bauen. Typisch für diese Schwalbenart sind der weiße Bürzel und das ebenfalls weiße Bauchgefieder. Wer den Hochuferweg an der Kreidesteilküste von Sassnitz zum Königsstuhl entlangwandert, kann zur Brutzeit ihrem leisen Zwitschern lauschen.

Naturschutz

Dem Ziel, die naturnahen Lebensräume auf Rügen und Usedom zu erhalten, haben sich verschiedene **Schutzprogramme** verschrieben, unter

Beeindruckend ist die Flügelspannweite des Seeadlers im Flug von bis zu 2,5 m.

Alljährlich ein Naturschauspiel: die Kraniche, die auf Rügen und Usedom ihren Zug unterbrechen, um sich auf dem Weg in ihr Sommer- oder Winterquartier zu stärken

Klein, aber fein!
Heckenrosen blühen, der Bärlauch duftet, Uferschwalben flattern umher, umgestürzte Bäume sind von Moos überzogen. Auf der Greifswalder Oie ist die Natur noch ursprünglich. 1550 m in der Länge misst sie, an der breitesten Stelle sind es 570 m. Das 12 km nördlich von Usedom gelege Inselchen hat damit etwa die Größe des Fürstentums Monaco.

Mecklenburg-Vorpommerns letzte Dünenheide findet man südlich von Vitte.

anderem das Biosphärenreservat Südost-Rügen sowie die Nationalparks Jasmund und Vorpommersche Boddenlandschaft, deren rund 690 km² Wasserflächen im Herbst für Abertausende „durchreisende" Kraniche zum größten Rastplatz Europas werden. Auch Usedom sowie die Nachbarinsel Wolin sind Naturparks, in denen einzelne Gebiete als Naturschutzgebiete ausgewiesen sind. So stehen z. B. die Flachgewässer und Salzwiesen des Peenemünder Hakens, die Kliffranddüne des Streckelsbergs, die eiszeitliche Landschaft von Thurbruch und Gothensee oder die Vogelschutzgebiete der Inseln Werder und Bohmke unter besonderem Schutz.

Feuchtgebiete auf Usedom

Einzigartig ist die Flora der Feuchtgebiete Usedoms. Salzwiesen, Schilf- und Flachwasserbereiche rund um das Achterwasser und den Peenemünder Haken haben Biotope erhalten, die sensible Ökosysteme mit aufeinander abgestimmten Pflanzen- und Tierarten beheimaten. Auf der Halbinsel Gnitz, die mit Steilufern am

Weißen Berg, Salzwiesen, Dünen, Strand und Kiesbänken viele unterschiedliche Landschaftsformen auf kleinem Raum vereinigt, kann man Hügel mit Magerwiesen und Sumpfgebiete mit typischen Pflanzen wie Sumpfläusekraut oder Knabenkraut entdecken.

Dünen

Nicht selten an der Ostseeküste, aber schmackhaft und gesund sind die Beeren des **Sanddorns** mit ihrem hohen Vitamin-C-Gehalt. Auch er dient – wie Ölweide und Kartoffelrose – als Pionierpflanze beim Dünenschutz. Denn nur wenige Pflanzen gedeihen auf den nährstoffarmen und trockenen Sandböden der Dünen, vertragen die salzige Seeluft und halten den starken Winden und frostigen Wintertemperaturen in Seenähe stand. Da sie Lebensraum für seltene Pflanzen sind, dürfen Dünen nur auf den ausgewiesen Wegen durchquert werden. Eine Besonderheit ist die **Dünenheide** auf der Rügen vorgelagerten kleinen Insel **Hiddensee**. Hier findet sich die letzte erhaltene **Küstenheidelandschaft** der Ostsee mit Besenheide, Krähenbeere und Kriechweide.

Moore

Die allmähliche Verlandung eiszeitlicher Binnenseen erzeugte typische Beispiele für eine Moorvegetation. Am **Wockninsee** bei Ückeritz auf Usedom schlossen wachsende Schilfgürtel Flachmoorzonen ein. Wegen des niedrigen Nährstoffgehalts des Torfbodens sind hier Heidekrautarten, Sumpfveilchen oder die Moosbeere heimisch. Ein besonderes Highlight ist der **Mümmelkensee** nordwestlich von Bansin. Namensgeber dieses schon fast völlig verlandeten Moorsees sind die im Volksmund Mummeln genannten See- oder Teichrosen, die hier zahlreich blühen. In einer großen Senke an der polnischen Grenze liegt das Naturschutzgebiet **Zerninsee**. Seit fast 70 Jahren ist dieser ehemalige eiszeitliche Gletschersee unberührt. Hier konnten sich außergewöhnlich viele verschiedene Pflanzenarten ansiedeln, die heute den Lebensraum für seltene Vogelarten bilden. Bizarre Moorvegetation findet sich im großflächigen Niedermoor des **Thurbruchs** zwischen Gothensee und Achterwasser mit seinem von Weiden, Erlen und Birken umstandenen Moorwald.

Zeugen der Vergangenheit

Die Besiedlung Rügens kann bis in die **Steinzeit** zurückverfolgt werden. Während die Funde aus der Älteren und Mittleren Steinzeit recht spärlich sind, stellt sich die Situation für die Jüngere Steinzeit völlig anders dar. Der in den Kreidefelsen Rügens eingelagerte Feuerstein war offensichtlich besonders geeignet für alle Arten von Arbeitsgeräten und Waffen. Am Spitzen Ort bei Lietzow wurde 1827 ein regelrechter **Feuersteinbearbeitungsplatz** entdeckt. Weitere Grabungen im Jahr 1939 an dieser Stelle brachten über 20 000 Pfeil- und Lanzenspitzen, Messer, Beile, Schaber, Faustkeile und Schlagsteine aus Feuerstein zutage. Hier wurde auch der älteste menschliche Schädel Rügens gefunden. Die enorme Konzentration der Funde um Lietzow – daher der Name **Lietzow-Kultur** (4000–3000 v. Chr.) – ist ein sicheres Indiz für den Wandel von einer Gemeinschaft von Jägern und Sammlern zu sesshaften Ackerbauern und Viehzüchtern. Ein weiteres Erbe aus der Steinzeit sind die **Grabstätten**, auf die man an vielen Stellen trifft. 232 Hünengräber hatte der Naturwissenschaftler und Historiker Friedrich von Hagenow erforscht und in seine 1829 erschienene „Special-Carte der Insel

Rügen" eingezeichnet. Heute existieren noch 54 **Hünengräber**, die anderen wurden absichtlich oder unwissentlich zerstört bzw. überbaut. Angesichts der tonnenschweren Steinblöcke, aus denen die Gräber errichtet worden waren, glaubte man früher, diese Grabstätten seien von Riesen gebaut worden, und nannte sie deshalb Hünenbetten oder Hünengräber.

Seeräuberlegende Störtebeker

Ob der Seeräuber Klaus Störtebeker ein Hüne war, wissen wir nicht, aber berühmt-berüchtigt war er allemal: Bis zu 18 Schlupfwinkel soll er auf Rügen gehabt haben. Bis heute werden hier Schätze vermutet: etwa in der Stubbenkammer, vor der Halbinsel Zudar oder im Burgwall von Venz, wo die sagenhafte Goldkette liegen soll, die er Hamburgs Ratsherren vor der Hinrichtung anbot. Bis 1389 ging er mit Kaperbriefen des Herzogs von Mecklenburg auf Enterfahrt gegen die Dänen, um das schwedische Stockholm mit Lebensmitteln (Viktualien) zu versorgen. Danach trieben er und seine sogenannten **Vitalienbrüder** ihr Unwesen auf See weiter, bis am 22. April 1401 vor Helgoland 72 Seeräuber gefangen genommen wurden; am 21. Oktober 1401 fand in Hamburg wohl die Hinrichtung statt.

Von der frühzeitlichen Besiedlung Rügens zeugen die Hünengräber, wie hier in Lancken-Granitz.

Alljährlich erwacht die Seeräuberlegende bei den Störtebeker-Festspielen auf der Naturbühne Ralswiek wieder zum Leben.

Jeder Strandkorb ist eine eigene kleine Urlaubswelt. Dass es dabei bleibt, dafür sorgt eine rührige Manufakturbelegschaft auf der Insel Usedom.

Ein besonders schönes Zeugnis der Bäderarchitektur in der Wilhelmstraße von Sellin auf Rügen

Wirtschaftsfaktor Kreideabbau

Neben der traditionellen Fischerei und Landwirtschaft war und ist die Kreide ein wesentlicher Wirtschaftsfaktor auf Rügen. 1845 ging in Sassnitz die erste Kreideschlämmerei in Betrieb, fünfzig Jahre später gab es mehr als zwanzig Produktionsstätten, meist kleine Familienbetriebe. Einer von ihnen ist heute im **Kreidemuseum Gummanz** zu besichtigen. Schulkreide wird inzwischen aus Gips hergestellt, doch aus vielen anderen Bereichen ist die Rügener Kreide kaum wegzudenken. Und sie entfaltet auch heilende Wirkung: Schon vor achtzig Jahren halfen Kreidepackungen bei Gelenkentzündungen und Hautkrankheiten. Sassnitz entwickelte sich Ende der 1930er-Jahre zum einzigen **Kreideheilbad** der Welt, das in den Sechzigerjahren jedoch einschlief. Erst nach der Wende besann man sich auf die alte Tradition.

Badetradition

Nicht Binz, Göhren oder Sellin, sondern die ca. 10 km landeinwärts liegende Kleinstadt **Sagard** erlebte die Geburtsstunde des Bädertourismus auf Rügen. Hier öffnete 1794 die erste „Brunnen-, Bade- und Vergnügungsanstalt" der Insel, deren Mineralquelle schon Mitte des 18. Jhs. vereinzelt Kurgäste angezogen hatte. Der Kurbetrieb endete allerdings schon bald mit den Napoleonischen Kriegen.

Mit der Errichtung der klassizistischen Residenz des Fürsten Wilhelm Malte I. von Putbus, eines der bedeutendsten Grundbesitzer auf Rügen, avancierte **Putbus** zum Treff der höchsten Adelskreise. Die sogenannte weiße Stadt besaß mit dem Fischerdorf Lauterbach eine Dependance an der See. Hier konnte man entweder im neu erbauten Badehaus an der Goor oder auch direkt im Greifswalder Bodden ein Salzwasserbad nehmen. Zum Umkleiden und für den Einstieg ins Wasser benutzte man einen Badekarren. Er wurde so weit wie möglich ins Wasser geschoben, damit der Badegast – durch seitliche Vorhänge vor neugierigen Blicken geschützt – über eine ausklappbare Treppe ins kühle Nass gelangen konnte. Dem Seebad Putbus

war ebenfalls nur eine kurze Karriere beschieden. Ab der Jahrhundertmitte verlagerte sich der Fremdenverkehr an die Ostküste Rügens nach **Sassnitz**. In den 70er- und 80er-Jahren des 19. Jhs. hatte sich die Zahl der Kur- und Badegäste bereits vervierfacht. Das Sassnitzer Ferienpublikum rekrutierte sich vor allem aus dem Großbürgertum. Für eine schnelle und auch komfortable Verkehrsanbindung sorgten die Dampferlinien zwischen Sassnitz und dem Festland und der Ausbau der Eisenbahnstrecke von Bergen nach Sassnitz im Jahr 1891. Doch auch Sassnitz musste bald den ersten Platz an die jüngeren Bäder abtreten.

Nizza des Ostens

Mit der Jahrhundertwende begann der Aufstieg von **Binz**, **Göhren** und **Sellin**, die seit 1895 durch eine Kleinbahn mit Putbus verbunden waren. Vor allem Binz entwickelte sich zum Paradebad der Wilhelminischen Zeit. Nachdem sich 1888 die „Aktiengesellschaft Ostseebad Binz" gegründet hatte, witterten viele das einträgliche Geschäft mit dem Fremdenverkehr. Grundstücksspekulationen blühten, und der einsetzende Bauboom bescherte dem ehemaligen Fischerdorf ein völlig neues Aussehen mit zahlreichen Villen, Hotels und Pensionen, die sich in ihrer fantasievollen Fassadengestaltung gegenseitig übertra-

fen. Das Herz des Badeortes war aber der Strand. Besonders in den 1920er-Jahren stand der Ort als „Nizza des Ostens" bei den Urlaubern hoch im Kurs.

Bäderarchitektur

Typisch für die neuen prächtigen **Seebäder** auf Rügen und Usedom waren die Hotels, Pensionen, Kurhäuser, Seebrücken und repräsentativen Villen in einem eigenwilligen Baustil: der **Bäderarchitektur**. Der Begriff versucht, die bunte Mixtur zusammenzufassen, mit der sich die Bauherren und ihre Architekten damals austobten. Sie nahmen Anleihe bei allen bekannten Baustilen und in Ländern wie Norwegen oder China. Besonders charakteristisch sind die hölzernen Balkone und Loggien, blendend weiße, filigran ornamentierte Fassaden, Veranden, Erker, Türmchen und Freitreppen. Und natürlich war der Seeblick ein „Muss". Auch in der Namensgebung für die Häuser schlugen sich die Vorlieben der Epoche nieder: die Verehrung für die eigene Gattin, für Richard Wagner oder den Deutschen Kaiser.

Kaiserbäder Usedoms

So promenierte man in **Heringsdorf** auf Usedom über die Kaiser-Wilhelm-Brücke, und der Kaiserhof-Atlantik war das beste Haus am Platz. Die **Seebrücken** galten als Wahrzeichen der Bäder. Ursprünglich nur aus praktischen Erwägungen errichtet – sie ermöglichten den Landgang trockenen Fußes –, entwickelten sie sich um 1900 schnell zum Treffpunkt und zur Flaniermeile. Zu Beginn des Bäderwesens stellten Hochadel

und Großbürgertum das Gros der Gäste: Kaiser Wilhelm I. kam nach Heringsdorf, in Bansin hat er (vielleicht) einmal vorbeigeschaut, in **Ahlbeck** ließ er sich auf der Seebrücke fotografieren. Sein Enkel Wilhelm II. und Kaiser Franz Joseph I. von Österreich folgten. Anlass genug, die drei Orte heute als „Kaiserbäder" touristisch zu vermarkten. Doch mit zunehmender Popularität und dem Anschluss Usedoms an das Bahnnetz Ende des 19. Jhs. strömten auch bürgerliche Familien auf die Insel, die sich schnell den Beinamen „Badewanne Berlins" erwarb. Musiker, Schriftsteller und Maler wie Lyonel Feininger, Heinrich und Thomas Mann, Theodor Fontane, Johann Strauß, Maxim Gorki oder Kurt Tucholsky waren zu Besuch.

Rügens Perlen

Bisher ist sehr viel von der herrlichen Natur auf Rügen, von Stränden, Bädern und Kreidefelsen die Rede gewesen. Aber Rügen hat noch weitere Schätze zu bieten.

Am Reißbrett entstanden

Als letzte planmäßig erbaute Residenzstadt Europas entstand **Putbus** im Süden Rügens im Stil des Klassizismus. Wilhelm Malte I., Fürst zu Putbus, ließ sie Anfang des 19. Jhs. mit Schloss und Schlosspark auf dem Reißbrett konzipieren. Das Herzstück der Stadtanlage bildet der 1828 angelegte **Circus**, ein kreisrunder,

*Ahlbecks 1898 einge-
weihte Seebrücke ist die
älteste, die in Deutschland
noch erhalten ist.*

▶ **ERLEBTE GESCHICHTE**

Raketen von Usedom
*Unter äußerster Geheimhaltung
arbeiteten im Zweiten Weltkrieg in
Peenemünde ca. 15 000 Menschen
unter Wernher von Braun an neuen
Waffensystemen, u. a. der ersten
automatisch gesteuerten Flüssig-
keitsgroßrakete der Welt, der A 4.
Das historisch-technische Museum
dokumentiert die Arbeit der Raketen-
forscher, die verheerenden Folgen der
neuen Waffen sowie deren Weiterent-
wicklung nach dem Zweiten Weltkrieg.*

Rasender Roland

Auf Rügen dampft noch eine Schmalspurbahn, liebevoll Rasender Roland genannt, deren erster Streckenabschnitt 1895 fertiggestellt wurde. Sie bringt die Gäste mit einer Höchstgeschwindigkeit von 30 km/h von den Ostseebädern ins Hinterland bis an den Bodden von Lauterbach. Zwischen 8 und 21 Uhr verkehren die Züge im Zweistundentakt, in den Sommermonaten hat man den Takt zwischen Göhren und Binz auf eine Stunde verdichtet. Am Bahnhof Putbus präsentiert eine Ausstellung die Geschichte der traditionsreichen Rügenschen Bäderbahnen.

Die Schmalspurbahn Rasender Roland ist ein weiteres Wahrzeichen der Insel Rügen.

leicht abfallender Platz, umsäumt von freistehenden zwei- bis dreigeschossigen Häusern. Das strahlende Weiß ihrer klassizistischen Fassaden trug Putbus einst den Beinamen „weiße Stadt" ein. Acht eichengesäumte Wege führen auf den seit 1845 in der Platzmitte stehenden Obelisken zu, der an Fürst Malte erinnert, dessen Fürstenkrone die Spitze des Steins ziert.

Slawische Wurzeln

Nördlich von Putbus, in der Inselmitte, liegt **Bergen**. Schon die Slawen bezeichneten den Ort in ihrer Sprache als Berg und dies entspricht der Topografie der Stadt: Der sehenswerte Stadtkern mit **Marienkirche** und Markt liegt erhöht. Höchste Erhebung ist der sogenannte Rugard (slaw. „Burg der Rugier"), die slawische Wallburg auf 91 m ü. NHN mit dem Ernst-Moritz-Arndt-Turm. Erste slawische Siedlungsspuren führen über ein Jahrtausend zurück. Nach dem Fall des Rugard begann unter Fürst Jaromar I. ab 1168 der Bau der Marienkirche. Als Palastkirche errichtet, gilt sie als **ältester Sakralbau Rügens** und zählt zu den schönsten Backsteinkirchen im norddeutschen Raum. Architektonisch ist sie Lübecks Dom nachempfunden. Ein Kuriosum ist das Ziffernblatt der Uhr an der Nordseite des Kirchturms, das seit der Restau-

rierung 1985 in 61 Minuten unterteilt ist. Grund war ein „Zahlmalheur" der Restaurateure.

Nordkap

Das Kap auf der **Halbinsel Wittow** wird üblicherweise als nördlichster Punkt Rügens bezeichnet, obwohl dieses Attribut eigentlich dem 600 m weiter nordwestlich gelegenen Gellort zukommt. Auf dem Kap stand mit der Jaromarsburg die letzte bedeutende Festung der Slawen, die 1168 von den Dänen eingenommen wurde.

An der Steilküste am **Kap Arkona** schweift der Blick vom Aussichtspunkt weit über die Ostsee. Manchmal ist die Silhouette der 60 km entfernten dänischen Insel Møn zu erspähen.

Den kleineren, 1827 errichteten Leuchtturm entwarf Karl Friedrich Schinkel als quadratischen, ca. 20 m hohen Backsteinturm. In dem dreigeschossigen, „**Schinkelturm**" genannten Bau präsentiert eine Dokumentation „Schinkels Schaffen" in Vorpommern und auf Rügen. Eine enge Wendeltreppe führt hinauf zur Aussichtsplattform mit grandiosem Blick auf Stubbenkammer und Jasmunder Bodden. Nebenan steht der sogenannte **Neue Leuchtturm**, ein schlanker, 39 m hoher Rundturm von 1902. Er ist in Funktion, sein Leuchtsignal blitzt alle 16 Sekunden bis zu 22 Seemeilen (ca. 41 km) über das Meer.

Vitt

Oberhalb der Steilküste führt der 1,2 km lange **Hochuferweg** von der Jaromarsburg ins Dörfchen Vitt. Strandgeher können alternativ die „Veilchentreppe" hinab zum Steinstrand nutzen. Der Hochuferweg führt vorbei an der kleinen, achteckigen, weiß getünchten Kirche, die nach einem Entwurf von Schinkel entstand. Zuvor fanden an dieser Stelle insbesondere zur Heringssaison sonntags Gottesdienste mit sogenannten „Uferpredigten" statt. Unterbrochen wurden die Gottesdienste, wenn „Utkieker" Heringsschwärme erspähten. Ihr Ruf „De Hierung kummt!" trieb die Fischer in die Boote.

Ein Stück unterhalb der Kirche liegt das romantische, denkmalgeschützte Fischerdörfchen Vitt in einer dicht bewachsenen Schlucht. Unter Eschen, Pappeln und Holunder schlängelt sich ein Pfad vorbei an rohrgedeckten Fischerkaten zum Hafen. „Vitte" bzw. „Vitten" stand einst für Anlande- bzw. Handelsplatz. Bis heute behält man hier das **traditionelle Fischräuchern** in fassförmigen Tonnenöfen bei.

Nationalpark Jasmund

Wer zur Halbinsel Jasmund fährt, hat meist ein ganz bestimmtes Ziel: die Kreidefelsen der Stubbenkammer. Um die einzigartige Kreidelandschaft und den alten, inzwischen zum Weltnaturerbe gehörenden Rotbuchenwald zu erhalten, wurde der Nationalpark Jasmund geschaffen. „Balkon Rügens" wird Jasmund wegen des Steilufers genannt, von dem der Blick weit über die Ostsee reicht. Die schmale Schaabe, ein langer Sandstrand, verbindet Jasmund mit Wittow.

Die Kreidefelsen sind die touristischen Perlen in dem 30 km² großen Schutzgebiet, das damit der **kleinste Nationalpark Deutschlands** ist. Die Stubnitz genannte Gegend, d. h. die Ostküste Jasmunds mit dem bizarren Steilufer und dem anschließenden Waldgebiet, wurde 1990 zum Nationalpark erklärt. Grundlegend war das im September 1990 von der ersten frei gewählten DDR-Volkskammer in ihrer letzten Sitzung vor der Deutschen Einheit beschlossene Nationalparkprogramm. Ein Teil seines Buchenwaldes, einer der **letzten Rotbuchenwälder Europas**, wurde 2011 **UNESCO-Welterbe**.

Von **Sassnitz** aus (8 km entfernt) führt der Hochuferweg zu ihnen, auf dem man sich in aller Ruhe ein Bild von den Naturschönheiten machen kann. Der Nationalpark bewahrt eine Landschaft mit **unterschiedlichen Naturräumen**: dem Buchenwald, Kliffhängen, Quellen, Bächen und Seen, verschiedenartigen Moorbildungen, Feuchtwiesen, Trockenrasen und der Flachwasserzone der Ostsee. Im gesamten Gebiet des Nationalparks sollen sich Flora und Fauna weitgehend ungestört entfalten.

Besuchermagnet ist der strahlend weiße **Königsstuhl**, der aus der Kreidesteilküste heraussticht und dem **Nationalparkzentrum** seinen Namen gibt. Das nur zu Fuß, per Rad oder sehr bequem mit dem Bus zu erreichende Informationszentrum lädt auf 2000 m² Ausstellungs- und einem 28 000 m² großen Außengelände insbesondere zu einer **Zeitreise durch die Naturgeschichte** ein, die man als romantischen Streifzug oder auch als aufregendes Abenteuer erleben kann, je nach gewählter Führung. Für Kinder werden die Maus Mimi und der Rabe Krax zu klugen Begleitern.

Die lange Treppe zum Strand unterhalb des Königsstuhls ist nicht mehr begehbar, einmal mehr ein Zeichen dafür, wie fragil die Kreidefelsen sind. Wind, Frost, Regen und Wellen nagen beständig an ihnen.

Einen schönen – und im Gegensatz zum Königsstuhl kostenlosen – Ausblick hat man von der **Viktoriasicht**.

Kleines Bild: Rügens berühmteste Sehenswürdigkeit ist der Kreidefelsen Königsstuhl.

Großes Bild: Die imposanten Rotbuchen sind der besondere Schatz des Nationalparks Jasmund.

FAKTEN

Natur hautnah kann man bei den von Nationalpark-Rangern geführten Touren erleben. Ob einstündige Rundwanderung in der Stubbenkammer, ca. 2-stündige Führungen von Lohme oder Hagen zum Nationalpark-Zentrum oder ebenfalls 2-stündige Tour von Sassnitz aus, stets erfährt man viel Wissenswertes zu Umwelt- und Naturschutz.
www.nationalpark-jasmund.de

Mecklenburgische Seenplatte

Fast hinter jedem Hügel glitzert ein See. Mehr als 1000 sollen es sein, die sich in der Wald- und Wiesenlandschaft verbergen.

Störche klappern auf den Wiesen, am Himmel ziehen Fisch- und Seeadler elegante Kreise, in den Schilfgürteln brüten Haubentaucher. Von den Türmen uralter Kirchen schweift der Blick weit über das Land, besonders im Frühjahr bieten sich reizvolle Bilder, wenn die gelben Rapsfelder am Horizont mit dem blauen Himmel aneinanderzustoßen scheinen. Kopfsteingepflasterte Alleen führen in beschauliche Dörfer und zu liebenswerten Kleinstädten mit verwinkelten Gassen, zu Schlössern und Herrenhäusern.

Fast von Schwerin bis Feldberg erstreckt sich die Mecklenburgische Seenplatte. Die größte zusammenhängende, mit Kanälen und Flüssen verbundene und befahrbare Seenplatte Mitteleuropas hat keine exakten Grenzen, der eine zieht sie enger, der andere etwas weiter, die Zahl der Seen schwankt deshalb erheblich. Kein See gleicht dem anderen. Vorspringende Landzungen und Inseln zieren die einen, andere sind umrahmt von Buchten, in denen sich nur das Röhricht im Wind wiegt. In der stillen Abgeschiedenheit blühen Seerosenfelder, und im Schilf am Ufer scheinen große und kleine Vögel Verstecken zu spielen. Auf anderen Seen tummeln sich Wassersportler, sie segeln und surfen, wie auf der **Müritz**, Deutschlands größtem Binnensee – lässt man den Bodensee, den sich Deutschland mit der Schweiz und Österreich teilt, mal außen vor. „Morcze" nannten die Slawen die Müritz: **„kleines Meer"**.

Mecklenburgische Seenplatte

Auch in der **Gastronomie** zeigt man sich traditionsbewusst – auf die Teller kommt vorwiegend Regionales, vor allem Schmackhaftes aus den Gewässern, wie Hecht, Zander und frisch geräucherter Aal oder die hier besonders zahlreich vorkommenden delikaten Maränen.

Industrie wurde in der schon seit der Slawenzeit nur dünn bewohnten Region nicht angesiedelt. Das ist bis heute im Wesentlichen so geblieben und daher ist die Luft hier reiner als in vielen anderen Gegenden Deutschlands. Die mancherorts fast **unberührte Landschaft** ist für viele Tierarten eines der letzten deutschen Refugien. Mehr als tausend verschiedene Käferarten krabbeln im Gebiet der Mecklenburgischen Seenplatte, etwa 800 Schmetterlingsarten flattern umher. Um dieses großartige Insekten- und Vogelparadies für kommende Generationen zu erhalten, stellte man große Teile unter Schutz: Es gibt den **Müritz-Nationalpark** mit dem Müritzeum, das Besucher über den Nationalpark informiert, und **vier Naturparks**.

Zu sehen gibt es viel, beispielsweise die **ältesten Bäume Europas**, die Ivenacker Eichen. Der Riese unter ihnen soll 1000 Jahre alt sein, und damit so alt wie Mecklenburg, das 2015 seinen 1020. Geburtstag beging. Manch anderes dagegen ist noch weitgehend unbekannt wie das Tal der Peene, einer der **letzten naturbelassenen Flüsse Europas**. Bei einer Kanutour kann man den Alltag hinter sich lassen, eintauchen in Ruhe und Beschaulichkeit und ein einzigartiges Naturerlebnis mit Reihern, Seeadlern und vielleicht sogar Bibern genießen.

Herausgeputzt haben sich die Städte, wie **Waren an der Müritz**, und die meisten Dörfer seit der Wende. Sorgsam achtet man darauf, Vorhandenes zu bewahren, und ist stolz auf die Vorfahren – wie die legendäre Prinzessin Luise von Mecklenburg-Strelitz, eng verbunden mit der Stadt **Neustrelitz**, oder den Künstler Ernst Barlach, dessen Werke großteils in **Güstrow** zu bewundern sind. Gleichfalls sehenswert sind die imposanten Zeugnisse der Backsteingotik in Neubrandenburg, das sich selbst als „Stadt der vier Tore" bezeichnet.

▶ TOPZIELE IN DER REGION

Größter Schatz der Mecklenburgischen Seenplatte ist die wunderschöne Natur. Aber auch die Städte laden mit Geschichte, Kunst und Kultur zu einem Besuch ein.

SCHMALER LUZIN

Der Schmale Luzin in der Feldberger Seenplatte ist beispielhaft für die einst von Gletschern geformten Seen der Region. Wanderern bietet er ein herrliches Naturerlebnis. → S. 73

MÜRITZEUM

Hochmodern mit interaktiven Elementen, Schausammlungen und Sonderausstellungen bringt das „Haus der tausend Seen" dem Besucher die wertvolle Natur nahe. → S. 75

KRANICHZUG IM MÜRITZ-NATIONALPARK

Auch wer nie einen Vogelkundler in sich vermutete, wird von den hier pausierenden Kranichen beeindruckt sein. Von der Nationalpark-Information in Federow (westlich von Waren) führen Ranger täglich bei Dämmerung Besucher zu den Schlafplätzen der Kraniche am Rederangsee. → S. 75

GÜSTROW

Die am Ort der der slawischen Burg Guztrowe (Krähennest) 1226 gegründete Stadt kam im 16. Jh. durch Wollhandel und Tuchmanufakturen zu einer wirtschaftlichen Blüte. Aus der Gründungszeit stammt der sehenswerte Dom in Backsteingotik. Die Gertrudenkapelle, in der heute die Werke Barlachs gezeigt werden, wurde um die Wende des 14. zum 15. Jh. errichtet. → S. 80

WAREN AN DER MÜRITZ

Der Luftkurort, seit 2012 ein staatlich anerkanntes Soleheilbad, ist das wirtschaftliche und touristische Zentrum der Seenplatte. Mit der Binnenmüritz, dem Tiefwarensee, der Feisneck und dem kleineren Melzersee reichen gleich vier Seen ins Stadtgebiet hinein. → S. 81

Die Menschen in diesem Landstrich wissen um ihre Schätze. Sie gehen alles ruhig und gelassen an, sind eher zurückhaltend. Kommt man mit ihnen jedoch ins Gespräch und auf ihr zauberhaftes Land zu sprechen, auf die schattigen Wälder und ihre Tierwelt, auf die stillen Seen mit den vielen Fischen, auf die herausgeputzten Städte und Dörfer, dann tauen die Menschen auf, und man lernt sie als engagierte und hilfsbereite Gastgeber kennen.

Mecklenburgische „Berge"

Die Mecklenburgische Seenplatte ist das **größte zusammenhängende Seengebiet Mitteleuropas** und entstand während der letzten Eiszeit vor etwa 12 000 Jahren. Verglichen mit einem deutschen Mittelgebirge oder gar den Alpen sind die welligen Hügel der Mecklenburgischen Schweiz zwar kaum der Rede wert. Aber immerhin bringen es etliche der von eiszeitlichen Gletschern aufgeschobenen Moränenrücken auf **Höhen um die 100 m**, für norddeutsche Verhältnisse schon recht hoch. Jedenfalls hoch genug, um das von Wiesen und Wäldern bedeckte Land aus der Vogelperspektive zu betrachten. Eine der höchsten Erhebungen ist der 95 m hohe **Röthelberg** nahe der Burg Schlitz. Der Lohn für den kurzen

Im Müritz-Nationalpark lädt das allgegenwärtige Wasser immer wieder zu einer Pause ein.

Aufstieg ist ein prächtiges Panorama hinab auf das fast auf Meeresspiegelniveau gelegene Malchiner Becken mit dem Malchiner und dem Kummerower See. Auf exakt 100 m bringen es die **Heidberge** bei Teterow.

Seen, so weit das Auge reicht

Ungezählte Gewässer durchziehen die Weite der Mecklenburgischen Landschaft. Es ist ein Landstrich, in dem das Blau des Wassers mit dem Blau des Himmels in ständigem Wettstreit zu stehen scheint. „Kleines Meer" nannten slawische Siedler die **Müritz** im Herzen der Seenplatte, die sich in die Kette von Plauer See, Fleesensee und Kölpinsee einreiht. Sie werden die „Oberen Seen" genannt, weil sie mit mehr als 60 m ü. NHN verhältnismäßig hoch liegen. Die Elde, mit 220 km längster Fluss Mecklenburgs, verbindet die Seen.

Das „kleine Meer"

Zwar ist die Müritz kein Meer, aber der **zweitgrößte See Deutschlands** (größer ist nur der Bodensee, den sich Deutschland mit der Schweiz und Österreich teilt) mit einer Fläche von 117 km². Waldbedeckte Hügel, Torfmoore und klare Rinnenseen, von Kiefernwäldern bedeckte Sandgebiete sowie Heiden und Wiesen prägen das Landschaftsbild rund um die Müritz. Rund 700 zum Teil rar gewordene Pflanzenarten werden an den Ufern gezählt. Um Pflanzen und Tiere zu schützen, sind weite Flächen als Naturschutzgebiete ausgewiesen. Das Ostufer, das zum **Müritz-Nationalpark** gehört, fällt sehr flach ab. Vor rund 200 Jahren stand dieses Gebiet noch unter Wasser. Das änderte sich, als man im 18. Jh. den Elde-Wasserweg anlegte, wodurch der Wasserspiegel um etwa 2 m absank. Es entstand eine **amphibische Landschaft** mit Teichen, Mooren, Röhrichten, Riedflächen und Wäldern, die heute ein **Wild- und Vogelparadies** darstellt.

Feldberger Seenlandschaft

Die Feldberger Seenlandschaft im Osten der Mecklenburgischen Seenplatte gilt als Europas besterhaltene **Endmoränenlandschaft**. Hier gibt es noch vielerlei Pflanzen nicht nur am, sondern auch unter Wasser. Denn in den Seen gedeihen Armleuchteralgen, Krebsscheren oder Tausendblatt. Auf der Wasseroberfläche wiederum prangen die Blüten der Seerosen. In der höchst

romantischen, von Hügeln und glitzernden Seen geprägten Landschaft sind auch viele Orchideenarten wie das Knabenkraut heimisch. Nördlich des Haussees erhebt sich der 142 m hohe **Reiherberg**, von dem aus man einen wundervollen Blick über die Seenlandschaft genießen kann. Nordwestlich vom Reiherberg erreicht man den **Cantnitzer Wacholderberg** am Rande eines kleinen Sees. Dieses hübsche Fleckchen Erde war in der Vergangenheit Schaf- und Ziegenweide.

Schmaler Luzin

Welcher ist wohl der schönste See im Feldberger Land? Bei einer Wahl hätte der Schmale Luzin gute Chancen: Der grün leuchtende schmale Rinnensee, dessen Name sich von den Liutizen, einem Bund westslawischer Stämme, ableitet, lässt sich vom nördlich gelegenen **Feldberg** aus in einer Halbtagestour erwandern. Ein wirklich idyllischer Uferweg führt ins wenige Kilometer entfernte Carwitz, wo man auf einem kleinen Abstecher kurz im Fallada-Haus vorbeischauen oder sich im Dorfkrug stärken kann. Der ca. 6 km lange und maximal 300 m breite eiszeit-

liche Rinnensee ist von einem waldbestandenen Steilufer umrahmt.

30 Meter tief

8 km von Sternberg rauscht und tost es wie im Gebirge. Wer die friedliche Warnow von Rostock her kennt, kann kaum glauben, wie wild sie sich auf den 2 km zwischen Groß Görnow und Klein Raden gebärdet. Das **Warnow**-Durchbruchtal gehört zu den landschaftlichen Höhepunkten der Region. Ein Rundweg führt durch das 80 ha große Naturschutzgebiet, in dem auf Steilhängen alte Buchenwälder mit einer vielfältigen Bodenvegetation stocken. Die Tour beginnt am Landgut Groß Görnow und führt durch eine bis zu 30 m tiefe schluchtartige Talrinne, die vor 10 000 Jahren das Schmelzwasser der sich zurückziehenden Gletscher ausgewaschen hat.

Still und urtümlich präsentiert sich der Erlenbruchwald am Durchfluss des Krüselinsees zum kleinen Mechowsee in der Feldberger Seenlandschaft.

▶ SCHÄTZE DER NATUR

Steilufer am Kummerower See
Der Kummerower See, der viertgrößte Mecklenburg-Vorpommerns, ist ein kleines Paradies, nicht nur für einheimische und nordische Vogelarten, sondern auch für Naturliebhaber. Kleine Ortschaften, weite Schilfgürtel und feuchte Wiesenflächen säumen das westliche Ufer, am Ostufer dagegen hat die Eiszeit ein 37 m hohes Steilufer geschaffen, das man auf dem beschilderten Naturlehrpfad erwandert.

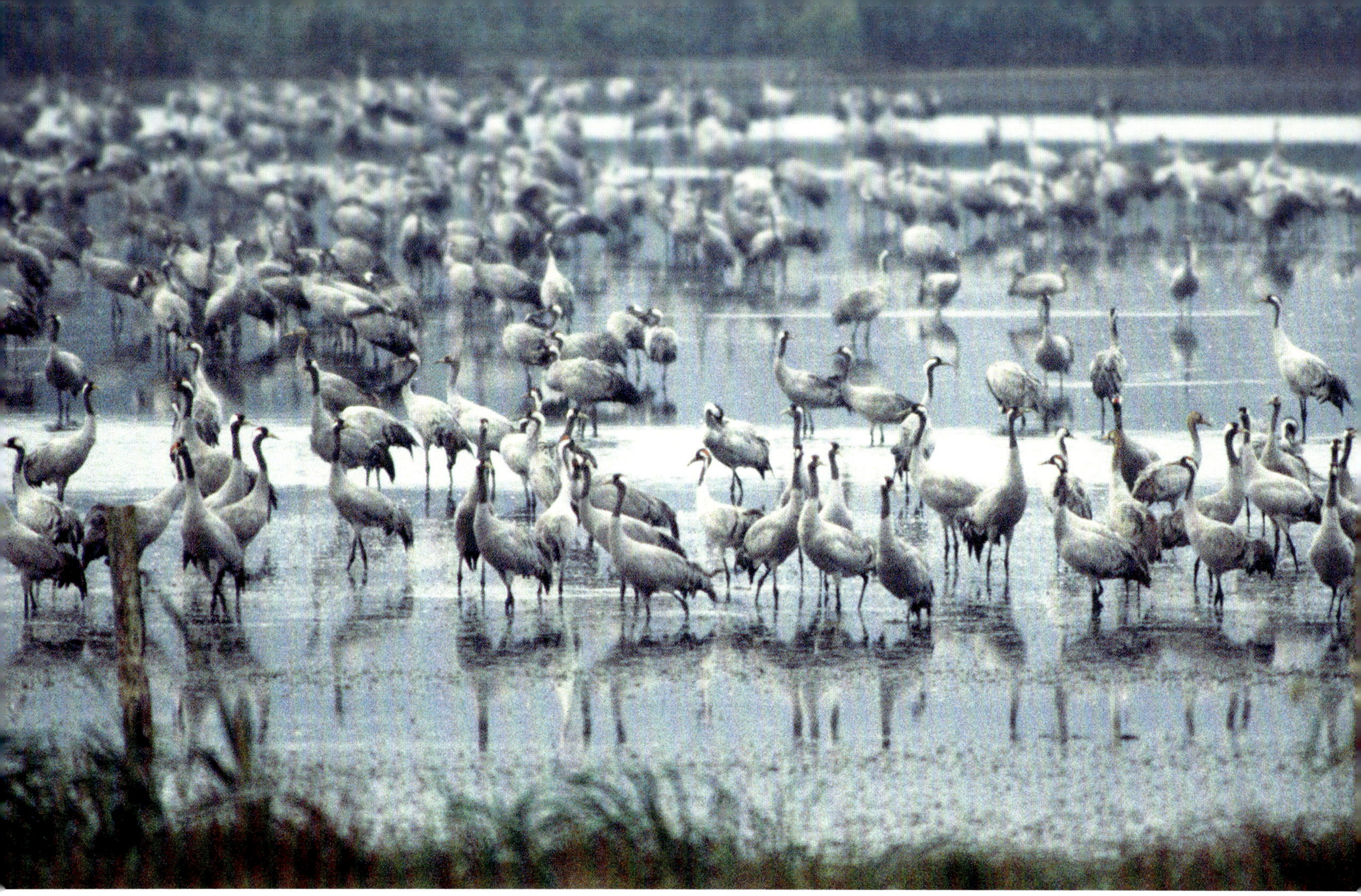

Ein Vogelmeer: Kraniche im Naturschutzgebiet Langenhägener Seewiesen

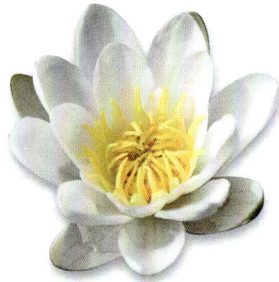

Seerosen können auf der Wasseroberfläche ausgedehnte Felder bilden.

Naturpark Nossentiner/ Schwinzer Heide

Zwischen Goldberg und Waren an der Müritz erstreckt sich der 1990 eingerichtete, 320 km² große Naturpark Nossentiner/Schwinzer Heide. Misch- und Kiefernwälder, Moore, Äcker und Wiesen und vor allem die 60 kleineren und größeren Seen, darunter der Krakower Obersee, der Goldberger See und der Drewitzer See, prägen das Bild dieser Landschaft. Auch Plauer See, Fleesensee und Kölpinsee gehören zu diesem erholsamen Naturpark. Die meisten Seen haben glasklares und sauberes Wasser, einige stehen unter Naturschutz. Zwischen Wäldern und Wiesen liegen kleine Dörfer mit alten Guts- oder Herrenhäusern. Insgesamt ist die Region dünn besiedelt; so kann sich die Tier- und Pflanzenwelt weitgehend ungestört entfalten. Mitten durch den Naturpark verläuft die **Hauptwasserscheide zwischen Ost- und Nordsee**: Die Nebel und die Mildenitz fließen in die Warnow und diese in die Ostsee, die anderen Flüsse in die großen Seen des Gebiets und von dort über Elde und Elbe in die Nordsee.

Nationalpark Müritz

„Natur Natur sein lassen" lautet eines der Leitmotive des Nationalparks. Eingriffe in das natürliche Ökosystem, wo überhaupt vorhanden, beschränken sich auf das Allernötigste. Der Wald wird nicht „aufgeräumt" – vielmehr wird alles getan, um wieder Wildnis entstehen zu lassen. Ein durch Windwurf oder wegen Altersschwäche umgestürzter Baum darf in aller Ruhe verrotten. Pilze, Flechten und Moose wachsen auf dem vermodernden Holz, Spechte zimmern in den morschen Stamm ihre Nisthöhlen. Der Nationalpark Müritz wird so zum Refugium für bedrohte Arten, die andernorts verschwunden sind.
Mit den **Buchenwäldern von Serrahn**, seit 2011 UNESCO-Welterbe, umfasst der Nationalpark 322 km² und ist damit die größte Schutzzone dieser Art in Deutschland. Für die Natur Mecklenburg-Vorpommerns war die Wendezeit ein Glücksfall. Kurz vor dem Beitritt zur BRD beschloss die letzte DDR-Regierung 1990, drei Gebiete des zukünftigen neuen Bundeslands als Nationalparks zu schützen – darunter das Gebiet östlich der Müritz. Mehr als zwei Drittel der Flä-

che sind von Wald bedeckt, dazwischen leuchten Seen wie blaue Augen. Moore, Feuchtwiesen und Trockenrasen sind Lebensraum für 700 Farn- und Pflanzenarten, und neben 800 verschiedenen Schmetterlingen und 43 Libellen sind 1500 Käferarten katalogisiert. Einzigartig ist der Park aber wegen seiner **Großvogelbestände**. Fischadler und Kraniche können von diskret angelegten Warten aus beobachtet werden.

Müritzeum

Das Müritzeum in Waren versteht sich als überregionales **Besucherzentrum**, das die Seenplatte und den Müritz-Nationalpark vorstellt. Anziehungspunkt des futuristischen, mit verkohltem Lärchenholz verkleideten „Hauses der tausend Seen" ist ein **105 000 l fassendes Aquarium**, in dem wichtige Fischarten der mecklenburgischen Binnengewässer vertreten sind, sogar ein ganzer **Maränenschwarm**. Darüber hinaus erfahren Besucher alles rund um Wald, Moor und Vogelwelt sowie Fauna und Flora unter dem Wasserspiegel. Im denkmalgeschützten Nebengebäude wird die 295 000 Objekte umfassende **Naturhistorische Landessammlung** gezeigt (www.mueritzeum.de). Das 2007 eröffnete kleine **Fischereimuseum** macht mit dem Alltag der Müritzfischer bekannt.

Vogelwelten

Die wasser- und naturreiche Landschaft rund um die Müritz wird von einer Vielzahl an Vögeln frequentiert, nicht nur Zugvögel wie Kraniche, sondern auch Greifvögel fühlen sich hier ausgesprochen wohl.

Heimat der Greifvögel

Im Gebiet der Mecklenburgischen Seenplatte leben drei unterschiedliche Adlerarten: der Seeadler, der Fischadler und der seltene Schreiadler. Während man Letzteren kaum zu Gesicht bekommt, kann man Exemplare der beiden anderen Arten häufig sehen. Wie der **Seeadler** gilt der nur ungefähr 50 cm große **Fischadler** nicht als gefährdet. Allein im Müritz-Nationalpark hat man zuletzt fast 70 Brutpaare gezählt, die sich eifrig um den Adlernachwuchs gekümmert haben. Anders sieht die Situation beim **Schreiadler** aus, einem ebenfalls eher kleineren Vertreter der Adlerfamilie. Sein Bestand ist zwar weltweit nicht bedroht, doch in Deutschland brüten nur noch 100 Paare – und die Tendenz ist abnehmend. Der kleine Adlervogel steht deshalb hierzulande auf der Roten Liste der gefährdeten Tiere. Aus diesem Grunde wurde ein Programm zur Rettung des Schreiadlers aufgelegt.

Pause vor dem Weiterflug

Mecklenburg-Vorpommern ist das Land der **Kraniche**. Besonders an der Ostseeküste machen Tausende Vögel im Herbst wochenlang Rast, bevor sie in die Winterquartiere in Südeuropa weiterfliegen. Aber auch in der Nähe der westmecklenburgischen Gemeinde Goldberg rasten die Kraniche während ihrer langen Reise. Das **Naturschutzgebiet Langenhägener Seewiesen**, 5 km westlich von Goldberg, ist der größte binnenländische Rastplatz für Kraniche. Jedes Jahr im **September und Oktober** legen hier etwa 3000 der hochbeinigen Vögel eine mehrwöchige Pause ein, um dann frisch gestärkt zu ihren Winterquartieren weiterzufliegen. Das flache Wasser des Langenhägener Sees dient den Vögeln als idealer Schlafplatz. Dort verbringen sie stehend die Nacht – geschützt vor ihrem größten Feind, dem Fuchs. Auch im Frühjahr rasten die Kraniche auf den Langenhägener Seewiesen, allerdings nur für wenig Tage: Sie haben es eilig, in die Brutgebiete im Norden zu kommen.

Im futuristischen Gebäude des Müritzeums kann der Besucher hautnah den faszinierenden Lebensraum „Müritz" kennenlernen.

Die Rückkehr
von „Meister Bockert"

Die **Peene** ist der Lieblingsfluss der **Biber** – kein Wunder, durchfließt sie doch mit erstaunlich wenig Gefälle das größte zusammenhängende Niedermoorgebiet Mitteleuropas. **Mehr als 100 Biberburgen** stehen am Peeneufer, durchschnittlich lebt also an jedem Flusskilometer eine Biberfamilie. Dabei waren die Nager in Vorpommern schon ausgerottet. Erst 1976 wurden Biber aus Sachsen an der Peene neu angesiedelt. Biber leben oft mit drei Generationen in ihrem Bau: das monogame Elternpaar und jeweils die letzten beiden Würfe.

Wisente
in Mecklenburg

Der Biber ist das größte Nagetier Europas, der Wisent der **größte Landsäuger**. Bis zu 1000 kg können die zotteligen Tiere schwer werden und eine Schulterhöhe von 2 m erreichen. Die meisten Wisente finden sich in Zoos, nur in Nordostpolen, Weißrussland, der Ukraine und dem Kaukasus gibt es wild lebende Herden. Auf dem **Damerower Werder** ist von den mit dem Bison eng verwandten Tieren seit 1957 eine kleine Herde zu Hause. Als Staatsgeschenk der polnischen Regierung an die DDR kam das Wisentpaar Pumik und Puella nach Mecklenburg. Damals waren Wisente – als Trophäe und noch mehr in den Hungerzeiten nach dem Ersten Weltkrieg gnadenlos bejagt – noch vom Aussterben bedroht, heute gilt ihr Bestand mit weltweit mehr als 3000 Tieren als gesichert. Allein auf dem Damerower Werder kamen über 200 Kälber zur Welt, die an andere Gehege und Zoos weitergegeben wurden. Heute leben etwa 30 Wisente in dem Schutzgebiet, ein Teil davon kann in einem Schaugehege täglich um 11 und 15 Uhr bei der Fütterung beobachtet werden.

Ehrwürdige Wälder

Nicht nur die Buchenwälder von Serrahn verführen mit ihrem alten, urtümlichen Baumbestand zu einer Wanderung für alle Sinne. Auch die südöstlich des Kummerower Sees gelegenen Eichen von Ivenack und die Buchen in den Heiligen Hallen sind mit ihren Baumriesen, die den Betrachter gefangen nehmen, einen Besuch wert.

Die mächtigen Wisente gehören inzwischen wieder zum Landschaftsbild des Damerower Werders.

1000-jährige Eichen im Hudewald von Ivenack

Ein schöner Wanderweg führt am Nordufer des Ivenacker Sees vorbei. Mecklenburgs Nationaldichter Fritz Reuter ist hier oft entlangspaziert, für ihn war Ivenack „das Liebste, was ich auf Erden kannte". Am frühen Morgen ist es in dem alten Hudewald noch wunderbar still. Die nachtaktiven Schleiereulen haben sich gerade in ihre Schlupflöcher zurückgezogen. Doch bald beginnt der erste Specht an seiner Wohnung herumzuwerkeln. Früher trieb der slawische Stamm der Wilzen seine Haustiere durch den als Weide genutzten Wald, für die junge Sämlinge, Bucheckern und Eicheln ein gefundenes Fressen waren (Waldweide oder „Hude"). Durch den ständigen Verbiss entwickelte sich mit der Zeit ein lichter Wald, in dem nur die stärksten Bäume überleben konnten, **Stieleichen** beispielsweise. Wissenschaftler datieren das Alter der Ivenacker Eichen heute auf **bis zu 1000 Jahre**. Die Wurzeln der Baumriesen reichen also bis in die Zeit der Ottonen zurück. Fast ein Dutzend Menschen braucht es, um den stärksten Methusalem mit aneinandergefassten Händen zu umschließen. Doch der Zahn der Zeit ist an der Eiche nicht spurlos vorübergegangen. Die lichte Krone zeigt an, dass der Baum seinen Zenit bereits überschritten hat. Auf lebensverlängernde baumchirurgische Eingriffe wird jedoch bewusst verzichtet, in Ivenack soll alles seinen natürlichen Lauf nehmen.

In den „Heiligen Hallen"

In der Region des Schmalen Luzins wächst der **älteste Buchenwald Deutschlands**, genannt die „Heiligen Hallen". Zu verdanken ist dies Großherzog Georg von Mecklenburg Strelitz. Er verkehrte als Schöngeist mit allen bekannten Schriftstellern seiner Zeit und griff, inspiriert vom Buchenwald bei Lüttenhagen, selbst zur Feder und verfasste ein hymnisches Gedicht. Gleichzeitig ordnete er an, den Wald „für alle Zeiten zu schonen". Der Name „Heilige Hallen" entstand aber erst Mitte des vorigen Jahrhunderts, da der Anblick der riesigen Buchen an gotische Kirchenhallen erinnert. Heute führt ein Pfad um den 25 ha großen Wald. Betreten darf man ihn nicht, das wäre zu gefährlich: Von den **über 300 Jahre alten**, teilweise morschen und bis zu 50 m hohen Baumriesen brechen immer wieder Äste ab; manchmal kippen sogar ganze Bäume um.

Doch auch auf dem Rundweg bekommt man einen guten Eindruck von den Heiligen Hallen. Besonders schön ist der Spaziergang im Frühjahr, wenn bunte Frühlingsblumen den Boden bedecken.

Ein Füllhorn der Geschichte

Das heutige Mecklenburg-Vorpommern blickt auf eine **lange Besiedelungsgeschichte** zurück; bis in die Steinzeit lassen sich auch an den Seen menschliche Spuren zurückverfolgen, zeugen archäologische Funde von frühen Kulturen. Ebenso wird in historischen Ortskernen und Schlössern die Vergangenheit lebendig, man trifft auf Herrscher und Künstler, Slawen und Fischer, auf alte Sprache und kulinarische Köstlichkeiten.

Die mächtigen Eichen im Wald von Ivenack bei Stavenhagen sind ein besonderer Naturschatz.

Ein Wiekhaus an der Neubrandenburger Stadt-mauer – der Begriff leitet sich übrigens vom früh-neuhochdeutschen Wort „wieken" ab, was sich mit „zur Seite treten" über-setzt lässt.

Wo liegt Rethra?

Es war die Zeit der Völkerwande-rung, als die Germanen das Land zwischen Elbe und Oder verließen – wohl getrieben von unwirtlich gewordenen klimatischen Be-dingungen. So bot das nunmehr fast menschenleere Gebiet ausrei-chend Raum für Neues. **Slawische Stämme** siedelten sich vor etwa 1500 Jahren hier an, rodeten den Wald und richteten sich bevorzugt an Flussläufen oder auf Hügeln in Hüttendörfern ein, die sie mit Bur-gen und Wällen vor rivalisierenden Nachbarn schützten. Mangels einer slawischen Schriftsprache ist nur wenig gesicher-tes Wissen von den in der Region siedelnden Stammesverbänden der Obotriten, Liutizen und Wilzen erhalten. Das **kultische und politische Zentrum** war eine Stadt namens Rethra, die auf einer Insel gelegen haben soll. Doch wo befand sich das sagenumwobene Rethra?

Tempelburg Groß Raden

Ein Glücksfall sind die Ausgrabungen am Bin-nensee im Nordosten der Kleinstadt Sternberg. Sie bringen zumindest etwas Licht ins Dunkel der nordwestslawischen Geschichte. Unter einer konservierenden Torfschicht konnte direkt am Ufer einer Halbinsel eine **komplette slawische Siedlung** aus dem 9. Jh. freigelegt werden. Dazu gehören etliche Flechtwandhäuser, ein Burggra-ben und eine palisadenbewehrte Rundburg, die wohl als Kultstätte diente. Das geheimnisvolle Rethra war es aber nicht. Unter den 90 000 Einzelfunden befanden sich neben gut erhalte-nen Waffen und Holzkellen jedoch auch etliche kultische Figuren. Einbäume, Eisschlitten und einfache Karren erzählen davon, wie sich die Menschen damals fortbewegten. Praktisch die komplette Siedlung ist **detailgetreu rekonstru-iert**. Imposant nimmt sich der große Ringwall an der Spitze der Halbinsel aus, der durch einen Bohlenweg mit dem Hüttendorf verbunden ist. Aktionstage lassen alte slawische Bräuche und vergessenes Handwerk wieder aufleben.

Niederdeutsches Platt

Im Gegensatz zum frühen Slawischen hat das Plattdeutsche die Jahrhunderte überdauert, in Mecklenburg und Vorpommern sind das Meck-lenburger bzw. Pommersche Platt als Varianten des Niederdeutschen durchaus noch verbreitet. Niederdeutsch oder Plattdeutsch war im Mittelal-ter die Verkehrssprache in Norddeutschland. Erst ab dem 16. Jh. wurde es durch das Hochdeutsche ersetzt. Von dem, was die Plattdeutsch sprechen-den Handwerker und Kaufleute des Mittelalters sich erzählten, ist nichts überliefert. Erst Mitte des 15. Jhs. gab Mecklenburg seinen literarischen Auftakt mit dem 1464 in Mittelniederdeutsch verfassten **Redentiner Osterspiel**, das zu den bedeutendsten Schöpfungen des **spätmittel-alterlichen Dramas** gehört. Mehr als 150 Jahre später erweckte Johann Heinrich Voß das Nie-derdeutsche wieder zu neuem Leben, als er die beiden Idyllen „De Winterawend" (1777) und „De Geldhapers" (1778/1802) veröffentlichte.

Mittelalter und Moderne

Zeuge des Mittelalters ist auch die Wehranlage **Neubrandenburgs** rund um die Innenstadt mit einem Durchmesser von 700 m. Etwa alle 30 m wird die Mauer von **Wiekhäusern** mit anspre-chendem Fachwerk aufgelockert, die wie Schwal-bennester am Mauerwerk kleben. Und dann sind da natürlich die im charakteristischen Stil

Alleen – Licht und Schatten

In Mecklenburg-Vorpommern werden **2500 km Straße von Bäumen begrenzt**. Zusammen mit den einseitig gesäumten Halballeen ergibt sich eine Gesamtstrecke von fast 4500 km. Ursprünglich waren Alleen eine Sache des Adels: Nur in Parks rahmte man Gehwege mit Bäumen ein. Abgeschaut hatten sich die Gutsherren diese Art der Bepflanzung in Frankreich, von wo auch die Bezeichnung stammt (Allee leitet sich von „aller", dem französischen Wort für „gehen" ab). Weil vielen Gutsherren die einheimischen Baumarten aber nicht edel genug waren, ließen sie teure Bäume aus fernen Ländern importieren. Erst ab dem 18. Jh. säumte man mit Baumreihen aus Linden, Kastanien oder Buchen auch Straßen. Damals markierten die Bäume die unbefestigten Wege bei Dunkelheit und im Winter bei Schnee, im Sommer spendeten sie mit ihren belaubten Kronen Schatten und verbargen marschierende Soldaten. Zu DDR-Zeiten kamen dann Obstbaumalleen hinzu, von denen man sich zusätzliche Nahrung für die Bevölkerung versprach.

Geschützt und doch bedroht

Die **Deutsche Alleenstraße** führt heute durch weite Teile Mecklenburg-Vorpommerns, vom Rügener Ostseebad Sellin via Stralsund über die B 194 nach Grimmen, Loitz, Demmin, Neu Kentz-lin, Malchin, Vollrathsruhe, Röbel/Müritz, Mirow, Wesenberg, Wustrow und bis zum Bodensee. Im Westteil Deutschlands trägt die Straße ihren Namen allerdings oft nur noch pro forma, denn dort wurden Alleen lange Zeit nur als Verkehrshindernis betrachtet und zum Schutz der Autofahrer beseitigt. Anders in der ehemaligen DDR: Dort gab es nur wenig Individualverkehr und somit auch keinen Grund, Platz für Autos zu schaffen. Letzteres hat sich nach der Wende geändert. Obwohl Artikel 12 der Landesverfassung vorschreibt, die Alleen zu schützen und zu pflegen, sind die Alleenbäume im Norden bedroht, beispielsweise durch Autoabgase und Streusalz, manche haben auch ihr maximales Alter von ca. 200 Jahren erreicht. Das „Alleenentwicklungsprogramm" der Landesregierung will die baumbestandenen Straßen als ein Wahrzeichen des Bundeslandes jedoch erhalten und sogar erweitern. Eine sommerliche Fahrt im stetigen Wechselspiel von Licht und Schatten ist ein herrliches Erlebnis und hier trotz allem noch oft möglich – schließlich entsprechen 2500 km Alleen doch etwa der Entfernung von Schwerin bis nach Madrid.

Kleines Bild: Die Insel Rügen ist bekannt für ihre Alleen entlang der schmalen Landstraßen.

Großes Bild: Im Sommer formen die alten Alleebäume ein tunnelartiges Dach entlang schnurgerader Straßen.

WUSSTEN SIE, ...

... dass ein Alleebaum Beachtliches leistet? Er produziert täglich den Sauerstoff, den zehn Menschen benötigen, und er filtert bis zu 1 t Staub aus der Luft. Auch die Tierwelt freut sich über die grünen Tunnel, denn sie bieten zahlreichen Lebewesen im auf weiten Strecken waldarmen Gebiet der Mecklenburgischen Seenplatte Lebensraum.

Freier Eintritt ins Mittelalter

Wie eine mittelalterliche Stadtbefestigung aussieht, lässt sich besonders eindrucksvoll an der Stadtmauer von Neubrandenburg erleben, die die Innenstadt wie ein Gürtel kreisrund umschließt. Sie gilt als eine der besterhaltenen im Norden Deutschlands. Die 2,3 km lange Feldsteinmauer – Baubeginn war um 1300 – hat meist noch die ursprüngliche Höhe von bis zu 7,5 m.

Ein schönes Beispiel der Renaissancearchitektur ist das Schloss zu Güstrow.

der norddeutschen Backsteingotik erbauten **vier Stadttore:** Filigranes Maßwerk, Blendbögen, Pfeilergiebel und aufgesetzte Türmchen setzen sich gefällig in Szene. Alle Tore sind zwar nach demselben Grundmuster errichtet, und doch hat jedes für sich eine individuelle Note. Die weiblichen Terrakottafiguren hoch oben am Neuen und Stargarder Tor geben allerdings Rätsel auf. In ihren weiten Plisseegewändern schauen die überlebensgroßen Damen in die Stadt hinein – und bis heute weiß niemand so recht, was sie eigentlich darstellen sollen.

Harmonisches Gesamtbild

In den letzten Tagen des Zweiten Weltkriegs brannte die Neubrandenburger **Marienkirche** vollständig aus. Übrig blieb lediglich das mahnende Skelett der 800-jährigen Umfassungsmauern. Nach der Wende wurde aus dem früheren Sakralbau eine Konzertkirche. Der Kontrast könnte nicht größer sein: außen die gotische Hülle, innen eine der **außergewöhnlichsten Konzerthallen Deutschlands.** Die Konzertkirche ist vielgestaltige Bühne für Oper, Ballett, Jazz und Pop und zudem Stammhaus der Neubrandenburger Philharmonie.

Renaissance und Moderne

Am Pferdemarkt in **Güstrow** blickt Heinrich Borwin II. auf sein historisches Erbe. Das Schwert gegürtet und die linke Hand auf das Stadtwappen gestützt, steht der Stadtgründer mit wallendem Umhang auf einem ihm zu Ehren errichteten Brunnenstock. Dass Güstrow seit der Verleihung des Stadtrechts um 1228 auch nach fast 800 Jahren gut dasteht, hat der Fürst vielleicht wohl nicht geahnt. Den besten Überblick über das **Renaissanceschloss,** das an der Stelle eines Vorgängerbaus aus dem 13. Jh. steht, und den von Borwin gestifteten **gotischen Dom** erlaubt der Ausguck auf dem Turm der Pfarrkirche St. Marien – auf dem Weg in die Turmspitze sind allerdings 197 Treppenstufen zu bezwingen.

Ausdrucksvolle Kunst

Die Werke eines großen Künstlers sind meistens in alle Welt verstreut. Nicht so bei **Ernst Barlach**, der von 1910 bis zu seinem Tod 1938 in Güstrow lebte und einen großen Teil seines Schaffens in der Stadt beließ. In der kleinen Gertrudenkapelle betrachten die Besucher nachdenklich die ausdrucksstarken Plastiken. Im Atelierhaus am Heidberg zeigt die „Lachende Alte" ein breites zahnloses Lachen; im Dom ist sein „Schwebender", Gedenken an die Opfer im Ersten Weltkrieg, die Hauptattraktion.

Das Flair einer Residenz

Wie Neubrandenburg hat auch **Neustrelitz** im letzten Krieg architektonische Verluste zu beklagen. Von dem einstmals stolzen Schloss hält nur eine monumentale Attrappe das Andenken an den einstigen Repräsentationsbau der Strelitzer Großherzöge wach. Doch auch ohne den abgetragenen Adelspalast atmet die Stadt am Zierker See noch den Geist einer Residenz. Vom Aussichtsturm gleich neben der Schlossattrappe hat man einen schönen Blick auf die bleistiftspitzen Türme der **neugotischen Schlosskirche**. Im Stadtbild fallen allerorten barocke Fassaden, klassizistische Giebel und Denkmäler ins Auge. Am unteren Rand des wunderschönen **Schlossgartens** blickt inmitten des von ionischen Säulen getragenen Hebetempels Hebe, die griechische Göttin der ewigen Jugend, in die Runde und von der Weißen Brücke am Ostufer des Zierker Sees schweift der Blick weit über die glatte Wasserfläche.

Königin der Herzen

In Neustrelitz haben bis ins Jahr 1918 die Herzöge von Mecklenburg-Strelitz residiert, eine Herrschaft, die mit dem (vermutlichen) Selbstmord des Großherzogs Adolf Friedrich VI. endete. Während sich an ihn heute nur noch die wenigsten erinnern, ist Prinzessin **Luise von Mecklenburg-Strelitz** (1776–1810) im Gedächtnis der Menschen immer noch präsent. Als Gemahlin von Friedrich Wilhelm III. war sie Königin von Preußen und wird als schön und volksnah beschrieben. Zur Heldin wurde die Prinzessin, nachdem sie sich nach der Niederlage Preußens gegen Frankreich in die Friedensgespräche einschaltete und Napoleon um milde Friedensbedin-

gungen bat. Der Franzose war zwar begeistert von ihrer Schönheit und ihrem Auftreten, in der Sache aber blieb er hart. Trotzdem wurde Luise, die bereit war, sich für den Staat und ihren Gemahl vor Napoleon zu erniedrigen, der Liebling der Menschen und zu einer Symbolfigur des nationalen Widerstands. Ihr kurzes Leben – sie starb 1810 nur 34-jährig an einer Lungenerkrankung – trug weiter zur Legendenbildung bei. Zu ihrem Gedenken wurden 2001 die ersten **Schlossgartenfestspiele** in Neustrelitz mit der Operette „Luise, Königin der Herzen" eröffnet. Im „Luisenjahr" 2010 wurde das Werk von Johann Strauß dann noch einmal in dem herrlichen barocken Schlosspark aufgeführt.

Schmuckstück an der Müritz

Begeistert äußerte sich Theodor Fontane einige Jahrzehnte nach Luises Tod über das Städtchen **Waren** am Nordufer der Müritz. Während einer vierwöchigen Sommerfrische genoss der Dichter die angenehme Atmosphäre im Ort. An der Attraktivität Warens hat sich bis heute nichts geändert. Die **Altstadt** zeigt sich seit der Wende im neuen Glanz. Hier steht die **Marienkirche**, ein Backsteinbau, dessen Ursprünge ins 13. Jh.

Warens Seeseite bestimmen ehemalige Speicherhäuser, überragt von der Marienkirche.

In der Dauerausstellung zur Geschichte des Landes Mecklenburg-Strelitz im Kulturquartier Neustrelitz ist auch die Büste vom Sarkophag der beliebten Luise, Königin von Preußen, zu sehen.

Backsteingotik

Kleines Bild: Das Stargarder Tor ist eines von vier Toren der mittelalterlichen Stadtbefestigung von Neubrandenburg.

Großes Bild: Das Stralsunder Rathaus besticht durch seinen kunstvollen Schaugiebel.

FAKTEN

Insgesamt gibt es in Mecklenburg-Vorpommern ca. 150 herausragende architektonische Zeugnisse der Backsteingotik. Fast jeder noch so kleine Ort besitzt eine gotische Backsteinkirche, meist umgeben von einem Friedhof mit alten Bäumen. Kleiner und bescheidener als die städtischen Kirchen, sind sie jedoch aufgrund ihres Bauschmucks und ihrer Ausstattung sehenswert.

Der Backstein zieht sich wie ein roter Faden durch die norddeutsche Architekturgeschichte und weit darüber hinaus. Die Johanniskirche im estländischen Tartu, das Kloster des schwedischen Ystad oder das Rathaus von Stralsund – alle vereint das leuchtende Farbspiel gebrannten Lehms.

Zeugen des Wohlstands

Durch den Mangel an natürlichem Sand- oder Haustein erlebte die Backsteinarchitektur, d. h. die Fassadenverblendung mit gebrannten Ziegeln, eine enorme Blüte. Dies war auch eine Folge des wachsenden Selbstbewusstseins und Reichtums der Hansekaufleute. Diese wollten ihren Wohlstand gegenüber den Fürsten mit repräsentativen Stadthäusern nach außen zur Schau tragen. Der reichlich in Norddeutschland vorhandene Lehm brauchte nur „gebacken" zu werden und war somit das ideale Baumaterial, das ursprünglich von Hand geformt, später dann mithilfe von Holzformen in Serie gefertigt wurde. Ihre individuelle Note erhielten die Fassaden durch bänderartig aneinandergereihte Schmuckziegel, versetzte Steine oder Wandvorlagen sowie durch den Wechsel zwischen glasierten und unglasierten, zwischen roten und grünen, ockerfarbenen oder schwarzen Ziegeln. Hervorragend ist dies am Beinhaus des Doberaner Münsters, an der Fassade des Stral-

sunder Rathauses und an vielen Gebäuden in der Stralsunder Altstadt zu sehen. Die „Backsteine" füllten ebenso Gefache schlichter Fachwerkhäuser, wie sie – farbig glasiert – Material architektonischer Kunstwerke waren.

Route der Backsteingotik

Aus dem roten Baustoff entstanden himmelwärts strebende Kirchen, Selbstbewusstsein demonstrierende Rathäuser und wuchtige Festungsmauern – **Dömitz** an der Elbe ist dafür ein interessantes Beispiel. **Neubrandenburg** kann mit seinen vier Stadttoren, z. B. dem kunstvoll gestalteten Stargarder Tor oder dem Inneren Treptower Tor, und der Marienkirche gleich mehrere beeindruckende Zeugnisse der Backsteingotik vorzeigen. Die Stadt ist Station auf der **Europäischen Route der Backsteingotik**, die in sechs Ländern rund um die Ostsee Architektur aus gebranntem Lehm entdecken lässt.

Wer tatsächlich das Bauen mit Backsteinen „erfand", liegt jedoch bis heute im Dunkeln. Die einen behaupten, der Backstein sei aus Oberitalien in diese Region gekommen, andere meinen, die Dänen seien es gewesen, denn diese haben nach der Eroberung Rügens 1168 mit dem Bau von Backsteinkirchen begonnen. Im späten Mittelalter, mit dem Übergang der Gotik zur Renaissance, kam der Backstein aus der Mode. Die roten Steine wurden oft unter Putz verborgen. Wer sich heutzutage ein Backsteinhaus errichten lässt, zu dem meint man anerkennend, er habe Sinn für traditionelle Schönheit.

zurückreichen. Jüngeren Datums ist das **Neue Rathaus** am Alten Markt. Das imposante drei-geschossige Gebäude entstand Ende des 18. Jhs. und wurde Mitte des 19. Jhs. weiter ausgebaut. Eine Sehenswürdigkeit des 21. Jhs. ist das Mürit-zeum (s. S. 75), mit dem Waren seinen Anspruch als „Tor zum Nationalpark" untermauert. Der Ha-fen Warens ist alljährlich Schauplatz der „Müritz Sail", eines maritimen Volksfestes, seit 2002 eine feste Institution.

Von Fischen und Kaviar

An kulinarischen Genüssen hat das Land viel zu bieten. Dafür sorgen Flüsse und Seen, Wälder und Felder. Und auch an Gelegenheiten mangelt es nicht, seit viele Herrenhäuser und Schlösser zu Hotels und Restaurants wurden. Gewaltige Hechte, kräftige Aale, grünlich-graue Zander ho-len die Fischer auch aus dem Wasser der Müritz, doch das „Tafelsilber der Mecklenburgischen Seenplatte" sind die kleinen **Maränen**, ein rund 20 cm langer zartfleischiger Lachsfisch ohne Zwischengräten.

Kaviar für Kenner

Seltene Leckerbissen gibt es bei den Müritz-fischern, einer Kooperation mit über 60 Mitarbei-tern, die die Bevölkerung, Restau-rants und Urlauber mit frischem und geräuchertem Fisch versorgt: Maräne in Sauer und etwas ganz Besonderes, den **Maränenkaviar**. Die exklusive Delikatesse wird im Dezember gewonnen, zur Laich-zeit der Maräne. Früher wurde der nicht zur Aufzucht junger Fische verwendete Teil des angelandeten Laiches vernichtet. Doch nachdem bekannt wurde, dass Maränen-kaviar in Schweden schon länger als Delikatesse gilt, begann man auch an der Müritz mit der Pro-duktion. Der Kaviar schimmert gold-orangefarben, ist feinkörnig und von festem Biss. Die Fischeier mit ihrem angenehmen, nussigen, kaum salzigen Geschmack munden bestens auf Baguette oder Schwarzbrot und bilden fein dosiert, etwa mit Knoblauch-Chili-Butter oder Zitronen-Crème-fraîche, einen dekorativen Kontrast bei allerlei Fischgerichten. Wie der Kaviar vom Stör hat auch der Maränenkaviar seinen Preis und einen festen Freundeskreis. Nur geringe Mengen werden bislang aus der Region „exportiert", das meiste landet auf heimischen Tellern.

▶ **LAND UND LEUTE**

Treff der Fischesser
Ende September, Anfang Oktober steht bei den Müritz-Fischtagen (www.mue ritz-fischtage.de) Fisch aus der Region im Mittelpunkt – er kommt in den an der Aktion teilnehmenden Restaurants in vielen Variationen auf den Tisch. Der Auftakt erfolgt traditionell in Plau am See mit dem Plauer Fischzug und einem großen Familienfest. Fischer landen den Fang im Plauer Hafen an und bringen den frischen Fisch in einem Festumzug zum Schaukochen am Marktplatz.

Die Müritz ist immer noch ein auch traditionell genutztes Fischereirevier.

DER WESTEN

Bingens besonderes Wahrzeichen ist der Mäuseturm inmitten des Rheins, im Hintergrund wacht die Burg Ehrenfels über das rechtsrheinische Ufer.

NIEDERSACHSEN

Nienburg
Steinhuder Meer
Celle
Langenhagen
Wolfsburg
Hannover
Braun-schweig
Bramsche
Rheine
Laatzen
Peine
Osnabrück Minden
Herford
Hameln
Wolfenbüttel
Hildesheim **Salzgitter**
Emmerich
Münster
Teutoburger Wald und Wiehengebirge | 86–93
Höxter
Harz Quedlinburg
Brocken 1142 m
NORDRHEIN-
Weserbergland | 94–103
Gelsenkchn. **Hamm**
Nordhausen
Duisburg **Essen Bochum** **Dortmund**
Meschede
Göttingen
Kyffhäuser 477 m
Mönchen-gladbach
Düsseldf. **Wuppertal**
Kassel
Sömmerda
KÖLN
Eder Stausee
Sauerland und Rothaar-gebirge | 104–113
Erfurt
W E S T F A L E N
Siegen
H E S S E N
Bad Hersfeld
Gotha
Weimar
Aachen
Marburg
Eisenach
Bonn
Königswinter
Westerwald
Gießen
T H Ü R I N G E N
Bad Neuenahr-Ahrweiler
Rhein
Wetzlar
Vogels-berg
Neuwied
Fulda
Suhl
Eifel | 114–127
Koblenz
Wasserkuppe 950 m
Bad Nauheim
Rhön
R H E I N L A N D -
Mosel und Mittel-rheintal | 128–141
Hanau
Frankfurt (Main)
Coburg
Mosel
Bingen
Mainz
Offenbach
Rüsselsheim
Aschaffen-burg
Schweinfurt
Würzburg
Bamberg
Trier
Hunsrück
Nahe
Idar-Oberstein
Darmstadt
Oden-wald
Main
Spessart
SAARLAND
P F A L Z
Worms
Ludwigshfn.
Mannheim
B A Y E R N
Völklingen
Neunkirchen
Kaiserslautern
Saarbrücken
Heidelberg
Ansbach
Erlangen
Fürth
Pfälzerwald und Weinstraße | 142–153
BADEN-
Nürnberg
Karlsruhe
Heilbronn
W Ü R T T E M B E R G

| 85

Teutoburger Wald und Wiehengebirge

Magische Steine, Spuren der Frühzeit und sagenhafte Recken – die beiden Gebirge bieten eine Reise durch Geschichte und Natur.

Eine beeindruckende Landmarke im Teutoburger Wald sind die sagenumwobenen Externsteine.

Das Mittelgebirge des Teutoburger Waldes verläuft über etwa 110 km Länge von Osnabrück über Bielefeld bis in den Südosten von Paderborn. Seine höchste Erhebung ist der gut 446 m hohe Barnacken. Nördlich schließt sich das Wiehengebirge an, das sich über die Grenze zwischen Nordrhein-Westfalen und Niedersachsen erstreckt und die Grenze zum norddeutschen Flachland markiert.

An den Teutoburger Wald schließt sich das etwa 35 km lange Eggegebirge an, das im Süden vom Diemeltal begrenzt wird. Im westlich vorgelagerten Heide-Sand-Gebiet der Senne liegt Bad Lippspringe. Viele Hundert Kilometer **Wanderwege** durchziehen die Berge des Teutoburger

Waldes und des Wiehengebirges und machen die Region zu einem abwechslungsreichen Erlebnis für Wanderfreunde.

Die wohl schönsten Naturerlebnisse sind die **Dörenther Klippen**, eine Felsengruppe in der Nähe von Ibbenbüren mit dem „Hockenden Weib", einer bizarren Steinformation, die eine wunderbare Aussicht bis ins Münsterland bietet. Und natürlich sind da die **Externsteine**, jene fast magischen Steinformationen bei Horn-Bad Meinberg, die seit Jahrhunderten die Menschen faszinieren.

Der quer durch den Teutoburger Wald verlaufende **Fernwanderweg Hermannshöhen** ist einer der mittlerweile schon 15 „Top Trails of Germany". Der Eggeweg, Teil der Hermannshö-

die Besatzungsmacht der Römer zurück. Später zog Sachsenherzog Widukind gegen Karl den Großen zu Felde.

Und dann sind da noch die heilsamen **Sole- und Thermalquellen**, die Städte wie Bad Salzuflen und Bad Oeynhausen zu überregionaler Bekanntheit als Heilorte verholfen haben.

Spuren der Frühzeit

Gab es eine westfälische Nordsee? Ja, es gab sie tatsächlich. Vor rund 25 Mio. Jahren reichte diese „Ur-Nordsee" bis an die Grenzen des heutigen Westfalens. Das Dobergmuseum in Bünde, zwischen Teutobuger Wald und Wiehengebirge gelegen, belegt dies mit Knochenfunden aus der Region. Hier schwammen einst **Riesenhaie, Zahnwale, Meeresschildkröten** und die beeindruckenden **Seekühe**, auf dem Meeresgrund lebten zahlreiche kleinere Lebewesen wie Seeigel, Armfüßer, Muscheln und Krebse.

hen, ist bereits zum wiederholten Mal mit einem Gütesiegel des Deutschen Wanderverbands ausgezeichnet worden und schon auf den ersten Kilometern ist klar: Dieser Weg ist ein stiller Wanderpfad für Naturliebhaber mit prächtigen Ausblicken. Er beginnt im Norden mit den Externsteinen und zieht sich auf dem Kamm des Eggegebirges entlang bis nach Marsberg.

Daneben sind hübsche historische Orte eine Einladung zu einer Reise durch die bewegte Geschichte: Fachwerk und Weserrenaissance in **Lemgo** und **Detmold**, geradlinige Stadtplanung in Lippstadt und Lemgo und ein architektonisches Meisterwerk, das **Mindener Wasserstraßenkreuz**.

Doch die Spuren im Teutoburger Wald und im Wiehengebirge reichen viel weiter zurück: Einst streiften Dinosaurier durch die heutige Barkhausener Region. Dann gab es ein Meer, das bis ins heutige Westfalen reichte. Zur Zeit des römischen Reiches hatte der legendäre Hermann der Cherusker, seinen Auftritt und schlug in der Varusschlacht (die bei Kalkriese im Wiehengebirge stattgefunden haben soll)

▶ TOPZIELE IN DER REGION

Wer die schönsten und markantesten Seiten des Teutoburger Waldes und des Wiehengebirges kennenlernen möchte, sollte diese fünf Highlights auf keinen Fall versäumen:

EXTERNSTEINE
Wild zerklüftet und bis zu 37 m hoch sind die Sandsteinfelsen der Externsteine, 2 km westlich von Horn-Bad Meinberg. Hier ist auch ein monumentales Steinrelief der Kreuzabnahme Christi (um 1120) in den Felsen gemeißelt. → S. 88

PORTA WESTFALICA
Was Naturkräfte zu bewirken vermögen, ist eindrucksvoll an der Porta Westfalica zu erkennen, wo die Weser sich ihren Weg zwischen Wiehengebirge und Weserbergland gebahnt hat, um gen Norden in die Norddeutsche Tiefebene zu fließen. → S. 88

HERMANNSDENKMAL
Dominierendes Wahrzeichen der Porta Westfalica ist das bis 1875 errichtete Denkmal in Detmold-Hiddesen. Dem Zeitgeist entsprechend galt Arminius-Hermann als Verkörperung von Mut und Tapferkeit im Bismarck-Reich. Die Figur auf einem 31 m hohen Unterbau misst beachtliche 26 m. → S. 92

LEMGO
Sehenswert sind in Lemgo nicht nur das Hexenbürgermeisterhaus, sondern auch die schönen Giebelhäuser, die den Markt säumen, und das Rathaus mit einem gotischen Staffelgiebel, der Ratslaube und dem prachtvollen „Apothekenerker", an dessen Fassade zehn Naturforscher, Ärzte und Philosophen dargestellt sind. → S. 93

WASSERSTRASSENKREUZ BEI MINDEN
Dass sich zwei Gewässer kreuzen, ist zunächst nicht außergewöhnlich, tun sie es aber, ohne ineinanderzufließen, wird es interessant. Diesen bizarren Anblick können Sie beim Wasserstraßenkreuz von Minden bewundern. → S. 93

Das mittelalterliche Relief an den Externsteinen zeigt die Kreuzabnahme Christi.

Fleischfressende Theropoden, eine Dinosaurierart, die hier einst heimisch war, haben dreizehige Fußspuren im Barkhausener Steinbruch hinterlassen.

Durch die schüsselartig emporgehobene Landschaft des Dobergs bei Bünde haben sich die Zeugen der Vergangenheit der natürlichen Abtragung widersetzt. Heute ist der **Doberg** ein „paläontologisches Bodendenkmal" und als Naturschutzgebiet optimal gesichert.

Weit in die Vergangenheit führt auch ein stillgelegter Steinbruch bei dem zu Bad Essen gehörenden Barkhausen. Hier haben sich **Spuren von Dinosauriern** erhalten. Entdeckt wurden sie von dem Gießener Geologen Professor Klüpfel, der im Jahr 1921 im Wiehengebirge Eisenerzlagerstätten wissenschaftlich erkunden wollte und dabei auf ein in Europa einzigartiges Naturdenkmal stieß: Die rund 150 Mio. Jahre alten Fährten aus der Malmzeit stammen von Dinosauriern, die ihre Spuren im einst hier verlaufenden Meeresufer hinterlassen haben. Aufgrund der bis zu 20 cm tiefen versteinerten Fußstapfen mit einer beachtlichen Schrittlänge von fast 1,5 m schätzen Forscher, dass die Barkhausener Dinosaurier rund 25 m lang waren. Die durch tektonische Einwirkungen nahezu vertikal aufgerichtete Felswand mit den Spuren von neun kleineren **Sauropoden** und zwei großen **Theropoden** ist rund 10 m lang und 6 m hoch.

Sand wiederum bestimmt das Leben in der **Senne**: Nach der letzten Eiszeit hatten es Bäume schwer, in dem kargen Boden zu wurzeln, für Ackerbau war der Boden nur bedingt geeignet und auch heute sind es noch immer die aktiven **Binnendünen** mit ihrer charakteristischen Vegetation, die den großen Reiz der Landschaft ausmachen. Diese wurde durch die **Gletscher der Saale-Eiszeit** geformt, danach hat sich in der

nach Osten sanft ansteigenden Ebene eine bis zu 60 m dicke eiszeitliche Schicht abgelagert, die die Natur maßgeblich prägt. Heide, Bäche, Stillgewässer und Moore sind in dieser Form einzigartig in ganz Deutschland. Rund 500 Tier- und Pflanzenarten konnten in den unterschiedlichsten Lebensräumen ihr Überleben sichern, beispielsweise in Kiefern-, Buchen- und Eichen-Birken-Wäldern, auf silbergrasbestandenen Sanddünen, in Nieder- und Hochmoorresten, in Auwäldern sowie auf trockenen und feuchten Heideflächen.

Externsteine

Sie sind sein herausragendes Wahrzeichen: 13 markante Sandsteinfelsen wachsen inmitten des Teutoburger Waldes recht unvermittelt aus dem Boden. Vor rund 130 Mio. Jahren begann die Geschichte dieser Felsen, die heute mancherlei in sich vereinigen: Sie sind nicht nur Naturdenkmal inmitten eines exzellenten Naturschutzgebietes. Sie gelten auch als nationales Geotop und stehen als Kulturdenkmal eines vielleicht frühgeschichtlichen, zumindest aber frühchristlichen Kultplatzes unter besonderem Schutz. Zu Füßen des Barnackens, des höchsten Bergs im Teutoburger Wald, entspringt die Wiembecke. Ihre Quelle sprudelte schon, nachdem sich der Gebirgszug des Teutoburger Waldes vor etwa 80 Mio. Jahren gehoben hatte. Zusammen mit anderen Bächen spülte sie den Gebirgszug aus, die Eiszeiten taten auch einiges dazu und zurück blieben die markanten Felsen der **Externsteine**. Wind, Regen, Schnee und Sonne haben sie in schönster Wollsackmanier verwittern lassen, was ihnen ein mystisches Aussehen verleiht. In früheren Zeiten erinnerten die durch Erosionsprozesse entstandenen abgerundeten Felsbrocken die Menschen an aufeinandergestapelte Wollsäcke, woraus die Bezeichnung der Wollsackverwitterung entstand. Ihre Lage an dem im 19. Jh. künstlich angelegten Wiembecketeich, die umgebenden Heide- und Blaubeerflächen, der Eichenhain und natürlich die **christlichen Relikte** machen die Felsen zu einem einzigartigen Naturdenkmal.

Porta Westfalica

Nüchtern betrachtet ist die Porta Westfalica das 800 m breite **Durchbruchstal der Weser** vom Bergland in die Norddeutsche Tiefebene. Spannender ist jedoch die Sage, die sich um sie rankt: Danach wollte der Teufel die Menschen, deren Seele er nicht bezwingen konnte, aus Wut ertränken und staute mit einem gewaltigen Berg die Weser, was weiträumige Überschwemmungen zur Folge hatte. Die Bewohner riefen Gott um Hilfe; der schickte ein fürchterliches Gewitter, das den Berg entzweiriss. So entstand die Porta, durch die das Weserwasser abfließen konnte. Nach rein wissenschaftlichen Erkenntnissen jedoch hat sich im Lauf der Jahrtausende die Weser zwischen Wiehen- und Wesergebirge ihren Weg Richtung Meer gebahnt und dabei „einschneidende" Wirkung erzielt: eben die Porta Westfalica. Der Name stammt allerdings nicht – wie man meinen könnte – aus römischer Zeit. Die Bezeichnung „Tor" wurde vor allem für Talengen im Gebirge verwendet, und Ende des 18. Jhs. entwickelte die gebildete Bevölkerung eine Vorliebe für lateinische Bezeichnungen. So entstand der Name „Porta Westfalica".

Geschützte Landschaften

Der Teutoburger Wald ist Teil von gleich zwei Naturparks. Die nördliche Region bildet mit Wiehengebirge und Osnabrücker Land den **Natur-**park terra.vita, der südliche Teil, von Bielefeld bis Horn-Bad Meinberg, den **Naturpark Teutoburger Wald/Eggegebirge**. Den Wald trägt er bereits im Namen, und so kommt es nicht von ungefähr, dass weite Flächen bewaldet sind. Neben den ursprünglichen Buchen kommen auch Fichten vor. An den südlichen Hängen finden sich jedoch auch noch Kalkhalbtrockenrasen, die insbesondere für farbenprächtige Schmetterlinge wie den Schwalbenschwanz einen willkommenen Lebensraum bieten. Bunt sind auch die **Orchideen**, die hier gedeihen, z. B. Fliegenragwurz oder Mücken-Händelwurz.

Im Reich des Wassers

Bloß nicht vom Weg abkommen! In der Tat sollte man die Wege im **Großen Torfmoor** bei Lübbecke, einem gänzlich anderen Lebensraum als Wald und Halbtrockenrasen, nicht verlassen. Weniger, weil man einsinken und erst Jahrhunderte später als Moorleiche wieder auftauchen könnte, als vielmehr um die Natur, die fragilen Biotope und deren scheue Bewohner nicht zu stören. Von den geheimnisvollen, mystischen Geschichten, die vom Moor erzählt werden, ist an einem sonnigen Tag im Großen Torfmoor nicht

Auch im Winter, wenn das Licht zart erscheint, strahlt die Landschaft an der Porta Westfalica einen besonderen Zauber aus.

Violettes Galmei-Stiefmütterchen
Sie gedeihen weltweit ausschließlich auf den schwermetallhaltigen Böden der Bleikuhlen Blankenrode im Naturpark Teutoburger Wald und Eggegebirge und sind wahre Überlebenskünstler. Denn eigentlich sind die vom früheren Erztagebau belasteten Böden für Pflanzen giftig; die Galmeipflanzen jedoch haben sich perfekt angepasst.

Seinem Namen getreu leuchtet das Männchen des Blauen Moorfroschs während der Laichzeit in einem auffälligen, kräftigen Blau.

viel zu spüren. Da grünt und blüht es allerorten. Das Schmalblättrige und das **Scheidenwollgras** beeindrucken im Frühjahr, manchmal in einer zweiten Blüte auch im August und September mit ihren wattebauschigen Fruchtständen, im Mai beginnt die **Rosmarinheide** mit der Ausbildung ihrer zartrosa Blütenköpfchen. Fleischfressender **Sonnentau**, **Glockenheide** und **Lungenenzian** teilen sich mit ihnen die feuchten Habitate. Beeindruckend ist die **Sumpf-Calla** mit ihrem markanten Blütenstand. In den Teichen und Tümpeln tummeln sich **Krickenten** und **Bekassinen**, und der **Blaue Moorfrosch** ist wieder recht häufig anzutreffen. Auch die **Sumpfohreule** ist als Durchzügler im Frühjahr und Herbst ein seltener Gast.

Ein hingegen von Menschenhand geschaffener Naturschatz ist der **Donoper Teich** nahe Detmold, und das bereits seit dem 17. Jh., als er als Fischteich angelegt wurde. Heute liegt er

im zweitgrößten Naturschutzgebiet des Kreises Lippe. Besonders artenreich ist die **Vogelwelt** an diesem Gewässer mit dem angrenzenden Wald. So leben hier Mittel- und Kleinspecht, Bunt-, Grau-, Schwarz- und Grünspecht; das sind alle in Deutschland vorkommenden Spechtarten. Ebenso fühlen sich heimische Singvögel und verschiedene Eulenarten hier zu Hause und natürlich Wasservögel wie Enten.

Die Faszination der Bäume

Ebenfalls menschengemacht ist der **Länderwaldpark „Silvaticum"**, der weit über die heimische Waldflora hinausgeht. Asien ist vertreten mit japanischer Lärche und Kirsche, mit Weiß- und Schirmtanne sowie dem Schnur- und Urweltmammutbaum. Aus dem Mississippi-Gebiet stammen Sumpfzypressen, aus Oberitalien u. a. Esskastanien und Walnussbäume. Auf rund 40 ha wachsen etwa 100 Arten winterfester **Gehölze aus den drei Kontinenten** Europa, Amerika und Asien. Vom Länderpark aus lohnt sich auch ein Abstecher zum **Norderteich**, auch Lippisches Meer genannt. Im 12. Jh. haben Mönche aus Paderborn aus diesem See ihren Bedarf an Karpfen gedeckt. Heute zwitschern hier seltene und geschützte Vogelarten wie verschiedene Rohrsängerarten im ältesten Naturschutzgebiet im Kreis Lippe.

Bäume nicht im Wald, sondern als majestätische Begleiter von Straßen – bekannt sind vor allem die Alleen im Osten Deutschlands. Doch auch im Teutoburger Wald finden sich sehens- und schützenswerte Alleen, im Kreis Lippe gibt es ca. 200! Die sogenannte **„Fürstenallee"** ist eine solche und ein besonders schöner Straßenabschnitt im Lipperland. Gesäumt wird die Landstraße, die vom südlichen Teutoburger Wald ins Eggegebirge führt, von prächtigen Eichen und Buchen – sie wurden schon im 18. Jh. angepflanzt und weisen damals wie heute den Weg zum Jagdschloss Oesterholz. Ein weiteres bemerkenswertes Beispiel für die prachtvollen Baumstraßen ist die **Lindenallee**, die sich zwischen Augustdorf und Schlangen-Oesterholz erstreckt und wie andere Alleen einen wertvollen Lebensraum für zahlreiche Tiere bietet. Diese Allee wurde im Jahr 2013 vom BUND sogar mit dem Titel „Allee des Jahres" geadelt.

Die Kräfte des Salzes

Der Heilkraft salzhaltigen Wassers haben die imposanten **Gradierwerke** ihr Überleben zu verdanken.

Salzluft ist gesund; Menschen mit Atemwegserkrankungen sollen daher Urlaub an der See machen – oder einen Kuraufenthalt in einem Kurort mit Gradierwerk. Drei dieser bis zu 10 m hohen, reisiggefüllten Holzgerüste, die wie frühzeitliche Verteidigungsanlagen aussehen, stehen mitten im Zentrum von **Bad Salzuflen**. Ständig rinnt Wasser über das Reisig, feiner Nebel steigt auf, es riecht nach Meer und hat auch dieselbe Wirkung: Der Nebel lässt die Passanten freier atmen. Und dabei denkt kaum jemand daran, dass die Gradierwerke nicht für den Kurbetrieb erfunden wurden, sondern der Salzgewinnung dienten und damit maßgeblich an der zweiten Salzblüte der Stadt beteiligt waren.

Bereits die erste Blütezeit der Stadt war dem Salz geschuldet: Eine Salzquelle – heute sind es neun mit unterschiedlicher Salzkonzentration – sprudelte auf dem Salzhof. Die Quellen werden aus Überbleibseln urgeschichtlicher Meere gespeist. Um aber aus der **Sole**, also dem salzhaltigen Wasser, **Speisesalz** zu gewinnen, das als Würz- und Konservierungsmittel im Mittelalter von erheblicher Bedeutung war, musste das Wasser verdunstet werden. Eine fünfprozentige Sole zu Speisesalz einzusieden, verbrauchte Unmengen an Holz. Zum Vergleich: Um aus einer 28-prozentigen Sole 1 kg Salz zu gewinnen, braucht es heute noch 120 kg Koks – der einen wesentlich höheren Brennwert als Holzkohle hat. Die Salzsiederei lohnte im Mittelalter dennoch, wurde das „weiße Gold" doch tatsächlich mit richtigem Gold aufgewogen.

Doch die im 16. Jh. aufkommende **Gradiertechnik** machte die Salzgewinnung um einiges effizienter. Die Technik ist so simpel wie effektiv: Durch natürliche Verdunstung soll die Konzentration der Sole so weit wie möglich erhöht werden, um die zum Sieden benötigte Energie zu minimieren. Gradierwerke erfüllen diesen Zweck. Die riesigen Holzgerüste waren zunächst mit Stroh, wegen dessen Faulungsanfälligkeit aber bald mit dicht gepackten Reisigbündeln gefüllt. Mittels Pumpen wird die Sole nun auf dieses Gerüst geleitet und rinnt anschließend langsam an dem Reisig herab. Sonne, Wind und leichter Frost lassen einen Teil des Wassers verdunsten, die Konzentration erreicht durch mehrmaliges Gradieren bis zu 28 %. Ein weiterer Vorteil: Die in der Sole enthaltenen Verunreinigungen werden vom Reisig ausgefiltert, bleiben daran haften, verkrusten und so ist dafür gesorgt, dass die Sole reiner wird und das gewonnene Speisesalz von großer Güte ist.

Kleines Bild: Die heilsame Kraft der Sole entfaltet sich, wenn sie über das Reisig perlt und salzhaltiger Nebel aufsteigt.

Großes Bild: Das große Gradierwerk ist das Wahrzeichen Bad Salzuflens.

FAKTEN

Drei von einst vier Gradierwerken aus dem 18. Jh. besitzt die Stadt Bad Salzuflen noch immer, zwei davon sind mehr oder weniger original erhalten. Das Salz nämlich konserviert und imprägniert das Holzgerüst. Das dritte wurde durch ein Erlebnis-Gradierwerk ersetzt, in dem man auch innen entlanggehen kann und das einen schönen Rundblick über die Stadt bietet.

Seit Mitte des 19. Jhs. wacht der legendäre Arminius als Hermannsdenkmal über den Teutoburger Wald.

Legendäre Helden

Im Teutoburger Wald wurde Geschichte geschrieben. Vor allem zwei Namen werden mit der Region verbunden: Arminius und Widukind.

Arminius und die Varusschlacht

1875 wurde das Denkmal für den legendären Hermann (oder Arminius) eingeweiht, für das Ernst von Bandel sein gesamtes Vermögen opferte. Bis heute ist das **Hermannsdenkmal** auf dem Gelände der vorgeschichtlichen Ringwallanlage der Grotenburg im Teutoburger Wald ein sehr beliebtes Ausflugsziel, obwohl es als Erinnerung an die „Schicksalsschlacht der Germanen" im Jahre 9 nach Christus am falschen Ort steht. Archäologische Funde belegen ein großes Schlachtfeld zwischen Römern und Germanen in **Kalkriese** am Wiehengebirgsrand, nordöstlich von Osnabrück. Wenig ist über Arminius bekannt, z. B., dass er 19 v. Chr. als Sohn des Cheruskerfürsten Segimer auf die Welt kam und später mit Thusnelda, der Tochter des angesehenen Cheruskers Segestes, verheiratet war. Um 4 n. Chr. zum römischen

▶ **ERLEBTE GESCHICHTE**

Sparrenburgfest Bielefeld
Viele Repräsentanten der Ständegesellschaft längst vergangener Zeiten treten beim Bielefelder Sparrenburgfest auf, wenn Ende Juli ein Wochenende lang auf der Burg der Ravensberger Grafen das Mittelalter lebendig wird. Alte Handwerkskünste und buntes Markttreiben in historischen Gewändern gehören dazu, umrahmt von Tanz und Gesang. Für Speis und Trank ist ebenfalls gesorgt.

Bürger und Ritter ernannt, führte er eine cheruskische Auxiliartruppe, eine Hilfstruppe der Römer, auf römischer Seite gegen Aufständische in Pannonien (Teil einer römischen Provinz auf dem heutigen Balkan). Im Jahr 9 n. Chr. begleitete er den römischen Statthalter und Feldherrn Varus in Germanien und organisierte gleichzeitig den **Aufstand gegen die römische Besatzungsmacht**. Nach dem Verlust dreier Legionen aufseiten der Römer, was rund 18 000 Mann entsprach, zogen sich diese zur Rheingrenze zurück. Zwischen 15 und 16 n. Chr. führte Arminius nochmals germanische Verbände gegen den römischen Feldherrn Nero Claudius Germanicus und gegen die Markomannen ins Feld. Während seine Frau und sein Sohn vom Schwiegervater an die Römer ausgeliefert wurden, fiel er selbst 21 n. Chr. einem Mordanschlag zum Opfer.

Widukind, der Sachsenheld

Nur das Wenigste, was über Widukind geschrieben wurde, ist historisch bezeugt, denn frühmittelalterliche Quellen sind rar. Im altsächsischen Siedlungsraum war ein buntes Stammesgemisch zu Hause, dem die Franken erst den Volksnamen Sachsen gaben. Als sich durch Wanderungsbewegungen im 8. Jh. die Siedlungsräume verschoben, kam es zwangsläufig zu Auseinandersetzungen. Die bereits christianisierten Franken am Rhein sahen sich immer häufiger durch die heidnischen Sachsen bedroht und 772 begann unter Frankenkönig Karl der Feldzug gegen die Sachsen, der 804 mit der Eroberung ganz Norddeutschlands endete. Erst nach zähen Kämpfen gegen die Übermacht zeigte sich Widukind, volkstümlich Wittekind, einsichtig. Unter Zusicherung freien Geleits suchte er 785 Karl den Großen in der Pfalz Attigny (Champagne) auf und ließ sich taufen. Seitdem fehlt von ihm allerdings jede Spur, doch er lebt in Sagen und Legenden weiter. Sein vermeintliches Grab in der Stiftskirche in Engern, Wittekindsquellen und die Wittekindsburg, eine sächsische Wallburg an der Porta Westfalica, sind alles bleibende Erinnerungen an den Sachsenhelden.

Stadtgeschichten

Manche Orte im Teutoburger Wald haben sich wunderschöne **Altstädte** erhalten, die vom Wohlstand der Bürger aufgrund spezieller Handwerkskünste zeugen.

Jahrhundertelang hing so z. B. die Existenz **Bielefelds** am leinenen Faden: Das Textilgewerbe garantierte den Wohlstand. Anfänglich waren **Leinenspinnerei und -weberei** nur eine bäuerliche Nebenarbeit im Winter, meist für den Eigenbedarf, doch ab dem 16. Jh. vertrieben Bielefelds Kaufleute das grobe Linnen verstärkt in die Küstenregionen zur Ausrüstung der Segelschiffe. Gleichzeitig wurde feineres Leinen für den gehobenen Bedarf erzeugt. Im 17. Jh., als Bielefeld unter die Herrschaft des brandenburgischen Kurfürsten kam, genoss das Leinen bereits einen hervorragenden Ruf und wurde auch bei der preußischen Uniformhemdenherstellung zum begehrten Stoff.

Edelherr Bernhard II. zur Lippe machte sich als Städtegründer einen Namen. Lippstadt (1185) und Lemgo (um 1200) sind Planstädte der Lipper mit dem typischen **Drei-Straßen-Schema:** Drei weitgehend parallele Straßen, die vor dem Stadttor zusammenliefen, bildeten das Grundrissschema, nach dem auch Horn, Blomberg und Detmold im Verlauf des 13. Jhs. angelegt wurden.

Detmold, die alte Residenz- und Garnisonsstadt des ehemaligen Fürstentums Lippe-Detmold, ist am Nordabhang des Teutoburger Waldes in eine Talmulde der Werre gebettet. Das Gesicht der malerischen **Altstadt** prägen Fachwerkhäuser des 16. und 17. Jhs. Mittelpunkt der Altstadt ist der Markt mit dem klassizistischen Rathaus, der Erlöserkirche und dem Donopbrunnen. Zwischen Rathaus und Kirche führt ein Durchgang auf den Schlossplatz. Das ehemalige fürstliche **Schloss**, eine Vierflügelanlage im Stil der **Weserrenaissance** (siehe S. 99), wurde 1548–1557 als Wasserschloss erbaut; der ältere Rundturm stammt von 1470.

Die älteste Stadt des Lipper Landes, **Lemgo**, zeigt ebenfalls ein reizvolles, in weiten Teilen von der Renaissance geprägtes Bild. Die wohlhabende Handelsstadt war bereits im 13. Jh. Mitglied der Hanse; ihre größte kulturelle und wirtschaftliche Blüte erreichte sie im 15. und 16. Jh., wovon viele Bürgerhäuser noch heute künden. Weit weniger düster als sein Name ist das Erscheinungsbild des **Hexenbürgermeisterhauses**, eines schönen Renaissancebaus. Seinen Namen erhielt es, nachdem sich im 17. Jh. der Jurist und Bürgermeister Hermann Cothmann den Ruf eines unerbittlichen „Hexenjägers" erworben hatte. Nach seinem Tod fanden in Lemgo keine Hexenprozesse mehr statt.

Eine kulinarische Berühmtheit sind **Lemgoer Strohsemmeln**. Ein Bäckergeselle, der als Soldat am Napoleonischen Krieg in Russland teilgenommen hatte, hatte das Rezept mitgebracht. Die Hefeteigstücke werden vor dem Backen überbrüht, um sie länger haltbar zu machen. Abgebacken werden sie auf Roggenstroh, was sich am Muster auf der Unterseite erkennen lässt. Dazu passen Marmelade und Honig bzw. lippische Mettwurst oder Schinken.

Minden ist nicht nur für sein **einzigartiges Wasserstraßenkreuz** bekannt. Auch die historische Altstadt besticht mit Schätzen. So stehen hier Westfalens bedeutendste gotische **Hallenkirche**, der **Dom**, Westfalens ältestes **Rathaus** und eine nahezu unverändert erhaltene Reihe von Bürgerhäusern des 16. Jhs.

▶ **LAND UND LEUTE**

Osterräderlauf in Lügde
Auf den heidnischen Sonnenkult der Germanen geht der Osterräderlauf in Lügde südöstlich von Detmold zurück. Alljährlich am Ostersonntag rollen die sechs mit Stroh ausgestopften und gewässerten Eichenräder vom Osterberg hinab in das Tal der Emmer. Das Schauspiel, das um 21 Uhr beginnt, ist imposant, denn jedes Rad hat einen Durchmesser von 1,70 m und wiegt an die 280 kg.

Auf einer 375 m langen Kanalbrücke überquert der Mittellandkanal in 13 m Höhe die Weser.

Weserbergland

Friedvoll windet sich die Weser durch eine bezaubernde Landschaft und passiert auf ihrem Weg Fachwerkstädte, Schlösser und uralte Wälder.

Wohltuend sanft sind die Farben der Landschaft im Weserbergland, hier in der Nähe von Rühle, einem Ortsteil von Bodenwerder.

Wie keine andere Region in Deutschland gilt das Weserbergland als Märchenland. Die Sababurg im verwunschenen Reinhardswald soll der Ort sein, an dem Dornröschen von ihrem Prinzen wachgeküsst wurde. Auf der Trendelburg ließ Rapunzel, so heißt es, ihr Haar herabwallen, und in Bodenwerder verbreitete Münchhausen seine Lügengeschichten (zumindest das ist historisch gesichert). Kein Wunder also, dass die Brüder Grimm hier aus einem reichen Quell der Inspiration für ihre Märchen schöpfen konnten.

Märchenhaft ist die Region aber durchaus im doppelten Wortsinne. Verzaubern doch wahrlich traumhaft schöne Flusslandschaften und hüb-

sche Orte wie **Rinteln** mit ihrem historischen Charme. Allein in **Hann. Münden**, wo die Weser ihren 452 km langen Lauf bis in die Nordsee beginnt, gibt es rund 700 stattliche Fachwerkhäuser. Wer um 12.00, 15.00 oder 17.00 Uhr vor dem Rathaus stehen bleibt und zum Glockenspiel hinaufschaut, sieht, wie sich oben dazu **Doktor Eisenbart**, seine Gaukler und ein zahnkranker Patient auf einem Rundeisen herausschieben. Der Wanderarzt behandelte Ende des 17. Jhs. von Aurich bis Innsbruck, von Koblenz bis Danzig die Kranken auf Marktplätzen unter lauten Fanfarenklängen, die die Schmerzensschreie übertönten. Denn Eisenbart hatte das Pech, dass die Anästhesie noch nicht so weit entwickelt war, weshalb jede Operation heftig schmerzte. Gleich-

Weserbergland

mäßig Ausflugsschiffe. Wer es nostalgisch mag, setzt mit einer Gierseilfähre, die nur die Wasserkraft zur Fortbewegung nutzt, von einem Ufer zum anderen über. Noch romantischer ist eine Paddeltour im Mondschein ... Dabei ist man sich dann ganz sicher, das Weserbergland ist eine märchenhafte Region!

Verwunschen und märchenhaft ist auch die Natur – nicht nur die uralten Eichen im **Urwald Sababurg** lassen den Betrachter innehalten. Ein botanischer Schatz besonderer Art sind die einzigartigen **Süntelbuchen** mit ihren eigentümlichen Wuchsformen. Und auch sie passen in das Land: Denn schon immer bot diese Sonderform der Rotbuche den Menschen Anlass, sich sagenhafte Geschichten auszudenken.

Auch die Geschichte wird hier gepflegt, so wie in Bodenfelde am Solling. Hier findet alle fünf bis sechs Jahre zu Pfingsten der **Schüttenhof** statt. Das Volksfest geht bis auf das Jahr 1674 zurück. Dann stehen sich bis zu 500 historisch kostümierte Akteure u. a. als Artillerie, Husaren,

wohl genoss er als Chirurg großes Ansehen. Er erfand eine Nadel zum Starstechen, sodass Erblindete nach der Behandlung tatsächlich wieder Umrisse erkennen konnten. 1727 starb er in Hann. Münden.

Eine Hochburg der Weserrenaissance, jener norddeutschen Variante der Renaissance, ist **Hameln**, die Stadt des legendären Rattenfängers. Auch das **Bückeburger Schloss** ist Zeugnis dieses Architekturstils. Begeisternd sind die Vorführungen der **Bückeburger Hofreitschule**, wenn elegante Barockpferde mit ihren Reitern und begleitet von musikalischen Klängen die hohe Schule der Reitkunst zeigen. Die Hofreitschule Bückeburg ist die einzige ihrer Art in Deutschland.

Im 1245 gegründeten **Holzminden** wiederum wurde 1874 zum ersten Mal Vanillin synthetisch hergestellt. Die „Stadt der Düfte und Aromen" ist heute noch berühmt für ihre Geruchs- und Geschmacksstoffindustrie. Immer der Nase nach wandelt man in der Fußgängerzone an 18 Duftstelen entlang.

Andere Eindrücke verschafft eine **Bootstour auf der Weser**. Von vielen Orten starten regel-

▶ TOPZIELE IN DER REGION

Lassen Sie sich verzaubern vom Weserbergland bei einer Reise durch die Geschichte, zu legendären Sagen und Märchen und zu einzigartigen Naturphänomenen:

SCHILLAT-HÖHLE
Die Schillat-Höhle ist Deutschlands nördlichste Tropfsteinhöhle. Ihren Namen trägt sie nach dem Entdecker der benachbarten Riesenberghöhle, Bodo Schillat. Die geschützte Riesenberghöhle ist in einer 3-D-Diashow in der Schillat-Höhle erlebbar. → S. 96

URWALD SABABURG
Das unter Naturschutz stehende Gebiet im Reinhardswald ist aus einem ehemaligen Hutewald hervorgegangen. Rundwanderwege erschließen den naturbelassenen Wald. → S. 97

SÜNTELBUCHENALLEE BAD NENNDORF
Die prächtige Süntelbuchenallee mit ihren einzigartigen bizarren Wuchs-

formen ist zweifellos das absolute Highlight im Kurpark von Bad Nenndorf. Doch auch der Rest der kunstvoll angelegten, 35 ha großen Parkanlage kann sich sehen lassen mit beeindruckenden Mammutbäumen, Fontänen und einem Tempel. → S. 98

HANN. MÜNDEN
Das gotische Rathaus (14. Jh.) hat der Lemgoer Baumeister Georg Crossmann 1603–1618 zu einem der bedeutendsten Weserrenaissance-Häuser umgebaut. Die Schmuckfassade zum Rathausplatz mit dem prunkvollen Portal und dem Glockenspiel war stilbildend. → S. 99

KLOSTER CORVEY
Der reich stuckierte Kaisersaal bietet alljährlich im Mai und Juni einen angemessenen Rahmen für die Corveyer Musikwochen. Im Museum erfährt der Besucher viel Wissenswertes über die über 1000-jährige Geschichte des Klosters. → S. 101

Junge und Alte Garde und Kavallerie gegenüber und inszenieren nach einem festgelegten Plan eine Auseinandersetzung, bei der Sieger und Verlierer allerdings bereits feststehen.

Ein Fluss, viele Berge

„Wo Werra sich und Fulda küssen, sie ihre Namen büßen müssen." In Hann. Münden vereinen Werra und Fulda sich zur Weser, die von hier aus ihren über 450 km langen Weg bis zur Nordsee beginnt. Begleitet wird sie – als Oberweser bis Minden – auf diesem Weg durch Hessen und Niedersachsen von Buntsandsteinformationen, die als Gebirgszüge entlang des Flusses aufragen. Dazu gehören von Süden nach Norden aufgezählt: **Bramwald, Solling, Vogler, Süntel und Wesergebirge** rechts der Weser, der **Reinhardswald** links von ihr – alle zusammen vereint unter dem Namen Weserbergland. Das Weserbergland grenzt im Norden an die Norddeutsche Tiefebene; im Westen geht es in das Lippische Bergland, im Osten in das Leinebergland und im Süden in das Hessische Bergland über. Höchste Erhebung ist die Große Blöße im Solling mit 528 m ü. NHN.

Die beständige Einwirkung von Wasser schuf die Schillat-Höhle bei Hessisch Oldendorf, eine erst in neuerer Zeit entdeckte und zugänglich gemachte Höhle.

Atypisch

Geologisch etwas aus der Rolle fällt der **Breitestein** im Durchbruchstal der Weser zwischen Holzminden und Bodenwerder: Während die Höhen entlang der Weser aus **Buntsandstein** bestehen, wurde dieser knapp 60 m hohe Felsen

aus dem jüngeren **Muschelkalk** geformt. „Jünger" ist dabei relativ – auch die Entstehung des Muschelkalks liegt bereits über 240 Mio. Jahre zurück.

Ungleiche Brüder

Solling und Vogler, die zusammen den **Naturpark Solling-Vogler** bilden, zeigen sich landschaftlich unterschiedlich. Zwar sind beide dicht bewaldet. Doch während der Solling mit sanften Anstiegen ein eher ruhiges Gesicht zeigt, präsentiert sich der Vogler, der schroff zur Weser abfällt, mit einem raueren Antlitz aus tief eingeschnittenen Tälern und steilen Hängen.

Die Klippen vom Hohenstein

Schon von Weitem sichtbar erheben sie ihr steinernes, zerklüftetes Gesicht aus dem Hochplateau: die ca. 40 m steil in die Tiefe abfallenden Klippen des Hohensteins. Wer schwindelfrei ist, blickt hier von oben in die Tiefe, und wem diese Aussicht Unbehagen bereitet, der lässt seinen Blick stattdessen weit ins Wesertal schweifen – die Aussicht ist einmalig! Dieses vollständig von Wald bedeckte Hochplateau thront als Teil des Bergstocks Süntel auf dem Stadtgebiet von Hessisch Oldendorf. Um die Felsvorsprünge des Hohensteins mit sprechenden Namen wie **Grüner Altar**, wo schon Germanen ihre Opfergaben ausgelegt haben sollen, **Teufelskanzel** und **Hirschsprung** ranken sich viele Sagen. Funde belegen einen Kult um die Frühjahrsgöttin Ostara. Entstanden sind der Süntel und damit der Hohenstein samt seinen Klippen vor ca. 150 Mio. Jahren im Zeitalter des Jura. Der spätere Wechsel von Warm- und Eiszeiten formte die Landschaft und zwang auch die Weser in ihr heutiges Bett.

Die Schillat-Höhle

Wer tief in die geologische Geschichte einsteigen möchte, sollte an den Nordrand des Hohensteins fahren. Da sich Kalk in Wasser löst, hat der Regen ein System von Löchern ins Gestein gearbeitet. Hohlräume bildeten sich, durch die immer mehr Wasser floss. So entstand nördlich von Hessisch-Oldendorf die **Schillat**-Höhle. Sie ist etwa 400 m lang, wovon 180 m besichtigt werden können, und liegt 45 m unter der Erde.

In einem verglasten Aufzug geht es in die Tiefe. Die nördlichste Tropfsteinhöhle Deutschlands wurde 1992 bei Sprengarbeiten im Steinbruch entdeckt. In ihm wird seit Jahrzehnten Kalkstein abgebaut. Der Blick in den Tagebau vom Rand aus ist beeindruckend.

Am Krater der Riesin

Eine leichte Halbtageswanderung führt im mystischen **Reinhardswald** zu zwei abenteuerlichen Kratern mit den merkwürdigen Namen „Nasser" und „Trockener Wolkenbruch". Kinder erleben hier Märchen hautnah, denn die Tour beginnt in der **Sababurg**, dem bei Hofgeismar gelegenen „Dornröschenschloss", und endet in **Trendelburg**, wo Rapunzel ihr Haar herabließ. Von der Sababurg aus folgt man einem Pfad, der von Adlerfarn und hohen Eichen gesäumt ist. Und dann, irgendwann, mitten im Wald trifft man auf die zwei Krater mit den seltsamen Namen. Der **„Nasse Wolkenbruch"** ist der größten Erdfall-Trichter der Region. Ein Trampelpfad führt um den bewachsenen, wassergefüllten Krater. Hier soll die Riesin Trendula als Strafe vom Blitz erschlagen worden sein, als sie ihre Schwestern Saba und Brama kräftig gepiesackt hatte. Tatsächlich entstand der Trichter, als das Grundwasser in rund 1000 m Tiefe Salzgestein herauslöste, sodass der aufliegende Buntsandstein einstürzte. Der Krater hat einen Durchmesser von etwa 150 m und eine Tiefe von ca. 60 m. Nahebei liegt der kleinere Trichter namens **„Trockener Wolkenbruch"**, weil ohne Wasserfüllung. Von hier aus ist es dann auch nicht mehr weit bis zur Trendelburg.

Der Märchenwald

Am Startpunkt der Wanderung machen uralte Bäume, riesige Farne und dämmriges Licht den **Urwald Sababurg** zur richtigen Kulisse für das Märchen von Dornröschen, das auf der Sababurg aufgeführt wird. Im **Reinhardswald**, in dem der Urwald Sababurg liegt, dem mit rund 200 m² größten zusammenhängenden Waldgebiet Hessens, blieb ein Teil als Urwald sich selbst überlassen. Hier flößen die mächtigen, bis zu 1000 Jahre alten knorrigen Eichen, wie die sogenannte **Kamineiche**, dem Betrachter tiefe Ehrfurcht ein. Schon 1907 wurde das Gebiet unter Naturschutz gestellt, um diese einmalige Waldgesellschaft zu erhalten.

Natur erleben im Süntel

Klippen, die teils 40–50 m tief abfallen, wie die Klippen vom Hohenstein, und schöne Mischwälder sind die Zutaten für ein **Wanderparadies**. Eine botanische Besonderheit des Weserberglands, genauer des kleinen Süntel-Gebirges, sind die nach ihm benannten **Süntelbuchen**. Sie sehen bizarr aus, ähneln mit ihren verdrehten, hängenden Zweigen und dem kurzen Stamm Kraken oder Kletterpflanzen und sind eine Art Markenzeichen für die Region nördlich von Hameln.

Als Teufelsholz verfeuert

Eine Laune der Natur, vermutlich durch Mutation hervorgerufen, ließ sie entstehen. Die **Süntelbuche** ist eine skurril veränderte Form der Rotbuche. Das aber regt die Fantasie an und liefert Stoff für Sagen. Die Stämme sind mit höchstens 2 m extrem kurz und kräftig, zeigen Drehwuchs und Knickungen. Gedreht und geschlängelt formen sich auch die Äste, die in Trauerwuchs-

Geradzu winzig erscheint der Wanderer neben der gewaltigen Kamineiche im Urwald Sababurg.

▶ SCHÄTZE DER NATUR

Kirschblüte bei Bodenwerder
Mitte oder Ende April, wenn die Kirschblüte einsetzt, ist das ganze Wandergebiet am rechten Weserufer zwischen Rühle, Golmbach und Reileifzen in das rosa-weiße Meer aus Blüten getaucht. Da die Kirschblüte in Japan eines der wichtigsten Elemente der Landeskultur ist, liegt es nahe, dass von dort Gesandte kommen.

form oft bis auf den Boden herabhängen. Im 19. Jh. gab es ganze Bestände davon wie etwa bei Hülsede. Doch da die Stämme als Bauholz nicht taugten, wurden die als „Teufelsholz" bezeichneten Buchen gerodet und verfeuert. Die Anzucht ist schwierig, weil die meisten Ableger der Süntelbuchen den geraden Wuchs einer Rotbuche zeigen. Auch ist die Lebensdauer einer Süntelbuche gegenüber einer „normalen" Buche deutlich vermindert: Die verdrehten, oft waagrecht aus dem Stamm herauswachsenden Äste fördern das Auseinanderbrechen des Baumes. Statt um die 300 Jahre zu erreichen, werden die Süntelbuchen bestenfalls halb so alt.

Süntelbuchenallee in Bad Nenndorf

Ein weltweites Unikat ist die Süntelbuchenallee im Kurpark von Bad Nenndorf. Vor über 100 Jahren machte sich der Gartenbaumeister Carl Thon um die Bäume verdient und pflanzte mehr als 100 Exemplare zu dieser einzigartigen Allee an. Während sich in den Wäldern des Süntels einzelne Bäume oder kleinere Baumgruppen erhalten haben, kann man in der ca. 300 m langen Allee die Faszination der Süntelbuchen in ihrer ganzen Magie hautnah erleben.

Natur pur im Märchenland

Gleich **drei Naturparks** begleiten den Lauf der Weser zwischen Hann. Münden und Bückeburg. Hier leben noch Schwarzstörche und Eisvögel, wachsen Orchideen und Farne, streifen Hirsche, Rehe und Füchse durch die teils dichten Wälder.

Naturpark Münden

Im Süden liegt der Naturpark Münden, der sich vom Zusammenfluss von Werra und Fulda zur Weser bei Hann. Münden östlich der Weser bis nördlich von Adelebsen erstreckt. Auf seinem Gebiet liegen der **Bramwald** und der **Kaufunger Wald**, ebenso die **Dransfelder Hochfläche** im Nordosten. Auf den Kalkböden gedeiht der zarte **Frauenschuh**, eine Orchideenart, in den Wäldern leuchtet der **Rote Fingerhut**, und früh im Jahr verströmt der **Bärlauch** seinen typischen Knoblauchgeruch. Und an den durch Kiesabbau entstandenen Gewässern lebt noch die seltene **Gelbbauchunke**.

Naturpark Solling-Vogler

Im Norden schließt sich der Naturpark Solling-Vogler an, benannt nach den beiden Mittelgebirgszügen, über die er sich erstreckt. Im **Hochmoor Mecklenbruch**, in der Nähe des Holzmindener Stadtteils Silberborn gelegen, wächst der **Mittlere Sonnentau**, und die **Torfmosaikjungfer**, eine seltene Libellenart, schwirrt über das Sattelmoor. Das Moor ist wie die Libelle eine rare Erscheinung. Die sogenannten Sattelmoore formen eine Wasserscheide; sie wölben sich konkav nach oben. Auch über dem Wasser von **Lakenteich** und **Neuem Teich**, zwei von Menschenhand geschaffenen Gewässern, glitzern Libellen, an ihren Ufern laicht der **Grasfrosch** und in den Wiesen blüht im Sommer die **Kuckuckslichtnelke**. Vom Menschen geprägt sind auch die Eichenbestände der Wälder; was aus der Hutewirtschaft – der Beweidung von Wäldern in vergangenen Jahrhunderten – entstand, ist heute ein reicher Lebensraum für zahlreiche Insekten.

Naturpark Weserbergland Schaumburg-Hameln

Der nördlichste der drei Naturparks erstreckt sich beiderseits der Weser bis hinauf nach Bückeburg und fast bis vor die Tore von Hannover. Hier begegnet Kulturlandschaft mit Wiesen und Äckern bewaldeten, teilweisen schroffe Höhenzügen. Je nach Standort trifft man im Frühjahr auf die violetten **Küchenschellen** und die zierlichen weißen **Märzenbecher** oder im Sommer auf das **Tausendgüldenkraut**.

Ochsenherzkirschen aus Rinteln

Bäume ganz besonderer Art werden im Rintelner Ortsteil Todenmann gehegt und gepflegt: 750 **Kirschbäume** laden besonders zur Blütezeit im April zum Spaziergang auf dem 4 km langen Kirschenrundwanderweg. Die Bäume sind von unschätzbarem Wert, weil sie Kirschen aus

jahrhundertelanger Züchtung hervorbringen. **40 Sorten** sind identifiziert, darunter gelbe und rotbunte. Da die industrielle Züchtung aber auf „groß und rot" hinauslief, wurden diese vernachlässigt. Das hat sich geändert. Interessierte Bewohner wurden im Pflegen und Bewahren der alten Sorten geschult.

Eine alte Obstsorte wird sorgsam kultiviert: die Rintelner Ochsenherzkirschen.

Begehbare Geschichte

Entlang der Weser finden sich **Kleinode des Fachwerks** und der **Weserrenaissance**. Hier scheint die Zeit einfach Halt gemacht zu haben, um den staunenden Besucher aus dem 21. Jh. mit auf eine Reise in die Vergangenheit zu nehmen.

Weserrenaissance

Von 1520 bis 1620 erlebt der Weserraum zwischen **Hann. Münden** und **Bremen** eine wirtschaftliche und kulturelle Blüte. Das in der Region geerntete Getreide lässt sich mit enormen Gewinnen in europäische Krisengebiete verkaufen, und der niedere Adel entdeckt den Söldnerführerberuf bei ausländischen Kriegsmächten als lukrative Einnahmequelle. Die Einkünfte werden in zahlreiche Neubauten – ob Schlösser, Bürgerhäuser, Rathäuser oder Gehöfte – investiert.

Ein Traum in Fachwerk: Hann. Mündens Kulisse lässt die Vergangenheit lebendig werden.

Hier tanzt das Pferd

*Kleines Bild: Schloss Bücke-
burg ist ein prächtiges
Beispiel der Weserrenais-
sance.*

*Großes Bild: In der Bücke-
burger Hofreitschule zei-
gen Pferde und Reiter die
hohe Kunst der klassischen
Reiterei.*

Deutschlands einzige Hofreitschule befindet
sich im historischen **Marstall von Schloss
Bückeburg**. Was barocke Reitpferde lernen und
zeigen – „Kampfkunst" zu Musik oder extreme
Sprünge –, das ist hier live zu erleben.

„Die Pferde wollen dem Menschen gefallen,
wir geben ihnen den Spaß, den sie brauchen."
Was die Ausbilderin der Pferde, Hofbereiterin
Diana Krischke, beschreibt, ist die hohe Kunst
des **Barockreitens**. Zusammen mit ihren Eltern
leitet die junge Frau die 2004 wiederbelebte Hofreitschule in Bückeburg. 44 Pferde geben hier ihr
Bestes. Es sind ausgesuchte Exemplare, die Familie Krischke für die große Symbiose zwischen
Pferd und Reiter schult. „Mit meinem ‚Professor'
trainiere ich 20 Minuten am Tag",
erläutert Krischke ihr Trainingspen-
sum, „mehr ist nicht nötig, denn
er soll Spaß dabei haben und Lust,
Neues kennenzulernen."

Feinste Rassepferde

Das Neue ist das Alte, denn immer
wieder schaut Diana Krischke
historische Zeichnungen an, von
denen auch einige im **Marstall-
museum** hängen. „Darauf sehe
ich, welche Figuren früher geritten wurden, das
machen wir nach", beschreibt die begnadete
Reiterin ihr Vorgehen. Sie schreitet den Stall-
trakt ab und tätschelt fast jedes Pferd in der Box.
Verschiedene Barockpferderassen sind in der
Hofreitschule zu Hause. Der ganze Stolz aber

gebührt den „Weißgeborenen". Sie kommen
weiß auf die Welt und verlieren nicht wie andere
Schimmel mit den Jahren ihre Pigmentierung.
Sie waren die Zierde des Hochadels.

Die tanzenden Pferde

Seit 1610 tanzen in Bückeburg Pferde zu Barock-
musik. Als im 15. Jh. die Schusswaffen den Säbel-
nahkampf ersetzten, war diese Art von Kampf-
reiten nicht mehr gefragt. Der Kampf vom Pferd
aus entwickelte sich zur Kunstform, wurde in
die Halle verlegt und mit Musik untermalt. Die
Zuschauer staunen, wenn sie die in frühbarocke
Kostüme gekleideten Reiter sehen und dazu die
herausgeputzten Pferde. Im Spanischen Schritt
mit ausgestrecktem Bein bewegen sich die Barockpferde im Takt der Musik. Dann balancieren
sie sekundenlang auf den Hinterbeinen. Grandios ist die Kapriole, wobei das Tier in die Luft
springt und auf dem höchsten Punkt gleichzeitig
mit den Vorderhufen nach vorn und den Hinter-
hufen nach hinten ausschlägt. Die Vorstellung,
dass dieser tödliche Verteidigungssprung, im
rechten Moment des Schlachtgetümmels ausgeführt, Pferd und Reiter das Leben retten konnte,
ist atemberaubend. Mit diesem Spagat mähte das
Kampfpferd die feindlichen Fußsoldaten nieder.
So zeigt sich, dass die Hofreitschule auf Augen-
höhe ist mit den anderen in der Welt, wie der
Spanischen Hofreitschule in Wien, der portugie-
sischen in Queluz sowie der Königlich Andalusi-
schen in Jerez de la Frontera (Spanien) und dem
Cadre Noir von Saumur in Frankreich.

FAKTEN

Diese Pferderassen „tanzen" in Bücke-
burg: Reine Spanische Rasse (Pura Raza
Española), Lusitanos, Geneten, Lipiz-
zaner, Knabstrupper, Berber, Murgesen
und Frederiksborger.
Fürstliche Hofreitschule Bückeburg,
Schlossplatz 7 b, 31675 Bückeburg
Tel. 05722 89 83 50, www.hofreitschule.de

Bedeutende Baumeister werden dafür verpflichtet, die dem **Weserrenaissancestil**, der namentlich erst ab 1912 in der Kunstgeschichte auftaucht, seine Besonderheit verleihen. Zu den Stilmerkmalen gehören geschweifte Giebel, Wesersandsteinquader mit kerbartigen Ornamenten, gemeißeltes Beschlagwerk an Giebelkanten und Portalen, Streifenputz sowie Fächerrosetten. Weitere Charakteristika sind die prägnante Utlucht als reich verzierter straßenseitiger Standerker und die Zwerchhäuser: quer (= zwerch) zur Firstlinie hochgeführte Dachhäuschen.

Hann. Mündens Fachwerktraum

Der weit gereiste Forscher Alexander von Humboldt sollte es wissen: Hann. Münden war für ihn „eine der sieben schönst gelegenen Städte der Welt". Um das nachzuempfinden, ist der Aufstieg zur **Weserliedanlage** am rechten Weserufer die Mühe wert. Sie wurde zur Erinnerung an den Dichter des Weserliedes, Gustav Pressel, und den Komponisten Franz von Dingelstedt errichtet. Von dort oben schweift der Blick auf die Insel **Tanzwerder**, wo der Weserstein den Zusammenfluss von Werra und Fulda markiert und die Weser ihren Lauf nimmt. Dahinter erhebt sich in Rot die Dachlandschaft über dem schwarz-weißen Fachwerktraum, der aus rund **700 Häusern** besteht. Sie stammen aus sechs Jahrhunderten und erzählen durch ihre Inschriften und Motive viel von der 1183 erstmals erwähnten Handelsstadt. Manche Holzstränge symbolisieren Schiffstaue oder die Spitze eines Narwals, andere weisen durch krumme Balken auf die Armut des Erbauers hin, der sich nur minderwertige Baumstämme im Reinhardswald schlagen durfte.

Bückeburg

Auch Bückeburg liegt in reizvoller Landschaft: zwischen den Ausläufern der Bückeberge und dem Wesergebirge. Der Aufstieg des Ortes begann unter Fürst Ernst von Schaumburg, der Bückeburg 1609 zu seiner Residenz machte. Erhalten sind zahlreiche Bauwerke des 17. Jhs., darunter das ehemalige **Residenzschloss**, ein Schloss, dessen Nord- und Westflügel den Stil der Weserrenaissance erkennen lassen. Das 1302 erbaute Wasserschloss ist noch heute Wohnsitz des Fürsten von Schaumburg-Lippe. Prachtvolle Säle und die Schlosskapelle sind zu besichtigen und das Mausoleum im **Schlosspark** überrascht mit der größten Goldmosaikkuppel Europas.

Zentrum von Weltrang

Mit dem **Westwerk**, den **Konzerten** und der 75 000 Bände umfassenden **Bibliothek** bildet das einstige **Karolingerkloster Corvey** ein kulturelles Zentrum von Weltrang. Es ist die Urzelle aller Klöster der Region aus dem Jahr 822, in dem schon Kaiser mit den Reichsfürsten tagten. Das Westwerk mit lebensgroßen Stuckfiguren und mythologischen Wandmalereien ist ein bedeutendes Zeugnis der Zeit. Corvey war ein geistig-politisches Zentrum in Nordwesteuropa. Archäologen entdeckten auch eine verschüttete Stadtansiedlung am Kloster.

Märchen- und sagenhaft

Die verwunschen-waldreiche Landschaft der Weserberge verpflichtet geradezu zum Märchenerzählen, zur Entstehung sagenhafter Gestalten und zum Fabulieren fantasiereicher Geschichten. So ist es kein Wunder, dass gleich mehrere Orte ein sagenhaftes Erbe besitzen.

Die Sababurg

Die Sababurg gilt wegen ihrer verwunschenen Anmut als einstiger Wohnsitz Dornröschens. Gern erinnern hier junge Darstellerin-

Ein Ort mit mehr als 1000-jähriger Geschichte: Kloster Corvey in Höxter

▶ **ERLEBTE GESCHICHTE**

Der Schaumburger
Zwischen Rinteln und Stadthagen verkehrt ein historischer zweiteiliger Uerdinger Schienenbus und lässt die Zeit der 1960er-Jahre wieder erleben.

Uslarer Spenneweih
Über 600 Jahre alt ist die Tradition in Uslar, bei der am Sonntag zwei Wochen vor Ostern die sogenannten Spennewecken verteilt werden. Das Brauchtum geht zurück auf Stiftungen aus dem 14. Jh., mit denen reiche Adlige den Armen Gutes tun wollten.

Filigrane Kunstwerke (Bild oben) entstehen im historischen Gebäude der Porzellanmanufaktur Schloss Fürstenberg (Bild unten).

nen (mit und ohne wach küssenden Prinzen) an das Märchen, das einst die **Brüder Grimm** sozusagen „auflasen". Tatsächlich wurde die Sababurg 1334 vom Mainzer Erzbischof zum Schutz der Pilger des Wallfahrtsortes Gottsbüren gebaut. Bereits 100 Jahre später verfiel die Burg jedoch. Auf den Grundmauern errichteten hessische Landgrafen im 15. Jh. ein Jagdschloss und nutzten es bis zum 18. Jh. für Feste.

Hameln und der Rattenfänger

Rund 1 Mrd. Menschen kennen die Geschichte von der Entführung der Kinder durch den um seinen Lohn geprellten, Flöte spielenden Rattenfänger. Auch Wissenschaftler beschäftigten sich mit dem Wahrheitsgehalt der Geschichte – und sorgten für eine Enttäuschung: Ratten reagieren gar nicht auf die Töne einer gebräuchlichen Flöte. Heute ist man sich sicher, dass zwei Sagen verknüpft wurden. Die eine handelt von der historisch nicht verbrieften Rattenvertreibung. Die andere ist die eines Auszugs von Kindern aus der Stadt. Für diesen allerdings gibt es eine Reihe von Belegen, denn Hameln war nachweisbar eine Auswanderungsregion: Während der Blütezeit der Ostkolonisation im 13. Jh. zogen viele junge Menschen Richtung Prignitz und Uckermark im heutigen Brandenburg und weiter bis Mähren und Pommern.

Bodenwerder und der Lügenbaron

Die Weserstadt Bodenwerder ehrt ihren berühmtesten Sohn **Hieronymos Carl Friedrich Freiherr von Münchhausen** mit einem Museum und mehreren Denkmälern. In der Fußgängerzone steht ein Brunnen, in dem Münchhausen festzustecken scheint. Wildgänse ziehen ihn heraus. Solche fabelhaften Geschichten machten ihn weltberühmt. Besonders gern erzählte er sie in seiner 1763 errichteten Gartenlaube, wo er Jagdgesellschaften unterhielt. Wo sich Adelige und Literaten trafen, war der einstige Offizier des Leibkürassier-Regiments der russischen Zarin ein gern gesehener Unterhalter, der seine Erlebnisse in Russland ausgesprochen pointiert zum Besten geben konnte.

Zerbrechliche Kunstwerke

Nicht nur als Sagen- und Märchenlandschaft hat sich das Weserbergland einen Namen gemacht. Auch kostbares **Porzellan** mit einem geschwungenen blauen „F" ist in aller Welt bekannt, und aus dem Naturmaterial Ton werden kunstvolle Objekte geformt.

Porzellanmanufaktur Fürstenberg

Im Jagdschloss Fürstenberg, 80 m über der Weser, gründete Herzog Carl I. von Braunschweig 1747 eine Porzellanmanufaktur. Ein Gang durch die Etagen mit Tausenden Beispielen dieser Kunst vom Rokoko bis heute führt schließlich zu einer „wall of fame". Dort haben im Jahr 2000 berühmte Hände ihren Abdruck im Porzellan hinterlassen, darunter Beatrix, damalige Königin der Niederlande. Selbst die Griffe der Toilettentüren sind hier aus edlem weißen Porzellan mit dunkelblauem Strich geformt worden.

Beste „Tonkunst"

Am östlichen Rand des Sollings sticht ein Ort hervor: **Fredelsloh**. Das Töpferdorf verfügt über Brennöfen und das neue „Keramikum" neben der Klosterkirche – ein in seiner Art einmaliges Vorführhaus für die Kunst des Tonformens aus verschiedenen Jahrhunderten. Töpfer, denen man bei der Arbeit zusehen kann, erklären auch, wie aus dem Scherzbierkrug von 1911 zu trinken ist. Er hat am Rand mehrere Reihen mit Löchern, aus denen beim Kippen sich der Inhalt über den Trinkenden ergießt. Doch ein Loch gibt es, das zu einer Art Strohhalm führt – nur so lässt sich das Bier heraussaugen.

Brüder Grimm im Gepäck

Von Dornröschen über Münchhausen bis zum Rattenfänger ist es nicht weit: immer an der **Weser** entlang. An dem Strom aufgereiht sind die Orte, in denen der Großteil deutscher Märchen spielt.

Auch Märchen wandern

Die **Brüder Grimm**, gelehrt und vielsprachig begabt, hatten die Gabe zuzuhören. So entstand ihr Sammelsurium an kuriosen Geschichten, die sie allerdings erst dem Zeitgeist anpassten. So wurde bei „Hänsel und Gretel" aus der Mutter eine Stiefmutter. Es passte schließlich nicht ins Bild des vorwiegend bürgerlichen Publikums, dass eine Mutter ihr Kind verstößt. Es waren Lehrstücke, in denen Kinder oft ein unangemessen schweres Los traf. Die Eltern waren unumstößliche Herrscher, ihre Worte Gesetz. Um den schweren Strafen zu entgehen, konnten in den Märchen nur Feen, Zauberer oder Prinzen den Kindern helfen.

Rapunzel auf der Trendelburg?

Einer von ihnen küsste Dornröschen nach ihrem 100-jährigen Schlaf wach. Dass die Geschichte in der Sababurg des Reinhardswaldes spielt, ist der Fantasie der Einheimischen zu verdanken. Ähnlich geht es Rapunzel, die ihr langes Haar vom Turm der Trendelburg etwas weiter westlich von der Sababurg herunterließ.

Die **Märchenstraße**, eine 600 km lange Route von **Hanau**, dem Geburtsort der Brüder Grimm, bis **Bremerhaven**, durchquert auch das Weserbergland. Wenn etwa an der Schneewittchen-Stele in Gieselwerder oder beim „gestiefelten Kater" in Oedelsheim Zweifel aufkommen, ob hier diese Märchen wirklich ihren Ursprung hatten – gemach! Es sind Aufforderungen an den Gast, sich an dieser Stelle einmal an die Sagen von gestern zu erinnern. Und wer fährt nicht gern einmal mit einer Märchenfähre, die bei Lippoldsberg am Seil über die Weser gleitet?

Münchhausens Heimat

Bodenwerder an der Deutschen Märchenstraße hat es da einfacher. Dort wurde tatsächlich Hieronymus Carl Friedrich von Münchhausen geboren. Das war am 11. Mai 1720. Er arbeitete zunächst als Page im Schloss Bevern, ging später nach St. Petersburg und nahm an einem Feldzug gegen die Türken teil. Er lernte auch die Zarin Katharina die Große kennen. Als Rittmeister kehrte er 1750 mit seiner Frau in die Heimat zurück, um sein Erbe anzutreten, und wurde fortan (und weit über sein Leben hinaus) durch seine fantastischen Erzählungen bekannt.

Kleines Bild: Der Münchhausenbrunnen in Bodenwerder erinnert an die fantastischen Geschichten des Lügenbarons.

Großes Bild: Ein gelebter Märchenklassiker – Dornröschen mit dem Prinzen vor der Sababurg

WUSSTEN SIE, …

… dass Dorothea Viehmann, die Tochter eines aus der Schweiz zugezogenen Arztes in Kassel, eine gute Quelle für die Märchen der Gebrüder Grimm war? Wilhelm Grimm war verliebt in ihre Erzählungen – und auch in die Erzählerin, die er im Mai 1825 heiratete. Er hatte vier Kinder mit ihr.

Sauerland und Rothaargebirge

Das Land der tausend Berge – ob tausend oder nicht, die dicht bewaldeten Höhen von Sauerland und Rothaargebirge bezaubern allemal.

Die grüne Lunge an der Grenze zum „Kohlenpott": Das Sauerland präsentiert sich als wahres Erholungsparadies – wald- und wasserreich und arm an hektischer Betriebsamkeit.

Die ländlichen Gegenden zwischen Ruhr und Lenne schmücken **malerische Fachwerkdörfer**, in denen die Zeit bisweilen stillzustehen scheint. Selbst in den größeren Städten pulsiert das Leben zumeist eher etwas ruhiger. Was sich allerdings ändert, sobald es was zu feiern gibt – und das kommt häufig vor, wie bei den **Schützenfesten.** Dann wirkt die Sauerländer Lebenslust mächtig ansteckend, auch dank einer imposanten Brauereidichte. Kaum größere Städte und kaum Wehrbauten: Das Sauerland ist nicht eben

berühmt als Burgenregion. Dennoch steht hier mit der **Burg Altena** eine der schönsten Höhenburgen Deutschlands. Der mächtige Wehrbau war das historische Zentrum der Grafschaft Mark und gilt heute als geschichtlicher und kultureller Mittelpunkt des märkischen Sauerlands. Ihre internationale Bekanntheit verdankt die ab dem 12. Jh. errichtete Burg der **ersten ständigen Jugendherberge der Welt**, die 1912 in den historischen Mauern einzog und heute über 55 Betten verfügt.

Sanft geschwungene Berge, deren Hänge und Kuppen dicht bewaldet sind, große Seen, liebliche Flusstäler und karg-schöne Hochheiden – das Sauerland zeigt sich landschaftlich abwechslungsreich. Kein Wunder: Die Region bedecken

Sauerland und Rothaargebirge

er den für ihn nicht gerade mit süßen Verlockungen gespickten Landstrich als „ein sauer Land" bezeichnet haben. Tatsächlich stammt der Begriff aber von der mittelalterlichen Bezeichnung Suderland – südliches Land – ab. Bis ins 19. Jh. nannte jedoch kaum jemand die Region so, vorherrschend waren die Namen lokaler Verwaltungsbezirke.

Stark auf die regionale Integration hat Friedrich Wilhelm Grimme (1827–1887) gewirkt, der „Sauerlanddichter". Der begeisterte Wanderer bezeichnete die südwestfälische Region als Surland und schuf mit seinen teilweise in der lokalen Mundart verfassten Dichtungen den Grundstein für ein gemeinsames Heimatgefühl. Leidenschaftlich schrieb er über die Schönheit der Landschaften, und bis heute wandeln seine Landsleute und deren Gäste auf seinen Spuren: Das Wandern ist im Sauerland Volkssport Nummer eins, auch dank eines umfangreichen, gut ausgebauten Wanderwegenetzes.

beinahe komplett die **fünf großen Naturparks** Arnsberger Wald, Diemelsee, Ebbegebirge, Homert und Rothaargebirge. Das üppige Grün sprenkeln malerische Dörfer mit viel Fachwerk; Großstädte sucht man vergebens. Dementsprechend still ist es im Sauerland, Besucher mit der Sehnsucht nach Ruhe finden hier also genau das Richtige.

Das Dach der Region liegt im Osten: das **Hochsauerland**. Der mit 843 m höchste Berg, der Langenberg an der Grenze zu Hessen, ist gleichzeitig der höchste Gipfel in ganz Nordrhein-Westfalen. In der Nähe entspringen die **Ruhr** und die **Lenne**, die bedeutendsten Flüsse der Region. Während sich die Ruhr zunächst nach Norden wendet, dreht die Lenne nach Süden ab, bevor beide das Sauerland in westlicher Richtung wie zwei Lebensadern durchströmen und sich kurz hinter Iserlohn vereinen. Böse Zungen leiten den Namen Sauerland von einem Ausspruch Karls des Großen ab, der sich hier im letzten Drittel des 8. Jhs. auf den Feldzügen gegen die Sachsen abmühte. Nachdem er das zähe Volk schließlich niedergerungen hatte, soll

▶ TOPZIELE IN DER REGION

Vor allem die Natur hat in den stillen Landschaften von Sauerland und Rothaargebirge Sehenswürdigkeiten hervorgebracht, die Sie keinesfalls versäumen sollten:

BURG ALTENA
In der Jugendherberge können Sie noch übernachten, aber nicht mehr in den Sälen von einst: Die sind mittlerweile ein Museum. Auch das abwechslungsreich gestaltete Museum der Grafschaft Mark ist hier untergebracht. In Altena selbst ist auch das Drahtmuseum sehenswert. → S. 104

FELSENMEER HEMER
Einen geradezu magischen Einblick in die Kräfte der Natur erhalten Sie im Felsenmeer Hemer. Wo es keine Wege durch das Felsenmeer gibt, bleibt der Wald sich selbst überlassen – eine mystische Welt ist entstanden. → S. 106

ATTA-HÖHLE
Der eigentümliche Duft am Ausgang der Atta-Höhle bei Attendorn stammt

vom Atta-Käse, der in der Höhle reift und im Museumsshop gekauft werden kann. → S. 106

KAHLER ASTEN
Auf dem „Dach von Westfalen" ist eine wichtige Wetterstation beheimatet: Die hier ermittelten Daten dienen dem Deutschen Wetterdienst als Grundlage für Analysen und Prognosen. Bereits Ende des Ersten Weltkriegs, als man erkannte, wie wichtig eine zusammenhängende Beobachtung des Wetters in größeren Höhen des Luftraums ist, wurde diese Station aufgebaut, die mehr als einer Generation ein fester Begriff aus den Wettermeldungen ist. → S. 107

ARNSBERG
Die Stadt hatte in den letzten 1200 Jahren einige Herren. Zum Glück: Sie haben den Arnsbergern ein reiches Erbe rund um den steil aufragenden Schlossberg hinterlassen. Obenauf: die Schlossruine, darunter der Alte Markt mit viel Fachwerk und dem Glockenturm. → S. 111

Die beeindruckenden Tropfsteinformationen wie diese Sinterfahne machen die Atta-Höhle zu einem beliebten Ausflugsziel.

Meeresboden im Sauerland?

Ein riesiges Urmeer bedeckte vor rund 500 Mio. Jahren auch das heutige Gebiet von Deutschland – eine ungeheure Zeitspanne, Sedimente abzulagern und Korallenriffe entstehen zu lassen. „Erst" vor 70 Mio. Jahren begann der Meeresspiegel zu sinken, schoben Aktivitäten der Erdrinde die Ablagerungen zusammen – die ersten Höhen bildeten sich. Überflutungen wurden seltener, dafür schliffen Wind und Wetter und nicht zuletzt die Eiszeiten am „Sauerland". Schmelzwässer spülten Täler aus, Regenbäche zerfurchten die Hänge – und versickerten, lösten dabei den Kalkstein an und ließen die ersten Höhlen entstehen. Nicht selten waren die Auswaschungen so groß, dass es zum Einbruch der darüberliegenden Schichten kam.

Die Magie der Steine

Das **Felsenmeer in Hemer** zeigt anschaulich, wie es nach so einem Ereignis aussieht. Es scheint, als hätte ein Riese Säcke mit Steinen mitten im

Wald ausgekippt. Rund um diese einzigartige Naturlandschaft ranken sich Mythen und Legenden. Vielleicht waren es ja wirklich Riesen, die einst dieses grandiose Naturschauspiel erschaffen haben? Zumindest hat auch der frühe Bergbau ein wenig mit dem heutigen Aussehen zu tun. Ab dem 7./8. Jh. wurde am und um das Felsenmeer Eisenerz abgebaut, Stollen entstanden. Bis 1871 ging der Bergbau weiter, das Felsenmeer war unterhöhlt, immer wieder stürzten Stollen und natürliche Höhlen ein und prägten auf diese Weise das heutige Erscheinungsbild.

Höhlenzauber

Nicht nur markante Felsen, sondern auch geheimnisvolle Höhlen und stillgelegte Bergwerke prägen die Landschaft im Sauerland. Vor 90 000 Jahren lernten sauerländische Neandertaler den Schutz der **Balver Höhle** zu schätzen. Andere Felsenlöcher wie die **Hemeraner Heinrichshöhle** bevölkerten frühzeitliche Tiere wie Höhlenbären.

Nach kurzen Instruktionen für den bevorstehenden Gang durch die feuchte Welt unter der Erde taucht man ein in die **Atta-Höhle** und lässt sich an den eindrucksvollen, in Jahrmillionen entstandenen Steingebilden vorbeiführen. Besonders faszinierend sind die steinernen Faltenwürfe, **Sinterfahnen** genannt. Wie eine durch ein sanftes Lüftchen bewegte und dann in der Bewegung erstarrte Gardine wirkt so eine Sinterfahne. Alabasterähnlich leuchtet das milchweiße Gestein, wie mit Zuckerguss überzogen: Überall tropft, glänzt und spiegelt es.

Spektakuläre Formationen aus Kalk, die ältesten sind 235 000 Jahre alt, gibt es auch in der 900 m langen **Dechenhöhle** bei Iserlohn, die 1868 entdeckt wurde. Später fanden die Forscher hier Überreste von Höhlenbären und Mammuts. Sinnlich äußerst eindrucksvoll sind die Konzerte, die regelmäßig in der Höhle stattfinden, darunter die „Finsterniskonzerte" in absoluter Dunkelheit.

Künstliche Höhle

1998 entstand in einem Stollen der **Schiefergrube Felicitas in Bad Fredeburg** ein besonderer Gesundbrunnen, der Abela-Heilstollen. Konstante 9 °C, so gut wie keine Staubpartikel, Pollen und Krankheitserreger, keimfreie Luft, die sich unablässig von selbst erneuert: Die Stollentherapie lindert Bronchial- und Allergiebeschwerden, stärkt die Abwehrkräfte und soll bei Schlafstörungen und Stressbewältigung helfen.

Wasserreich

Oberhalb der Höhlen- und Stollenwelt sind riesige **Stauseen** typisch für die Region. Kaum vorstellbar: Auf dem Grund des **Biggesees** verlaufen Straßen, ja ganze Dörfer stehen dort – oder zumindest das, was von ihnen übrig ist. Mehr als 2500 Menschen wurden einst umgesiedelt, damit 1965 der Biggesee aufgestaut werden konnte. Die meisten stehenden Gewässer im Sauerland sind nicht natürlichen Ursprungs: Auch der **Möhne-**, der **Henne-**, der **Sorpe-** und der **Diemelsee** sind Talsperren, die von großen Dämmen aufgestaut werden. Sie dienen überwiegend der Wasserversorgung des Ruhrgebiets. Deswegen sind motorgetriebene Boote tabu – die Ausflugsdampfer ausgenommen.

Das Dach Westfalens

Von der Plattform des Astenturmes auf dem 841 m hohen **Kahlen Asten** genießen die Besucher einen schönen Rundblick, bei guter Sicht bis zum Vogelsberg und zur Rhön. Winterliches Ambiente gibt es hier während der kalten Jahreszeit fast immer: Wenn auch der Schnee nicht in jedem Fall zum Skifahren ausreicht – der Wind pfeift auf dem Kahlen Asten jedenfalls eisig kalt, und die Niederschläge fallen hier häufig in Form von Schnee- und Eiskristallen, sodass die Landschaft zumindest weiß gepudert wirkt. Das Klima ist auch der Grund für die auf dem Kahlen Asten gedeihende Flora: Hier wachsen Berghochheide und arktische Pflanzen.

Plaggen und Entkusselung

Der Wald, der ursprünglich die gesamte Region bedeckte, wich Kulturlandschaften mit Äckern, Weiden und Heiden. Bis Mitte des 20. Jhs. betrieb man auf dem Kahlen Asten noch die traditionelle **Plaggenwirtschaft**. „Plaggen" nennt man im Niederdeutschen die durchwurzelten Oberbodenstücke von Heide- oder Grasflächen. Dabei wurde die oberste Schicht der Heide entfernt, die Plaggen dienten als Stalleinstreu und Viehfutter. Nach Ende der wirtschaftlichen Nutzung konnten sich durch fehlenden Verbiss und ausbleibendes Plaggen Bäume ausbreiten, was zur Vergrei-

sung und zum vorzeitigen Absterben der Heide führte. Um die kulturhistorische Landschaft Kahler Asten zu erhalten, muss das Naturschutzgebiet regelmäßig gründlich gepflegt werden. „Entkusselung", die mechanische Entfernung junger Bäume, und gezielt eingesetzte Schafbeweidung sind die Lösung, damit die Vegetation aus **Heidekraut**, **Heidelbeeren**, **Preiselbeeren** und **Schmiele**, **Arnika** und Vertretern arktisch-alpiner Pflanzenwelt wie **Bärlapparten**, **Rentierflechten** und **Islandmoos** weiterhin erhalten bleibt.

Medebacher Bucht

Für geflügelte Bewohner ist die Medebacher Bucht ein besonderes Refugium. Das Vogelschutzgebiet erstreckt sich auf 14 ha im Südosten von Winterberg um Medebach und Hallenberg mit sanft gewellten Wiesen und Weiden, durchzogen von Hecken und Bächen. Hier nisten seltene Arten wie **Neuntöter** oder **Raubwürger**, ebenso leben hier **Schwarzstorch** und **Eisvogel**. Neben den zahlreichen Vogelarten gleiten Schmetterlinge wie der **Dukaten-Feuerfalter** durch die Lüfte, im Wasser

Im herbstlich-bunten Kleid zeigen sich die Ufer des Biggesees – auch zu dieser Jahreszeit einen Ausflug wert.

Die Bruchhauser Steine, in der Nähe von Bruchhausen gelegen, sind ein Relikt vulkanischer Aktivitäten.

Fixiert Meister Reineke im Wildwald Vosswinkel gerade seine Beute?

tummelt sich die **Mühlkoppe**, ein nachtaktiver Süßwasserfisch mit großem Kopf, und im Sommer wiegen sich **Bauernsenf** und **Trollblume** sacht im Wind.

Wildwald Vosswinkel

Nicht ganz so besinnlich wie in der Medebacher Bucht geht es gut 85 km nordwestlich in der Nähe von Arnsberg zu. Hier grunzt, schmatzt und quiekt es zwischen den Bäumen: Der Wildwald Vosswinkel ist eine der schönsten Sauerländer Einrichtungen, um den Wald zu erkunden, der hier an manchen Stellen noch ein richtiger Urwald ist. Zwei Rundwege führen – ganz ohne Zäune – durch den stellenweise **naturbelassenen Wald**. Da kann es schon einmal vorkommen, dass Wild den Weg des Wanderers kreuzt. Aussichtskanzeln und Infostationen bieten Wissenswertes über den Wald und seine Bewohner, zu denen Hirsche, Wildschweine, Greifvögel, Füchse und Mufflons zählen.

Wo Relikte aus der Eiszeit blühen

Plästern heißt im westfälischen und rheinischen Dialekt „in Strömen regnen" oder „schütten", *legge* ist eine Bezeichnung für Schieferfelsen und so ist der Name des höchsten Wasserfalls in Nordrhein-Westfalen eigentlich nur eine

Übersetzung dessen, was hier ganz augenscheinlich zu sehen ist. An einem sonnigen Tag, nach mehreren Regenfällen, ist es an der **Plästerlegge** bei Bestwig am schönsten. Dann macht der Wasserfall seinem Namen alle Ehre: Er fällt beinahe senkrecht die 20 m hohe Schieferklippe herab und strömt danach 500 m als wilder Sturzbach weiter, bis er sich wieder beruhigt und das Wasser als gemächliches Bächlein durch den Wald der Elpe und damit über die Ruhr dem Rhein zuströmt. Verschiedene **Moosarten**, darunter das Berg-Runzelbrudermoos, zahlreiche **Flechten** und einige Gräser leuchten dann direkt am Wasserfall in sattestem Grün. Die Moose nehmen das Wasser auf, bis sie gesättigt sind und es auch aus ihnen rinnt und tropft. Es ist ein seltenes Relikt aus der letzten Eiszeit, das sich in dem sich erwärmenden Europa nur an wenigen kühlen, feucht-schattigen Standorten erhalten konnte und dessen letzte Biotope gefährdet sind. Auch die **Weiße Pestwurz** und die **Hallersche Schaumkresse** sind in unmittelbarer Nähe zur Plästerlegge zu finden.

Artenreicher Wald

Rund um den Wasserfall erstreckt sich ein artenreicher Wald. Vergesellschaftungen von Buchen und Hainsimsen, einem Binsengewächs, und vor allem von Buchen und Waldgerste zeigen sich hier. Weiter bachabwärts trifft man in dem vom Bach tief eingeschnittenen Tal im **Schluchtwald** auf Berg- und Spitzahorn und Eschen – für diese Region ist das äußerst selten. Auch Ulmen und Sommerlinden finden sich hier. Den Bach begleiten Erlen, unter denen sich die Hain-Sternmiere ausbreitet.

Naturschutzgebiet Bruchhauser Steine

Vulkanischen Ursprungs sind die Bruchhauser Steine. Schon von Weitem unübersehbar ragen **Bornstein**, **Ravenstein**, **Goldstein** und **Feldstein** als markante Steinzinnen aus der bewaldeten Anhöhe heraus. Ein wenig Ehrfurcht vor diesen Felsformationen ist angebracht, denn vor unvorstellbaren 290 Mio. Jahren wurden Lavamassen aus dem Erdinneren nach oben gepresst und die senkrecht stehenden Vulkanfelsen konnten sich so herausbilden, wie sie sich heute noch präsentieren.

Einzigartiger Lebensraum

Nicht überraschend also, dass solch eine außergewöhnliche Landschaft weitere Besonderheiten mit sich bringt. Hier gibt es Pflanzen und Tiere, die sonst nicht in dieser Region beheimatet sind. Der **Wanderfalke** konnte an den „Felsenzähnen" wieder heimisch gemacht werden. Wieder angesiedelt wurde auch der **Uhu, Grau- und Schwarzspecht** sind in dem Naturschutzgebiet zu Hause. Aber auch gefährdete Pflanzen haben rund um die Bruchhauser Steine ihren Lebensraum gefunden. So gibt es **Moose, Flechten** und **arktische Pflanzen**, die in Deutschland nur hier vorkommen. Und auch typische Gebirgspflanzen wie die **Alpengänsekresse** scheinen sich wohlzufühlen, ebenso verschiedene **Habichtskrautarten**. Der **Gefaltete Frauenmantel** wächst in Nordrhein-Westfalen ausschließlich an diesem Ort, besonders rar sind Moose wie Spruces Geldbeutelmoos oder das Blytts Kropf-Gabelzahnmoos.

Besucherbergwerk Ramsbeck

Von Bruchhausen ist es nur ein Katzensprung hinüber nach Ramsbeck. Wie an so vielen Orten im Sauerland war auch hier bis Mitte der 1970er-Jahre der Bergbau Brötchengeber, bis sich die Erzfunde nicht mehr rechneten und man die Kumpel 1974 nach Hause schickte. Damit der Ort aber nicht gleichzeitig mit der Schließung des Bergwerks verödete, eine jahrhundertealte Unter-Tage-Tradition nur noch Kneipenthema sein würde und die Bevölkerung letztendlich abwanderte, wurde in Bestwig noch im Jahr der Stilllegung ein Teil des Bergwerks als **Museum** und **Besucherbergwerk** hergerichtet. Und so kann man sich bis heute von Bergleuten, die damals schon dabei waren, anschaulich die tief unter der Erde liegende Arbeitswelt erklären lassen.

Und dann: Helm auf

Nach etwas Theorie im Museum und einem halbstündigen Film über die Entwicklung des Bergbaus seit frühesten Zeiten heißt es schließlich: Sicherheitshelm auf, Schutzjacke überziehen und in die Grubenbahn einsteigen. Quietschend und rumpelnd geht es durch einen düsteren Tunnel, ab und zu durch eine Funzel halbwegs ausgeleuchtet, immer weiter in den Berg hinein. Für die 1,5 km benötigt die Bahn etwa 10 Min. Die

Bergwerksbesucher folgen auf dem Rundgang jenen Gängen, die von den Bergleuten vor Generationen mühsam in das Gestein gehackt und gesprengt worden sind – immer den **Erzadern** auf der Spur. **Blei**, **Zink** und etwas **Silber** konnten die Bergleute in Ramsbeck schürfen. Die niedrigen Durchlässe, die nur gebückt durchquert werden können, die hohe Luftfeuchtigkeit und der infernalische Lärm des nur mal „zum Test" in Gang gesetzten großen Steinbohrers lassen erahnen, unter welchen schwierigen Bedingungen die Kumpel hier tagtäglich in Achtstundenschichten schufteten.

Die Hanse im Sauerland

Weit zurück reicht auch die Geschichte der Hanse, jener mittelalterlichen Organisation von niederdeutschen Fernkaufleuten, die in ihrer Blüte

Der Uhu ist der größte Vertreter unter den Eulenarten.

Im Besucherbergwerk Ramsbeck lernt man die Arbeit der Bergleute unter Tage hautnah kennen.

Der Rothaarsteig

WUSSTEN SIE, ...

... dass es im Sauerland ein Wanderwegenetz von insgesamt 34 000 km gibt und dass bundesweit das Sauerland die größte Dichte an Prädikatswanderwegen besitzt? Übrigens kann man sich bereits für viele Touren die GPS-Daten aus dem Internet herunterladen.

154 km ist der gesamte Rothaarsteig lang. Über ihm liegt eine friedliche Stille, einzig das Gurgeln von Bächen und Quellen und das Gezwitscher der Vögel begleiten den Wanderer. Sein Weg führt über den Hauptkamm des Rothaargebirges durch Nordrhein-Westfalen und Hessen. Wie für einen Gebirgskamm üblich, ist auf dem Weg mit ständigem Auf und Ab zu rechnen. Allein das macht die Touren auf dem Rothaarsteig nicht allzu leicht. Man muss aber nicht gleich die gesamte Länge bewältigen, um eine erlebnisreiche Naturerfahrung zu machen. Schon zwei Tage genügen, um einige der Highlights entlang des Premiumwegs zu erwandern.

Tag eins

Der erste Tag führt von Bruchhausen nach Winterberg. Das Naturdenkmal **Bruchhauser Steine**, aus Porphyr bestehend, ist das Wahrzeichen der Region. Der Weg verläuft nicht nur auf dem Hauptkamm des Mittelgebirges, sondern auch entlang der Grenze zu Hessen und der Wasserscheide zwischen Rhein und Weser. Erstes Etappenziel ist der **Langenberg**, mit 843 m **höchster Berg Nordrhein-Westfalens**. Die karge Fläche, die so gar nicht nach einem Gipfel aussieht, wird von Wald, dann von Heide abgelöst. Sie ist die größte der in NRW ohnehin seltenen Hoch- und Bergheidelandschaften. In erträglichem Auf und Ab geht es weiter, Wald und Heide wechseln, ab und zu eine Quelle, von denen die bekannteste die der Ruhr ist. Hat man diese erreicht, ist auch Winterberg nahe. Die Quelle ist hübsch anzuschauen und hier kann man auch noch aus ihr trinken. In **Winterberg** wird übernachtet, der Wanderer braucht für die Strecke etwa sieben Stunden.

Tag zwei

Am zweiten Tag ist die zu bewältigende Strecke deutlich kürzer, die An- und Abstiege sind maßvoller. Auch hier wechselt Wald- mit Heidelandschaft. Zunächst geht es an der St. Georg Schanze von Winterberg vorbei, der markanten Sprungschanze des Ortes. Die Bedeutung als Wintersportort ist der Tatsache geschuldet, dass das Rothaargebirge als nordöstlicher Teil des Rheinischen Schiefergebirges sehr schneereich ist.

Von Winterberg ist der **Kahle Asten** nicht weit, der für seine Wetterstation bekannt ist. Heidelandschaft, durch die es nun zur Lennequelle geht, breitet sich rund um den Gipfel aus. Immer dem weißen, liegenden R auf rotem Grund folgend, trifft der Rothaarweg schließlich auf den Waldskulpturenweg. Der verläuft zwischen Bad Berleburg und Schmallenberg und kreuzt den Rothaarsteig an der Skulptur „Kein leichtes Spiel". Der Weg aber führt nach Kühhude, einem beschaulichen Weiler. In seiner Nähe führt die **Rothaarsteig-Hängebrücke** 40 m über einen Taleinschnitt. Kühhude markiert auch das Ende der Wanderung, während der Rothaarsteig noch bis in das hessische Dillenburg weiterführt.

gut 200 Städte umfasste. Neben den noch heute bekannten Hansestädten Bremen, Hamburg und Lübeck kamen durch den Bund der „Stede van der dudeschen hanse" auch Städte im Sauerland zu Wohlstand.

Brilon

Die einstige Hansestadt (Stadtrecht 1220) am Kreuzungspunkt alter Handelsrouten präsentiert sich auch heute als lebendiger Wirtschaftsstandort. Dreh- und Angelpunkt des städtischen Lebens in dem Kneipp-Kurort ist der Marktplatz, „die gute Stube" der Stadt. Hier stehen der Petrusbrunnen aus dem 14. Jh., das Rathaus (1520) sowie die spätbarocke Nikolaikirche von 1782, erbaut an Stelle einer Kapelle des 13. Jhs. Das älteste Stadttor, das Derkere Tor (1750 erneuert), ist ein Rest der historischen Befestigungsanlage. Wahrzeichen Brilons ist der Westturm der Probsteikirche **St. Petrus und Andreas** (13. Jh.).

Attendorn

Am nördlichen Ende des Biggesees liegt das bereits im Jahr 1072 genannte Attendorn, ab dem 13. Jh. ebenfalls Hansestadt. Pest und vor allem der Dreißigjährige Krieg beendeten die mittelalterliche Blüte. Erst der Anschluss an die Eisenbahn führte zu neuerlichem Aufschwung. Heute gehört Attendorns Umgebung zu den beliebtesten Urlaubs- und Freizeitgebieten im Sauerland. Oberhalb von Attendorn thront die **Burg Schnellenberg**, eine der größten Burganlagen Westfalens, im 13. Jh. errichtet und im 16. Jh. im Renaissancestil ausgebaut.

Preußisch geprägt

Auch **Arnsberg** bietet Spuren aus unterschiedlichsten Epochen. Die Altstadtkulisse wird bestimmt von verwinkelten Gassen. Den „Postkartenblick" zeigt das Ensemble am Alten Markt mit Altem Rathaus, Glockenturm und Maximilianbrunnen. Das kurkölnische Wappen am Rathaus erinnert daran, wer gut 430 Jahre Herr im Haus war. Anfang des 19. Jhs. hatte es ein Ende mit der erzbischöflichen Herrlichkeit, 1816 kamen die Preußen nach Arnsberg. Sie machten die Stadt zum Verwaltungssitz und bauten preußischordentlich unter der Aufsicht Karl Friedrich von Schinkels – als architektonischen Kontrast zum verwinkelten mittelalterlichen Arnsberg – das klassizistische „Berliner Viertel" für die Beamten, die sich fern der Hauptstadt im „Wilden Westen" als Vorposten des wachsenden Königreichs verdingen mussten.

Im Winterberger Skiparadies

Mit dem Bau der Eisenbahnlinie bis nach Winterberg entstand zu Beginn des 20. Jhs. ein ganz neuer Wirtschaftszweig: der **Wintertourismus**. Es sind nicht nur die Abfahrtskifahrer, die hierher kommen. Mit einem ausgedehnten Netz an gespurten Loipen, das sich im Sauerland über 1200 km erstreckt, kommen auch Langläufer auf ihre Kosten. Eissporthallen, Sprungschanzen, Bob- und Rodelbahnen sind heute selbstverständlich. Hundeschlittenrennen und Skisprung-Wettbewerbe locken Scharen von Zuschauern.

Spuren in Schnee und Eis

In Neuastenberg liegt das Westdeutsche **Wintersportmuseum**. Die kleine Sammlung blickt zurück auf die Anfänge des Wintersports und

▶ **ERLEBTE GESCHICHTE**

Auf schmaler Spur
Zwischen Mai und Oktober rollen die Züge der Sauerländer Kleinbahn durch die Landschaft des Elsetals und vermitteln den Besuchern das Reisegefühl der 1920er- und 1930er-Jahre. Auf den nur 1 m breiten Schienen verkehren die Eisenbahnen jedoch nur an bestimmten Tagen (siehe www.sauerlaender-kleinbahn.de). Dann sind auch Museumscafé, Biergarten und Bahnhofscafé geöffnet.

Hier ist der Name Programm: Winterberg ist das unangefochtene Wintersportzentrum im Sauerland.

Fachwerk- und Schieferfassaden sowie das fürstliche Schloss prägen Bad Berleburg, das sich idyllisch in die grüne Landschaft fügt.

▶ **ERLEBTE GESCHICHTE**

Blick in die Handwerksgeschichte
Das Westfälische Freilichtmuseum im Mäckingerbachtal in Hagen-Hohenlimburg am Rande des Sauerlands präsentiert die Handwerks- und Technikgeschichte Westfalens und Lippes. In ca. 60 Werkstätten werden alte Handwerkstechniken vorgeführt, darunter das Kuhschellenschmieden oder das Feilenhauen, in der Museumsbrauerei wird das Craft-Bier Mäckinger gebraut.

des Wintertourismus um das Jahr 1900, als die Hochsauerlandgäste vergleichsweise spartanisch untergebracht waren. Doch Fotos aus dieser Frühzeit des Skifahrens und Rodelns beweisen, dass der Spaß dabei nicht zu kurz kam. Eindrucksvoll ist die Entstehungsgeschichte des Wintersportgeräts: Skier, Bindungen, aber auch Schlitten und Bobs, wurden zu einem Standbein für Stellmacher, die früher Räder, Wagen und landwirtschaftliche Geräte aus Holz herstellten. Auch die aus dem Sauerland hervorgegangenen Wintersportprofis werden gewürdigt. Dabei wird deutlich, dass die Region dank ihrer rauen Winter im Lauf der Jahrzehnte nicht nur zu einer Wintersport-Hochburg, sondern auch zu einer „Kaderschmiede" avancierte – für erfolgreiche Biathleten beispielsweise.

Bäder im Rothaargebirge

Erholung der ruhigen Art bieten die Kneipp- und Heilbäder Bad Berleburg und Bad Laasphe. Die Residenzstadt **Bad Berleburg** des ehemaligen Fürstentums Sayn-Wittgenstein liegt im Naturpark Rothaargebirge direkt am Rothaarsteig. Das **Schloss Berleburg** inmitten eines altehrwürdigen Parks bildet das Zentrum der historischen Altstadt und erinnert an die mondäne Vergangenheit des Kneipp-

Heilbades. Die meisten schiefergedeckten Häuser der Altstadt und das Alte Rathaus wurden nach einem Großbrand 1825 erbaut. Das Schloss blieb Sitz der Fürstenfamilie Sayn-Wittgenstein. Am Oberlauf der Lahn gelegen, ist die 1200-jährige Kurstadt **Bad Laasphe** die südliche Eingangspforte zur Bergwelt von Wittgenstein, Siegerland und Sauerland. Stadtrecht gab es um das Jahr 1250, kurz nach 1900 begann der Kurbetrieb.

Volks- und Sprachgrenze

Der Kamm des Rothaargebirges trennt zwei Volksstämme: nördlich die **westfälischen Sauerländer**, die katholischen Glaubens sind und sich erbittert gegen die Reformation gewehrt haben, südlich die **hessischen und protestantischen Wittgensteiner**. Diese einstige Grenze zwischen dem erzbischöflichen Kurköln und dem Fürstentum Sayn-Wittgenstein-Berleburg ist heute noch teilweise markiert, hat aber viel ältere Wurzeln. Sie trennte bereits um das Jahr 700 die Sachsen im Norden, die ihren Nachfolgern das Westfälisch-Niederdeutsche hinterließen, und die Franken im Süden, an die das Hessisch-Mitteldeutsche erinnert.

Zum Beömmeln

Im Sauerland finden sich eine Reihe sprachlicher Eigenarten. Zum Beispiel das häufig verwendete „woll", das dem Besucher zuerst auffällt. Es kann bei vielen Gelegenheiten benutzt werden und bedeutet genauso „nicht wahr?" wie auch „nun gut". Es gibt aber auch viele Ausdrücke, die ihren Ursprung im Sauerland haben und in den allgemeinen Sprachgebrauch eingegangen sind. Etwa die Formulierungen „über die Wupper gehen" für sterben, „fisseln" für nieseln, „Fluppe" für Zigarette, sich „einen hinter die Binde kippen" für Alkoholisches trinken oder „beömmeln" für sich vergnügen oder lustig machen. Als spezifisch sauerländisch gelten zudem die Schimpfworte Luftikus, Heiopei, Gesocks, Rabauken, Quacksalber, Transuse. Ein „g" am Wortende wird immer als „ch" gesprochen und das persönliche Fürwort „es" gern durch das plattdeutsche „ette" ersetzt.

Die den Vogel abschießen

Das **Schützenwesen** im Sauerland hat eine lange Tradition und ist auch aus dem gegenwärtigen gesellschaftlichen Geschehen nicht wegzudenken. Im Sauerländer Schützenbund sind derzeit 347 Vereine organisiert. So gibt es in fast jedem Sauerländer Ort eine Schützenhalle, in manchen sind das riesige, fast sakral wirkende Gebäude. In **Balve** ist das anders. Das Schützenfest dort ist bekannt dafür, dass es in einer Höhle stattfindet, die unter der Obhut der Balver Schützenbruderschaft Sankt Sebastian steht. „Sankt Sebastian", weil er der Patron der Schützen ist. Und „Bruderschaft", da in ehemals kurkölnischen, d. h. katholisch geprägten Gegenden sich diese Bezeichnung für die aus dem Mittelalter stammenden Schützengilden durchgesetzt hat.

Ehemalige Bürgerwehr

Ursprünglich übernahmen die Gilden die Aufgaben einer Bürgerwehr. Laut Archivquellen aus dem Amt Balve gehörte dazu der Schutz vor feindlichen Übergriffen, vor Plünderungen und Räubereien, vor Hausbränden und Waldverwüstungen, ja sogar die Wolfsjagd oblag den Gildenmitgliedern. Nachdem ihre militärischen Aufgaben zunehmend von bezahlten Söldnern übernommen worden waren, benutzten die Schützen seit dem 16. Jh. ihr Gewehr in der Öffentlichkeit vor allem bei **Schützenfesten**. Wer hier den Vogel abschoss, war Schützenkönig. Das war in **Iserlohn** nicht anders. Doch weil diese Stadt zur Grafschaft Mark und später zum evangelischen Preußen gehörte, sind die Schützen dort statt in einer Bruderschaft im Verein zusammengeschlossen. Das Iserlohner Schützenfest ist das größte in Südwestfalen. In beiden Orten unterliegen die Feste einem festgelegten Ablauf mit Umzügen, Festreden, Ehrungen und dem Königsschießen – in Iserlohn erfolgt die Eröffnung mit Böllerschießen am Danzturm, im katholischen Balve gehört am Montag vor dem Vogelschießen der Kirchgang zum Programm. Und überall wird tagelang gefeiert.

Schlackwurst und Gäeisecken

Die sauerländische Küche greift gerne auf Rezepte **deftiger Hausmannskost** zurück. Eine Spezialität ist z. B. die Schlackwurst aus Herz, Nieren und Hirn vom Schwein, im übrigen Westfalen als Bierschinken oder frische Mettwurst bekannt. Sie wird zum westfälischen Pumpernickel (schwarzes, grob geschrotetes Brot mit leicht süßlichem Geschmack) zusammen mit einem zünftigen Bier serviert. In Stücke geschnitten und mit Schmalz und Zwiebeln gebraten, ist Schlackwurst zu Sauerkraut und Salzkartoffeln eine Delikatesse. Eine andere deftige, im Sauerland sehr beliebte Leckerei sind „Gäeisecken", eine Art Kartoffel-Reibekuchen aus zwei Kilogramm Kartoffeln, zwei Eiern sowie etwas Salz und Mehl. Daraus wird ein Teig bereitet, der auf einer mit einer Speckschwarte eingeriebenen Eisenplatte ausgebraten und, mit Butter und Rübenkraut bestrichen, sofort verzehrt wird.

Österliche Semmelsegnung

Für die Osterfeiertage gibt es in **Attendorn** eine Reihe von Bräuchen. Einer ist die mittägliche „Semmelsegnung" am Ostersamstag. Die Vorbereitungen zur Herstellung der Ostersemmeln, deren Teig mit Kümmel durchsetzt ist und die die Form einer Fischflosse besitzen, beginnen bereits in der Karwoche. Die Ostersemmel-Segnung hat schon einige Tradition, denn bereits auf einem Gemälde des um das Jahr 1500 herum wirkenden Malers Albrecht Altdorfer ist die typische Form der Teigware mit zwei Einschnitten an den Enden zu erkennen.

▶ **LAND UND LEUTE**

Krach in der Osternacht
In der Osternacht marschieren die Einwohner von Hallenberg mit selbst gebauten „Krachmaschinen" lärmend durch ihr Dorf. Über die Ursprünge des seit Jahrhunderten praktizierten Brauchs ist nichts bekannt, womöglich geht er auf vorchristliche Rituale zurück.

Auch heute noch ist die Semmelsegnung am Ostermontag im sauerländischen Attendorn ein beliebter Brauch.

Eifel

Hier befindet sich eines der wenigen Gebiete
in Deutschland, das noch vulkanisch aktiv ist –
Lebensgefahr besteht jedoch nicht ...

*Still und geheimnisvoll
erstreckt sich das Hoch-
moor des Hohen Venns in
der Grenzregion zwischen
Deutschland und Belgien.*

Nur wenige Regionen in Deutschland
können auf relativ kleiner Fläche mit
derartig unterschiedlichen Landschaften aufwarten. Das Spektrum reicht
vom kargen Hochmoor des Hohen Venns über
die daran anschließende Seenplatte mit dem
Rurstausee im Zentrum und das liebliche Ahrtal bis hin zu dichten Wäldern und den grandiosen Maaren der Vulkaneifel.

Wie man diese Wildnis am besten erkundet?
Keine Frage, zu Fuß. Das ganze Spektrum der
Landschaftsvielfalt erschließt der **Eifelsteig**,
jener 313 km lange Fernwanderweg von Aachen
nach Trier. Konkurrenz machen dem Eifelsteig
die **Traumpfade**. Jeder ist ein klug konzipierter
Rundwanderweg, der Naturerlebnis mit Sightsee-

ing und Genuss verbindet. Wofür der Wanderer
sich auch entscheidet, es wird ein „traumhaftes"
Erlebnis.

Im Norden der Eifel macht sich die Nähe
zu den städtischen Ballungsräumen Aachen
und Köln bemerkbar. In den Dörfern sind die
schwarz-weißen Fachwerkhäuser oft perfekt
saniert. Die Höhen sind weniger dramatisch
als im Süden, die Natur dafür umso überwältigender. Mit den majestätischen Buchenwäldern
des **Nationalparks Eifel** und der spröden Weite
des **Hohen Venns** locken zwei unvergleichliche
Landschaftsbilder.

Die Osteifel ist ein Land zwischen den Flüssen: Rhein, Ahr und Mosel nehmen die Region
in die Zange. Über weite Strecken rollt die Land-

Vulkanaktivitäten liefern eine ideale Vorlage für spannende Fernsehunterhaltung (wie zahlreiche Dokumentationen zum Vulkanismus belegen) und noch spannendere Urlaubsaktivitäten. Wem das nicht reicht, der begibt sich auf Mördersuche. Denn die Vulkaneifel ist zugleich Deutschlands heimliches Zentrum des Verbrechens – zumindest literarisch.

Im Süden geht die Eifel nahtlos in die belgischen Ardennen und die Luxemburgische Schweiz über. Die Landschaft scheint mit bizarren Felsformationen, tiefen Wäldern, stolzen Burgen und verbummelten Dörfern dem Grimmschen Märchenbuch entnommen zu sein. Bekannt ist die Südeifel vor allem für ihr Bier, das aus echtem Eifler Siegelhopfen gebraut wird. **Burg Eltz** ist ein Besuchermagnet ersten Ranges. Wie so oft in der Eifel aber muss man sich das Staunen verdienen. Das architektonische Wunderwerk liegt weit entfernt von großen Verkehrsachsen einsam in einer Talsohle. Die letzten 100 m geht es zu Fuß durch den Wald. Ähnliches

schaft in sanften Hügeln und endlosen Feldern einher. Der Reichtum der Osteifel ist ihr Gestein: Basalt, Tuff, Krotzen werden seit der Antike abgebaut. Zu den prominentesten Kunden zählt die Kölner Dombauhütte. Hinzu kommen Kartoffeln – die „Erdäpfel" vom Maifeld haben Kultstatus. An der **Ahr** wächst zudem einer der besten Spätburgunder weltweit.

Das Leben vergangener Zeit war für die Menschen ein ewiger Kampf. Mager sind die Böden in weiten Teilen der Eifel. Die Winter sind zudem eisig und lang – noch ist das Wort von „Preußisch Sibirien" geläufig. An den Ausläufern des Hohen Venns, wo auch das Dorf Höfen liegt, schützen zu Mauern getrimmte Hecken vor dem ruppigen Wind. Ausnahmen waren das Maifeld mit seinen fetten Böden und die Nordeifel.

Die Eifel ist spannend – sie ist Vulkan- und auch Krimiland. Vor nicht einmal 10 000 Jahren ist der letzte Vulkan in der Eifel ausgebrochen. Nach den zeitlichen Maßstäben der Erdgeschichte gesehen, geschah das quasi gestern. Zeugnisse sind die Maare, wie das faszinierende **Pulvermaar** bei Daun. Die noch immer spürbaren

▶ TOPZIELE IN DER REGION

Von unberührter Natur hinein in die Pracht historischer Baukunst – in der Eifel erleben Sie wunderbare Gegensätze auf kleinem Raum, die Sie zum Staunen und Innehalten einladen:

PULVERMAAR BEI DAUN
Nahe dem Dorf Gillenfeld 14 km südöstlich von Daun liegt das Pulvermaar. Der kreisrunde See im dichten Buchenwald hat klares blaues Wasser und ist mit 75 m Tiefe Deutschlands tiefster Bergsee außerhalb der Alpen. → S. 118

HOHES VENN
Die meteorologischen Daten sind zwar ernüchternd: An durchschnittlich 170 Tagen im Jahr werden Niederschläge im Hohen Venn verzeichnet, an 76 Tagen fällt Schnee, an 115 Tagen herrscht Frost. Doch für das unwirtliche Klima entschädigt die unwirklich anmutende Weite des Hochmoors: Über Bohlenstege geht es durch zitterndes Wollgras und über torfbraune Tümpel. → S. 119

MONSCHAU
Von der Burg Monschau aus bietet sich ein schöner Ausblick auf das schiefergedeckte Städtchen im Tal der Rur. Die Anfang des 13. Jhs. erbaute Burg wurde im Laufe der Zeit immer wieder umgestaltet. → S. 123

BURG ELTZ
Der Weg zur versteckten Burg führt entlang des Elzbachs und vorbei an den Ruinen der Burg Trutzeltz. Sehenswert im Inneren von Burg Eltz sind Rüstungen, eine Gemäldesammlung von Lucas Cranach d. Ä. sowie die Schatzkammer mit Münzen und Schmuck. → S. 124

KAISERDOM AACHEN
Seit 1215 liegen die Gebeine Karls des Großen im Karlsschrein. Ein sechzehneckiger Umgang umschließt das Oktogon, den achteckigen Kuppelbau, auf dessen Galerie alle sieben Jahre die Aachener Heiligtümer gezeigt werden. Zu diesen zählt u. a. das Lendentuch Jesu. → S. 126

gilt für die **Manderscheider Burgen**, das barocke **Schloss Malberg** und das romanische **Kloster Steinfeld**, aber auch für Naturwunder wie Maare, Stromschnellen und Vulkane. Gut so, denn mehr als anderswo ist in der Eifel der Weg das Ziel.

Die Eifel kann sich rühmen, eines der ältesten Spektakel Europas zu veranstalten: 1764 wurde die **Schönecker Eierlage** erstmals urkundlich erwähnt. Dabei treten an Ostern ein Läufer und ein Raffer gegeneinander an. In historischen Gewändern muss der eine 7 km laufen, während der andere in der Zeit 104 Eier zusammenrafft – ohne sie zu beschädigen.

Ganz im Norden der Eifel, an der Grenze zu Belgien, etablierte sich **Aachen** schon früh als Bad. Mit den Römern wurde Aquae Granni zum Militärbad, in dem sich Legionäre kurierten. Auf die Römer, oder besser gesagt auf ihre

Kaum mehr als ein schmaler Spalt im Fels ist die Teufelsschlucht bei Ernzen.

Bautradition, griff Karl der Große zurück, als er den Dom errichten ließ. Aachen erlebte eine Hochblüte, wurde zur Lieblingspfalz des Kaisers. Und sein Dom kam 1978 als erstes Baudenkmal auf deutschem Boden auf die Liste des UNESCO-Welterbes.

Zwei Bundesländer, 15 Kulturlandschaften

Zwei Bundesländer teilen sich die 5300 km² große Eifel. Auf **Nordrhein-Westfalen** entfällt der nördliche, auf **Rheinland-Pfalz** der südliche Teil. Landschaftlich gehört die Eifel zum Rheinischen Schiefergebirge. Die Region wird im Osten durch den Rhein, im Süden durch die Mosel, im Westen durch die deutsch-belgische Grenze und im Norden durch die Zülpicher Börde begrenzt.

Als Kulturlandschaften haben sich herauskristallisiert: im Norden die Voreifel, das Hohe Venn, die Rureifel, die Ahreifel, die Kalkeifel. Im Osten die Rheineifel, das Maifeld und die Östliche Hocheifel mit dem höchsten Gipfel der gesamten Region, der Hohen Acht. Im Süden die Mosel-Eifel, die Wittlicher Senke, das Bitburger Gutland. Im Westen die Kyllburger Waldeifel, die Westliche Hocheifel, Schneifel und Islek. Der Begriff **Schneifel** hat übrigens nichts mit Schnee oder Eifel zu tun: Er leitet sich aus dem früheren Sprachgebrauch dieser Region ab und bedeutet so viel wie Schneise (über den Höhenzug). Die Schneifel verläuft von Brandscheid bei Prüm nach Nordosten bis Ormont entlang der belgischen Grenze. Im Winter liegt hier der Schnee mit am längsten in der gesamten Eifel, Wintersport ist am **Schwarzen Mann** (697,3 m) möglich. Lassen Sie sich nicht vom Begriff „Schnee-Eifel" irritieren: Der klingt ähnlich wie Schneifel, beschreibt aber ein wesentlich größeres Gebiet: einen Gebirgszug in den westlichen Hochlagen der Eifel.

Wetterwendisch

Das Wetter in der Eifel wird vorwiegend von **atlantischem Klima** bestimmt. Niederschläge kommen in erster Linie aus dem Westen und Nordwesten, wobei die Mengen sehr unterschiedlich verteilt sind. Während über dem **Hohen Venn** im Jahresmittel 1300 mm niedergehen, halbiert sich der Wert nördlich der Wetterscheide auf der Höhe von Blankenheim.

Erdgeschichtliches Lehrbuch

Faszinierend ist in der Eifel alles, was sich um das Wörtchen Geo dreht. Auf **geologischen Wanderpfaden** kann man vulkanisches Feuer spüren, ohne sich in Gefahr zu begeben. Ab und zu bebt die Erde immer noch, zuletzt im Sommer 2002. Einige der unterirdischen Vulkane der Eifel sind noch aktiv. Doch Angst braucht niemand zu haben: Mit einer Katastrophe ist wohl erst wieder in den nächsten Jahrtausenden zu rechnen.

Fällt der Name **Gerolstein**, liegt der Gedanke an Mineralwasser nahe. Geologen aber kennen die Stadt an der Kyll eher als **Wiege der Paläontologie**. Im **Buchenloch**, einer Höhle im Kalkstein der Munterley, fanden in der ausgehenden Eiszeit Menschen und Tiere Unterschlupf. Vulkanologen und Wanderer zieht es zudem in den „**European Geo-Park**". Vier Geo-Routen erschließen das Umland von Gerolstein, das wie ein erdgeschichtliches Lehrbuch offen liegt. Der „Felsenpfad" führt durch die **Gerolsteiner Dolomiten**. Am Weg liegt die bereits erwähnte Buchenlochhöhle. Auch am **Sarresdorfer**

Lavastrom, der sich vor rund 30 000 Jahren als jüngster Lavastrom der Eifel ins Tal wälzte, führt die Strecke vorbei.

Südeifeler Schweiz

Im Felsenland Südeifel finden sich bei Ernzen die **Irreler Wasserfälle** genannten Stromschnellen der Prüm. Nördlich von Irrel nimmt der bislang beschauliche Fluss plötzlich Fahrt auf. Flankiert von Buntsandsteinfelsen, legt die Prüm gewaltig an Tempo zu und jagt in Stromschnellen davon, die in der Eifel ihresgleichen suchen. Eine überdachte Fußgängerbrücke führt über tosendes Wasser ans andere Ufer. Wenige Kilometer flussaufwärts dann tauchen von Wind und Wetter rund gescheuerte Felssolitäre im Wald auf.

Ein wenig erinnert die Szenerie an die Sächsische Schweiz. Schon verschluckt die **Teufelsschlucht** den Wanderweg. Knapp 30 m hohe Felswände engen den Parcours ein. An einer Stelle hat sich ein tonnenschwerer Felsbrocken über den Köpfen in der kaum mehr als schulterbreiten Schlucht verklemmt – ein typisches Szenario für das **Ferschweiler Plateau**. Die

Die Irreler Wasserfälle tosen durch eine urtümliche Waldlandschaft.

Feurige Vergangenheit

FAKTEN

*Der **Kaltwassergeysir Wallender Born** hat seinen Ursprung im Vulkanismus der Eifel: Aus dem tieferliegenden Magma werden große Mengen Kohlenstoffdioxid freigesetzt, das sich im Grundwasser löst und anreichert. Wenn bestimmte Bedingungen zusammenkommen und die Sättigung des Wassers überschritten wird, entweicht das Gas eruptiv. Danach beginnt der Prozess von vorn.*

Die Eifellandschaft wurde nachhaltig durch Vulkanausbrüche geprägt. In zwei verschiedenen geologischen Epochen entstanden die charakteristischen Vulkankegel und Maare. Etwa 130 Eruptionsstellen stammen aus dem Tertiär (vor etwa 50 Mio. Jahren), darunter die **Hohe Acht**, der mit 746 m höchste Berg der Eifel. Im Quartär brachen etwa 320 Vulkane aus. Die Ausbrüche begannen vor rund 700 000 Jahren und endeten mit dem jüngsten Ausbruch am Ulmener Maar vor 9500 Jahren. Trotz der langen Ruhephase sehen Geologen den Eifelvulkanismus nicht als erloschen an. Wann mit dem nächsten Ausbruch zu rechnen ist, kann aber niemand genau vorhersagen.

Wandern in der Vulkaneifel ist wie eine Zeitreise durch die Erdgeschichte. Und noch immer „brodelt" es unter der Erde. Das beweisen die zahlreichen kohlensäurehaltigen Mineralwasserquellen oder der **Wallende Born** (s. Kasten links) in Wallenborn – eine Quelle, aus der in regelmäßigen Abständen eine Fontäne emporsprudelt.

Die Augen der Eifel

Die Quote kann sich sehen lassen: Auf 20 km streift der **Sieben-Maare-Weg** von Gillenfeld nach Gemünden – sieben Maare. Nüchtern betrachtet sind Maare Vulkantrichter, die durch das Aufeinandertreffen von Magma und Grundwasser explosionsartig entstanden sind, sich mit Wasser gefüllt haben und oft bereits wieder verlandet sind. Für die Dichterin Klara Viebig waren die Maare freilich „die Augen der Eifel". Und der Name? Leitet sich vom lateinischen Wort *mare* für Meer ab. Von **70 Vulkantrichtern** sind nur noch zehn mit Wasser gefüllt – so auch das **Schalkenmehrener Maar**. Der Vulkan, der den kreisrunden See entstehen ließ, gibt zwar seit über 10 000 Jahren Ruhe, doch seine Kraft reicht noch immer, das Wasser zu erwärmen. Ein einsames Kirchlein zeigt am Ufer des **Totenmaars** die Stelle an, wo bis vor 500 Jahren das Dorf Weinfeld stand. Die Pest hat die Einwohner im 16. Jh. dahingerafft, daher der traurige Name des Sees, der der verwunschenste der Tour ist. Nächste Station ist das **Gemündener Maar**. Vom Dronketurm auf dem Mäuseberg schweift der Blick über goldblühende Ginsterbüsche. Am **Ulmener Maar** fand erst vor knapp 10 000 Jahren die letzte Eruption statt. Und nur wenige Kilometer weiter südlich ruht am Ortsrand von Strohn eine 120 t schwere „Lavabombe", die bei einem Ausbruch aus dem Wartesberg-Vulkan katapultiert wurde. Das nahe bei Gillenfeld idyllisch in einem Naturschutzgebiet gelegene **Pulvermaar** lässt sich auf einem kurzen Rundwanderweg oder aber mit einer Bootsfahrt auf dem klaren Wasser erschließen.

8 × 4 km große Hochebene fällt zu drei Seiten mit hohen Sandsteinformationen ab. Wo der Fels der Prüm den Lauf verbarrikadiert hat, suchte sich das Wasser neue Wege – das Ergebnis ist eine Märchenlandschaft von geradezu mystischer Qualität.

Südsee in der Eifel?

Sie ist vielseitig, diese Eifel. Und voller Zeugnisse der Weltgeschichte. Die ältesten finden Sie bei Gerolstein, und dazu müssen Sie nur nach oben schauen. Vor Ihnen ragen Felsen eines **uralten, gewaltigen Korallenriffs** in die Höhe: Meeresboden, 350 Mio. Jahre alt. Wo heute häufig genug das Wetter sich von seiner ungemütlichen Seite zeigt, herrschte vor Urzeiten einmal Südseeklima. Es ist gerade einmal 100 Jahre her, da suchten frühere Touristen in Gerolstein den Boden nach Steinen ab, die Korallen, Seelilien, Armfüßler, Muscheln oder Schnecken enthielten.

Im Dienst des Menschen

Trinkwasser- und Energieversorgung, Hochwasserschutz und Freizeitvergnügen – all diese Funktionen erfüllen die **15 Talsperren** im Einzugsbereich der Rur. Sie prägen unübersehbar das Landschaftsbild der Nordeifel. 1959 wurde die größte fertiggestellt: Die **Rurtalsperre Schwammenauel** ist mit einem Fassungsvermögen von 205 Mio. m³ die **zweitgrößte Talsperre Deutschlands** nach der Bleiloch-Talsperre in Thüringen. Der Name erinnert an ein Gehöft an der Rur, das durch Hochwasser zerstört wurde. Nahezu zur selben Zeit wie die Rurtalsperre entstand die Oleftalsperre, nämlich zwischen 1954 und 1959. Begonnen wurde mit dem Bau von Talsperren in der Eifel jedoch schon mehr als ein halbes Jahrhundert eher. So entstand die Urfttalsperre im heutigen Kreis Euskirchen zwischen 1900 und 1905. Zu ihrer Zeit galt sie als größter Stausee in Europa. Und auch die Dreilägerbachtalsperre in der Nähe von Aachen wurde bereits zu Beginn des 20. Jhs. errichtet und in Betrieb genommen.

Vielfalt von Fauna und Flora

In der Eifel stößt man auf die typische Pflanzen- und Tierwelt deutscher Mittelgebirge: In den Wäldern, die vorwiegend aus Ahorn, Buchen und Eichen bestehen, leben Füchse und Hasen, Hir-sche, Rehe, Rotwild und Wildschweine. In der Nordeifel wurden Biber und Fischotter wieder eingebürgert. Über den Baumwipfeln kreist der Mäusebussard. Uhu und Schwarzstorch nisten wieder und an manchen Stellen haben Fledermäuse Quartier bezogen. Das Gelbe Galmeiveilchen steht unter Naturschutz und wächst im Dreiländereck um Aachen. Auf den sumpfigen Wiesen der Nordeifel blühen im Frühjahr Teppiche wilder Narzissen und etwas später das sogenannte Eifelgold, der Ginster. An trockeneren Standorten prägt Wacholder die Heidelandschaften. Zudem ist die Eifel ein Paradies für Pilz- und Beerensammler.

Hohes Venn

Unsichtbar, aber mitten durch das Brack- und das Mützenicher Venn verläuft die deutsch-belgische Grenze. Beide Moore gehören zum **Hohen Venn**, einem der ausgedehntesten Hochmoore Europas. Bohlenstege erschließen die Moorlandschaft beiderseits der Grenze. Vom Aussichtsturm auf deutscher Seite reicht der Blick über Wildnarzissenwiesen, **eiszeitliche Palsen** – Weiher mit ringförmigem Wall –, Wollgras- und Torfmoorflächen. Durchs Poleûr-Venn auf belgischer Seite des Deutsch-Belgischen Naturparks Hohes Venn-Eifel kann man sich führen lassen – die Reservierung im Naturparkzentrum von Botrange genügt.

In der waldreichen Eifel fühlen sich auch Wildschweine besonders wohl.

Moorgewächse

Pfeifengräser stecken ihre Pilzkopfbüschel zusammen, Flatterbinsen wogen im Wind, in Regenbogenfarben schimmert auf einem Tümpel ein öliger Film. Wer Zweifel hat, ob dies natürlichen Ursprungs ist, dem sei versichert, dass alles mit rechten Dingen zugeht. Die Färbung stammt vom Schwefel, vom Eisen und von den Huminsäuren im Boden. Bis zu 8 m tief reicht die Torfschicht im Poleûr-Venn, das als eine der wenigen Zonen des Hohen Venns ganzjährlich frei zugänglich ist. Das Hochmoor ist ein gewaltiger Schwamm und bedeutet für Ortsunkundige im harmlosesten Fall nasse Füße, im schlimmsten Fall eine tödliche Gefahr.

Angepasste Fauna

Die Moorlandschaft verlangt nicht nur von Pflanzen, sondern auch von Tieren eine Anpassung an die besonderen Bedingungen, die hier herrschen, wie das geringe Nahrungsangebot der wenigen moortypischen Pflanzen. So ist die **Nordische Wühlmaus** ein Kaltzeitrelikt, das während der Eiszeiten seinen ursprünglichen arktischen Lebensraum verließ und in den nachfolgenden Warmzeiten an geeigneten Standorten überleben konnte. Sie kommt mit den Anforderungen des Moores ebenso zurecht wie die **Gelbhalsmaus** oder die **Erdmaus**. Ebenfalls ein Kaltzeitrelikt ist das Birkhuhn, das im Hohen Venn eines seiner wenigen Vorkommen hat. Auch **Wiesenpieper** und **Rohrammer** kann man im Hohen Venn antreffen, und vielleicht erhascht man auch einen Blick auf eine **Ringelnatter**, die für Menschen keinerlei Gefahr darstellt.

Den Elementen ausgeliefert

Es zieht fast immer auf der **Dreiborner Hochfläche**. Wenn die Sonne nicht scheint, kann es empfindlich kalt werden, wenn sie scheint, muss man sich vorsehen, keinen Sonnenbrand zu bekommen. Wind, Schnee, Regen, Sonne – welches Wetter gerade herrscht, ist deutlicher zu spüren als an anderen Orten der Eifel. Nicht jedermann mag die Hochflächen der Eifel. Einigen fehlt das

Spektakuläre in ihrer Landschaft. Und in gewisser Weise stimmt das sogar: Das 3300 ha große Gebiet, bis Ende 2005 Truppenübungsplatz Vogelsang, zeigt keine beeindruckenden Felsformationen, keine Wasserfälle oder Vulkane. Es ist in erster Linie eine von **Ginster** bestandene Graslandschaft. An den Rändern aber, wo sie von zahlreichen Flüsschen sowie von Urft- und Rursee begrenzt wird, zeigen sich **Buchen-, Eichen- und Fichtenwälder**, die sich selbst überlassen wurden, als noch Truppen hier marschierten, und so haben sich **kleine Urwälder** entwickelt. Eine Landschaft von ganz eigener Schönheit.

Wasser, Wald und Wildnis

Der **Nationalpark Eifel** ist einer der jüngeren unter Deutschlands Nationalparks. Am 1. Januar 2004 wurde er nach dem Vorbild des streng geschützten Nationalparks Bayerischer Wald gegründet. Seitdem wandeln sich unter seinem Schutz die von Menschen geschaffenen Kulturlandschaften der nördlichen Eifel nach und nach wieder zu **Buchen-Urwäldern**. Bis in die Spätantike bedeckten Buchenwälder fast ganz Mitteleuropa. Der Park umfasst auf 110 km² Fläche den früheren Truppenübungsplatz Vogelsang sowie die Buchenwälder des Höhenzugs Kermeter und

▶ **SCHÄTZE DER NATUR**

Frühlingserwachen
Ab Ende März verwandelt die Wildnarzissenblüte in den Naturschutzgebieten Perlenbachtal, im Fuhrtsbachtal (beide nahe der belgischen Grenze bei Monschau gelegen) und im oberen Oleftal bei Hellenthal die Wiesen in ein gelbes Blumenmeer. Die NRW-Stiftung hat inzwischen mehr als 70 ha Land erworben und auf über 35 ha standortfremde Fichtenwälder entfernt, um den lichtliebenden Narzissen einen geeigneten Lebensraum zu schaffen.

die Urfttalsperre. Es handelt sich um einen nord-europäischen Urwald: Damit sich wieder jene geschlossenen Laubwälder entwickeln, wie sie früher in der Region typisch waren, bleiben zwei Drittel der Fläche der Natur überlassen – ohne jegliche menschliche Nutzung. Einen Eindruck von der majestätischen Schönheit dieser kathedralhohen Wälder bekommt man im **Kermeter**, dem Herzstück des Nationalparks. Durch die Anpflanzung junger Buchen gewinnt der Laubwald wieder die Oberhand über Douglasien und andere über die Jahrhunderte eingeführte Nadelhölzer. **Über 460 gefährdete Tier- und Pflanzenarten** haben inmitten von Wald, Wasser und Wildnis Rückzugsgebiete gefunden. **Mehr als 1300 Käferarten** durchkrabbeln wieder den Forst. Ursprünglich war sie in der Eifel nicht heimisch, doch mittlerweile brüten auch am Urftsee **Nilgänse**, die sich zunehmend in Mitteleuropa ansiedeln. Im sauberen Wasser der Eifelbäche wie beispielsweise der Our hat ein besonderes Lebewesen eine neue Chance zum Überleben gefunden: die **Flussperlmuschel**.

Eifeltiger

Und unter den Säugetieren, die hier Schutz finden, gelten die **Wildkatzen** als besonders selten. Stolz wurden ca. 50 Exemplare der „Eifeltiger"

gezählt, im gesamten Gebiet von Eifel und Ardennen soll etwa die zwanzigfache Anzahl leben. Die scheuen Gesellen finden hier das, was sie an Lebensraum benötigen – und das ist insbesondere Platz, viel Platz. Während sich eine weibliche Wildkatze mit einem Revier von „nur" ca. 100 bis 200 ha begnügt, durchstreifen die Kuder genannten Kater Flächen von bis zu 3000 ha.

Rangertouren

Doch der Park heißt auch den Menschen willkommen. Mehrmals wöchentlich führen Ranger gratis auf die Spur von **Biber, Schwarzstorch, Milan** – mit dem gebührenden Abstand zum belauschten Tier, versteht sich. Und an gleich fünf **Nationalpark-Toren** – in Rurberg, Gemünd, Heimbach, Höfen und Nideggen – werden Besucher mit innovativen Ausstellungskonzepten auf die Natur eingestimmt: Die Ausstellung im ehemaligen Bahnhof von Heimbach etwa entpuppt sich als begehbares Hörspiel im Buchen-Labyrinth.

Per pedes

Wer lieber auf eigene Faust unterwegs ist, dem bietet sich ein 240 km langes Netz aus Wanderwegen an, um die Schönheit der Natur im Nationalpark Eifel ganz in seinem eigenen Tempo

Der Rotmilan fällt nicht nur durch seinen typischen Ruf, sondern auch durch seine markanten Schwingen auf.

Eines der größten Wasserreservoirs Deutschlands ist der Rurstausee im Nationalpark Eifel.

Wer denkt bei diesen reifen Trauben nicht an einen herrlichen Wein?

Die sonnenverwöhnten Hänge des Ahrtals (hier bei Mayschoß) sind berühmt für ihre Rotweine wie den Blauen Spätburgunder.

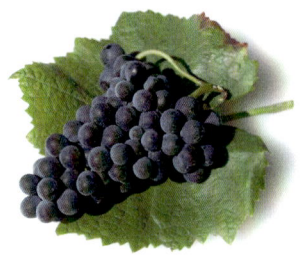

zu erkunden. Die vierte Etappe des insgesamt 313 km langen **Premiumwanderwegs Eifelsteig** führt durch den Nationalpark, der **WildnisTrail** lässt auf insgesamt vier Tagesetappen erleben, wie die Natur wieder in ihren ursprünglichen Zustand zurückkehrt. Dazu gibt es zahlreiche weitere Rund- und Streckenwanderwege, die keinerlei Wünsche offenlassen.

Wacholder und Orchideen

Südlich von Blankenheim zieht ein Naturschutzgebiet Botaniker von weit her in das **Lampertstal**. Zu den prominentesten Vertretern der ungewöhnlich reichen Flora gehört das **Männliche Knabenkraut**, die Orchidee des Jahres 2009, erkennbar an der prachtvollen lila Blüte. Der für das Seitental der Ahr typische Magerrasen und der kalkige Boden lassen an den Südhängen zudem den **Wacholder** prächtig gedeihen. Der „Baum des Jahres 2002" gehört zu den Zypressengewächsen. Der oft säulenförmige Wuchs lässt an der Verwandtschaft keinen Zweifel. Seidelbast, Tollkirsche, Deutscher Enzian, Küchenschelle, Akelei, Knabenkraut, Blaugras, Mädesüß, Pestwurz und Sumpfwurz verwandeln das Lampertstal von April bis Oktober in ein blühendes Pflanzenkonservatorium. Wer sich mehr für die Fauna interessiert, kommt ebenfalls auf seine Kosten. Blindschleiche, Schlingnatter, Zauneidechse, Bergeidechse, Neuntöter, Heckenbraunelle, Feldlerche und Baumpieper sind im 650 ha großen Naturschutzgebiet zu Gast.

Ahrwein

1500 Sonnenstunden im Jahresmittel und wärmespeichernde Schieferfelsen bilden an den Hängen und Steilterrassen der Ahr beste Voraussetzungen für Spät- und Frühburgunder, Portugieser, Dornfelder und Domina. Das Klima ist – für die Eifel allemal – so ungewöhnlich warm, dass an die 85 % aller Weinberge am Fluss mit Rotweinsorten bepflanzt sind. Mit nahezu zwei

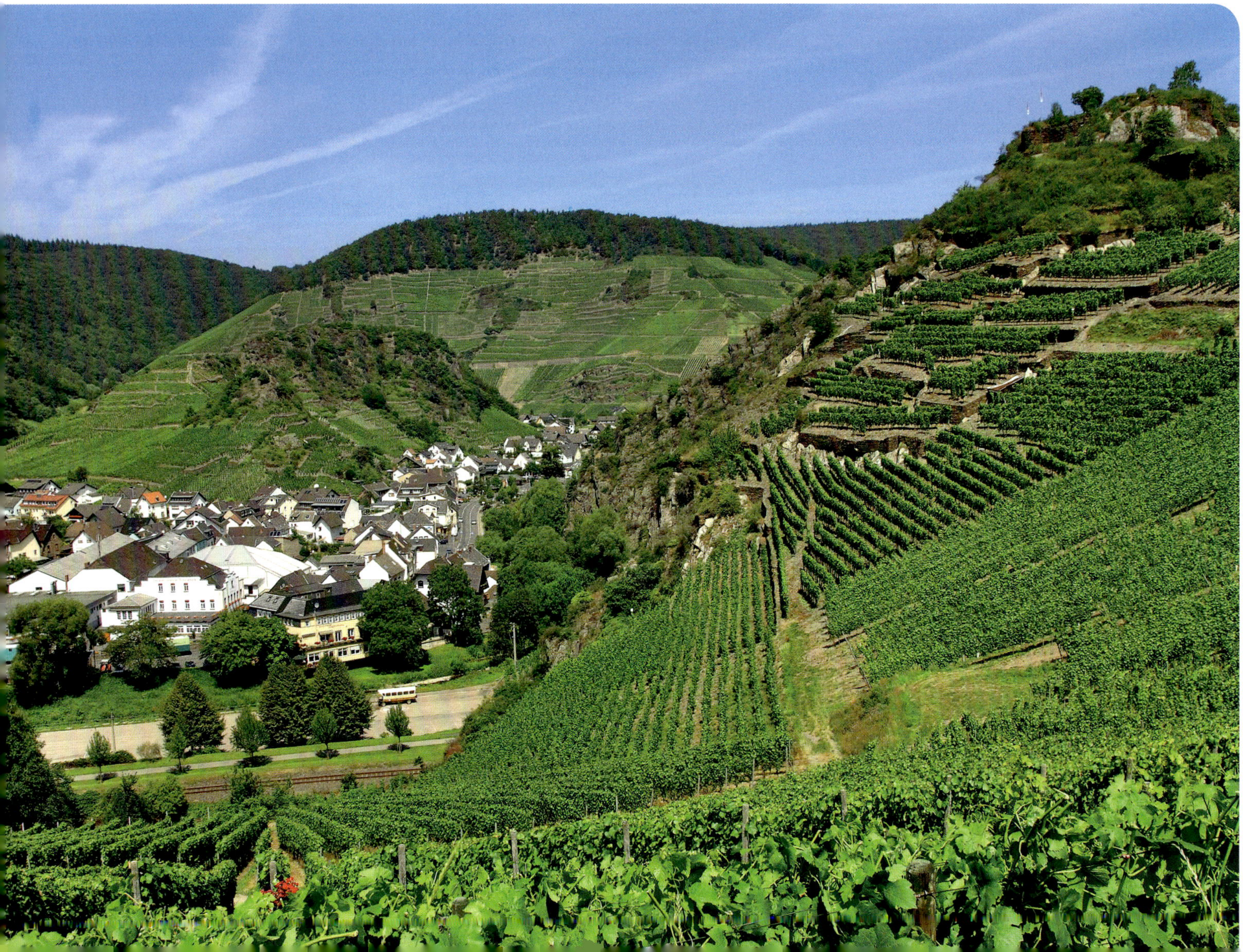

Dritteln aller Reben ist der Spätburgunder ihr König. Die Einzellagen sind teils sehr klein: Mit gerade einmal 0,68 ha gilt die „Walporzer Gärkammer" sogar als kleinste Einzellage Deutschlands. Zum Bedauern aller Rotweintrinker umfasst das Anbaugebiet an der Ahr nur rund 540 ha. Entsprechend flott sind manche Jahrgänge ausverkauft.

Rebsaft von Weltrang

Die Qualität der Rotweine kann international mithalten. 2008 kürte das britische Weinmagazin Decanter einen Spätburgunder vom Dernauer Weingut Meyer-Näkel zum besten Spätburgunder der Welt. Werner Näkel war der Wegbereiter einer wahren Rotweinrevolution im deutschen Weinbau. Mit Ahr-Winzern seines Formats hielten das Barriquefass und Blanc de Noir, ein aus roten Trauben gekelterter weißer Wein, Einzug in hiesige Keller. Deutschlands älteste Winzergenossenschaft **Mayschoß-Altenahr**, 1868 gegründet, lockt mit der Besichtigungsmöglichkeit der historischen Gewölbekeller, einem Weinmuseum und natürlich mit Weinproben im geschmackvollen Verkaufsraum.

Perle im tiefen Tal

Mitten in einer eher spröden Welt, die so anders ist als das sonnige Ahrtal, zeigt **Monschau** beispielhaft, dass die Eifel oftmals versteckte, aber sehr ansprechende Seiten hat.

Kriege, Stadtbrände und Sanierungswut sind seit über 300 Jahren am zauberhaften Städtchen vorbeigegangen. Von keinem Betonkorsett eingezwängt, stürmt die Rur mit lautem Geplätscher vorbei an krummen Fachwerkzeilen und hochherrschaftlichen Barockpalais. Fast 300 Häuser stehen unter Denkmalschutz. Bis 1918, als Kaiser Wilhelm II. dem Städtchen seinen heutigen Namen verlieh, hieß Monschau Montjoie, was wörtlich aus dem Französischen übersetzt „Freudenberg" bedeutet. Von Berg freilich keine Spur: Die **„Perle der Eifel"** drückt sich in eine enge Felsschlucht. Das Wasser der Rur ermöglichte einst den Wohlstand der Bürger. Denn Monschau behauptete sich ab dem 17. Jh. als Tuchmachermetropole. Im 18. Jh. wurde hier aus Spanien importierte Merinowolle in einem aufwendigen Verfahren so perfekt gefärbt, dass die englische und französische Konkurrenz bald das Nachsehen hatte. An die 4000 Arbeiter beschäftigte

allein Heinrich Scheibler, Tuchmacher und einst Erbauer des berühmten **„Roten Hauses"**. Das barocke Palais ist einer der unbestrittenen Besuchermagnete von Monschau.

Hillesheimer Krimitouren

Als ob man es nicht geahnt hätte: Die deutsche Provinz ist eine Mördergrube, die tiefe Eifel ihr finsterster Winkel. Nirgendwo sonst in Deutschland wird häufiger gemordet und gemeuchelt als im Mittelgebirge zwischen Köln und Trier. An die 500 Eifel-Krimis beweisen es. Eine Spurensuche beginnt in Hillesheim. Der **Eifelkrimi-Wanderweg** führt zu Tatorten aus

Dicht rücken die Häuser Monschaus im engen Tal an das Flüsschen Rur heran.

Ritterspiele auf Burg Satzvey
Mehrmals im Jahr geben sich Ritter, Burgfräulein und Gaukler ein Stelldichein auf der Wasserburg in Mechernich. Auf dem farbenfrohen Mittelaltermarkt bieten Stände allerlei Kunsthandwerk und mittelalterliche Köstlichkeiten feil, und man kann Handwerkern über die Schulter schauen. Höhepunkt ist aber das Ritterturnier, wenn edle Recken auf stolzen Rössern zum Kampf zwischen Gut und Böse antreten.

Farbenprächtige Ritterspiele auf Burg Satzvey

Büchern von **Jacques Berndorf** und **Ralf Kramp**, den beiden prominentesten Eifelkrimi-Schriftstellern. Vier Stunden Wandern und ein Dutzend Fälle liegen vor dem Krimifan, der hier auf unterhaltsame Weise die Schauplätze zuvor geschmökerter Romane in Augenschein nehmen kann.

Rheinische Romanik

Erhabener kann die Lage kaum sein. Fernab vom Hillesheimer Mord und Totschlag erhebt sich seit 800 Jahren über dem Laacher See die sechstürmige Silhouette der Abteikirche **Maria Laach**, die zu den Höhepunkten der Romanik im Rheinland zählt

und von den Benediktinermönchen als „Garten Gottes" bezeichnet wird. Am Westwerk beeindruckt das „Paradies", eine kreuzgangähnliche Vorhalle mit reich verzierten Kapitellen. Das cremefarbene Steingebirge steht im farblichen Kontrast zum dunklen **Laacher See**, der vulkanischen Ursprungs und das größte Maar der Eifel ist.

Sakrale Pracht

Auch die **Sinziger Pfarrkirche St. Peter** steht an prominenter Stelle – über der Mündung der Ahr in den Rhein. Der rot-weiß gefasste Bau gilt als Paradebeispiel der rheinischen Stauferromanik. Der Chor verweist mit deutlichen architektonischen Parallelen nach Münstermaifeld. Hier wurde ab 1225 mit dem Chor der **Stiftskirche St. Martin und St. Severus** begonnen. Das Westwerk der Kirche wurde von einem Vorgängerbau aus dem späten 11. Jh. übernommen. Demgegenüber kündigt sich bei Langhaus und Querschiff bereits der Übergang zur Gotik an. Die ganze Bandbreite der rheinischen Romanik wäre damit in einem Bauwerk abgedeckt.

Eifeler Burgenromantik

So reich wie an Landschaften ist die Eifel auch an Burgen, die sich in Täler ducken oder selbstbewusst an Hängen und Gipfeln aufragen.

Vielleicht liegt es an der versteckten Lage tief im Nettetal, doch wahrscheinlich hat es eher am Verhandlungsgeschick seiner Bewohner gelegen, dass **Schloss Bürresheim** als einer der wenigen rheinischen Herrensitze nie gewaltsam zerstört wurde. Die märchenhafte Burg wurde im Laufe der Jahrhunderte zum komfortablen Schloss umgebaut, bewahrte sich jedoch dank wuchtiger Türme, Fachwerkaufbauten und Burghof einen wehrhaften Charakter – zu dem der Barockgarten einen zauberhaften Gegensatz bildet. **Burg Pyrmont** hatte weniger Glück. Nach dem Einzug der Franzosen in der Eifel zu Beginn des 19. Jhs. begann der Abbruch. Doch die Ruine wurde vor 50 Jahren nach und nach wieder aufgebaut. Zusammen mit der Pyrmonter Mühle bildet auch diese Burg ein romantisches Ensemble.

Die Burg der Burgen aber bleibt **Eltz**. Wie ein „Manhattan des Mittelalters" steigt die seit 1157 beurkundete Anlage aus der Tiefe des Elzbachtals empor. Das Auge tastet Stockwerk um Stockwerk ab, bleibt an Türmen, Erkern, am romanischen Bergfried hängen – der himmelstürmende

Bau ragt auf einem Felssporn im Bett der Eltz bis zu 70 m auf. Vergleichsweise bescheiden nimmt sich im Vergleich da die **Genovevaburg** in Mayen aus. Doch es reicht, um die Altstadt zu beherrschen und die Sammlungen des Eifelmuseums zu beherbergen.

Von Rittern und Urpferden

Gleich zwei Burgen ragen vor den Toren des Kneippkurortes **Manderscheid** aus dem lauschigen Liesertal auf. Zum alljährlichen Burgenfest auf der Turnierwiese „rittertümelt" es sehr. Die ältere Oberburg, deren Ursprünge in das 12. Jh. reichen, war in kurtrierischem Besitz und ist frei zugänglich; von der Ruine schaut man auf die 1173 erstmals erwähnte Unterburg, einst Sitz der Manderscheider Grafen, heute Besitz des Eifel-Vereins.

Deutlich älter ist der absolute Höhepunkt im **Manderscheider Maarmuseum**, das sich der Entwicklung der Maare widmet: das 45 Mio.

Jahre alte **Eckfelder Urpferd**, eine versteinerte, im Eckfelder Maar gefundene Stute.

Neues Leben in alten Mauern

Mit herrschaftlicher Geste verschafft sich **Schloss Malberg** nördlich von Kyllburg Respekt. Zu Füßen der gewaltigen Anlage, die eine Renaissanceburg, einen spätbarocken, italienisch anmutenden Arkadenbau und das glanzvolle Neue Haus samt Terrassen, Gärten und Schlosskapelle umfasst, duckt sich das Dorf. Seit 1990 ist die Verbandsgemeinde Kyllburg Eigentümer. In der an Burgen und Schlössern reich gesegneten Südeifel hat der Eigentümerwechsel nicht nur diesem Schloss gutgetan. Die Nutzung der alten Gemäuer variiert. Auf der 700 Jahre alten **Wasserburg Rittersdorf** und im barockgelb getünchten **Schloss Niederweis** lässt es sich fein speisen. Das Rokokojuwel **Schloss Weilerbach** schließlich verdankt seine Rettung dem Landkreis Bitburg-Prüm, der den heiteren Bau für Kulturveranstaltungen nutzt.

Burg Eltz mit ihren markanten Fachwerkanbauten ist nicht nur ein Paradebeispiel für eine mittelalterliche Burg, sondern zierte auch einst den 500-DM-Schein.

Der Kaiserdom mit seinem auffälligen Kuppelbau ist Aachens Wahrzeichen.

Die Ausnahme bildet das noch privat bewohnte **Schloss Hamm**. Zur Finanzierung der großen Anlage gibt es Ferienwohnungen, in der Kapelle kann man sich trauen lassen, im Rittersaal werden Konzerte gegeben, und rund um das von zwei Wehrtürmen gefasste Haupthaus finden Veranstaltungen verschiedener Art statt.

Nibelungensaga der Eifel

Die Genoveva-Sage ist eine der großen deutschen Volkserzählungen, deren Spuren sich bis heute in der Eifel besichtigen lassen. Der Legende nach lebte Genoveva im 8. Jh. als Gemahlin des Pfalzgrafen Siegfried. Als dieser im Krieg war, wurde Genoveva von seinem Statthalter Golo des Ehebruchs be-

zichtigt – zu Unrecht. Die Rittersfrau wurde zum Tode verurteilt, aber vom Henker verschont. Sie fand mit ihrem Neugeborenen Zuflucht in einer Höhle im Wald. Durch einen Zufall entdeckte Siegfried beide sechs Jahre später bei einer Jagd wieder. Zum Dank soll er die Wallfahrtskirche Fraukirch errichtet haben. Die Genoveva-Sage ist das Nibelungenlied der Eifel, ihre Wurzeln reichen bis ins frühe Mittelalter zurück. Um 1300 wurde die Erzählung das erste Mal niedergeschrieben. Bis heute begegnet man der Sage überall in der Eifel: in der Genovevahöhle bei Mendig, der Genovevaburg in Mayen, der Fraukirch bei Thür.

Kaiserdom Aachen

Keine Sagengestalt, sondern historisch verbrieft ist **Karl der Große**. Der bekannteste Herrscher des Mittelalters erklärte Aachen zu seiner Lieblingspfalz, die Stadt, in der bereits die Römer gekurt hatten und die heute stolz den Zusatz „Bad" in ihrem Namen trägt.

In Karls Nachfolge wurden 31 deutsche Könige in Aachen gekrönt. Karl herrschte über ein Reich, das von den Pyrenäen bis zu den Westfriesischen Inseln, von Ungarn bis Mittelitalien reichte. In den heißen Quellen der Stadt ruhte sich der Kaiser von den Anstrengungen der Herrschaft aus. Aachen wurde ums Jahr 800 herum Regierungssitz seines Imperiums. Das Reich zerfiel. Geblieben ist Karls archaisch schlichter Marmorthron im achteckigen Zentralbau des Doms. Hier ließ sich der zum Vordenker eines vereinten Europas verklärte Herrscher krönen, hier starb er und wurde in der Pfalzkapelle beigesetzt. Seit 1881 funkelt das Gewölbe in den satten Gold- und Blautönen eines byzantinisch inspirierten Mosaiks. Allein äußerlich spiegelt der Dom Karls grenzübergreifende Absichten wider. Die Steine, aus denen das grandiose Oktogon errichtet wurde, kann man mit dem bloßen Auge identifizieren: Blauer Haustein aus dem belgischen Maastal wechselt mit cremeblondem Mergelstein aus dem niederländischen Maastricht.

Die Stadt selbst, bis dahin mittelalterlich geprägt, fiel 1656 einem Stadtbrand zum Opfer. Es sollte ein halbes Jahrhundert dauern, bis Aachen sich davon wieder erholt hatte, ein weiteres halbes Jahrhundert, bis die Baumeister Johann Joseph und Jakob Couven der Stadt ein festlich barockes bis heiter rokokettes Gesicht verliehen hatten.

Genussregion Eifel

Ziegenkäse aus der Vulkaneifel, Printen aus Aachen, Senf aus Monschau: Die Eifel darf sich selbstbewusst auch als Genussregion bezeichnen.

Traditionsreiche Köstlichkeit

4500 t Printenmasse stellen Aachens Bäckereien pro Jahr her. „Aachener Printen", so der offizielle Name des von der Europäischen Union als Produkt mit geschützter geografischer Angabe zertifizierten Gebäcks, müssen in der Stadt Aachen selbst oder in den Nachbarorten Alsdorf, Baesweiler, Eschweiler, Stolberg und Würselen hergestellt sein. Der Ursprung der Printe ist im belgischen Dinant, der wohl ersten Backstätte für das sogenannte Gebildbrot, zu suchen. Seit 900 Jahren werden dort die Couques de Dinant gebacken, deren Rezept an das der Aachener Printen erinnert. Und der Name? Geht vermutlich auf das niederländische „prenten" oder englische „print" für Drücken oder Pressen zurück. Knapp zwei Dutzend Betriebe gibt es in der Stadt. Echte „Öcher" (Einwohner von Aachen) kaufen die plombenfeindlichen, an ein würziges Honigbrot erinnernden Printen jedoch am liebsten bei *Klein*. 300 Kilo setzt der Edelprintenbäcker in seinem bescheidenen Ladenlokal pro Woche um. In der Adventszeit, wenn Scharen britischer Touristen mit dem Eurostar via Brüssel zum Aachener Weihnachtsmarkt anreisen, verzehnfacht sich die Menge.

Würziger Käse

Ziegenkäse aus der Vulkaneifel spielt eine prominente Rolle dabei, die Eifel als Genussregion zu etablieren. Die mal weißen, mal bunten Deutschen Edelziegen, die auf dem **Vulkanhof** in Gillenfeld gehalten werden, sind nicht nur die Lieferanten für erstklassigen Ziegenkäse. Die Angebotspalette reicht von Frischkäse bis zum über fünf Monate gereiften Käse „Eifelwürze". Dazu gibt es Eis und Pralinen, handwerklich hergestellt in Zusammenarbeit mit Belgian Chocolate. Alles aus Ziegenrohmilch, versteht sich. Auf dem **Hof Steinrausch** gibt es zwar „nur" Ziegenkäse, dafür jedoch in allen erdenklichen Geschmacksrichtungen. Zu der köstlichen Auswahl gehören ein Weichkäse mit Basilikum, Ziegenmünster, Ziegencamembert oder auch ein Ziegenbrie, der mit Bockshornkleesamen verfeinert ist.

Monschauer Spezialitäten

Monschau ist kulinarisch bestens auf Verehrer eingestellt. Monschauer Senf schmeckt auch dank seiner vielen Geschmacksrichtungen zu jedem Braten, Venn-Brocken – butterweiche Marzipanpralinen – machen die müdesten Stadtwanderer wieder munter, und mit Sahne und frischem Obst gefüllte Dütchen – Eierbiskuit-Tüten – stärken für den Tag.

Kleines Bild: Ziegenkäse vom Hof Steinrausch in zahlreichen köstlichen Varianten

Großes Bild: Die Printen gehören untrennbar zu Aachen.

Mosel und Mittelrheintal

Burgen, Fachwerk und zwei großartige Flüsse –
kein Wunder, dass Rhein und Mosel noch immer
so begeistern wie zur Zeit der Romantik.

*Die Mosel beschreibt
entlang ihres Laufs immer
wieder dramatische
Schleifen wie hier bei
Trittenheim.*

Seit 2002 zählen die 65 Flusskilometer von Rüdesheim bis Koblenz, das Obere Mittelrheintal, zu den gut 600 Einträgen, die die UNESCO auf ihrer Liste „Welterbe der Menschheit" verzeichnet. Inbegriff der Rheinromantik sind die mit Wein bewachsenen Hänge hoch über dem Fluss, die zahlreichen Burgen und Baudenkmäler an diesem Flussabschnitt.

Das gesamte Mittelrheintal umfasst jedoch mehr, nämlich auch den Abschnitt von Bonn bis Bingen, d. h. zwischen den Mündungen von Sieg und Nahe in den Rhein, und rechtsrheinisch weiter bis Lorch im Rheingau. Bei der alten Stadt Koblenz wiederum mündet die **Mosel** am bekannten Deutschen Eck in den Rhein.

An den Ufern dieser Flüsse wurde Geschichte geschrieben, Kriege veränderten die Besitzstände, Städte und Burgen wurden errichtet und wieder zerstört. Der Weinanbau florierte – und auch der Weingenuss. Viele Künstler fühlten sich von dieser Landschaft inspiriert. Nirgendwo sind **Zeugnisse römischer Kultur** dichter gestreut als im Gebiet der Mosel. **Trier** war in seiner römischen Zeit Residenz mehrerer Kaiser. Von hier bis Koblenz fließt die Mosel in vielen Windungen dem Rhein zu. Dazwischen wetteifern **Winzerorte** um den besten Platz an der Sonne, und ihre Weine sind teilweise weltberühmt. In **Bernkastel-Kues** schlägt das Herz der Mittelmosel: Hier finden sich Giebelfachwerkhäuser, und alte Weinhöfe spiegeln die Blütezeit des Mittel-

Mosel und Mittelrheintal

Linienverkehr auf dem Strom, und Karl Baedeker, der 1827 seine Verlagsbuchhandlung in Koblenz gegründet hatte, gab 1832 als erstes von ihm verlegtes Reisebuch die „Rheinreise" heraus. Die Rheinlandschaft faszinierte das europäische Reisepublikum, vor allem Engländer besuchten zu Tausenden den Rhein. Am 15. Juli 1883 wurde die **Drachenfelsbahn** eröffnet. Seitdem hat sie Millionen von Besucherinnen und Besucher auf den 312 m hohen Drachenfels gebracht, der dank Nibelungenlied zu einem der Zentren der Rheinromantik zählt. Hier soll Siegfried seinen Drachen getötet haben. Auch die von doppelten Säulen getragene **Ruine der Klosterkirche Heisterbach** war Pflicht für die Rheinreisenden des 19. Jhs. Erhaben noch als Ruine, ragt der Chor im Heisterbacher Tal empor.

Von seiner Faszination hat der Rhein bis heute nichts eingebüßt. Und an der besten Art, die Gegend zu erkunden, hat sich seit dem 19. Jh. nichts geändert: Am schönsten sind Schiffsfahrten – fernab des Verkehrslärms gleitet man durch eine herrliche Landschaft.

alters wider. **Traben-Trarbach** hingegen zeigt viele Kleinodien des Jugendstils. Rechts und links der Mosel erstreckt sich der Moselhöhenweg mit Aussichten auf Burgen, Winzerorte – und das tief unten liegende Tal.

Auch am Rhein grüßen **Burgen und Ruinen** in großer Zahl. Wuchtig thront die Feste Ehrenbreitstein, und Sagen ranken sich um die Burgen Liebenstein und Sterrenberg. Der **Loreley**-Felsen erinnert an „ein Märchen aus uralten Zeiten". Dichter und Komponisten haben Bacharach, die älteste der Weinstädte in der Region, schon besungen. Die frühesten begeisterten Reiseschilderungen über das Rheintal stammen vom Ende des 18. bzw. beginnenden 19. Jhs. Lord Byron lobte die dramatische Naturkulisse, und Maler wie William Turner machten mit ihren Rheinansichten die Gegend populär. „Der berühmteste und am meisten bewunderte Teil des Flusses, der reichste für den Geologen, der interessanteste für den Historiker, der wichtigste für die Politik, der schönste für den Dichter" – so sah der französische Schriftsteller Victor Hugo 1842 den Mittelrhein. Ab 1827 verkehrten **Schiffe im**

▶ TOPZIELE IN DER REGION

An Rhein und Mosel gibt es so viel Sehenswertes, dass die Auswahl einerseits schwerfällt, aber jeder nach persönlichen Vorlieben auf seine Kosten kommt:

LORELEY
Neben der legendären Sage ist der 113 m über dem Rhein aufragende Felsen auch bekannt für die zahlreichen, im Sommer regelmäßig stattfindenden Musikveranstaltungen auf der Freilichtbühne vor schöner Kulisse. → S. 130 (Foto) und S. 140

MOSELSCHLEIFE
Herrliche Panoramen bietet die Mosel an vielen Stellen; einzigartig indes ist ihr mäandernder Lauf zwischen dem Cochemer Krampen und Bremm. Fast scheint es, als umarme das Wasser komplett das Terrain der Klosterruine Stuben. Hier wurde fast 600 Jahre lang das Siegeskreuz der Kaiser von Byzanz aufbewahrt. → S. 134

TRIER
Besonders bekannt ist die alte Stadt für ihr römisches Erbe. Doch Trier hat mehr zu bieten. Im 10. Jh. erhielt es das Marktrecht und entwickelte sich dank der vielfältigen Beziehungen seiner Bischöfe bald zur „civitas sancta" mit vielen Kirchen und Klöstern. Sehenswert sind u. a. die Liebfrauenkirche und das Kurfürstliche Palais, einer der schönsten Rokokobauten weltweit. → S. 136

PFALZGRAFENSTEIN KAUB
Noch heute kann man zum Pfalzgrafenstein mit einer kleinen Fähre übersetzen und sich im Inneren in die Welt der Zöllner und Handelsleute aus vergangenen Jahrhunderten versetzen. → S. 138

MARKSBURG
Die einzige unzerstörte Höhenburg am Rhein kann im Rahmen von knapp einstündigen Führungen besichtigt werden. → S. 138

Steil ragt der Schiefer-felsen der Loreley bei St. Goarshausen am Rhein empor.

Der Mittelrhein durchfließt zwischen Mainz und Köln Erd- und Menschheitsgeschichte. Und der Mensch kam natürlich viel früher in die Region als die ersten begeisterten Rheinreisen-den, nämlich schon vor ca. 600 000 Jahren. Um 1000 v. Chr. gründeten unsere Vorfahren auch befestigte Höhensiedlungen. Auf den Rhein-terrassen (ehemaligen Flussbetten des Rheins) von Eifel, Hunsrück, Westerwald und Taunus begannen sie mit der Landwirtschaft. Die Römer brachten der Region ab dem 1. Jh. v. Chr. einen kulturellen und wirt-schaftlichen Aufschwung. Der Weinbau, der Ab-bau von Schiefer, Basalt und Tuffstein sowie der Erzbergbau und die Schifffahrt ließen das Mittel-rheingebiet auch im Mittelalter blühen. Prächtige Kirchen und starke Stadtmauern zeugen davon. Nicht umsonst suchten viele Herren, ihre Macht am Rhein mit Burgen zu festigen und Zoll ein-zunehmen. Die Könige zeigten sich seit dem 14. Jh. auf dem Weg zur Krönung auf dem **Rhenser Königsstuhl**, um vom Reich Besitz zu nehmen. Und nicht zuletzt wirkte am Rhein auch eine der großen Frauengestalten des Mittel-alters – die legendäre **Hildegard von Bingen**.

Drei Länder, ein Fluss

Drei Bundesländer teilen sich den knapp 180 km langen Rheinabschnitt von Köln bis Mainz. Auf Nordrhein-Westfalen entfällt der Abschnitt Köln bis Rolandseck, auf Rheinland-Pfalz der von Ro-landseck bis Mainz – mit Ausnahme des rechten Rheinufers zwischen Assmannshausen und Elt-ville, das zu Hessen gehört. Auch **landschaftlich ist der Abschnitt in drei deutlich unterschied-liche Regionen** unterteilt: Von Köln bis Bonn sind die Ufer relativ flach und kündigen fluss-abwärts den Niederrhein an. Dramatisch steigen hingegen die Ufer südlich von Bonn bis auf die Höhe von Assmannshausen und Bingen an. Vor ungefähr 70 Mio. Jahren begann die Hebung des **Rheinischen Schiefergebirges**, durch das der Strom am Mittelrhein eine Talfurche mit bis zu 300 m Tiefe und gewaltigen Mäandern gefräst hat. An seinen Ufern zeigen sich im nördlichen Teil die Schichten des Schiefers und im südli-chen die des Quarzits. Schon vor mehr als 300

Mio. Jahren zusammengeschoben, stehen die Schieferplatten zum Teil fast senkrecht. Mit einem scharfen Knick ändert der Rhein auf der Höhe von Bingen die Richtung. Die 25 km bis Mainz sind von sanft ansteigenden Hügeln gesäumt, die offiziell bereits zum Hochrhein zählen. Etliche Nebenflüsse münden in den Rhein, von denen der größte die ebenfalls von Steilufern und Flussschleifen begleitete Mosel ist. Zerklüftet und felsig sind auch die Ufer von Ahr und Brohl, sanfter die von Nahe, Lahn und Sieg.

Unteres Mittelrheintal

Zwischen Bonn und Koblenz steigen die Ufer des Rheins eher gemächlich an. Und doch kündigt sich schon kurz hinter Bonn eine Gegend an, die mit ihren landschaftlichen Reizen zu überzeugen weiß. Vulkanische Aktivitäten mit Tuffsteinablagerungen formten zunächst das Gebiet des heutigen Siebengebirges. Der Tuff verschwand weitestgehend durch tektonische Aktivitäten und das beständige Nagen und Arbeiten des Rheins. Geblieben sind **Basaltsäulen** wie die **Erpeler Ley** und die tiefen Täler, die hier „Siefen" heißen. Sie sind es auch, die dem **Siebengebirge** seinen Namen gegeben haben, nicht etwa sieben Berge – dies wäre auch eine arge Untertreibung, immerhin besitzt das Siebengebirge über 50 Gipfel, die höchsten der **Große Ölberg** mit gut 460 m und die **Löwenburg** mit ca. 455 m. Das Untere Mittelrheintal trennt die Mittelgebirgszüge des **rechtsrheinischen Westerwalds** und der **linksrheinischen Osteifel**. Von der Andernacher Pforte, dem Durchbruchstal des Rheins vom Neuwieder Becken in das Untere Mittelrheintal, durchfließt der Rhein auf seinem Weg nach Norden die Linz-Hönninger und die Honnefer Talweitung.

Kaltwassergeysir bei Andernach

Ein besonderes Naturschauspiel bietet sich bei Andernach. Auf der Rheininsel Namedyer Werth wurde Anfang des 20. Jhs. der **weltweit größte Kaltwassergeysir** (s. S. 118) angebohrt. Etwa alle 100 Min. kündigen Zischen und Gurgeln das Spektakel an, bevor für 8 Min. das Wasser ca. 60 m in die Höhe schießt. Der Andernacher Geysir ist der weltweit höchste seiner Art – wie sich unter der Erde ein Geysir zusammenbraut, zeigt ein wiederum modernes Erlebniszentrum in der Altstadt von Andernach.

Oberes Mittelrheintal

Südlich von Koblenz gibt es dann großes Landschaftskino. Mit großer Macht wälzt sich der Strom zwischen Bingen und Koblenz in seinem Bett, das sich auf Höhe der **Loreley**, jenem weltberühmten Schieferfelsen bei St. Goarshausen, um fast zwei Drittel auf 130 m zusammenschnürt. Dramatisch bäumen sich riffartige Felsen auf. Abrupt wechselt das Wasser seine Richtung, durchbricht mit brachialer Gewalt das Rheinische Schiefergebirge.

Rheinschleife bei Boppard

Besonders beeindruckend ist der Ausblick auf den Rhein in Boppard mit dem sogenannten **Vierseenblick**. Von Boppards beliebtestem Aussichtspunkt wird man tatsächlich vier Seen sehen, und das, obwohl kein einziger vorhanden

Der größte seiner Art weltweit und eine touristische Attraktion im Rheintal ist der Kaltwassergeysir von Andernach.

ist. Des Rätsels Lösung: Der Rhein wird von zwei Bergkuppen optisch so „durchschnitten", dass man glaubt, vier Seen vor sich zu haben.

Rheingau

Das südliche Ende des Mittelrheintals (oder seinen Anfang) bildet der Rheingau. Er besteht im Wesentlichen aus drei naturräumlichen Einheiten: Direkt am Rhein und parallel dazu liegen ungefähr bis Rüdesheim flach abfallende Weinberge. Oberhalb davon schließen sich die Ausläufer des Hohen Taunus an; der waldbestandene Quarzitrücken erreicht Höhen von mehr als 600 m (die höchste Erhebung ist die Kalte Herberge mit 619 m) und fällt nach Norden zum Wispertal hin ab. Der Abschnitt von Rüdesheim bis Lorch gehört zum Oberen Mittelrheintal und ist durch Felsgruppen und Weinbauterrassen geprägt.

Ein Fluss dreht ab

Einer Laune der Natur hat der Rheingau seine spezifische geografische Eigenart zu verdanken: Nur hier ändert der Rhein auf seiner 1000 km langen Strecke nach Norden seinen Lauf und fließt rund 40 km bis etwa zum Binger Loch in Ost-West-Richtung, um dem Taunusgebirge auszuweichen. Der Rheingau erstreckt sich rechtsrheinisch von Walluf im Osten bis Lorchhausen im Westen. Dadurch ergibt sich eine nach Süden abfallende Geländefläche, die sich mit ihrem günstigen Mikroklima besonders gut für den Weinbau eignet.

Die anmutige Tochter des Rheins

Weniger dramatisch, dafür umso gewundener zeigt sich die Mosel, die von Westen dem Rhein zufließt. Die Mosel entspringt in den Vogesen, fließt 278 km durch Frankreich zum Dreiländereck, bildet auf einer Länge von 36,2 km die deutsch-luxemburgische Grenze und mündet nach insgesamt 520 km bei Koblenz in den Rhein. In der Trierer Bucht hat der Fluss wenig Mühe, sich in dem vor 248 Mio. Jahren aus Buntsandstein, Muschelkalk und Keuper geformten

Weit schweift der Blick über die grünen Weinberge des Rheingaus bei Oestrich-Winkel in Richtung Schloss Vollrads.

Tal zwischen Luxemburger Gutland und Saargau einen Weg zu bahnen. Nach der Trierer Talweitung vollzieht die Mosel einen Knick mitten ins Rheinische Schiefergebirge hinein, dessen Trennung in Eifel und Hunsrück sie vollzieht. Tonschiefer des Unterdevon (Hunsrückschiefer) prägt die Böden der Mittelmosel. Das ca. 417 Mio. Jahre alte Gestein wurde wegen seiner leichten Spaltbarkeit und Qualität in Bergwerken des Hunsrücks und der Eifel als Dachschiefer abgebaut. Im Tertiär, dem Erdzeitalter, das vor ca. 65 Mio. Jahren begann und ca. 63 Mio. Jahre später endete, verlandete das Urmeer und begleitet vom Feuerwerk des Vulkanismus hob sich das Schiefergebirge. Die Mosel fixierte ihr Bett zu bizarren Mäandern mit Prall- und Gleithängen, nutzte die Eis- und Warmzeiten wechselweise zum Transport von Geröll und zur Eintiefung in einen bis zu 300 m tiefen Cañon. Durch Erosion und Ablagerung schliff das Gebirge sein Profil, um vor 500 000 Jahren in einer Hebungsphase den derzeitigen Stand einzuleiten: Die sogenannten Terrassen, Zeugnisse des einst in höheren Lagen verlaufenden Flusses, entstanden. An der Untermosel (Terrassenmosel) ist die Bodenstruktur auf Schieferbasis komplizierter, worauf u. a. die Steilterrassen hindeuten; hier spielte der Vulkanismus eine bedeutsame Rolle.

Natur pur im Siebengebirge

Bereits im 19. Jh. wurde man sich des Wertes des südlich von Bonn gelegenen **Siebengebirges** als Naturraum bewusst. Nachdem jahrhundertelang Steinbrüche in die Berge getrieben worden waren, stellte die preußische Regierung 1869 den Drachenfels mit seiner Ruine unter Schutz; 1922 wurde dann das Siebengebirge als **Naturschutzgebiet** ausgewiesen. Es ist damit eines der ältesten in Deutschland. 1958 folgte die Ernennung zum **Naturpark**. Zahlreiche Vogelarten, darunter Greifvögel wie **Uhu**, **Waldkauz** und **Rotmilan**, sind in dem kleinen Mittelgebirge zu Hause. Auf den von der Sonne begünstigten Hängen kann man mit Glück **Schlingnattern** antreffen, in Gewässern lebt die **Ringelnatter**.

Von der Sonne begünstigt

Das besonders regenarme und warme Klima und die Topografie mit steilen Hängen begünstigen wärmeliebende Fauna und Flora an Rhein und Mosel. So überrascht es auch nicht, dass hier zwei Schmetterlingsarten heimisch sind, die sonst wärmere Regionen bevorzugen. Die **Mittelrhein-Graseule**, ein Nachtfalter, und der **Loreley-Dickkopffalter** haben am Mittelrhein ihr deutschlandweit einziges Vorkommen.

Schmetterlingsreich

Auch das **Naturschutzgebiet Dörscheider Heide**, rechtsrheinisch in der Nähe von Kaub, ist ein besonders wertvoller Lebensraum für Schmetterlinge – **über 650 Arten** sind für das Gebiet nachgewiesen, darunter der prachtvolle **Segelfalter**. Nur durch menschlichen Eingriff wie Mähen und Beweidung kann diese wichtige offene Heidelandschaft erhalten werden, in der neben Schmetterlingen auch die **Rot- und die Blauflügelige Ödlandheuschrecke** und Smaragdeidechsen leben. Im Frühjahr und Sommer blühen die

> **WUSSTEN SIE, ...**
>
> *... dass das Mittelrheintal gerade einmal 0,2 % der Gesamtfläche Deutschlands ausmacht, hier aber ein Drittel (ca. 1300) aller in Deutschland heimischen Gefäßpflanzenarten wachsen?*

Weltweit einzigartig
Die Bopparder Schleifenblume wächst
ausschließlich auf dem Schieferschutt
der Steilhänge des Bopparder Hamms,
der größten Rheinschleife und eines
bekannten Weinanbaugebiets.

Der streng geschützte
Apollofalter findet auf den
sonnendurchwärmten
Hängen an der Mosel auch
seine bevorzugten Blüten,
beispielsweise die der
Disteln.

für diesen Lebensraum typischen
Pflanzen wie **Acker-Wachtelwei-**
zen, Kartäuser-Nelke oder **Flügel-**
ginster.

Moselschleife

Die gewaltige Formkraft des Wassers schuf bei **Bremm** eine atem-
beraubende Szenerie. Die Mosel
beschreibt hier eine dramatische
Kehrtwendung, die besonders gut von einem
erhöhten Standpunkt aus zu erkennen ist. Fast
scheint der Fluss zu sich selbst parallel zu verlaufen, bevor er wieder die Richtung ändert. An
dieser Schleife liegt der Calmont, den die Römer
Calidus mont – wörtlich: heißer Berg – nannten.
Der knapp 300 m hohe Hang aus Grauwacke
und Schiefer entstand bereits vor 400 Mio. Jahren und gilt heute als **Europas steilster Wein-**
berg. Vielleicht brachte die gut 60-prozentige Neigung des Calmont schon die antiken Weinbauern
ins Schwitzen; vielleicht ist die „hitzige" Bezeichnung aber auch der Tatsache geschuldet, dass
die Sonnenstrahlen durch den besonderen Hang-

winkel sehr lange eingefangen werden und
somit lange für hohe Bodentemperaturen sorgen.
Auf der berühmten Höhe wachsen neben Reben
auch **Berberitze** und **Buschwindröschen, Knob-**
lauchsrauke, Mauerpfeffer, Felsenkirche und
seltene Storchschnabelarten. Schmetterlinge
wie das unscheinbare **Taubenschwänzchen** und
der sehr seltene **rot getupfte Apollofalter** lieben
den Steilhang ebenfalls.

Symbol der Heilkunst

Ihr Anblick soll Glück verheißen: Bis zu 2 m lang
wird die im Rheingau beheimatete, unter Naturschutz stehende **Äskulapnatter.** Die dunklen,
auf der Bauchseite hellgelb leuchtenden Tiere
schätzen sonnige Täler, Bruchsteinmauern und
die Nähe warmer Quellen. Die ungiftige Natter,
der das Heilbad Schlangenbad seinen Namen
verdankt, war das Vorbild für das Symbol des
antiken Gottes der Heilkunst und der Ärzte-
schaft, den Äskulapstab. Vermutlich wurden die
Tiere zur Zeit der Römer als Tempelschlangen
im Rheingau angesiedelt.

Ruppertsklamm

Einen Naturschatz und Lebensraum ganz anderer Art bildet die **Ruppertsklamm.** In dieser
engen Schlucht, einem Seitental der Lahn bei
Lahnstein, sind zwischen Tonschiefer und Sandstein zahlreiche seltene Tiere und Pflanzen zu
Hause. Bemerkenswert ist der **Schluchtenwald,**
der hier aus Rot- und Hainbuche, Schwarzerle,
Esche und Sommerlinde besteht. Das Gebiet
steht unter Naturschutz; auch wenn die Schlucht
durch einen Wanderweg erschlossen ist, darf die
Natur sich hier entfalten. Umgestürzte Bäume
bleiben liegen, das Totholz wiederum bietet
wertvollen Lebensraum. In der Ruppertsklamm,
die sich über ca. 1,5 km erstreckt und dabei immerhin 235 Höhenmeter überwindet, sind u. a.
Trauerschnäpper und **Hirschkäfer** heimisch.

Wo einst Panzer rollten

Wie in der Dörscheider Heide ist es auch auf
der **Schmidtenhöhe** dem menschlichen Wirken
zu verdanken, dass sich Natur (neu) entfalten
konnte. Auf einem ehemaligen Truppenübungsplatz oberhalb von Koblenz-Ehrenbreitstein ist
erst durch die militärische Nutzung auf einem
Hochplateau ein Refugium für seltene Tierarten

Spitzenklasse vom Steilhang

Schon die Römer schätzten den Wein von der Mosel. Heute tragen vor allem rassig-elegante Rieslinge die Botschaft von der Rebkunst an ihren teils atemberaubend steilen Ufern in die ganze Welt.

Tradition plus neue Technik

Insgesamt zählt die Region ca. 5000 Weinbauern. Junge, engagierte Weinbauern unterfüttern heute vielerorts die Erfahrung und Tradition ihrer Vorfahren mit neuesten Anbau- und Kellerei-Erkenntnissen. „Klasse statt Masse" lautet ihr Credo. Eine ganze Reihe von ihnen haben sich dem nachhaltigen Anbau verschrieben, setzen auf die Kraft der Natur statt auf jene der Chemie, um im Herbst gesunde Trauben zu ernten. Ihre Flaschen erhalten letztlich – nach jährlichen strengen Kontrollen – das Ecovin- oder das sechseckige EG-Bio-Siegel. Rund 9000 ha Weinbergfläche birgt die Mosel heute, aufgeteilt in 19 Großlagen und in mehr als 500 Einzellagen – das Gros davon mit mehr als 30 % Neigung. Nirgendwo anders auf dem gesamten Erdball gibt es mehr Steillagenweinberge als an der Mosel.

Aushängeschild Riesling

Deutlich spiegelt sich in diesem Wein das „terroir", die Umgebung, die das Wesen eines Weins maßgeblich prägt. Duft und Geschmack erinnern häufig an Früchte wie Apfel, Birne oder Pfirsich sowie an Blüten und Kräuter. Zweitwichtigste Rebsorte des Gebiets ist der Müller-Thurgau bzw. Rivaner, eine Kreuzung aus Riesling und Madeleine Royale. Die Fruchtsäure dieser Sorte ist weniger stark ausgeprägt, die Trauben ergeben milde Weine. Je nach Ausbau weisen sie einen Muskatton oder frische, fruchtige und Kräuteraromen auf.

Rätsel um den ersten Winzer

Wer aber pflanzte die allerersten Reben an der Mosel? Einige meinen: die Römer. Die andere Fraktion nennt die Kelten – die wiederum ihr Wissen von den alten Griechen hatten. Für die zweite Variante spricht, dass die Römer den an der Mosel üblichen Stockanbau nicht betrieben. Auf den griechischen Inseln hingegen ist er bis heute gang und gäbe. Aus der Römerzeit sind allerdings wichtige Zeugnisse der Weinkultur erhalten – allen voran zahlreiche Kelteranlagen. Und der (aus Bordeaux stammende) römische Dichter und Staatsbeamte Decimus Magnus Ausonius schwärmte in seinen „Mosella"-Aufzeichnungen aus dem 4. Jh. von „weintragenden Höhen, wo Bacchus lässt reifen schönduftenden Wein", und schildert „die geschäftigen Winzer, flink bald oben am Gipfel, bald dort, wo der Abhang sich neigt."

Kleines Bild: Die Weinlese ist noch immer akribische Handarbeit.

Großes Bild: Moselschleife bei Wolf – teilweise steile, sonnenverwöhnte Hänge bieten beste Bedingungen für hervorragende Weine.

FAKTEN

Von den ca. 9000 ha Weinanbaufläche nehmen weiße Rebsorten den größten Anteil ein: Riesling mit 5400 ha, Müller-Thurgau (Rivaner) mit 889 ha, Elbling mit 483 ha; Weißer Burgunder kommt auf 54 ha, Grauer Burgunder auf 203 ha, Kerner auf 195 ha und Chardonnay auf 77 ha. Der Anteil roter Rebsorten liegt bei 817 ha – Tendenz steigend.

entstanden. Zahlreiche Schmetterlingsarten wie **Kaisermantel** oder **Großer Schillerfalter** sind hier ebenso zu Hause wie **Laubfrösche** und **Libellen**; im Sommer blühen zahlreiche **Orchideen**. Auf einem großzügig eingezäunten Areal grasen **Koniks**, eine Rückzüchtung der Wildpferdrasse Tarpan, und **Taurusrinder**, die dem ausgestorbenen Auerochsen nahekommen. Beide Tierarten leben hier wild und ohne menschlichen Einfluss.

Reinlicher Rhein

Im Jahr 2001 verabschiedeten die Umweltminister der Rheinanlieger das „Rheinprogramm 2020", das weitgehende Verbesserungen des Ökosystems Rhein zum Ziel hatte. Dank kommunaler Kläranlagen und der deutlichen Reduzierung des Zulaufs verunreinigter Industrieabwässer weist der Rhein heute wieder einen **fast vollständigen Fischbestand** auf, über 60 Fischarten, darunter der zu den Heringen gehörende Maifisch, sind in dem Strom erneut heimisch. Erfolgreich war die Wiederansiedlung des **Lachses** im Rhein, dank Fischtreppen kann der Wanderfisch sich flussaufwärts bewegen und dort ablaichen.

Die Kaiserthermen in Trier sind noch heute eindrucksvolle Zeugen der fortgeschrittenen Badekultur der Römer.

Römisches Erbe

Heute sind es vor allem die Burgen, Schlösser und historischen Fachwerkbauten, die Besucher an Mittelrhein und Mosel ziehen – und natürlich der Wein. Aber schon die Römer wussten die Region zu schätzen. Bei **Rheinbrohl** lag in der Antike der **Caput Limitis**. Von hier zog sich der 550 km lange Grenzwall rheinaufwärts bis an die Donau. Der im ersten Jahrhundert unter Kaiser Vespasian begonnene Limes sollte Römisches Reich und Germanien trennen. In Rheinbrohl erinnert ein rekonstruierter Wachturm an das Titanenprojekt der Römer.

Augusta Treverorum

Trier wurde 16 v. Chr. als „Stadt des Kaisers Augustus im Land der Treverer" gegründet und war in römischer Zeit Residenz mehrerer römischer Kaiser und das Zentrum Westeuropas. Als Roma Secunda, als zweites Rom, besaß es viele Prachtbauten – wie die **Porta Nigra**. Ende des 2. Jhs. aus damals hellen Sandsteinquadern errichtet, verwitterte das Gebäude im Laufe der Zeit – daher der Name „Schwarzes Tor". Ein weiteres Highlight Triers sind die um 300 unter Kaiser Konstantin erbauten **Kaiserthermen**, unvollendet, nichtsdestotrotz mit ungeheuren Ausmaßen: 260 × 145 m. Besichtigen lassen sich u. a. die Überreste des Caldariums (Warmbad) und des Frigidariums (Kaltbad). Eindrucksvoll ist das begehbare unterirdische System von Wasser- und Abwasserkanälen, Heizschächten und Bedienungsgängen.

Kampf in der Arena

Das Amphitheater, um 100 n. Chr. errichtet, ist das **älteste noch erhaltene römische Bauwerk Triers** und fasst 20 000 Zuschauer. Die Arena ist 75 m lang, 50 m breit und teilweise unterkellert. Zwölf in die umgebende Mauer eingefügte Kammern dienten einst zur Unterbringung wilder Tiere; an der Westseite befand sich die Ehrenloge. Das Amphitheater wurde bis zum Anfang des 5. Jhs. genutzt.

Römisches Villenleben

Nordöstlich von Trier, nahe **Mehring**, steht eine römische Villa aus dem 2. Jh. Die Teilrekonstruktion des Gebäudes vermittelt ein Bild von der einstigen 35-Zimmer-Gutsanlage, ausgestattet mit Bädern und Fußbodenheizung und mit Blick

auf die Weinberge. Bei einem Germaneneinfall 355 n. Chr. wurden Teile der Villa zerstört, fortan waren in den Ruinen Germanen untergebracht, die die Felder des Umlands bewirtschaften sollten. Die Villa scheint um 407 aufgegeben worden zu sein.

Neumagen-Dhron

Wie sich aus Funden ablesen ließ, waren die Römer besonders dem Wein zugetan. Ein Abguss des **Römerweinschiffes** mit dem trinkfreudigen Steuermann vor der Peterskapelle von **Neumagen**, noch ein Stück weiter moselabwärts, dokumentiert, dass die Römer hier schon vor 2000 Jahren Weinbau betrieben haben. Wie praktisch, geschäftig und schöngeistig sie außerdem waren, zeigen verschiedene Denkmäler und Reliefs in Neumagen. Auch der Ortsteil **Dhron** wartet mit Funden aus dieser Zeit auf.

Apud Confluentes

Koblenz liegt unmittelbar am Zusammenfluss von Rhein und Mosel. Hier gründeten die Römer ein Kastell „**apud confluentes**", also „bei den Zusammenfließenden". Die fröhliche kurfürstliche

Residenzstadt mit dem idyllischen Zentrum ist das östliche Tor zur Mosel und Heimat des Dichters **Clemens Brentano**, der Mutter Ludwig von Beethovens sowie des Verlegers **Karl Baedeker**. Am Moselufer präsentiert sich mit Balduinbrücke, Alter Burg, Bürresheimer Hof, Altem Kauf- und Danzhaus in der ersten Reihe sowie Königspfalz und Florinskirche dahinter die bis ins späte 18. Jh. gültige Schauseite der Stadt. Erst mit dem Bau des **klassizistischen Schlosses** ab 1777 verschob sich die Schokoladenseite der Stadt an den Rhein. Mit dem Einzug der Preußen ins Rheinland wurde das Rheinufer weiter aufgewertet. Das neuromanische „Gebirge des Regierungsgebäudes" entstand, und, wichtiger noch: das **Deutsche Eck** mit dem monumentalen **Reiterstandbild Wilhelms I**. Am Rheinufer selbst laden die über 3 km langen Rheinanlagen zum Flanieren ein.

Burgenreich

Fast 40 Burgen und Schlösser säumen den Mittelrhein zwischen Koblenz und Bingen und bilden die „Burgengasse". Mitten im Rhein liegt

Von der rechtsrheinisch gelegenen Festung Ehrenbreitstein bietet sich der beste Blick auf das Deutsche Eck am Zusammenfluss von Mosel und Rhein.

WUSSTEN SIE, ...

... dass es zwischen Neuwied und Weißenthurm bereits um 55 v. Chr. einen römischen Brückenbau über den Rhein gab?

Der Pfalzgrafenstein wurde inmitten des Rheins errichtet und ist nur per Personenfähre zu erreichen.

ein „steinernes Schiff" – der **Pfalzgrafenstein**, eine der ungewöhnlichsten Burgen überhaupt. König Ludwig der Bayer ließ sie 1327 als Zollfeste mitten im Strom erbauen. Einige Kilometer stromaufwärts liegt auf der linken Rheinseite das kleine Städtchen Bacharach, überragt von **Burg Stahleck**, der zweiten großen Burganlage der Wittelsbacher am Mittelrhein. Stromabwärts kommt bald **Oberwesel** in Sicht, über dem die vom Dichter Freiligrath als „der Romantik schönster Zufluchtsort am Rhein" bezeichnete **Schönburg** thront. Von hier oben wird man mit einem grandiosen Blick in das Rheintal belohnt.

Vorbei an der **Loreley** auf der anderen Talseite geht es nach **St. Goar**. Das kleine Städtchen drängt sich eng an die Felsen des Tals und wird von der mächtigen **Burgruine „Schloss" Rheinfels** überragt. Im 13. Jh. wurde sie die Residenz der Grafen von Katzenelnbogen. Später übernahmen die Landgrafen von Hessen die Burg und bauten sie zur Festung aus. Noch heute lässt sich anhand der erhaltenen Bauteile das Befestigungswesen der Spätrenaissance sehr gut nachvollziehen. Koblenz schenkte 1823 die damalige **Burgruine Stolzenfels** dem preußischen Kronprinzen und späteren König Friedrich

Wilhelm IV. Der preußische Oberlandesbaudirektor und königliche Architekt **Karl Friedrich Schinkel** wurde mit dem Wiederaufbau betraut. Koblenz war dank seiner exponierten Lage am Zusammenfluss von Mosel und Rhein schon immer eine Garnisonsstadt. Nirgendwo wird dies deutlicher als auf dem **Ehrenbreitstein**, der grandiosen Verteidigungsanlage gegenüber der Altstadt auf der anderen Rheinseite. Selbst heute wird die seit dem 16. Jh. bestehende Festung in ihrer Größe in Europa nur noch von Gibraltar übertroffen.

Königin der Burgen

An der **Marksburg**, der einzigen seit der Erbauung im 13. Jh. **weitgehend unzerstörten Höhenburg am Mittelrhein**, kommt kein Reisender vorbei. Schlank sticht der blütenweiße Bergfried in den Himmel. Wuchtig thront die Anlage auf dem Felsen. Die Burg über Braubach, Landmarke und Aushängeschild des UNESCO-Welterbes zugleich, besticht im Innern durch **Fresken**, **Rittersaal**, **Kemenate** und **in den Felsen gehauene Reitertreppe**. Seit 1900 ist die Marksburg Eigentum der Deutschen Burgenvereinigung, der ältesten Denkmalschutzinitiative des Landes. An der Marksburg lässt sich wunderbar anschaulich erleben, wie im Mittelalter gebaut und gelebt wurde.

Mittelaltercharme

Den Charme des späten Mittelalters versprühen auch viele der Orte und Städtchen entlang des Rheins. Buntes Fachwerk, enge Gassen, gut erhaltene Stadtmauern laden zu einem Ausflug in die Geschichte ein, wie in **Rhens** oder **Spay**, **Filsen** und **Osterspai**.

Stadt mit Vergangenheit

Die malerische Stadt **Bacharach** begeisterte schon Literaten wie Victor Hugo oder Clemens Brentano, dessen Loreley-Ballade, die den Loreley-Mythos schuf, mit den Zeilen „Zu Bacharach am Rheine" beginnt. An die wehrhafte Vergangenheit erinnert heute noch die **Ringmauer**, Teil der Stadtbefestigung, genauso wie die drei Tore und mehrere Türme. Stolz stellt das „**Alte Haus**" sein Alter zur Schau: 1368 wurde der Fachwerkbau errichtet, so steht es an der Fassade. Das über 500 Jahre später in einer Operette von Robert Stolz musikalisch verewigte Gasthaus ist nicht der älteste Bau im Ort. Die **gotische Wernerkapelle**, heute Ruine, ist ein Jahrhundert, Burg Stahleck sogar zwei Jahrhunderte älter.

Wehrhaft befestigt

Stromabwärts kommt bald **Oberwesel** in Sicht, die „Stadt der Türme und des Weines", die ebenfalls eine nahezu vollständig erhaltene **mittelalterliche Umwehrung** besitzt – aber mit sage und schreibe **16 Wehrtürmen**. Die **ehemalige Stiftskirche Unserer Lieben Frau** und die ebenfalls katholische **Pfarrkirche St. Martin** zählen zu den eindrucksvollsten Kirchenbauten der Region.

Im Schatten der Burg

Braubach auf die alles überragende Marksburg zu reduzieren, würde ihm Unrecht tun. Immerhin erwarten den Besucher auch hier herausgeputzte Fachwerkbauten. Ein besonders hübsches Beispiel ist der „**Eckfritz**" aus dem 16. Jh. Das Gebäude beherbergt wie zur Erbauungszeit ein gemütliches Wirtshaus. Das älteste Gotteshaus Braubachs ist **St. Martin** aus dem 12./13. Jh., heute als Friedhofskapelle genutzt. In Tallage liegt die umgebaute **Philippsburg**, deren Ursprünge ins 16. Jh. zurückreichen, mit Renaissancegarten.

Nizza des Rheins

Diesen Namen trägt **Boppard** völlig zu Recht, schließlich lockt die Stadt mit schöner Uferpromenade, Belle-Epoque-Hotels und sonnenverwöhntem Klima. Auch Boppard besitzt eine römische Vergangenheit, vom **Römerkastell Bodobrica** aus dem 4. Jh. blieb ein Stück Mauer mit Türmen als archäologischer Park frei zugänglich. Der Marktplatz wird von der spätromanischen Kirche **St. Severus** überragt; innen verweisen frühchristliche Gräber und ein Taufbecken aus dem 5. Jh. auf Vorgängerbauten. Die **Kurfürstliche Burg** beherbergt das städtische Museum. Zu sehen ist eine Sammlung von Thonet-Möbeln – der Schreiner **Michael Thonet** kam 1796 im Ort zur Welt. Die **Karmeliterkirche** (um 1300) hütet zwei Barockaltäre und ein prachtvolles Chorgestühl von 1470.

Perlen an der Mosel

Auch die Moselorte brauchen sich nicht hinter den Rheinschönheiten zu verstecken. An den zum Teil eng gewundenen Moselschleifen sind bekannte und unbekanntere Schätze zu entdecken, wie **Zell**, **Winningen**, **Bruttig-Fankel**, **Ediger-Eller** oder **Alken**, über dem die **Doppelburg Thurant** weit über die Mosel blickt.

Dornröschen an der Mosel

Beilstein ist so gut erhalten, dass der gesamte Ort unter Denkmalschutz gestellt wurde. Überragt von der **Burgruine Metternich** mit ihrem ungewöhnlichen fünfeckigen Bergfried, liegt das „Dornröschen der Mosel" mit nur ca. 140 Einwohnern in einem engen Kessel zwischen Flussufer und steilen Rebhängen. Die spitzgiebeligen Fachwerkhäuser des mittelalterlichen Weinörtchens drängen sich dicht aneinander. Besonders schöne Architekturbeispiele finden sich rund um den Marktplatz, z. B. das **Rathaus**, das **Zehnthaus** sowie das **Amtshaus** mit seinem Barockportal und die Kirche **St. Christophorus**. Auch die **alte jüdische Schule** und die **Synagoge** sind erhalten. Aus dem Gassenensemble führen Treppen hinauf zur Karmeliterkirche mit der „Schwarzen Muttergottes".

Oberhalb des romantischen Örtchens Beilstein thront die Ruine der Burg Metternich über der Mosel.

Cochems Neuschwanstein

Als „villa cuchema" wurde Cochem im Jahr 866 erstmals erwähnt, heute fasziniert die Moselstadt mit ihren engen Gassen – und natürlich mit der Reichsburg. Von der Moselpromenade sind es nur wenige Schritte zum Marktplatz mit

Rhein-Kreuzfahrt

Die Kreuzfahrt auf dem Rhein ist eine Erfindung aus den Pioniertagen des Tourismus. Ebenso lange ist Englisch eine der Hauptverkehrssprachen an Bord – wenn auch heute mit amerikanischem Akzent.

Im Jahr 1816 unterrichtete die Kölnische Zeitung ihre Leser über ein „ziemlich großes Schiff, ohne Mast, Segel, Ruder … mit ungemeiner Schnelle". Auf dem Rhein gesichtet hatte der Redakteur den englischen Schaufelraddampfer „Defiance": In knapp fünf Tagen absolvierte das Schiff die Strecke Rotterdam–Köln, angetrieben von einer 14-PS-Dampfmaschine. Im Vergleich zu heutigen Kreuzfahrtdampfern mit über 1000 PS ein doch recht gemächliches Fahrvergnügen.

Die Geburtsstunde der Rheinkreuzfahrt

Im Jahr 1817 schipperte mit der „Caledonia" ein zweites britisches Dampfschiff den Rhein bis Koblenz hoch, doch die Geburtsstunde der Rheinkreuzfahrt schlug erst zehn Jahre später. Am 1. Mai 1827 eröffnete die Preußisch-Rheinische Schifffahrtsgesellschaft mit dem Dampfschiff „Concordia" die Linie Köln–Mainz. Von Anfang an in großer Zahl dabei waren Briten. Generationen britischer Adliger und betuchter Bildungsbürger begaben sich auf Rheinkreuzfahrten. Sie wurden befeuert von den Aquarellen William Turners, der das Rheintal zwischen 1817 und 1844 elfmal mit der Staffelei unter dem Arm

bereist hat. Fester Reisebegleiter waren John Murrays Red Books, die neben den Routenbeschreibungen auch ganz praktische Tipps zu Übernachtungsmöglichkeiten und Schiffsverbindungen enthielten. Auf ihren Spuren wandeln heute vor allem amerikanische Touristen, auch wenn Briten für viele Reedereien noch immer eine wichtige Klientel sind.

Burgen grüßen wie einst

Wie zu Zeiten der ersten Rheinreisenden gleitet auch heute noch die pittoreske Szenerie an den Passagieren vorbei – bei Lahnstein grüßt **Burg Lahneck**, insbesondere britischen Reisenden mag die Sage der jungen Idilia Dubb, die auf dem Bergfried verdurstet sein soll, einen wohligen Schauer über den Rücken jagen. Weiter stromaufwärts dann die „feindlichen Brüder" Burg Sterrenberg und Burg Liebenstein bei Kamp-Bornhofen, **Burg Maus** und **Burg Katz** bei St. Goarshausen und nicht zuletzt Burg Klopp und der **Mäuseturm** bei Bingen.

Loreley – die Sirene vom Rhein

Und da ist noch sie, die viel besungene, legendäre **Loreley**, die mit ihrem sirenenhaften Gesang so manchen Schiffer ins Unglück getrieben haben soll. Unterhalb des steilen Felsens (s. S. 130) hat die Loreley ein Gesicht: Auf dem Hafendamm in St. Goarshausen sitzt seit 1983 die von der russischen Künstlerin Natascha Alexandrova Prinzessin Jusopov geschaffene Bronzefigur.

dem 1739 im **Barockstil erbauten Rathaus**, dem **Martinsbrunnen**, der **Martinskirche** mit ihrer barocken Turmhaube und den **Fachwerk-Giebelhäusern**, die auch die umliegenden, bergwärts führenden Gassen säumen. In der Obergasse zeugt der Wehrturm mit Balduinstor noch ebenso von der historischen Stadtmauer wie der Enderttor-Turm mit der Torwächter-Wohnung aus dem Jahre 1332 und das Burgfrieden-Tor. Auf dem Burgberg thront die majestätische **Reichsburg**. Um das Jahr 1000 erbaut, 1151 von den Staufern zur Reichsburg erhoben, wurde sie 1689 von den Franzosen zerstört. 1874–1877 ließ der Berliner Jacob Louis Ravené das „Neuschwanstein Cochems" wiedererrichten.

Ein berühmter Gelehrter

Fachwerkromantik vor steilen Rebhängen, schlossartige Weinhöfe und mit Nicolaus Cusanus ein berühmter Gelehrter, der dem Wein stets eng verbunden war, prägen Bernkastel-Kues. Cusanuns war nicht nur Philosoph und Doktor des kanonischen Rechts, sondern u. a. auch Kardinal und Fürstbischof. Zudem befasste er sich intensiv mit mathematisch-naturwissenschaftlichen Problemen. Mittelpunkt der **Bernkasteler Altstadtgassen** ist der historische Marktplatz mit dem **Renaissancerathaus** und dem **Michaelsbrunnen** aus der gleichen Epoche. Bereits 1416 errichtet wurde das **Spitzhäuschen**, dessen drei Oberschosse über einen schmalen Sockel kragen. Der wuchtige Turm der prächtig ausgeschmückten **St.-Michaels-Kirche** gehörte ursprünglich zur Stadtbefestigung. In Kues am anderen Moselufer stiftete Nicolaus Cusanus 1456 das **St.-Nikolaus-Hospital** mit Kapelle, Kreuzgang und Konventssaal. Es beherbergt seine Privatbibliothek – eine der kostbarsten privaten Handschriftensammlungen der Welt.

Rheingau für Genießer

Queen Victoria bereiste den Rheingau 1845. Die Welt war danach um ein Bonmot reicher. „Good Hoc keeps away the doc," soll die britische Königin ihren Lieblingsriesling aus Hochheim gelobt haben.

Der Rheingau ist damals wie heute bekannt für seine hervorragenden Weine und hat sich auch als Feinschmeckerregion einen Namen gemacht. Doch auch abseits des kulinarischen Geschehens hat er für „Kunstgenießer" viel zu bieten. Die Liste der Ikonen des Rheintourismus, die man im Rheingau gesehen haben sollte, ist lang. Auf nur wenigen Kilometern reihen sich aneinander: **Eltville** mit der malerischsten Uferfront am gesamten Rhein; **Kiedrich** mit dem am besten erhaltenen gotischen Pfarrbezirk; das **Hilchenhaus** in Lorch mit dem prachtvollsten Renaissancepalais zwischen Mainz und Köln. Dazu kommen der **Rheingauer Dom** in Geisenheim, das monumentale **Niederwalddenkmal**, romantische Fachwerkwinkel und barocke Herrenhäuser dorfauf, dorfab. Auch das Seelenheil kommt nicht zu kurz. Die **Abtei St. Hildegard** in Eibingen geht auf eine Gründung der am 10. Mai 2012 heiliggesprochenen Hildegard von Bingen zurück. Die „Prophetissa teutonica" des 12. Jhs. muss sich der Rheingau allerdings mit dem gegenüberliegenden Rheinufer teilen. Dort verlebte Hildegard von Bingen ihre letzten 30 Lebensjahre.

Weltbekannt wurde auch eine andere sakrale Stätte mit dem **Kloster Eberbach**. Die mit romanischer Basilika, Laienrefektorium, Dormitorium und Hospitalkeller weitgehend im Originalzustand erhaltene Zisterzienserabtei lieferte einen kongenialen Drehort zu Eccos Mittelalterkrimi „Der Name der Rose". Bekannt ist das Kloster zudem für sein Weingut, seit 1946 beherbergt es die Hessischen Staatsweingüter.

▶ LAND UND LEUTE

Rhein in Flammen
Alljährlich in fünf Nächten zwischen Mai und September steht der „Rhein in Flammen". Dann steigen zwischen Rüdesheim und Bonn Feuerwerksraketen in die Höhe, bengalische Feuer beleuchten die Uferhänge und die Burgen, Feuerkaskaden ergießen sich ins Tal, und dazu paradieren die erleuchteten Rheindampfer.

Oberhalb von Rüdesheim erinnert das Niederwalddenkmal mit der Germania an die deutsche Reichsgründung im Jahr 1871.

Pfälzerwald und Weinstraße

Zwei „Meere" treffen hier aufeinander und vereinen sich harmonisch – das dichte Baummeer des Pfälzerwalds und das Rebenmeer der Weinstraße.

Mystisch schimmern die Nebelschwaden über den grünen Rücken des Pfälzerwaldes im Sonnenlicht.

Im Südwesten von Rheinland-Pfalz verschwimmen die Landesgrenzen. Denn der Pfälzerwald, der sich von Nordosten nach Südwesten erstreckt, geht im Westen nahtlos über in die französischen Nordvogesen; oft erinnern nur unterschiedliche Straßenschilder daran, dass man die Staatsgrenze überschritten hat, denn auch auf französischer Seite finden sich häufig deutsch anmutende Ortsnamen. Und auf deutscher Seite zeigt sich in manchem Weinort ein lässig-heiteres französisches Savoir-vivre. In Richtung Osten wiederum vereint sich der Pfälzerwald sanft mit der Weinstraße, die weit über die Grenzen hinaus bekannt ist für ihre ausgezeichneten Weine und deftigen Speisen.

Im Herbst präsentiert sich die Weinstraße von ihrer schönsten Seite, in der **Hauptlesezeit** zwischen Mitte September und Ende Oktober. Die Winzer haben jetzt die meiste Arbeit, Touristen haben die beste Zeit gewählt, um hier ihren Urlaub zu verbringen. In einem der größten deutschen Weinanbaugebiete werden in dieser Zeit die Gästebetten knapp. Der Wein, die Haupteinnahmequelle der Region, wird das nie. Ungefähr 2,5 Mio. hl Ertrag liefern die schätzungsweise 100 Mio. Rebstöcke, jede dritte Flasche des in Deutschland produzierten Weins stammt damit aus der Pfalz, ein großer Teil von der Weinstraße. Dabei sind die Pfälzer selbst ihre besten Kunden. Zum Beispiel auf einer Vielzahl von **Weinfesten**, die von April bis September

Quellen, Bäche und Wooge (s. S. 148)

Die Elwetrische mag dem Reich der Mythen und Legenden angehören. Ganz realen zahlreichen Tieren und Pflanzen bieten jedoch die Quellen, Bäche und Wooge (s. S. 148) im Pfälzerwald einen einzigartigen Lebensraum. Und auch die dichten Waldflächen, die kaum einen Sonnenstrahl auf den Boden lassen, sind schützende Heimat für viele Lebewesen. Wer Ruhe und Naturnähe sucht, ist hier bestens aufgehoben. Zwar erschließen Zigtausende Kilometer gut ausgeschilderter Wanderwege das größte zusammenhängende Waldgebiet Deutschlands, doch finden sich immer wieder abgelegene Winkel, in denen man stundenlang keiner Menschenseele begegnet. Hier gibt es **bizarre, rot leuchtende Felsgebilde**, die über Zehntausende von Jahren entstanden sind. Insbesondere Buntsandsteinformationen wie der Teufelstisch bei Hinterweidenthal oder der Jungfernsprung in Dahn ziehen immer wieder die Blicke auf sich. Viele der Felsen bieten abenteuerliche Reviere

in nahezu jeder Gemeinde entlang der 85 km langen Weinstraße an der Mittelhaardt und in der Südpfalz gefeiert werden. Mehr als 200 finden hier im Jahr statt – es wird nahezu keine Gelegenheit ausgelassen, einen **Schoppen** zu trinken. Der ist mit einem Fassungsvermögen von 0,5 l zwar nicht das Maß aller Dinge, aber der Inbegriff pfälzischer Geselligkeit. Dort, wo man zusammensitzt, kreist das **Dubbeglas**. Und natürlich gehört auch zu einer zünftigen **Pfälzer Mahlzeit** mit Saumagen, Leberknödeln, Wurst und Sauerkraut in einem der zahlreichen **Naturfreundehäuser** des Pfälzerwald-Vereins der Schoppen dazu. Ortsfremde Besucher sollen allerdings schon das eine oder andere Mal das ganz eigene Pfälzer Mischungsverhältnis von Wein und Mineralwasser unterschätzt haben ... und dann vielleicht auch die legendäre **Elwetritsche** gesehen haben. Dieses Wesen gehört in die Kategorie „enten- oder gänseähnlich und einst durch die Paarung mit Kobolden und Elfen entstanden" und ihm ist sogar ein eigener Wanderweg mit Ausblick auf Elwetritsche-Flugschneise, -Nistplatz und -Balzplatz gewidmet.

Pfälzerwald und Weinstraße

▶ TOPZIELE IN DER REGION

Ob Wandern in einsamer Natur, heitere Geselligkeit bei einem Schoppen oder Geschichtsstunde – im Pfälzerwald und an der Weinstraße ist für Abwechslung gesorgt:

BIOSPHÄRENHAUS FISCHBACH

Eine multimediale Ausstellung informiert anschaulich über den Lebensraum Pfälzerwald/Nordvogesen und seine Bewohner. Besonders spannend ist die „Nachtetage", auf der man lichtscheuen Wesen begegnet. → S. 148

DAHNER FELSEN UND BURGEN

Die Dahner Burgen schimmern fast so rötlich wie der Buntsandstein des Felsenlands über den grün bewaldeten Bergen. In der Umgebung lassen sich der spektakuläre Anblick bizarr geformter Felsen und stille, kühle Wälder besonders eindrucksvoll genießen. → S. 150

BURG BERWARTSTEIN

Mittelalterliche Folterkammer, die Burgküche, das Schlafzimmer eines

Ritters sowie dessen Ausrüstung und Waffenkammer sind die Höhepunkte auf Burg Berwartstein, die 1152 erstmals erwähnt wurde. → S. 150

HAMBACHER SCHLOSS

Bekannt wurde das Hambacher Schloss durch die Demokratiebewegung im 19. Jh., doch seine Ursprünge reichen bis in die Salierzeit (10. bis 12. Jh.) zurück. Ihr heutiges Aussehen erhielt die Anlage unter der Herrschaft des Bayernkönigs Maximilian II. Mitte des 19. Jhs. → S. 151

FREINSHEIM

Seit 5000 Jahren sollen in der wohl schönsten Gemeinde der Pfalz kontinuierlich Menschen gelebt haben. Jüngeren Datums ist das gewaltige Eisentor mit den mächtigen Türmen. Es ist das Nadelöhr, durch das die meisten Besucher in den Stadtkern gelangen. Über der Durchfahrt prangen die Jahreszahl 1514, das Erbauungsjahr, und das Wappen der Kurpfalz, die mit dem Tor ihre Macht demonstrierte. → S. 151

WUSSTEN SIE, ...

... dass das Naturschutzgebiet Mehlinger Heide, ein ehemaliger Truppenübungsplatz, mit 410 ha die größte Heidelandschaft Südwestdeutschlands ist?

Von der Kleinen Kalmit aus bietet sich ein schöner Ausblick auf die Haardt, die den Übergang in den Pfälzerwald markiert.

für Kletterer oder Aussichtsplattformen für Wanderer. Besondere Sehenswürdigkeiten sind auch die **zahlreichen Burgen** im Pfälzerwald, die von mittelalterlichen Zeiten erzählen. Kirchen, **Mauerreste und alte Fachwerkhäuser** lassen ebenfalls die Vergangenheit aufleben. Der urtümlichen Natur und ihrem Erhalt wurde Rechnung getragen: Teile des Pfälzerwalds und der auf französischer Seite anschließenden Nordvogesen wurden mit dem grenzüberschreitenden **Biosphärenreservat Pfälzerwald-Nordvogesen** unter Schutz gestellt.

Landschaftsvielfalt

Das Gebiet von Pfälzerwald und Deutscher Weinstraße ist zwar geografisch eng umgrenzt, gliedert sich aber dennoch in deutlich unterschiedliche Landschaftsbilder. Sanfthügelige, sonnige **Weinberge** und von Menschen geprägte Kulturlandschaften gehen über in dichten, urtümlichen Wald auf buckeligen Bergkuppen und imposante

Felslandschaften. Die unterschiedlichen Böden prägen auch den schon seit Jahrtausenden kultivierten Weinanbau. Der **Bergrücken der Haardt** markiert die Grenze zwischen der Ebene, die sich zum Oberrhein erstreckt, und dem Pfälzerwald. Seine höchste Erhebung, die **Kalmit**, ist zugleich der höchste Berg des Pfälzerwaldes. Beachtlich ist hier das **Felsenmeer Hüttenberg**, eine Ansammlung kleinerer und größere Felsblöcke, die wie von einem Riesen verstreut im Wald liegen.

Spannender Ausflug in die Erdgeschichte

Der warme, rötliche Farbton des Buntsandsteins prägt den Charakter des Pfälzerwaldes. Bizarre Felsgebilde, um die sich mancherlei Sagen ranken, tragen zum besonderen Reiz des Waldgebirges bei. Die großartigsten Felsen liegen im südlichen, ans Elsass grenzenden Teil des Pfälzerwaldes, dem **Wasgau**. Oft ist hier auch vom **Dahner Felsenland** die Rede, benannt nach dem gleichnamigen Ort. Mit ihren fan-

tastischen Felsbildungen gilt diese Gegend als eine der schönsten Buntsandstein-Landschaften auf europäischem Boden. Markante Felsen wie die Altschlossfelsen bei Eppenbrunn oder der **Teufelstisch** bei Hinterweidenthal sind geradezu das Wahrzeichen des Pfälzerwaldes.

Geburt im Erdmittelalter

Entstanden ist der Buntsandstein ursprünglich im Erdmittelalter, dem Zeitalter der Dinosaurier. Damals bestehende alte Gebirge und Hochflächen wurden über eine unvorstellbar lange Zeit hinweg durch die Erosion abgetragen. Der Verwitterungsschutt – Sand, Kiesel und anderes Material – wurde durch die Flüsse in eine Landsenke gewaltigen Ausmaßes, das sogenannte Germanische Becken, verfrachtet. Buntsandstein entstand gleich zu Beginn des Erdmittelalters in dessen ältester Epoche vor etwa 230 bis 220 Mio. Jahren. Die Rotfärbung, die auf der **intensiven Verwitterung eisenhaltiger Mineralien** beruht, zeugt von einem überwiegend trockenen, heißen, wüstenartigen Klima, das damals geherrscht haben muss. Auf den trockenen Hochflächen blies der Wind den Sand aus, der sich dann in Senken zu Dünen aufhäufte. Im Lauf von Jahrmillionen verfestigten sich die sandigen Ablagerungen im Germanischen Becken, das vorübergehend sogar von einem Meer überflutet war. Doch immer noch lag der Buntsandstein tief unter der Erde.

Felstürme entstehen

Am Anfang standen die Bildung des Oberrheingrabens zu Beginn der Erdneuzeit (vor etwa 50 Mio. Jahren) und die gleichzeitige Anhebung der seitlichen Grabenschultern. So entstanden die heutigen Gebirge entlang der Oberrheinischen Tiefebene: Pfälzerwald und Vogesen auf der westlichen, Odenwald und Schwarzwald auf der östlichen Seite. Während etwa im Vorderen Odenwald der Buntsandstein durch die Abtragung schon vollständig verschwunden ist, tritt er im Bereich des Pfälzerwaldes weitflächig zutage. Die Gesteinsschicht aus rotbraun gefärbten Sandsteinen erreicht hier eine Mächtigkeit von bis zu 500 m; für einen halben Zentimeter brauchte es rund 100 Jahre. Freilich haben Abtragung und Talbildung auch schon am Buntsandstein genagt und die ursprünglich zusammenhängende Hochfläche aufgelöst. Tief eingeschnittene Täler trennen größere Reste dieser Hochflächen. Prägend für den Pfälzerwald sind die sehr harten

Gesteine des Mittleren Buntsandsteins. Wind und Wetter konnten ihnen bislang vielfach nichts anhaben und haben so bizarre Felstürme herauspräpariert. Häufig liegt eine härtere Deckplatte auf weicherem Gestein, das schon weitgehend erodiert und ausgehöhlt ist. Ein typisches Beispiel ist der **Drachenfels** westlich von Bad Dürkheim oder der **Maiblumenfelsen** östlich von Lemberg. Charakteristisch für weichere, oft befeuchtete Buntsandsteinschichten ist eine waben- und netzförmige Verwitterungsstruktur an der Oberfläche, wie sie etwa beim **Burgfelsen** von Lindelbrunn zu sehen ist.

Vulkanischer Ursprung

Eine andere Entstehungsgeschichte als die Buntsandsteinfelsen hat der **Pechsteinkopf** in der Haardt. Der im östlichen Pfälzerwald gelegene Berg ist das Produkt von Magma, das sich hier vor gut 50 Mio. Jahren seine Bahn aus dem Erdinneren brach und in der Folge zu Basaltsäulen erstarrte. Der Pechsteinkopf ist der **einzige Vulkan in der gesamten Pfalz** und damit ein Unikat.

Der Teufelstisch im Dahner Felsenland bei Hinterweidenthal: Der Legende nach hat einst der Teufel die 300 t schwere Felsplatte als Tischplatte auf zwei Felspfeiler gewuchtet, um daran zu essen.

Entlang des Rodalber Felsenwanderwegs

Der Rodalber Felsenwanderweg im **Gräfensteiner Land** verbindet die Felstürme, Aussichtskanzeln, Wasserfälle und Höhlen rund um Rodalben im Naturpark Pfälzerwald. Seine Besonderheit sind die zahlreichen Felsen direkt am Weg und der gleichzeitige Bezug zur Stadt: Oben in den Wäldern finden sich mehr als 130 bis zu 18 m hohe Felsformationen, unten im Tal liegt die kleine Stadt Rodalben, die von der Industrialisierung verschont geblieben ist. Aus ihrer harmonischen Bebauung grüßen der Westturm der alten Kirche und die Zwiebelhaube der neuen Kirche herauf – Felsen, Wanderweg und Stadt verbinden sich zu einer Idylle, die einen immer wieder stehen bleiben und staunen lässt. Wahrzeichen Rodalbens ist der **Bruderfelsen**: Zwei sich berührende Steinsäulen, die sich wie Brüder gleichen, sind die Namensgeber. Im **Bärenfelsen** öffnet sich die Bärenhöhle, **die größte Buntsandsteinhöhle der Pfalz**. Die **Alte Burg** ist ein steil auf drei Seiten abstür-

zender Felssporn, der den Kelten samt Vieh als Fluchtburg diente. Die **Felsenburg Gräfenstein** auf einem 12 m hohen Buntsandsteinriff bei Rodalben ist die Namensgeberin des Gräfensteiner Landes. Ihr siebeneckiger Bergfried ist auf einer Wendeltreppe zu ersteigen und bietet eine erstklassige Aussicht auf das Gräfensteiner Land, das Kuppenmeer des Pfälzerwaldes und auf den Westrich.

Feigen, Kiwis & Zitronen

„Kennst du das Land, wo die Zitronen blüh'n …" Dichterfürst Goethe hatte sicherlich nicht den Landstrich im Südwesten Deutschlands im Sinn, als er diese Zeilen schrieb. Und doch hätte er ihn meinen können, denn klimatisch sind die Südpfalz und der sie durchziehende Teil der Weinstraße mit bis zu 2000 Sonnenstunden derart mild, dass hier neben dem allgegenwärtigen Wein tatsächlich auch **Südfrüchte** wie **Feigen**, **Zitronen** und **Kiwis** in den Vorgärten gedeihen. So rühmt sich der Ort Gleisweiler an der Südlichen Weinstraße eines besonders milden Klimas, das sich sonst nur noch auf der Insel Mainau im Bodensee findet. Wie zum Beweis gedeihen Wildzitronen, Zypressen, Judasbäume, Japanische Mispeln und allerlei andere subtropische Gewächse in den Gärten und Parks.

Wald, so weit das Auge reicht

Anders hingegen zeigt sich das Klima im Pfälzerwald, der sich westlich der Weinstraße als Meer von grünen Buckeln bis an die französische Grenze erstreckt. Auch im Sommer ist es angenehm kühl in der dicht bewaldeten Region. Apropos Wald: Der Pfälzerwald ist **Deutschlands größtes zusammenhängendes Waldgebiet**. Geprägt ist er heute von Mischwäldern, mit der Buche als inzwischen dominierende Baumart. Hier wie auch andernorts hatte die Forstwirtschaft zu einem starken Überhang an schnell wachsenden Nadelgehölzen geführt; mittlerweile halten sich Nadel- und Laubgehölze im Pfälzerwald aber in etwa die Waage.

Im Pfälzerwald gedeihen aber nicht nur Bäume, sondern auch zahlreiche Tiere und Pflanzen fühlen sich hier zu Hause, einige von ihnen sind selten. An den Sandsteinfelsen hat sich

Die Mandelblüte ist alljährlich ein einzigartiges Schauspiel und markiert den Beginn des Frühjahrs.

Ein bewegendes Naturidyll

Schon im Jahr 1958 wurde der Pfälzerwald als einer der ersten vergleichbaren Parks als **Naturpark** ausgewiesen. Erklärtes Ziel war es damals, der umliegenden Bevölkerung eine weitgehend unberührte, naturnahe Landschaft als Ort der Erholung und Begegnung mit der Natur zu erhalten bzw. in Teilen auch neu zu erschließen. Offiziell unter Schutz gestellt wurde er dann aber erst neun Jahre später, 1967, als Landschaftsschutzgebiet „**Naturpark Pfälzerwald**".

UNESCO-Biosphärenreservat

1992 nahm man das Gebiet dann auch noch wegen seines besonderen Vorbild- und Modellcharakters als zwölftes deutsches Biosphärenreservat in das von der UNESCO anerkannte weltweite Netz der Biosphärenreservate auf – somit wurde der Pfälzerwald zu einem wichtigen Mosaikstein für die globale Erhaltung der biologischen Vielfalt und nachhaltige Nutzung der natürlichen Ressourcen der Erde. Seit 1998 ist das heute rund 1790 km² große Gebiet Teil des grenzüberschreitenden deutsch-französischen **Biosphärenreservats Pfälzerwald-Nordvogesen**. Ziel ist es, die Natur, die Artenvielfalt und die Kulturlandschaft zu erhalten sowie neue Wege des Zusammenlebens von Mensch und Natur zu finden. Vor allem der letzte Punkt ist in einer Region, die stark vom Tourismus lebt, von ganz enormer Bedeutung.

Wandern im Naturparadies

Rund 12 000 km Wanderwege sind im Pfälzerwald ausgeschildert. Felsen, Burgen, Wälder und am Osthang Weinberge bieten viel Abwechslung. Mehrere **Premiumwanderwege** und **Prädikatsweitwanderwege** sind der ganze Stolz der Pfälzer Tourismusverantwortlichen. Neben kürzeren Halbtages- und Tageswanderungen hat der Pfälzerwald auch zahlreiche längere Touren zu bieten.

Schöne Aussichten auf Burgen, Wald und Städtchen verspricht der **Prädikatswanderweg** von Winnweiler über Meisenheim nach Wolfstein im Norden des Pfälzerwaldes, der sogenannte **Pfälzer Höhenweg** mit rund 112 km Länge. Weniger Aussichten, aber Waldpfade, Felsen und tief eingeschnittene Bachtäler sind typisch für den 140 km langen **Pfälzer Waldpfad** von Kaiserslautern bis nach Schweigen an der französischen Grenze. Auch dies ist einer der neuen Prädikatsweitwanderwege wie der **Pfälzer Weinsteig**, der in Neuleiningen beginnt und 152 km später ebenfalls in Schweigen endet. An klaren Tagen belohnen wunderbare Aussichten auf die Rheinebene alle Mühen.

Kleines Bild: Mit ihren Felstürmen, Schloten, Säulen und Höhlen zählen die Altschlossfelsen zu den großartigsten Naturdenkmälern des Pfälzerwaldes.

Großes Bild: Immer wieder treffen im Pfälzerwald Natur, fantastische Ausblicke und Burgen, hier Burg Altdahn, aufeinander.

FAKTEN

An 15 Trekkingstellen ist das Übernachten im Biosphärenreservat offiziell erlaubt. Alle Plätze liegen abseits von Ortschaften und viel begangenen Wanderwegen – man erreicht sie nur zu Fuß. Die Trekkingstellen können zwischen April und Oktober gebucht werden. Genaue GPS-Daten führen zum ausgewählten Ort.
www.trekking-pfalz.de

der **Wanderfalke** wieder angesiedelt, der noch vor etwa 40 Jahren kaum noch anzutreffen war, dessen Population sich, auch dank Naturschutzmaßnahmen, aber stabilisiert hat. Daneben sind in den Felslandschaften mittlerweile auch wieder **Kolkraben** heimisch. Allgegenwärtig nicht nur an den Felsen im Pfälzerwald, sondern auch auf den zur Sonne exponierten Weinbergen sind die wärmeliebenden **Mauereidechsen**. Laubwälder hingegen präferiert der ebenfalls häufig vorkommende **Feuersalamander**. Grenzenlos streifen zwischen Deutschland und Frankreich auch wieder **Wildkatzen** durch ihre weitläufigen Reviere.

Im Haus der Natur

Viele der Hauptwander- und -radwege durch den Pfälzerwald führen über Johanniskreuz: Im Herzen des Pfälzerwaldes gelegen, war dieser kleine Weiler schon für Kaiser Barbarossa Station auf seinem Weg von der Burg Trifels nach Kaiserslautern. Im Haus der Nachhaltigkeit in Johanniskreuz stellt sich das Biosphärenreservat Pfälzer Wald-Nordvogesen vor, ebenso im **Biosphärenhaus in Fischbach** bei Dahn mit Baumwipfelpfad, der aus luftiger Höhe interessante Ausblicke auf die waldreiche Gegend bietet.

Auffällig in Schwarz und Gelb präsentiert sich der Feuersalamander – die Gelbfärbung warnt vor seiner Giftigkeit.

Welche Artenvielfalt und wertvollen Lebensräume das grenzüberschreitende Biosphärenreservat schützt, wird in beiden Informationszentren anschaulich vermittelt. Der Waldbestand ist mit rund 75 % der dominierende Teil des Reservates; hier wachsen Kiefern, Buchen, Fichten und Eichen. In den Buchenwäldern des Biosphärenreservats gedeiht die **Schwarze Teufelskralle**. Sie gehört zu den Glockenblumengewächsen und blüht trotz ihres Namens auffällig violett. Die Form der einzelnen Blütenblätter hat ihr die Bezeichnung „Teufelskralle" eingetragen. Eine botanische Besonderheit ist die **Lanzenblättrige Glockenblume**, die fast ausschließlich hier und in den angrenzenden Nordvogesen vorzufinden ist.

Lebensraum Wasser

Nicht nur die Wälder und Weinberge sind im Pfälzerwald und an der Weinstraße artenreiche Lebensräume. Auch in und an der Sauer, einem Rheinzufluss ganz im Südwesten des Wasgaus, in den zahlreichen Quellen und den für die Region typischen sogenannten **Woogen** lebt eine reiche Fauna und Flora. Mit Woogen werden in der Pfalz stehende Gewässer bezeichnet, unabhängig davon, ob sie natürlich entstanden oder künstlich angelegt worden sind. In der Sauer fühlt sich das **Bachneunauge** wohl, in Quellen sind oft Tiere zu Hause, die nur hier und nirgendwo sonst leben können, wie die **Quellschnecke**, während an den Rändern das **Milzkraut** und **Moose** wachsen. Mit ein wenig Glück sieht man einen farbenprächtigen **Eisvogel** nach Beute tauchen oder schillernd schwebende Blauflügel-Prachtlibellen in den Uferzonen, während das Hämmern des **Schwarzspechtes** die Stille des Waldes durchbricht. Und in der **Karlstalschlucht** bei Trippstadt schimmern **Moose** in großer Vielfalt auf von Wasser umspülten Felsen.

Rückkehr der Störche

Lange Zeit war es sehr still um sie geworden, doch seit Ende der 1990er-Jahre klappern die **Weißstörche** immer häufiger an der **Südlichen Weinstraße**. Einem Wiederansiedlungsprogramm ist es zu verdanken, dass die majestätischen weißen Vögel nun wieder öfter das Bild weiter, offener Kulturlandschaften bestimmen. Diese Gebiete sind von einem geringen Waldanteil und offenen Grünland- oder Ackerflächen geprägt und bieten den großen Vögeln einen intakten Lebensraum – der dank entsprechender Kooperation von Naturschützern und Landwirten zum Wohle der Tiere erhalten und weiterentwickelt wird. Ein Verein kümmert sich zudem um kranke oder verletzte Vögel und sorgt mit Öffentlichkeitsarbeit, einem Informationszentrum und Nestkameras für ein wachsendes Bewusstsein für die Tiere. Auf zwei Storchenwanderwegen in der Verbandsgemeinde Offenbach können Interessierte den Lebensraum der Vögel erkunden.

Das Erbe der Römer

Die **Kastanienwälder** am Ostrand des Pfälzerwaldes, der Haardt, im Übergang zur Deutschen Weinstraße verdanken die Pfälzer den Römern, die auch den Wein in diese von der Sonne verwöhnte Gegend brachten. Aber auch spätere Herrscher wie Kaiser Heinrich II. oder der Bayernkönig Ludwig I. wussten um die Qualität der Kastanienbäume. Die Esskastanien sind leicht

an ihren auffällig gezähnten Blättern zu erkennen. Im Oktober sind die Taschen rasch mit den „Keschde", wie die glänzenden braunen Früchte auf Pfälzisch heißen, gefüllt. Esskastanien sind nussig und süßlich im Geschmack und werden in der Region geschält als Beilage zu Wildgerichten gereicht, zur Suppe püriert oder im Ofen erhitzt, bis die Schale aufplatzt. Und selbst einer der zahlreichen Wanderwege ist der schmackhaften Frucht gewidmet – der „Keschdeweg" erschließt auf 61 km die gesamte Region mitsamt ihren Naturschönheiten vom Ausgangsort Hauenstein mitten im Pfälzerwald bis hin nach Neustadt an der Weinstraße.

In der **Haardt** flattern bunte Schmetterlinge wie der **Violette Feuerfalter** und der Dukaten-Feuerfalter, gelegentlich ist der eigentümliche Ruf des **Ziegenmelkers** zu hören. Wer einen **Wendehals** erspähen möchte, muss genau hinsehen, denn der kleine Specht ist mit seinem Gefieder, das Farbe und Struktur von Rinde imitiert, nur schwer auszumachen. Er ist allerdings kein guter Kletterer und sucht seine Hauptnahrung – verschiedene Ameisenarten – am Boden.

In der wildromantischen Karlstalschlucht wachsen über 1500 Moosarten.

Die Esskastanien sind im Herbst eine schmackhafte Bereicherung vieler Gerichte.

Hoch über Annweiler wacht die Burg Trifels, deren prominentester Häftling der englische König Richard Löwenherz war.

Von Burg zu Burg im Pfälzerwald

Der Pfälzerwald ist nicht nur das Land der Bäume und der Wanderer, sondern auch das der Burgen. Gerade im südlichen Pfälzerwald wecken zahlreiche Ruinen Erinnerungen an die Adels- und Rittersleute des Mittelalters.

Hoch hinaus

Die meisten der Burgen stehen an exponierter Stelle – der höchstgelegene Wehrbau auf knapp 571 m ist die **Wegelnburg**, unmittelbar an der französischen Grenze in der Nähe von Nothweiler. Im 13. Jh. erbaut, bietet die heutige Ruine eine spektakuläre Sicht über die Landschaft. Deutlich niedriger, nämlich auf 323 m, gelegen ist die **Dahner Burgengruppe**. **Altdahn**, **Grafendahn** und **Tanstein** sind die Wächter von Dahn. Die Burgruinen stehen auf fünf Felsentürmen und wurden im 12. Jh. gebaut. Die frei zugängliche, ca. 200 m lange Burgengruppe, deren rötlich schimmerndes Mauerwerk wie aus dem Felsen gehauen wirkt, belohnt den Besucher ebenfalls mit einem wunderschönen Ausblick über das Dahner Felsenland. Im Gegensatz zur Wegelnburg und zu den Dahner Burgen ist die **Burg Berwartstein** bei Erlenbach

bewohnt und bewirtschaftet. Auf ihr soll der legendäre **Raubritter Hans Trapp** gehaust haben, um den sich auch die **Sage des Jungfernsprungs** rankt. Das bizarre Steingebilde thront in 70 m Höhe über Dahn, der Raubritter soll eine Jungfrau hier hinaufgetrieben haben. Das verzweifelte Mädchen stürzte sich in die Tiefe, um dem Räuber nicht in die Hände zu fallen. Wie durch ein Wunder blieb sie unverletzt. Dort wo sie auftraf, sprudelt heute eine Quelle.

Oberhalb Eschbachs in der Nähe von Landau befindet sich mit der **Madenburg** eine der größten Burganlagen der Pfalz. Zwar wurde sie im Pfälzischen Erbfolgekrieg zerstört, doch auch die Ruine zeugt noch heute eindrücklich von ihrer einstigen Pracht. Die Aussicht ist atemberaubend: Auf der einen Seite blickt man weit in die Rheinebene hinein, auf der anderen Seite erstreckt sich das grüne Meer der Pfälzerwald-Buckel. Nicht weit entfernt von der Madenburg überragt die **Burg Landeck** das Städtchen Klingenmünster. Die im Jahr 1237 erstmals urkundlich erwähnte Stauferburg ist trotz der Zerstörungen im Pfälzischen Erbfolgekrieg in weiten Teilen noch gut erhalten.

Richard Löwenherz auf der Kaiserburg

Oberhalb von **Annweiler** thront auf dem höchsten dreier kegelförmiger Burgberge, dem Sonnenberg, die **Burg Trifels**. Der Sonnenberg ist ein dreifach gespaltener Felsen, 494 m ü. NHN, 145 m lang, 40 m breit und 50 m hoch. Von ihm leitet sich der Name „Trifels", dreifacher Felsen, ab. Im Gegensatz zu vielen anderen Burgen in der Pfalz war der Trifels nicht nur ein einfacher Rittersitz, sondern eine **Kaiserburg** und der Lieblingsplatz von Kaiser Barbarossa obendrein. Bereits im Jahr 1081 wurde die Befestigung erstmals urkundlich erwähnt, doch erst unter den Staufern erlebte sie ihre Blütezeit, ausgebaut zur stattlichen Reichsburg. Trifels wurde Schatzkammer des Reichs und **Aufbewahrungsort der Reichskleinodien** – Kaiserkrone, Reichsapfel, Reichskreuz und Schwert –, den Herrschaftssymbolen der Kaiser und Könige des Heiligen Römischen Reiches Deutscher Nation. Bis die Kaiserburg mit dem Ende der Stauferdynastie im 13. Jh. an Bedeutung verlor, diente sie auch als Staatsgefängnis. Wohl bekanntester Insasse war der englische **König Richard Löwenherz**, der hier von 1193 bis 1194 inhaftiert war, bis für ihn ein Lösegeld bezahlt wurde.

Wiege der Demokratie

Einheit, Freiheit und Demokratie – das waren die Forderungen, die rund 30 000 Menschen aus allen Bevölkerungsschichten auf dem Fest am **Hambacher Schloss** oberhalb von Neustadt an der Weinstraße stellten. Seit vom 27. bis 30. Mai 1832 dort zum ersten Mal schwarz-rot-goldene Fahnen wehten, gilt das Schloss als Wiege der deutschen Demokratie. In der nationalen Gedenkstätte dokumentiert die Ausstellung „Hinauf, hinauf zum Schloss" die Ereignisse von 1832. Die Besucher sollen gleichsam am Zug der Demokraten hinauf zum Schloss teilnehmen können. Fünf fiktive Zeitzeugen – eine Handwerksfrau, ein Student, ein Arzt, ein Journalist und eine Winzertochter – informieren über das **Hambacher Fest**.

Vom Weinbau geprägt

Städte und Dörfer wie **Deidesheim** und **Maikammer** reihen sich in lieblicher Landschaft entlang der Deutschen Weinstraße zwischen **Bockenheim** mit dem Haus der Deutschen Weinstraße im Norden und **Schweigen-Rechtenbach** mit dem Deutschen Weintor im Süden auf. In der **„Toskana des Nordens"** lässt sich, umgeben von Millionen von Rebstöcken, heitere südliche Lebensart genießen.

Das pfälzische Rothenburg

Am nördlichen Ende der Weinstraße liegt das malerische **Freinsheim**. Der Ort ist nicht nur für große Weine bekannt, sondern auch für die Altstadt mit ihren schmucken Gassen und der gut erhaltenen Stadtmauer mit den trutzigen Türmen. Die 1,3 km lange, im 15. Jh. aus rotem Sandstein gebaute Mauer war einst fast 8 m hoch. Der sogenannte Casinoturm wird heute als Theater genutzt. Besonders schön sind der fast 300 Jahre alte **Von-Busch-Hof** mit seinem kopfsteingepflasterten Innenhof, das **Retzerhaus**, ein Herrenhaus aus dem 18. Jh., und das schöne Rathaus am Marktplatz von 1750. Nur einige Jahre jünger ist die katholische Kirche St. Peter und Paul von 1772/1775 mit einem barocken Hochaltar aus hellgelbem Odenwälder Sandstein.

Auf dem Hambacher Schloss wurde deutsche Geschichte geschrieben.

Die Stadt der Feste

Bad Dürkheim gilt als Heimat der historischen Feste. Bereits seit 1480 wird alljährlich zu Pfingsten das Käskönigfest gefeiert, aus dem das Stadtfest hervorgegangen ist. Noch älter ist allerdings ein Fest, das als größtes Weinfest der Welt gilt: der **Wurstmarkt**, der seit 1417 stattfindet. Bad Dürkheim hat aber noch weitaus mehr zu bieten als weinselige Feierlaune. Neben dem **größten Weinfass der Welt** und hübschen Gassen und Winkeln in der **Altstadt** beeindruckt der gewaltige **Gradierbau** mit 333 m Länge, damit einer der größten in Deutschland. Rund um ihn wurde der **Kurpark** geschmackvoll neu angelegt. Über dem Ort erheben sich mit dem imposanten **Kloster Limburg** die Überreste der einstigen Benediktinerabtei als herausragendes Beispiel für die Baukunst der Salier, 1025 vom späteren Kaiser Konrad II. gegründet.

Die Wein-Hauptstadt

Mit über 2000 ha Anbaufläche und einer Produktion von 20 Mio. l Wein im Jahr ist **Neustadt an der Weinstraße** zweitgrößte Weinbaugemeinde Deutschlands. Hier findet das **Deutsche Weinlesefest** mit der Wahl der Deutschen Weinkönigin statt, deshalb wird Neustadt gern als Wein-Hauptstadt bezeichnet. Die Altstadt mit anheimelnden Sträßchen und dem Marktplatz mit gotischer Stiftskirche, Renaissance-Scheffelhaus und barockem Rathaus ist ein beliebtes Bummelziel. Das **Casimirianum** vereint Bauelemente aus Gotik und Renaissance; Pfalzgraf Johann Casimir hatte 1578 die calvinistisch-theologische Hochschule als Ausweichquartier für die damals lutherisch gewordene Universität Heidelbergs gegründet.

Die bayerische Villa

Auch der Luftkurort **Edenkoben** lebt vom Weinbau und liegt inmitten eines Rebenmeeres. Eine architektonische Schönheit strahlt oberhalb des Ortes – die **Villa Ludwigshöhe**. Die einstige Sommerresidenz König Ludwigs von Bayern wirkt mit ihrer Säulenfront wie ein toskanisches Anwesen. Nicht nur der Blick von hier oben ist einen Besuch der Villa wert. Im Innern sind in verschiedenen Räumen noch einige pompejische Wandmalereien und Mosaikböden nach römischen Vorbildern erhalten.

In den Straßencafés von Neustadt an der Weinstraße lässt es sich vor historischer Kulisse gemütlich verweilen.

Do wird die Wutz gschlachd*

„Das ist doch nur eine gebratene Scheibe Wurst!"
Diese flapsige Bemerkung eines „Nicht-Pfälzers"
lässt jedem echten Pfälzer den Kamm schwellen.
Ihr Saumagen, ihr Leib- und Magengericht, ein-
zigartig in der Welt, nur eine simple gebratene
Scheibe Wurst?

Der Saumagen ist alles andere als simpel.
Es gibt ungezählte Varianten und Rezepturen.
Doch ist der Name eigentlich trügerisch, denn
der gewässerte und gut gereinigte Magen der
Sau spielt eine untergeordnete Rolle. Er wird im
Grunde nur als „Kochbehältnis" genutzt und mit
einer Mischung aus magerem Schweinefleisch,
Bratwurstbrät, gewürfelten Kartoffeln und verschiedenen Gewürzen wie gehackten Zwiebeln,
Majoran, Muskat und Pfeffer gefüllt, zugenäht
und stundenlang gekocht. Danach ist die Masse
fest und der Saumagen kann – in Scheiben geschnitten – sogleich verzehrt oder noch in der
Pfanne angebraten werden. Oder man backt ihn
zusätzlich im Ofen.

Pfälzer Schlachtfest

Dabei gibt es bei einem Pfälzer Schlachtfest
durchaus andere Höhepunkte. Traditionell
können Metzelsuppe, Pfälzer Leberwurst, die
auch „Griebeworscht" (Griebenwurst) genannte
Blutwurst, Bratwurst, Leberknödel („Läwwer-
knedel") und Wellfleisch zu einem ordentlichen
Schlachtfest gehören. Die frisch gebrühten Würste
werden direkt aus dem dampfenden Kessel aufgetischt. Als Beilage ist Sauerkraut der Klassiker,
Puristen belassen es einfach beim Brot. Auch
zum Saumagen ist Sauerkraut praktisch Pflicht.
Dazu wird gerne Wein getrunken, aber auch mit
einem kühlen Bier schmecken die Spezialitäten
der „Frischeschlachtung".

Die Metzelsuppe, auch „Worschdsup" genannt,
enthält alles, was an Fleisch und Würsten bei
der Schweineschlachtung anfällt und gleich
gegart wird. Zugleich erhält man beim Kochen
der Pfälzer Delikatessen auch noch eine herzhafte, wohlschmeckende Brühe, die
ihresgleichen sucht. Mancherorts
heißt daher das Schlachtfest auch
Metzelfest. Üblicherweise wurde
es meist im Frühjahr gefeiert, und
trotz verschärfter Hygieneauflagen
ist die Tradition nicht ausgestorben.
Ursprung des Schlachtfests war
die Hausschlachtung des eigenen
Schweins durch eine Gaststätte oder
Privatpersonen. Dabei wurde alles
sofort verarbeitet, was die Sau an
Schmackhaftem hergab, und gleich
anschließend in gemütlicher, fröhli-
cher Runde geschmaust. Außenstehende konnten
an einer aufgehängten, aufgeblasenen Schweine-
blase erkennen: Hier gibt es ein Schlachtfest!

* Da wird die Sau geschlachtet

*Kleines Bild: Der Pfälzer
Saumagen ist der Klassiker
der Pfälzer Küche.*

*Großes Bild: Pfälzer Spezi-
alitäten sind stets deftig
und reichhaltig.*

FAKTEN

*Für Einsteiger in die nicht gerade leichte
regionale Küche empfiehlt sich etwa die
„Pfälzer Dreifaltigkeit", eine schmackhafte Kombination aus Saumagen,
Bratwurst und Leberknödel. Das ist zwar
noch kein Metzelfest, doch wenn das
Gericht gut gemacht ist, vermittelt es
einen kleinen Ausblick auf das, was man
auf einem richtigen Schlachtfest erwarten kann.*

DER OSTEN

Bizarre Felsen und weite Ausblicke prägen den Nationalpark Sächsische Schweiz.

NIEDER-
SACHSEN

Heide

SACHSEN-

Celle

Oranienburg

Ebers-
walde

Langenhagen

Gifhorn

Stendal

Hannover
Laatzen

Wolfsburg

Peine

Braunschweig

Helmstedt

Burg

Potsdam

Brandenburg

BERLIN

Hameln

Hildesheim

Wolfenbüttel
Salzgitter

Magdeburg

Frankfurt/O

B R A N D E N B U R G

Höxter

Goslar

Quedlinburg

Dessau

Lutherstadt
Wittenberg

Fläming

Spreewald | 202–209

Guben

Harz | 156–169

Brocken
1142 m

A N H A L T

Cottbus

au

Göttingen

Nordhausen

Halle

Hoyerswerda

Weißw

Kassel

Kyffhäuser
477 m

Leipzig

Riesa

Meißen

Lausitz

S A C H S E N

Sömmerda

Naumburg

Sächsische
Schweiz | 192–201

Bad
Hersfeld

Eisenach

Gotha

Erfurt

Weimar

Jena

Gera

Freiberg

Fulda

Wasserkuppe
950 m

T H Ü R I N G E N

Suhl

Thüringer Wald | 170–181

Zwickau

Chemnitz

Erzgebirge und
Vogtland | 182–191

Rhön

Thüringer Wald

Coburg

Hof

Frankenwald

Schweinfurt

Harz

Schon Goethe und Heine waren fasziniert von diesem Mittelgebirge, und auch heute noch zieht der raue, mystische Harz die Menschen in seinen Bann.

Legenden ranken sich um die bizarren Sandsteinfelsen der Teufelsmauer, die sich vom östlichen Ortsrand Blankenburgs über Timmenrode bis nach Weddersleben hinzieht.

Er ist Heimat für vielerlei Sagen und Mythen. Auf seinem höchsten Berg, dem Brocken, sollen sich in der Walpurgisnacht die Hexen zum ausgelassenen Treiben versammeln. Die Rosstrappe bei Thale trägt ihren Namen nach einer hufähnlichen Vertiefung im Granitgestein. Der Legende nach soll das Pferd der Königstochter Brunhilde diesen Abdruck hinterlassen haben, als die Schöne auf der Flucht vor einem Freier vom Hexentanzplatz auf die Rosstrappe sprang.

Ganz nüchtern betrachtet hingegen ist der Harz das nördlichste deutsche Mittelgebirge. Er dehnt sich auf einer Fläche von 2226 km² aus (ungefähr 100 km Länge und 30 bis 40 km Breite). Die höchsten Berge sind Brocken (1141 m), Hein-

richshöhe (1044 m), Kleiner Brocken (1015 m) und Wurmberg (971 m). Im Norden hebt sich der Harzrand steil aus der Norddeutschen Tiefebene heraus, während der Südrand relativ sanft abfällt. Zahlreiche Flusstäler durchziehen den Gebirgsstock. **Bodetal** und **Selketal** gehören zu den landschaftlich schönsten. Die ausgeprägten Niederschläge dienen auch der Wasserversorgung: 31 **Talsperren** mit einem Fassungsvermögen von 400 Mio. m³ liefern Wasser bis nach Leipzig. Von Natur aus kommen oberhalb von 800 m Bergfichtenwälder vor, in tieferen Lagen Buchenmischwälder. Durch die Abholzungen in der Vergangenheit und die Wiederaufforstung wachsen im Oberharz auch in tieferen Lagen überwiegend **Fichten**. Im Südharz und Richtung Osten finden

rischen Sperrbezirks rund um den Brocken wird hier eindrucksvoll anhand zahlreicher Exponate gezeigt. Wo einst Wachsoldaten patrouillierten, verläuft heute das „Grüne Band": Im Schatten der Grenze entwickelte sich eine einzigartige Flora und Fauna, die man bei einer Wanderung auf dem **Harzer Grenzweg** erleben kann. Heute erstreckt sich der Harz über die drei Bundesländer Niedersachsen, Sachsen-Anhalt und Thüringen mit fünf Landkreisen.

Dass der Harz in der Geschichte lange eine wichtige Rolle spielte, davon zeugen auch Jahrhunderte später noch altehrwürdige Städte wie **Goslar** mit der Kaiserpfalz und das Fachwerkwunder **Quedlinburg** oder das imposante **Kloster Walkenried**.

Schon früh, bereits Mitte des 18. Jhs., war der Harz auch als Reiseziel entdeckt worden. Bedeutende **Künstler und Literaten** trugen eifrig dazu bei, im In- und Ausland das Interesse zu wecken. Zu den bekanntesten Harzreisenden im 18. Jh. gehörten u. a. Goethe (Harzreisen 1777, 1783,

sich **Mischwälder**. Einzigartig sind die vielen **Hochmoore** im Oberharz.

Im Harz kommen **zahlreiche Gesteinsarten** vor; das macht das Gebiet für Geologiefreunde besonders spannend. Rund 10 % des Harzes gehören zum **Nationalpark Harz**, der die einzigartigen Naturschätze wie Hochmoore und typische Wälder schützt. Ein erfolgreiches Naturschutzprojekt ist auch die **Wiederansiedlung des Luchses** seit Anfang der 2000er-Jahre. Mittlerweile durchstreifen wieder zahlreiche der scheuen Pinselohren die Harzwälder.

Rund 3000 Jahre bestimmte der **Bergbau** die Geschicke der Region, wovon die UNESCO-Welterbestätten **Oberharzer Wasserwirtschaft** und das Bergwerk Rammelsberg bei Goslar eindrucksvoll Zeugnis ablegen. Dann zerschnitt die Teilung Deutschlands den Harz in Ost und West. Rund zwei Drittel lagen in der DDR, ein Drittel auf dem Gebiet der Bundesrepublik. Der Harz war fast 45 Jahre geteilt. Eine Zeit, die Spuren hinterlassen hat, z. B. im **Brockenhaus** in der ehemaligen Stasi-Abhörzentrale auf dem höchsten Gipfel des Harzes. Die Geschichte des militä-

▶ TOPZIELE IN DER REGION

Geschichtsträchtig ist im Harz fast alles: Städte, Landschaften und die Zeugen der jahrhundertelangen Bewirtschaftung durch den Menschen.

BODETAL
„Das gewaltigste Felsental nördlich der Alpen" soll es gewesen sein, das Goethe zu seinem Faust inspirierte. Tatsächlich erinnern die in der Felslandschaft verstreuten bizarren Granitblöcke an Sagen- und Märchengestalten aus ferner Zeit.
→ S. 159

LUCHSGEHEGE RABENKLIPPE
„Unterwegs zu den Luchsen" heißt eine Wanderung des Nationalparks Harz von Bad Harzburg hinauf zur Rabenklippe. Der Aufstieg belohnt nicht nur mit etwas Glück mit einem Blick auf die Luchse im Schaugehege, sondern garantiert eine spektakuläre Aussicht von der Rabenklippe in Richtung Brocken. → S. 163

GOSLAR
Viermal täglich erzählen die Figuren im Zwerchgiebel des „Kämmereigebäudes" an der Ostseite des malerischen Marktplatzes die Geschichte des Rammelsberger Bergbaus. → S. 168

OBERHARZER WASSERWIRTSCHAFT
Der Oderteich ist die älteste Talsperre des Harzes und wurde 1715 bis 1722 erbaut. Sie ist ebenfalls Teil der Oberharzer Wasserwirtschaft. Hier wurde das aus verschiedenen Quelladern der Oder kommende Wasser gesammelt und über den Rehberger Graben nach Sankt Andreasberg geleitet. Die Anlage war mehr als 170 Jahre lang Deutschlands größter Staudamm. → S. 165

QUEDLINBURG
Quedlinburg ist dank der zahlreichen Fachwerkhäuser UNESCO-Weltkulturerbe. Im ältesten Fachwerkhaus von ca. 1310 ist ein informatives Fachwerkmuseum untergebracht. → S. 166

1784) und Novalis. Ihnen folgten im 19. Jh. Joseph von Eichendorff, Wilhelm Raabe, Hans Christian Andersen und Heinrich Heine. Im 19. Jh. hielten Caspar David Friedrich und andere Maler sowohl die Naturschönheiten als auch kulturgeschichtliche Sehenswürdigkeiten in ihren Bildern fest. Von 1841 an erfolgte der Anschluss des Harzes an die Eisenbahnlinien, beginnend mit der Verlängerung der ersten deutschen Staatsbahn von Braunschweig bis nach Bad Harzburg. Ein schönes Relikt aus frühen Eisenbahnzeiten sind die **Harzer Schmalspurbahnen**; oft von Dampfloks gezogen, rumpeln die Züge auch heute noch quer durch das Gebirge und bis auf den Brocken.

Entstehung des Harzes

Das **Mittelgebirge** erhebt sich unübersehbar aus der Norddeutschen Tiefebene, alles beherrschend überragt der **Brocken** die Höhen des Oberharzes im Westen und den deutlich flacheren Ostharz mit seinen ausgedehnten Hochebenen. 100 km ist es lang und 30–40 km breit. Die ältesten Gesteine sind 560 Mio. Jahre alte **Tonschiefer** aus dem Wippertal. Die Gebirgsbildung setzte vor 310 bis 320 Mio. Jahren ein. Von Südosten nach Nordwesten wurde eine riesige Scholle angehoben, die an der Nordkante scharf abbrach. Verursacht wurde dies durch aus dem Erdinneren aufsteigende glühend heiße Gesteinsmassen, was aber nur im Südharz zum Ausbruch von Vulkanen führte. Meist blieb das Magma unter dem Deckgebirge und erkaltete langsam. Dabei setzten sich in Gängen und Klüften Mineralien ab, **Erzgänge** bildeten sich, die schon seit der Bronzezeit abgebaut wurden. Die letzte intensive Modellierung erfuhr der Harz in den **Eiszeiten** der letzten 2,4 Mio. Jahre, als die Gletscher bis an den Harzrand reichten, während die Harzhochfläche aus dem Eis herausragte und nur die Gipfel eine Eiskappe besaßen.

Von sanft bis schroff

Im Norden und Westen steigt der Harz steil aus dem hügeligen Vorland auf und gipfelt in einem mächtigen Granitmassiv. Er wird grob in **drei Teillandschaften** untergliedert. Im Nordwesten erstreckt sich der 600–700 m hohe **Oberharz** bis etwa zur Achse Wernigerode–Benneckenstein–Bad Sachsa. Er gliedert sich in einzelne Hochflächen, die von Flussläufen zerschnitten werden. Ausgedehnte Nadelwälder, ein dichtes Flussnetz, das der Leine bzw. der Aller zufließt, sowie zahlreiche Talsperren und Teiche prägen das Landschaftsbild. Die Hochflächen von Clausthal-Zellerfeld und Sankt Andreasberg bilden mit ihren zahlreichen Bergwiesen und Wäldern ein eigenes landschaftliches Gefüge.

Zentraler Teil des Mittelgebirges ist der **Hochharz**. Er erhebt sich wie eine Insel mitten aus dem Oberharz und weist beträchtliche Höhen auf. Im Norden dieser Teillandschaft ragen der Brocken (1141 m), der Bruchberg (928 m) und der Acker (866 m) auf. Die umliegenden Hochflächen messen ca. 800 m Höhe. Granit tritt am Brocken sowie an der 1000 m hohen Heinrichshöhe und den Hohneklippen zutage. Die Feuersteinklippen sowie die Schnarcherklippen bei Schierke, der Ottofelsen bei Wernigerode und die Hohneklippen zeigen sehr schön die für den Granit so typische Verwitterung.

Als **Unterharz** bezeichnet man den südöstlichen und geologisch ältesten Teil des norddeutschen Mittelgebirges. Er grenzt östlich an den Oberharz an und erstreckt sich bis ungefähr zur Achse Gernrode–Roßla. Weite Hochflächen prägen die bergige Landschaft, die von 500 m auf 300 m am Ostrand des Harzes absinken. Nur im Norden ragen der Ramberg (582 m) und

Ein beeindruckendes Schauspiel sind die vielfältigen Tropfsteinformationen in den Rübeländer Höhlen, hier in der Baumannshöhle.

der Auerberg (579 m) bei Stolberg als markante Erhebungen empor.

Ganz im Osten schließt das **Mansfelder Bergland** an. Es liegt im östlichen Teil der sogenannten Harzabdachung, zu der auch das Tal der Wipper zählt. Am Südrand des Harzes – zwischen Osterode und Pölsfeld bei Sangerhausen – ist ein 1–7 km breiter **Zechsteingürtel** ausgebildet, der vornehmlich aus wasserlöslichen Ablagerungen des einstigen Zechsteinmeeres besteht: Kalk, Gips, Anhydrit, Salz sowie kupferhaltigem Schiefer und diversen Konglomeraten. In das Gesteinsmaterial eindringendes Wasser und Kohlensäure haben durch chemische Reaktionen zur Auslaugung der Salzlager sowie zur Auflösung der Gips- und Anhydritvorkommen geführt. Es entstand allmählich die für den Südharz charakteristische **Karstlandschaft** mit Erdfällen, Dolinen, Höhlensystemen und periodischen, d. h. regelmäßig trockenfallenden Wasserläufen.

Höhlenlandschaften

Ein bemerkenswertes Ergebnis der Verkarstung sind die Rübeländer Tropfsteinhöhlen **Baumanns-** und **Hermannshöhle** östlich von Elbingerode im Unterharz. Bereits 1536 von Bergleuten entdeckt, kann man in ihnen einzelne Phasen der Höhlenbildung nachvollziehen. Stellenweise liegen gleich mehrere Stockwerke übereinander. Beide Höhlen faszinieren durch ihre großen Tropfsteine, und in beiden ist es nur 8 °C warm.

Die **Heimkehle** befindet sich am westlichen Hang des Thyratales, zwischen Rottleberode und Uftrungen, 10 km südlich von Stolberg. Die 1357 als „Heymelnkelle" erstmals erwähnte Höhle ist eine der größten **Gipshöhlen** in Deutschland. 1920 wurde das über 2 km lange und bis zu 22 m hohe Höhlensystem für den Fremdenverkehr erschlossen. Zugänglich sind jedoch nur 750 m.

Enge Flusstäler

Wildromantische Felsbildungen, spektakuläre Wasserfälle, Tobel und Schluchten sind das Resultat der **Flusserosion**, einer Folge des starken Oberflächenabflusses im Bereich des Brockenmassivs. Die der Saale zufließenden Flüsschen Bode, Selke und Wipper haben sich im Unterharz 50–100 m tief in die Landschaft eingekerbt und schöne Täler geschaffen. Vom Brocken kommend, vereinigen sich Kalte und Warme Bode schon bald zur Bode.

Grand Canyon des Harzes

Das **Durchbruchstal der Bode** zwischen Treseburg und Thale gehört zu den schönsten und abwechslungsreichsten Landschaften Ostddeutschlands. Bei Thale bilden die Felsen der **Rosstrappe** zusammen mit dem **Hexentanzplatz** ein großartiges „Felsentor", durch das der Fluss in die nördliche Ebene strömt. Die 169 km lange Bode entsteht durch den Zusammenfluss von Kalter und Warmer Bode, beides Bäche, die am Südwesthang des Brockens entspringen. Besonders sehenswert sind die **obersten Talabschnitte** unmittelbar nach den Quellen von Kalter und Warmer Bode (Brocken), das

Wild, urtümlich und verwunschen ist das enge Bodetal.

> ▶ **SCHÄTZE DER NATUR**

Teufelsmauer bei Blankenburg

An der Südostseite von Blankenburg beginnt die sagenumwobene Teufelsmauer, ein schroff gezackter Sandsteinrücken, der sich parallel zum Harz bis Timmenrode erstreckt und nach einer 3 km langen Unterbrechung bei Thale und Neinstedt sowie zwischen Gernrode und Ballenstedt wieder auftaucht, wo er als sogenannte Gegensteine endet.

Der Brocken

WUSSTEN SIE, ...

... dass das Klima auf dem waldfreien Brockenplateau etwa 1900 m Höhe in den Alpen entspricht? Außerdem zählt der Brocken mit 306 Nebeltagen im Jahr zu den nebelreichsten Gebieten Deutschlands. In der Klimatologie definiert man damit einen Tag, an dem irgendwann zwischen 00.00 und 24.00 Uhr die horizontale Sichtweite unter 1 km fällt. „Nebeltage" können also viele Stunden lang auch wunderschön sein.

Der Brocken ist mit 1141,2 m der **höchste Berg des Harzes**. Aufgrund des rauen Klimas hat er die niedrigste Waldgrenze der deutschen Mittelgebirge. Weil kein anderer Gipfel die Sicht versperrt, reicht der Blick im optimalen Fall über 100 km ins Land. Auf der abgerundeten Kuppe, die u. a. von Granitblöcken und zu Grus verwittertem Granit, dem Hexensand, bedeckt ist, existieren die für den Brocken so typischen subalpinen Zwergstrauchheiden. Diese sind besonders wertvoll, da sie sehr selten gewordene Überbleibsel aus der Eiszeit beherbergen. Stark entwickelt ist hier die Moos- und Flechtenvegetation. Darunter sind viele bestandsbedrohte Flechtenarten, die sehr langsam wachsen und 30 bis 50 Jahre benötigen, um die Größe eines Fingernagels zu erreichen.

Brockengarten

1890 richtete der Göttinger Biologe Albert Peter auf dem Brocken einen **Alpenpflanzengarten** ein. Die meisten der niedrigen, struppigen, graugrünen oder filzig-behaarten Pflanzen im Brockengarten zeigen sich erst aus der Nähe als Kleinode mit bizarren Formen und prächtigen Blüten. Rund 1800 zum Teil sehr seltene Arten wachsen in diesem Lehr- und Schaugarten am Fuß der Brockenspitze wie der kleinste Baum der Welt, die **Krautweide**. Hier blühen schneeweiß von Mai bis Juli auch die **Brockenanemone** und das gelbe **Brockenhabichtskraut**.

Sagen und Tradition

Die **Walpurgisfeiern** in der Nacht zum 1. Mai wurzeln in den uralten heidnischen Bräuchen der Germanen. Sie feierten die Hochzeit Wotans mit Freia, der Maienkönigin. Dieses Opferfest wurde an heiligen Stätten wie Berggipfeln oder Quellen begangen. Der Brocken zählte dazu: Der riesenhafte Berg, dessen Haupt so oft in dichten Wolken verborgen ist, war den Menschen früher unheimlich. Der Weg dorthin führte durch dunkle Wälder, vorbei an Klippen, deren Form die Fantasie anregte. Vermischt mit Aberglauben entstanden so die Sagen von den **Hexen**, die am 30. April nachts auf den Brocken flogen, wo sie dem obersten **Teufel Urian** ihre Aufwartung machten, mit obszönen Gebärden den Schnee wegtanzten und so dem Frühling und seiner Fruchtbarkeit Platz machten. Die Besen waren als Fluginstrument nicht immer dabei, aber da man sie beim Auskehren des Winters brauchte, wurden sie zum Attribut der Hexen.

Weniger „dämonisch" geht es beim traditionellen „Kuhball" zu. Dann treiben die Brockenhirten ihr Rotes Höhenvieh durch das Harzdorf Tanne; die braune Rinderrasse gehörte einst zum Alltag im Harz und ist heute fast eine Liebhaberei. Anlässlich des **Weidenabtriebs** findet auch in Schierke zunächst ein **Umzug** vom Rathaus zur Quesenbank statt, wo mit Harzer Spezialitäten gefeiert wird.

Rübelander Kalksteingebiet sowie der Abschnitt zwischen Treseburg und Thale und das Durchbruchstal im Ramberggranit.

Ilsetal

Über den am Brocken entspringenden Bergbach, der über das grün bewachsene Granitgestein tost und sprudelt, schrieb **Heinrich Heine** 1824: „Ja, die Sage ist wahr, die Ilse ist eine Prinzessin, die lachend und blühend den Berg hinabläuft." Nach Heinrich Heine wurde der Weg benannt, der durch das wild zerklüftete Ilsetal zum Brocken führt.

Selketal

Auf der Harzhochfläche bei Stiege entspringt die Selke und schlängelt sich im meist sanften Tal durch die Laubwälder des Unterharzes wie zwischen Güntersberge und Alexisbad. Es gibt aber immer wieder enge Felsdurchbrüche mit kleinen Wasserfällen. So ist das Selketal zwischen Alexisbad und Mägdesprung nicht so sanft wie in seinem weiteren Verlauf. Der Bach zwängt sich zwischen den Felsen hindurch, weicht Bergnasen aus und bildet kleine Kaskaden. Erst hinter dem Scheerenstieg rücken die Talhänge weiter auseinander und fallen sanfter ab.

Ursprüngliche Natur

Nach 200 intensiven Bergbaujahren war um 1700 der Oberharz weitgehend kahl. An die Stelle des ursprünglichen Laubwalds aus Buchen, Bergahorn, Eschen, Ebereschen und Birken traten Aufforstungen mit **Fichten**, die bis heute das Bild des Harzes bestimmen. Rund 80 % des Waldes im Harz sind mit dieser schnell wachsenden Baumart bestockt. Dabei handelte es sich um eine künstliche Maßnahme mit dem Ziel, den Holzhunger der Erzgruben zu befriedigen und spätere Holzeinschläge im Rahmen von Reparationsleistungen wieder aufzuforsten.

Im **Nationalpark Harz** darf sich inzwischen die Natur wieder ungestört entfalten. Insgesamt stehen knapp 250 km² unter Nationalparkschutz, das sind rund 10 % des Harzes. Der Harz-Nationalpark umschließt mit dem Südhang, den Mittel- und Hochlagen bis zum Nordabfall bei Bad Harzburg alle typischen Landschaftsteile des Mittelgebirges. **95 % des Parks sind bewaldet**, rund 300 ha entfallen auf die **Moore**. Besonders naturbelassene Bereiche des Nationalparks sind

schon heute Kern- oder Ruhezonen. Dort wird überhaupt nicht mehr in die Waldentwicklung eingegriffen. Andere Gebiete sind noch geprägt von jahrhundertelanger Bewirtschaftung. Hier gilt es, Fichtenmonokultur durch Mischwälder abzulösen und Laubbaumarten wieder heimisch zu machen. Der auf der Ostseite des Oderteichs bei St. Andreasberg gelegene Wald gehört zu den ältesten des Nationalparks und ist als **Bannwald** ausgewiesen, d. h., hier ruht jede Bewirtschaftung. Uralte Baumriesen stehen neben abgestorbenen Stümpfen, dazwischen keimen junge Fichten und Buchen, und auch die Eberesche kehrt langsam wieder zurück.

Besondere Bäume

Neben der durch den menschlichen Eingriff großflächig angesiedelten Fichtenart gibt es eine weitere, die **autochtone Harzfichte**, die also in dieser Region ursprünglich beheimatet ist. Jedoch sieht man diese nur noch sehr selten. Sie wächst langsam, ist aber mit ihrem sehr schlanken Wuchs, der die Schneelast auf den Ästen verringert, bestens an den Lebensraum angepasst.

Eine botanische Besonderheit des Bodetals sind die rund **500 Eiben**, die hier wachsen. Bei ihnen handelt es sich nach Ansicht von Experten

Munter plätschert das Wasser der Selke in kleinen Wasserfällen durch das schmale, grüne Tal.

In den naturbelassenen Regionen des Nationalparks Harz findet die scheue Wildkatze wieder einen Lebensraum.

Der rare Hochmoor-Perlmutterfalter ist im Harz heimisch; seine Raupe ernährt sich von der Gewöhnlichen Moosbeere, die in Hochmooren wächst.

um die ältesten Bäume im Harz. Exakt wurde ihr Alter bisher nicht bestimmt, doch Eiben können bis zu 1000 Jahre alt werden, halten also mit den ebenfalls langlebigen Linden und Eichen mit. Rekordhalter in Europa ist derzeit eine rund 9550 Jahre alte Fichte in Dalarna/Schweden. Ihr Alter wurde im Jahr 2008 durch eine sogenannte C14-Analyse wissenschaftlich bestätigt.

Heimliche Jäger

Man wird die **Europäische Wildkatze** in den Harzer Wäldern nur selten zu Gesicht bekommen, da die scheue Jägerin vorwiegend nachts aktiv ist. Aber wenn, dann kann man sie aufgrund des getigerten Fells fälschlicherweise leicht für eine verwilderte Hauskatze halten. Dennoch ist sie keine unmittelbare Verwandte der heutigen Hauskatze. Diese war ursprünglich in afrikanischen Wüstenregionen zu Hause und kam mit den Römern nach Mitteleuropa, während die Wildkatze aus Asien stammt und archäologischen Funden zufolge bereits mehrere Hunderttausend Jahre v. Chr. nach Europa eingewandert ist. Von der Hauskatze unterscheidet sich die Wildkatze vor allem durch den großen, runden Kopf, den langen, buschigen Schwanz und die eher verwaschene Fellfarbe. Der Harz mit seinen Laubmischwäldern und einer vielfältig strukturierten Landschaft (wie Waldrändern,

Hecken und Wiesen) bietet dem unter Artenschutz stehenden Raubtier ideale Lebensbedingungen. Einst nahezu ausgerottet, haben sich die Wildkatzenbestände im Harz mittlerweile erholt.

Große Hühner

Vornehmlich in den ruhigeren Gebieten der oberen Harzlagen ist das **Auerhuhn**, der größte europäische Hühnervogel, wieder vertreten. Nachdem es im Harz bereits als ausgestorben galt, konnte es ab 1978 wieder angesiedelt werden. Sein Bestand aber ist nach wie vor akut gefährdet. Ähnlich wie beim Luchs wurde ein Auswilderungsprogramm gestartet, das jedoch aufgrund mangelnden Erfolgs eingestellt werden musste. In Lonau im Südharz sind die imposanten Vögel im Schaugehege des Nationalparks jedoch noch in natura zu bewundern.

Nordische Gäste aus der Eiszeit

Angepasst an die rauen klimatischen Bedingungen des Hochharzes sind nicht nur verschiedene Pflanzen. Auch Insekten, die sonst ausschließlich weiter nördlich leben, kommen mit der teilweise extremen Witterung zurecht – so wie **Arktische Smaragdlibelle** und der **Hochmoor-Perlmutterfalter**, die beide als Relikte aus der Eiszeit gelten.

Schätze im Moor

Zwischen dem Brocken und dem Bruchberg breiten sich **Hochmoore und Feuchtgebiete** aus, die nicht zuletzt aufgrund der hohen Niederschlagsintensität in diesem Raum entstanden sind bzw. weiter wachsen.

Neblige Schauplätze in Krimis, Aufenthaltsort böser Geister und ruheloser Seelen: Moore haben keinen guten Ruf. Ein Moor wirkt wie eine riesige Grasfläche, entpuppt sich aber schnell als trügerische Scheinwelt, halb Wasser, halb Land. Dem federnden, schmatzenden Boden traut man instinktiv nicht. Zu Recht – unsichtbar verbergen sich tiefe Wasserlöcher, die einen Wanderer zwar nicht filmreif versinken lassen, aber doch in ungemütliche Situationen bringen können. Mit Bohlenwegen und Aussichtstürmen werden im Nationalpark Harz einige dieser faszinierenden Naturschönheiten sicher zugänglich gemacht. Moore entstehen, wenn ein Gebiet dauerhaft durchfeuchtet wird und abgestorbene Pflanzenteile sich wegen Sauerstoffmangels nicht mehr zersetzen können. Wichtigster Baustein sind die

Der Luchs ist zurück

Alles was Krallen, scharfe Zähne oder krumme Schnäbel hat, wurde früher – und großenteils bis heute – erbarmungslos gejagt. 1818 wurde der letzte Luchs bei Lautenthal erlegt, der imposante Jäger tauchte für über 180 Jahre nur noch in Büchern und Bildern auf. Die sonstigen klassischen Raubtiere des Harzer Urwalds wie Bär und Wolf waren ebenfalls bereits Anfang des 19. Jhs. ausgerottet. Für den Luchs jedoch gab es ein Comeback. Nach erfolgreichen **Auswilderungen** im Bayerischen und im Pfälzerwald wurden zwischen 2000 und 2006 auch im Harz Luchse in die freie Wildbahn entlassen. Nicht alle dieser 24 Luchse, die aus Zuchtbeständen von europäischen Tiergärten stammten, überlebten. Doch bereits seit 2002 gibt es jedes Jahr **Nachwuchs**, sodass durch Geburten ca. 100 Jungluchse hinzugekommen sind. Da die hübschen Raubkatzen ein sehr heimliches Leben führen und riesige Reviere durchstreifen, die etwa zwischen 100 und 400 km² groß sind, lässt sich ihre Zahl sehr schwer schätzen. Drei Tiere hat man zu Forschungszwecken mit Senderhalsbändern versehen. Einen Luchs auszuwildern ist ein komplexer Prozess, der auch scheitern kann. Viel Erfahrung und gut ausgebildetes Personal sind nötig. Zunächst werden Luchse aus europäischen Wildparks ausgewählt. Noch im Heimatgehege werden die Tiere untersucht und geimpft. Anschließend erfolgt der Transport in das **Auswilderungsgehege** im Harz. Dort wird geprüft, ob sie der Wildnis gewachsen sind. Ist dies der Fall, wird das Tor geöffnet, und sie sind von nun an auf sich gestellt. Nicht alle bleiben dem Harz treu: Mittlerweile kommt die große Katze bereits im nördlichen Hessen vor, und auch im Leinebergland konnte Luchsnachwuchs bestätigt werden. Gefährlich werden die Raubkatzen übrigens nur Hirschkälbern und Rehen, von denen sie im Schnitt ein bis zwei pro Woche verzehren. Menschen meiden sie, sodass sie in freier Wildbahn kaum gesichtet werden. Der Luchs gehört zu den **Kleinkatzen**, ist unter ihnen aber eine der größten. Außerdem zählt er zu den schnellsten Tieren. Sein ausgeprägter Gehör- und Gesichtssinn machen ihn zu einem geschickten Jäger: Luchsaugen sind sechsmal empfindlicher als die des Menschen und ein Luchs kann eine Maus noch in 50 m Entfernung hören. Seine Nase spielt hingegen für die Jagd keine sehr große Rolle.

Kleines Bild: Bei der Luchsfütterung informieren die Ranger über die großen Katzen.

Großes Bild: Wieder heimisch – die großen Katzen mit den auffälligen Ohren und dem kurzen Schwanz breiten sich wieder im Harz aus.

FAKTEN

Oberhalb von Bad Harzburg können Luchse im großen Schaugehege an der Rabenklippe beobachtet werden. Besonders gute Chancen, die Tiere zu sehen, hat man bei den mittwochs und samstags stattfindenden öffentlichen Fütterungen. Wer etwas Geduld mitbringt, dem zeigen sich die inzwischen an Publikum gewöhnten Tiere aber auch außerhalb dieser Zeiten. www.nationalpark-harz.de

grüngelblichen Torfmoose, deren abgestorbene Teile die Torfschicht bilden. Diese wächst pro Jahr im Durchschnitt gerade mal 1 mm. Eines der größten und ältesten Harzmoore, das **Große Torfhausmoor**, ist über 10 000 Jahre alt. Seine Torfdecke erreicht mittlerweile rund 6 m Dicke. Wie gigantische Schwämme saugen Moore Niederschlagswasser auf.

Überlebenskünstler

Auf ihren extrem kargen und sauren Böden gedeihen nur angepasste Spezialisten wie der rötliche **Sonnentau**. Er wächst zwar direkt neben den Bohlenwegen, wird aber gern übersehen, weil er so winzig ist. An den fingernagelgroßen Blättern sitzen klebrige Tentakel, mit denen der Sonnentau Insekten, vor allem Ameisen, fängt. Wenn sie einmal festsitzen, gibt es kein Entrinnen mehr. Innerhalb von zwei Tagen löst die fleischfressende Pflanze alle verwertbaren Stoffe – vor allem Stickstoff – aus dem Insekt. Auch **Heidekraut** und **Moosbeere**, die beide zartlila blühen, gehören zu den floralen Hunger-

künstlern. Wie mit Tausenden Wattebäuschchen geschmückt wirkt das Moor im Juni, wenn sich die Blütenhüllen des **Wollgrases** in weiße Wollschöpfe verwandeln. Im Herbst leuchtet die grasartige Hainsimse in einem warmen Bronzeton. Im Randbereich, wo die Ernährungslage besser wird, wachsen **Moorfichten** und die fast strauchartigen **Karpatenbirken**.

3000 Jahre Bergbau

Der Harz wird seit über **3000 Jahren** wirtschaftlich genutzt, die meiste Zeit davon sowohl unterals auch oberirdisch für den Bergbau. Der alte Harzspruch „Es grüne die Tanne, es wachse das Erz, Gott schenke uns allen ein fröhliches Herz" zeugt noch heute von der überragenden Bedeutung, die der Bergbau für die ganze Region hatte. Herausragend war die **Silbergewinnung** am Rammelsberg, die sich auf den gesamten Oberharz ausdehnte. Zeitweise befand sich hier die wichtigste Silberproduktion Europas. Auch Blei, Zink, Gold und Kupfer lagen hier so reichlich wie

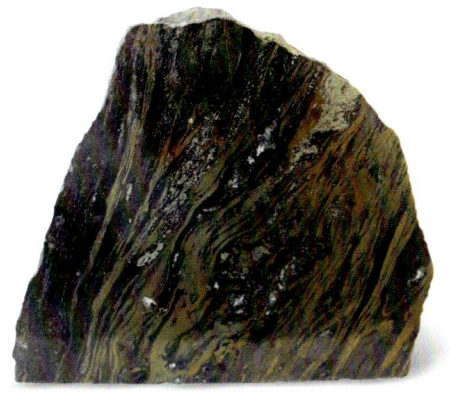

sonst an kaum einem Ort weltweit. Die **Eisenerzgewinnung** konzentrierte sich in der Gegend um Elbingerode, und der Abbau von **Kupferschiefer** fand vor allem im Raum Mansfeld und Sangerhausen statt. Heute erinnern an diese Epoche die zahlreichen Teiche, Graben- und Stollensysteme für den Transport des Wassers, riesige, teilweise bewachsene Halden, alte Schachtanlagen und vereinzelt noch Fördertürme.

Rammelsberg bei Goslar

Bereits in der **Altsteinzeit** hatten die Menschen damit begonnen, Rohstoffe durch bergmännische Arbeit zu gewinnen. Grabungen im Oberharz deuten auf einen **bronzezeitlichen Bergbau**. Das Jahr 968 gilt als Zeitpunkt der ersten urkundlichen Erwähnung des Bergbaus am Goslarer Rammelsberg. Mit der Intensivierung des **Silberbergbaus** im Oberharz und der **Kupfergewinnung** auf dem Rammelsberg wuchs die Siedlung **Goslar** ab dem 10. Jh. zur Stadt heran. Der Überlieferung nach kamen die ersten Bergleute aus dem Siegerland, das damals von den Franken besiedelt wurde, nach ihnen heißt heute noch ein Stadtteil von Goslar Frankenberg. Der Bergbau dehnte sich in den nächsten Jahrzehnten durch das Innerstetal bis in die Gegend von Zellerfeld aus und ließ bis zum 16. Jh. mehr als 30 Orte im westlichen Harz entstehen.

Oberharzer Wasserwirtschaft

Die Konzentration der Regen- und Schneefälle vor allem während der Wintermonate und die **ungleiche Verteilung der Niederschlagsmengen** im Harz führten zu vielen Problemen im Bergbau und Hüttenwesen. Förderanlagen wurden mithilfe von Wasserkraft betrieben, die Pochwerke, die Erzwäsche – alles hing am Wasser.

WUSSTEN SIE, ...

... dass Kanarienvögel der Rasse Harzer Roller als eine Art Frühwarnsystem für Sauerstoffmangel mit den Bergmännern in die Erzstollen einfuhren?

Bild links: Typisches Erz vom Rammelsberg, das sogenannte „Melierterz"

Das ehemalige Bergwerk Rammelsberg gehört seit 1992 zum Weltkulturerbe der UNESCO und ist heute ein Museum. Das mächtige Wasserrad diente als Energiequelle im Bergwerk.

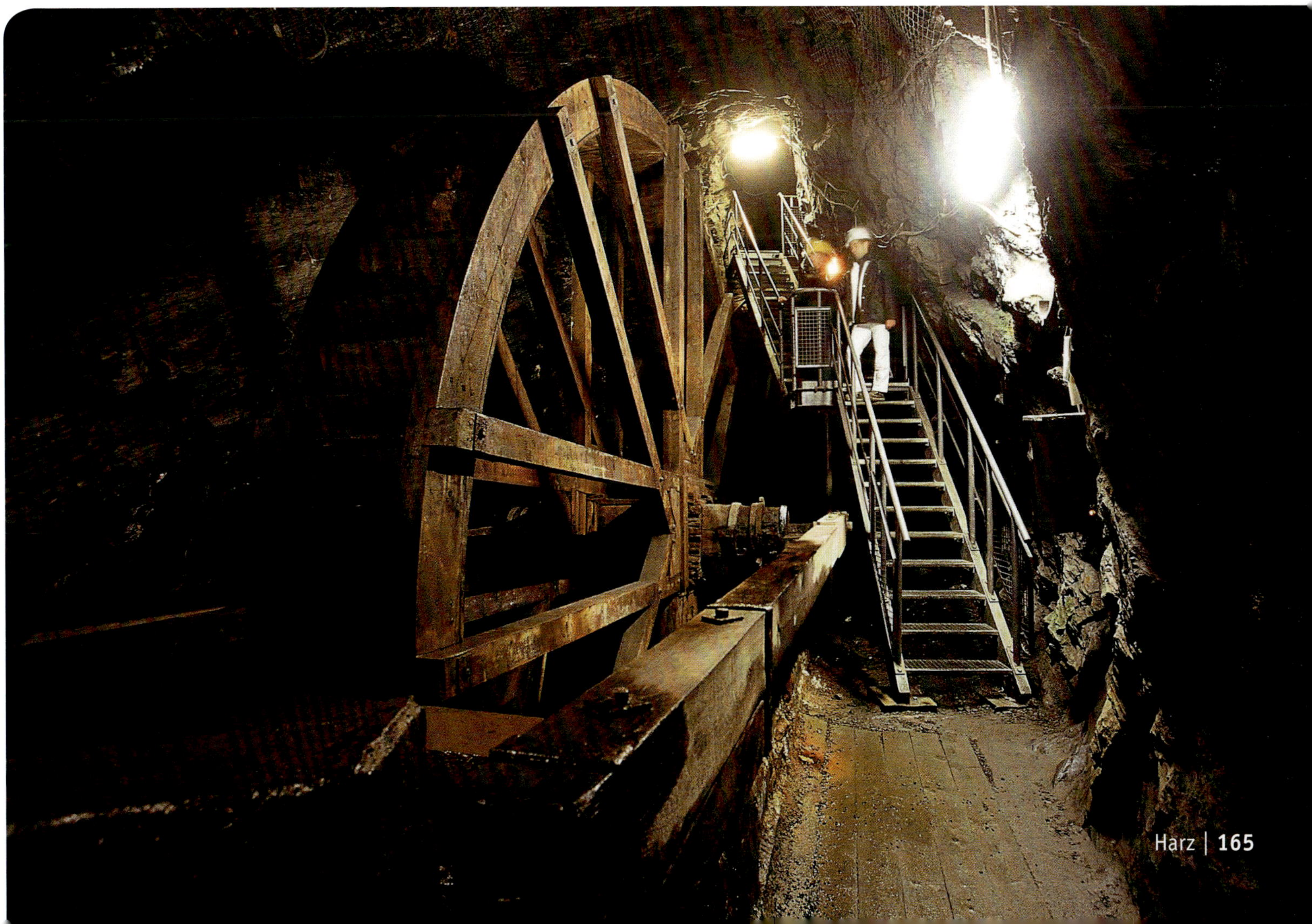

Quedlinburger Kaiserfrühling

In Quedlinburg bricht an Pfingsten das Mittelalter an, wenn die von Kaiser Otto I. initiierte Reichsversammlung aus dem Jahr 973 auf dem Schlossberg nachgespielt wird. Der Kaiser hatte dazu zahlreiche weltliche und geistliche Würdenträger um sich geschart. Das bunte Treiben auf dem Mittelaltermarkt rundet das Historienfest ab.

Buntes, sorgsam restauriertes Fachwerk säumt den Quedlinburger Schlossberg.

Aus diesem Grund wurde zwischen 1534 und 1864 ein beeindruckendes Wassersammel- und -speichersystem angelegt. Es besteht aus insgesamt etwa 120 Teichen, über 500 km Gräben und 30 km Wasserläufen (unterirdischen Gräben), die geschickt verbunden sind. Das einmalige Netzwerk, die „Oberharzer Wasserwirtschaft", wurde 2010 in die **UNESCO-Liste** „Natur- und Kulturerbe der Menschheit" aufgenommen.

Adlige, Klerus und Bürger

Neben den reichen Naturschätzen und der alten Bergbaukultur prägen vor allem **Burgen**, **Klöster** und **Schlösser**, die in vergangenen Jahrhunder-

ten Sitz von Adel und Klerus waren, das Anlitz des Harzes nach wie vor. Ebenso sind **historische Städte** mit unzähligen gut erhaltenen oder schön restaurierten Fachwerkhäusern sehenswerte Kleinode. Insbesondere die Altstädte von **Quedlinburg** und **Wernigerode** sind wahre Fachwerkschatzkammern, aber auch **Stolberg** oder **Goslar** müssen sich nicht verstecken. Quedlinburg und Goslar besitzen sogar Welterbe-Status.

Malerisches Fachwerk

In **Quedlinburg** blieben vollständige Straßenzüge und Plätze mit über 2000 Fachwerkhäusern aus sechs Jahrhunderten erhalten. Weithin sichtbar überragt die **Stiftskirche** auf dem Schlossberg die Altstadt und zaubert eine unverwechselbare Silhouette. König Heinrich I. errichtete am höchsten Punkt der Stadt 919 eine Pfalz, eine Königsresidenz, seine Frau Mathilde gründete auf dem **Schlossberg** ein Damenstift. Dessen Äbtissinnen besaßen großen Einfluss, steuerten die Geschicke der Stadt, mehrten deren Wohlstand und hielten zeitweilig im Herzogtum Anhalt die Zügel in der Hand. Entsprechend prächtig fiel der Nachfolgebau der Pfalzkapelle aus, die **Stiftskirche St. Servatius**. 107 Stufen führen von der Stadt aus in die Geschichte Quedlinburgs. Vor 1000 Jahren stand auf dem Münzenberg gegenüber dem Schlossberg das Marienkloster. Nach der Reformation zogen Menschen in die Klosterruinen, die in der Stadt nicht erwünscht waren wie Tagelöhner, Kesselflicker und Musikanten. Heute macht das Gewirr winziger Fachwerkhäuser den besonderen Charme des Münzenbergs aus.

Der Dichter **Hermann Löns**, der hier vor dem Ersten Weltkrieg als Redakteur lebte, nannte **Wernigerode** „die bunte Stadt am Harz". Malerisch liegt sie mit ihren steilen Dächern und den spitzen Türmen vor dem grünen, schroff ansteigenden Harz. Sie wird vom mächtigen **Schloss** überragt, dessen Türme und Erker gut zu den bunten Fachwerkhäusern in der Altstadt passen. Das **Rathaus** am Marktplatz, das mit den Fensterchen der beiden Spitztürme den Betrachter anschaut, wurde bereits 1277 als „Spelhus", als Tanz- und Festhaus, erbaut. Später war es Gerichtshaus, und seit 1544 ist es Rathaus. Das kleinste Haus Wernigerodes wurde um 1750 erbaut und ist lediglich 4,20 m hoch, 2,95 m breit und hat eine Wohnfläche von nur 28 m².

Harzer Schmalspurbahnen

Rund 140 km Schienen durchziehen die gesamte Region des Harzes. 1887 eröffnete zwischen Gernrode und Mägdesprung das erste Teilstück. Bis heute gehören die Lokomotiven der Harzer Schmalspurbahn, die pfeifend ihr Kommen ankündigen, zu den Touristenlieblingen im Harz. Die meisten Züge der Harzer Schmalspurbahn sind noch mit **Dampfloks** bespannt, die Züge, die auf den Brocken fahren, sogar ausschließlich. Mit gemütlichen 40 km/h Spitze überqueren sie das Gebirge zwischen Nordhausen und Wernigerode als **Harzquerbahn** und zwischen Eisfelder Talmühle und Quedlinburg als **Selketalbahn**. Die Selketalbahn ist die älteste der Harzer Schmalspurbahnen und gilt als romantischster Teil des Schmalspurnetzes. 60,5 km lang ist die wildromantische Strecke, nachdem Mitte 2006 das Streckennetz der Selketalbahn von Gernrode bis zur Welterbestadt Quedlinburg verlängert wurde.

Von der Harzquerbahn zweigt bei der Station Drei Annen Hohne (540 m) die 1899 eröffnete **Brockenbahn** ab. Auf ihrer Fahrt überwindet sie enorme Steigungen (max. 1 : 30). Zunächst wendet sie sich ansteigend nach Westen und kreuzt hinter der Station Schierke die Brockenstraße, überquert am klippenreichen Eckerloch das Schluftwasser (845 m) und umfährt in einem weiten Bogen den Königsberg. Dann durchschneidet sie im weiteren Verlauf eine Moorfläche (Aussichtsplattform) und windet sich zuletzt zu der in 1130 m Höhe liegenden Endstation auf dem Gipfel.

Vor allem an schönen Tagen und zu Ferienzeiten erfreuen sich die Züge größter Beliebtheit. Dann sind sie voll besetzt und geben für 1,1 Mio. Fahrgäste pro Jahr auch auf den steilen Strecken ihr Bestes. Das beansprucht Maschine und Material. Regelmäßig muss alles „Rollende" daher ins **Bahnbetriebswerk Wernigerode**, wo es Spezialisten in Schuss halten. Die Werkstattmeister müssen technisch versiert sein, um vom Methusalem unter den Dampfloks aus dem Jahr 1897 bis zur 100 Jahre jüngeren Diesellok alle Triebwagen warten zu können. Dazu gehört beispielsweise Abölen, Schlacken entfernen, Kessel und Rauchkammer reinigen. Wer möchte, kann einen Blick in diese **Dampflokomotivwerkstatt** werfen, mit den Mitarbeitern fachsimpeln und einen fundierten Einblick in den Arbeitsalltag erhalten.

Kleines Bild: Führer einer Harzer Dampflok ist ein besonderer Beruf.

Großes Bild: Die nostalgischste Art, den Harz zu „erfahren"

FAKTEN

Die Fahrt mit der Brockenbahn ist die bequemste Art, auf das Wahrzeichen des Harzes zu gelangen. Ab Wernigerode benötigt der Zug ca. 2 Std. bis zum Brockenbahnhof auf dem Gipfel, die letzten Stationen sind Drei Annen Hohne und Schierke. Unabhängig davon, wo man zusteigt, ist ein fester Einheitspreis pro Strecke zu entrichten. www.hsb-wr.de

Die mittelalterliche Kaiserpfalz von Goslar mit den Anfang des 20 Jhs. errichteten Reiterstandbildern von Kaiser Barbarossa und Wilhelm I.

▶ LAND UND LEUTE

Bei den Köhlern

Von April bis Oktober rauchen die Meiler am Stemberghaus nördlich von Hasselfelde und nebeln je nach Windrichtung auch mal die Zuschauer ein. Früher gehörte das Köhlerhandwerk zu den wichtigsten Berufen im Harz, verschlangen doch die Erzgruben immense Mengen an Holzkohle. Alles über dieses Handwerk zeigt die Harzköhlerei Stemberghaus, ein in Deutschland in dieser Art einzigartiges Freiluftmuseum. In der Köhlerhütte laden Köhlerschmaus, Dunkelbier und Kuchen zum Verweilen. Ein Sack original Harzer Buchenholzkohle für den heimischen Grill kann ebenfalls erstanden werden. www.harzkoehlerei.de

Stolberg im Tal der Thyra zählt gleichfalls zu den Bilderbuchstädten im Harz. Gepflegte Fachwerkfronten flankieren die blitzblanken Straßen, mitten im Städtchen thront ein schmuckes **Schloss**, und mit Thomas Müntzer, dem legendären Theologen, Reformator und Revolutionär zur Zeit der Bauernkriege, besitzt die Ortsgeschichte auch einen großen Sohn.

Burgen, Klöster und Kirchen

Der Harz war im Mittelalter das Kernland der deutschen Kaiser. Pfalzen, großartige Kirchen und prächtige Städte wie **Goslar** erinnern an diese Zeiten. Warum wurde aus einer winzigen Ansammlung strohgedeckter Hütten innerhalb von nur 40 Jahren eine der größten mittelalterlichen Städte nördlich der Alpen, letztlich sogar als **Nordisches Rom** bekannt? Die Antwort liegt auf dem Rammelsberg vor den Toren Goslars. Ohne Silber wäre das Münzwesen des Mittelalters nicht denkbar gewesen. Nur wer seine Hand auf ausgedehnte Silbervorkommen legen konnte, sicherte sich den nö-

tigen finanziellen Spielraum zum Erhalt seiner Herrschaft, und am Rammelsberg tat sich das größte Erzlager jener Zeit auf. Bergleute aus allen Teilen des noch jungen Reiches schürften hier im Auftrag der sich römisch nennenden Kaiser deutschen Ursprungs, in deren Kassen sich für ein halbes Jahrtausend ein ergiebiger Geldstrom ergoss. Goslar wuchs und gedieh im Schatten dieses Erzberges, und das nicht nur wirtschaftlich. Auch politisch entwickelte sich die Stadt zu einem Dreh- und Angelpunkt des Heiligen Römischen Reichs Deutscher Nation. Seit 1050 unterhielten die **Kaiser des Mittelalters** hier eine Pfalz. Heinrich IV. trat von Goslar aus seinen berühmten Gang nach Canossa an, der Streit zwischen Heinrich dem Löwen und dem Stauferkaiser Friedrich I. Barbarossa hatte den Harz als Kulisse. Sichtbares Zeugnis dieser Epoche ist die **Kaiserpfalz** am Altstadtrand.

Nicht nur Kaiser, sondern auch Kleriker hinterließen im Harz ihre (architektonischen) Spuren. Eine der ersten Gründungen eines Zisterzienserklosters auf deutschem Boden befindet sich in **Walkenried**. Der erste Konvent des neuen Ordens der Benediktiner traf 1129 hier ein, 1137 fand die Weihe der ersten, rund 50 m langen romanischen **Klosterkirche** statt. Großzügige Schenkungen und die Arbeit der Mönche machten das Kloster Walkenried bald zum angesehensten und reichsten Stützpunkt des

Ordens in Norddeutschland. Um 1215 wurde mit dem Bau einer größeren gotischen Klosterkirche begonnen, nach 80-jähriger Bauzeit erfolgte ihre Weihe 1290. In seiner Glanzzeit Ende des 13. Jhs. war das Kloster mit rund 100 Mönchen und über 200 Laienbrüdern besetzt. Wenn auch in Teilen Ruine, zeugt die Anlage noch so beeindruckend von ihrer einstigen Größe und kulturellen Bedeutung, dass die UNESCO ihr 2010 den Welterbe-Status verlieh.

Weniger imposant, aber ebenso einzigartig ist die nach dem schwedischen König benannte **Gustav-Adolph-Kirche**. Die auf einem zwischen Hahnenklee und Bockswiese gelegenen Hügel stehende Kirche ist Deutschlands einzige **Stabkirche**, 1907/1908 ganz aus Holz erbaut. Der Baustil hat seinen Ursprung im nordeuropäischen Raum, wo schon zwischen 1000 und 1100 nach dem Vorbild der Wikingerschiffe solche Kirchen errichtet wurden. Deutschlands größte **Holzkirche** wiederum, mit imposanten 2000 Sitzplätzen, befindet sich in **Clausthal-Zellerfeld** und wurde 1639–42 errichtet. Die 57 m lange Hallenkirche gehört zu den bedeutendsten Baudenkmälern des norddeutschen Barocks, ihre Innenausstattung zählt zu den wichtigsten Zeugnissen sakraler Schnitzkunst des 17. und 18. Jhs. in Deutschland.

Nicht nur einem Vorbild nachempfunden wie die Hahnenkleer Stabkirche, sondern tatsächlich im Mittelalter errichtet wurde **Burg Falkenstein**, die auf einem Sporn über dem Selketal, 9 km vor Ballenstedt, steht. Keine andere Burg im Harz ist so gut erhalten. 1120 datiert der Baubeginn durch die Konradsburger Grafen. Um 1230 schrieb hier Eike von Repgow den „**Sachsenspiegel**", die älteste Sammlung deutschen Rechts. Nach 1600 wurde die Burg umgebaut, im 18. Jh. zogen die Herren ins Meisdorfer Schloss um, und im 19. Jh. erfolgte der Umbau zum Jagdschloss.

Weit mehr als Harzer Käse

Auch kulinarisch hat der Harz einiges zu bieten. Den in handlichen Päckchen angebotenen **Harzer Käse** kennt jeder. Aber wie sieht es mit dem **Roten Höhenvieh** aus, der **Goslarer Gose** oder den **Stolberger Lerchen**? In und um den großen Wald gibt es allerlei zu schmecken. Sogar **Wein**. Die Lagen im südlichen Harzvorland in Westerhausen liefern Spätburgunder, Traminer sowie Riesling, Weißburgunder und weitere

drei Rebsorten. Schon im Mittelalter sollen Biertrinker das Gebräu namens **Goslarer Gose** aus der damaligen Kaiserstadt geschätzt haben. Das obergärige Weizenbier ist naturbelassen, unfiltriert und frei von Konservierungsstoffen. Ein wenig Salz und Koriander sorgen für einen sehr typischen Geschmack, der leicht ins Säuerliche spielt. Historisch ist auch das Harzer Rote Höhenvieh, das schon dem Untergang geweiht schien. Die alte Haustierrasse vertrug sich nicht mit den heutigen Ansprüchen an Hochleistungsrinder. Doch ein kleiner Bestand konnte nachgezüchtet werden. Heute schmücken Produkte vom Harzer Höhenvieh so manche regional gefärbte Speisekarte. Stolberg im Südharz ist die Heimat der Stolberger Lerchen. Die haben mit Vögeln allerdings rein gar nichts zu tun, vielmehr handelt es sich um dünne, geräucherte und luftgetrocknete Bratwürste.

Ein kulinarisches „Wahrzeichen" ist der typische Harzer Käse.

Hahnenklees Stabkirche ist ein Musterbeispiel der Holzbaukunst.

Thüringer Wald

„Das grüne Herz Deutschlands" wird Thüringen auch genannt – auf den Thüringer Wald trifft diese Einschätzung auf jeden Fall zu.

Die Wartburg bewacht bei Eisenach den Eingang zum Thüringer Wald.

Ein Meer von Fichten dehnt sich zwischen Eisenach und Saalburg aus. Dies ist nicht die ursprüngliche Vegetation, denn die bestand überwiegend aus Buche, Ahorn und Tanne, dazu etwas Eiche, Eberesche und Fichte. Nach einem verheerenden Windbruch im Jahr 1948 wurden die Flächen zum größten Teil mit Fichten wieder aufgeforstet, an wenigen Stellen ist das einstige Waldbild, das schon Goethe lobte, jedoch noch zu erleben. Besonders schöne Laubwälder dehnen sich z. B. zwischen Eisenach und Bad Liebenstein aus.

Der Naturpark Thüringer Wald lädt zu Begegnungen mit der Natur ein, vor allem das schöne **Vessertal** ist ein Kleinod. Manche der scheuen Bewohner wird man selten zu sehen bekommen, doch leben hier tatsächlich zahlreiche rare und zum Teil bedrohte Arten wie **Schwarzspecht** oder **Sperlingskauz**.

Auf dem Kamm des Mittelgebirges verläuft der **Rennsteig**, der schon im Mittelalter bekannt war. Seitlich führen tiefe Täler ins Vorland, wo es vielfältige kulturelle Erlebnisse gibt. Die **alten Handwerke** wie Glasmachen, Holzschnitzen sowie Schiefer- und Erzgewinnung bilden heute die Basis für so manche Touristenattraktion. Auf Geschichtsträchtiges trifft man allenthalben. Auf der **Wartburg** bei Eisenach trafen sich die Minnesänger des Mittelalters, Elisabeth von Thüringen war eine starke Persönlichkeit, die dem Frauenbild ihrer Epoche trotzte und schon zu

Thüringer Wald

datierbare Hofapotheke und die Stadtkirche St. Johannis gilt als eine der schönsten Hallenkirchen Thüringens – vor allem die rot gefassten Bündelpfeiler ziehen die Blicke auf sich.

Die **Bodenschätze** der Region – Schiefer und Erze vor allem – bescherten den Bewohnern in vergangenen Jahrhunderten Wohlstand und überregionale Bekanntheit. Zu den Schätzen des Thüringer Waldes zählt auch der Quarzsand aus Bächen und Flüssen, der im 12. Jh. zur Herstellung des speziellen Waldglases verwendet wurde. Im 18. Jh. wurden um das Städtchen **Lauscha** die ersten Glasröhren produziert, später folgten Puppenaugen, Glasfiguren, Augenprothesen – und seit rund 150 Jahren auch **Christbaumschmuck**. Der Legende nach waren die **Glasbläser** Mitte des 19. Jhs. so arm, dass sie ihren Kindern nicht einmal Walnüsse oder Äpfel an den Weihnachtsbaum hängen konnten, wie es damals üblich war. Einer von ihnen soll daher Äpfel aus Glas geblasen haben. 1847 tauchte der neue Baumschmuck zum ersten Mal in einem Katalog auf, wenig später traten die Kugeln ihren Siegeszug durch

Zeiten ihres kurzen Lebens zur Legende wurde. **Luther** übersetzte hier die Bibel ins Deutsche, zu Füßen der Wartburg wurde 164 Jahre später **Johann Sebastian Bach** in Eisenach geboren.

Ehrwürdige Orte allenthalben – Eisenach natürlich, aber auch Schmalkalden, Ilmenau oder Arnstadt sind nicht nur mit den Personen vergangener Jahrhunderte verbunden, sondern schmücken sich auch mit historischer Bausubstanz. Die „**Steinerne Chronik Thüringens**" – das ist **Saalfeld**, das sich in die grünen Waldausläufer schmiegt, wo das Thüringer Schiefergebirge im Nordosten endet und die Saale entlässt. Der Name kommt nicht von ungefähr: In der ehemals so wichtigen Handelsmetropole an der Saale sind Bauten aus allen Epochen (inklusive Plattenbauten) zu finden. Die Altstadt, die von einem fast vollständig erhaltenen mittelalterlichen Stadtmauerring aus dem 13./14. Jh. eingefasst wird, gilt als Schmuckstück. Blickfang sind die Liden – ein Laubengang aus dem 16. Jh., der es 500 Jahre später erlaubt, trockenen Fußes einzukaufen. Den Titel des ältesten Hauses der Stadt verdient die noch auf romanische Zeiten

▶ TOPZIELE IN DER REGION

Auf den Spuren großer Köpfe zu historischen Stätten, hinauf auf den Berg und hinab in die Tiefe – im Thüringer Wald hat Langeweile keine Chance.

GROSSER INSELSBERG

Zu Füßen von Thüringens bekanntestem und schönstem Berg soll sich angeblich beim heutigen Bad Salzungen im Jahr 58 n. Chr. die Salzschlacht zwischen den germanischen Stämmen der Hermunduren und der Chatten zugetragen haben, von der Tacitus in seinen Annalen berichtet. → S. 174

MARIENGLASHÖHLE
BEI FRIEDRICHRODA

Im Jahr 1775 wurde ein Stollen in den Abtsberg getrieben; Kupfer sollte abgebaut werden, doch man stieß auf Gips, der bis 1903 gewonnen wurde. 1787 wurde auch die Marienglashöhle entdeckt, die seit Stilllegung des Bergwerkbetriebs als Schauhöhle zugänglich ist.

Im angegliederten Geopark Infozentrum erfährt der Besucher viel Wissenswertes über die Geologie der Region. → S. 175

WARTBURG BEI EISENACH

Die Wartburg (gegründet im Jahr 1067) ist seit 1999 Welterbestätte. Im 18. Jh. verfiel sie zur Ruine, ab Mitte des 19. Jhs. wurde sie neu errichtet. Im Stil der Neugotik entstanden Bergfried, Neue Kemenate, Dürnitz und Torhalle, Gadem und Ritterbad. → S. 177

SCHMALKALDEN

Über 90 % der Häuser in der denkmalgeschützten Altstadt sind Fachwerkhäuser aus dem 14. bis 18. Jh. Viele von ihnen sind in der dreigeschossigen fränkischen Rähmbauweise errichtet. Aus der Fassade des Lutherhauses ragt ein schneeweißer Schwan hervor. Die Stuckarbeit stammt aus dem Jahr 1687 und bezieht sich auf die gerne gewählte Darstellung Luthers als Schwan. → S. 178

Amerika an. Kaiser Wilhelm ließ 1871 – Frankreich war gerade besiegt – einen Weihnachtsbaum in Versailles damit schmücken. Bis heute blieb Lauscha ein Zentrum der Glasproduktion. In vielen der schieferverkleideten Häuser haben Werkstätten ihren Sitz, ein großer Teil der 3500 Einwohner hat noch eine der charakteristischen Gaslampen zu Hause.

Ausflug in die Erdgeschichte

Ein Paradies, in dem sich schon Goethe erging, stellt die **Vielfalt der Gesteine und Fossilien** dieses Landes dar. Vor rund 300 Mio. Jahren, im Erdaltertum, war Thüringen Teil des gewaltigen variszischen Granitgebirges, das ganz Mitteleuropa durchzog. Tektonische Kräfte zogen und pressten das bis zu 600 Mio. Jahre alte Gestein, sodass u. a. die verschiedenen Schieferarten entstanden, die im Thüringer Schiefergebirge heute eine so wichtige Rolle spielen.

Rotliegendes

40 Mio. Jahre später hatte die Erosion das Gebirge abgetragen und eingeebnet. Eisenoxid färbte die Trümmer rötlich, daher der Name „Rotliegendes" für das Gestein. 80 % des heutigen Thüringer Waldes sind aus diesem Material aufgebaut. Vulkane brodelten und spuckten Porphyre und Tuffe aus, mehr als 2 m lange Riesentausendfüßler schwammen in den Flüssen, Bandblattbäume bildeten dichte Wälder. Vermutlich vulkanischen Ursprungs sind die **„Schneekopfkugeln"**, die zu begehrten Sammlerstücken bei Mineralienfreunden zählen und nur rund um den Schneekopf im Thüringer Wald vorkommen: Porphyrkugeln, deren Inneres über und über gefüllt ist mit Kristallen von fliederfarbenem Amethyst, Bergkristall und Hämatit. Entstanden sind sie vermutlich durch Blasenbildung in der Lava, wobei sich beim Abkühlen die kieselsäurehaltigen Dämpfe in Kristalle verwandelten.

Quastenflosser, Flusspferd und Urmensch

Abtauende Gletscher ließen die Meeresspiegel ansteigen, und das Zechsteinmeer überflutete auch Thüringen. Von dieser Zeit vor 258 Mio. Jahren zeugt der Kupferschiefer. Die damaligen Tiere wurden in den europaweit einzigartigen Kalkkonkretionen (oft knollig-rundlichen Kalk-

Eine Schneekopfkugel mit ihrem glitzernden Inneren aus Kristallen

Wie von einem Riesen hingeworfen wirken diese markanten Felsformationen am Rennsteig.

ablagerungen) im Kupferschiefer bewahrt. In diesen sogenannten Ilmenauer Schwielen blieben die Reste der Tiere, darunter der berühmte **Quastenflossler**, sogar dreidimensional erhalten. Auch die auffallenden Kalkfelsen, wie sie z. B. bei Bad Liebenstein anstehen, stammen aus dieser interessanten Epoche.

Der nächste Abschnitt der Erdgeschichte, die Zeit des Buntsandsteins vor 245 Mio. Jahren, spielt in Thüringen wieder auf dem Festland. Im Werratal hatte ein Lebewesen sein Revier, dessen handförmige Abdrücke im Gestein bei den Forschern über 150 Jahre für Kopfzerbrechen sorgten: das **Chirotherium**. Heute geht man davon aus, dass es sich um einen 4,5 m langen Vorfahren der Krokodile handelte. Das Reich des Chirotheriums versank im Meer der Muschelkalkzeit. Dieses bescherte Thüringen Kalkablagerungen mit einer Mächtigkeit von bis zu 260 m. Die letzte „Bauphase" des Deckgebirges hob im Keuper vor 232 Mio. Jahren an. Seine Bunten Mergel prägen vor allem im Thüringer Becken den Untergrund. Von einem 6 m langen **fleischfressenden Dinosaurier** zeugen die Knochenreste am Großen Gleichberg bei Römhild. Aus der darauffolgenden Jura- und Kreidezeit sind in Thüringen kaum Überbleibsel zu verzeichnen.

12 000 Knochen am Strand der Ur-Werra sind das Ergebnis einer Flutkatastrophe, die im Pleistozän massenhaft Tiere dahinraffte, darunter das berühmte **Werra-Flusspferd**. Auf einen Zeitgenossen der Mammuts und Wollnashörner weisen die Sedimente von Bilzingsleben am Nordostrand des Thüringer Waldes hin: den 370 000 Jahre alten **Urmenschen** Homo erectus bilzingslebenensis.

Tektonische Kräfte

Vor ca. 65 Mio. Jahren brachte die alpidische Gebirgsbildung große Unruhe in die Schichtenpakete. Die gleichen tektonischen Kräfte, die die Alpen auffalteten, hoben auch den Thüringer Wald an. Hierdurch setzte dem Gebiet auch die Erosion stärker zu und hobelte das aufliegende Deckgebirge weg. So treten hier weit ältere Gesteine hervor als im Flachland. Eine Kippung dieser Schollen bedingte die bewegte Oberflächenform des Landes: Harte Gesteine widerstanden der Erosion, der sie nun ausgesetzt waren, weiche verschwanden. So entstanden die markanten Hangkanten der hiesigen Gebirge.

Zacken und Kuppen

Die beiden auffälligsten Landschaftselemente des Freistaats sind der Thüringer Wald und das Thüringer Becken. Wie ein dreieckiger Keil schiebt sich der Thüringer Wald von Südosten nach Nordwesten und läuft bei Eisenach spitz aus. Höchster Berg ist der **Große Beerberg** (982 m), ein Quarzporphyrklotz, der die Landschaft überragt. Charakteristisch für den Nordwestteil sind die tief eingeschnittenen Täler wie z. B. die Drachenschlucht bei Eisenach. Am Südrand des Waldgebirges konzentrieren sich entlang der starken Verwerfungen **wichtige Erzlagerstätten**. Gen Osten geht der Thüringer Wald ins Thüringer Schiefergebirge über. Er verwandelt sich nun in eine ausgedehnte Hochfläche, in die sich Saale und

Ein schmaler, gewundener Weg führt durch die enge, urtümliche Drachenschlucht.

*Die Feengrotten bei Saal-
feld bieten ein einzig-
artiges, farbenprächtiges
Schauspiel unter der Erde.*

Weiße Elster schneiden. Der Thüringer Wald endet eigentlich in der Gegend um Neustadt am Rennsteig. Dann beginnt das **Thüringer Schiefergebirge**. Doch im Allgemeinen rechnet man das Schiefergebirge zum Thüringer Wald hinzu, obwohl die beiden Gebiete grundverschieden sind: Im Westen herrschen rotes Gestein und Sandsteine vor, im Osten – der Name verrät es – Schiefer. Das Gestein prägt auch die Landschaft: Der Thüringer Wald ist eher „zackig" und durch stark eingeschnittene Täler, das sanftere Schiefergebirge durch runde Kuppen und breite Bergrücken mit ausgedehnten Wiesen gekennzeichnet. Im Südosten geht der Thüringer Wald nahtlos in den Frankenwald über, der sich wie eine Zunge zwischen Sonneberg und Bad Lobenstein schiebt.

Großer Inselsberg

Die höchsten Erhebungen im Thüringer Wald erreichen nicht ganz die 1000-m-Marke; die höchste mit 983 m bildet der Große Beerberg, gefolgt von Schneekopf (978 m) und Großem Inselsberg (916 m). Letzterer gilt als **bekanntester Berg Thüringens** und ist ein beliebtes Ausflugsziel, denn er bietet eine herrliche Aussicht in alle Himmelsrichtungen, manch einer sagt sogar,

dass man vom 21 m hohen Aussichtsturm auf den Gipfel den schönsten Fernblick Thüringens habe, bei klarem Wetter bis zur Wasserkuppe in der Rhön und zum Brocken im Harz. Der Große Inselsberg ist auch ein wichtiges Etappenziel des Rennsteigs von Ruhla kommend. Über seinen Gipfel lief einst die Grenze zwischen Sachsen-Coburg-Kassel und dem Kurfürstentum Hessen-Saalfeld. Und für jede Herrschaft existierte ein eigener Gasthof, beide gibt es heute noch.

Magische Höhlen

Aussichten ganz anderer Art hat der Thüringer Wald unterirdisch zu bieten. Auch in dieser Region begannen die Menschen schon vor Jahrhunderten, die Bodenschätze zu erschließen, die die jahrmillionenlange geologische Entwicklung hervorgebracht hatte. Es wurde nach Erz und nach Schiefer gegraben, und dabei stieß man an manchen Stellen auf unterirdische Wunderwelten in Form von **Tropfstein- und Kristallhöhlen**, die den heutigen Besucher mit ihrem fremdartigen, teilweise unwirklich anmutenden Aussehen verzaubern. Bei Meschenbach fasziniert die Karsthöhle Zinsel-Höhle, in Ruhla die Kittelsthaler Tropfsteinhöhle.

Feengrotten bei Saalfeld

Sie sind die Hauptattraktion von Saalfeld, die „Feengrotten", die zu den **schönsten Höhlen Thüringens** zählen und bereits 1914 als Schaubergwerk eröffnet wurden. Sie liegen 1 km südwestlich der Stadt und sind Ergebnis des Alaunschieferabbaus, der um 1530 einsetzte. Alaun benötigte man zum Gerben von Leder. Die ältesten Tropfsteine sind nur rund 250 Jahre alt, wachsen aber dank ihres Materials, des Diadochits, deutlich schneller als solche in Karbonatkarst (Kalk). Allerdings hat es die Tropfsteinhöhle in Saalfeld mit ihren bunt glänzenden Mineralien als **farbenreichste Schaugrotte der Welt** ins Guinnessbuch der Rekorde geschafft. Zusätzlich wurde sie mit einer Licht- und Tonschau versehen. Höhepunkt ist der stilisierte Sonnenauf- und -untergang im Märchendom. Der Rundgang führt über drei Sohlen, 80 Stufen sind zu bewältigen, die Temperatur beträgt 8 bis 12 °C. Das Grottoneum informiert über die Entstehung von Höhlen und bietet Mitmachstationen zur Erforschung der Welt unter Tage.

Marienglashöhle bei Friedrichroda

Nahe Friedrichroda findet man dank guter Beschilderung leicht zur Marienglashöhle. Die in der Höhle einst abgebauten Gipskristalle, Selenit genannt, lassen sich sehr dünn spalten und sind dann durchsichtig. Gerne wurden sie im 18. und 19. Jh. als Ersatz für Glasscheiben bei Marienbildern verwendet, daher der Name der Höhle, die die größte und wohl auch **schönste Kristallhöhle Europas** ist. Eine prachtvolle Lichtschau untermalt die Führung in der Kristallgrotte, die harten Fakten werden im Schaubergwerk geliefert.

Biosphärenreservat Vessertal

Der größte Naturpark Thüringens und einer der größten in ganz Deutschland ist mit 2082 km² der **Naturpark Thüringer Wald**. Zu ihm zählen der Thüringer Wald, das westliche Thüringer Schiefergebirge sowie Teile des Vorlandes. In den ruhigeren Ecken der Wälder lebt die **Wildkatze**, an den Bächen kommen noch **Wasseramsel**, **Eisvogel** und **Gebirgsstelze** vor. Im Osten grenzt der Naturpark **Thüringer Schiefergebirge/Obere Saale** an (800 km²). Schmuckstück des Naturparks Thüringer Wald ist das **Biosphärenreservat**

Vessertal (170 km²) im Zentrum des Naturparks. Das abgelegene Tal besitzt mit Bächlein, Blumenwiesen und Wald einen besonderen romantischen Reiz und viele seltene Pflanzen- und Tierarten haben hier ihr Rückzugsgebiet, daher ist das Vessertal zu Recht ein Biosphärenreservat. Genauere Informationen gibt das **Naturschutzzentrum Breitenbach**. Südlich von Vesser, im Kernbereich des Schutzgebietes, ist sogar das Wandern untersagt. Die heute weitverbreitete Fichte gab es einst nur auf den Kammlagen des Thüringer Walds und des Thüringer Schiefergebirges. Der natürliche Mischwald bestand aus Rotbuche, Bergahorn, Tanne und Fichte. Eine Seltenheit stellt inzwischen die Tanne dar, die noch im Biosphärenreservat Vessertal wächst. Im Vessertal ist auch die Ringelnatter anzutreffen, eine Schlangenart, die für den Menschen keinerlei Bedrohung darstellt und die gewässerreiche Lebensräume mit schützender Vegetation bevorzugt.

Ringelnattern sind an den typischen halbmondförmigen hellen Kopfflecken zu erkennen.

Lebensräume

Von Natur aus wäre Mitteleuropa zu weiten Teilen von Laubwäldern bedeckt; erst das menschliche Eingreifen verursachte das heutige Aussehen.

Im Biosphärenreservat Vessertal darf sich der Wald ungehindert entfalten.

Die Arnika wird auch heute noch als Heilpflanze geschätzt.

WUSSTEN SIE, ...

... *dass im Mittelalter rund 4000 kg Gold aus der Schwarza gewonnen wurden?*

Im Thüringer Wald zieht der Schwarzspecht seine Jungen auf – ein anstrengendes Geschäft, wie man sieht.

Im Thüringer Wald sind auch die Bergwiesen nicht natürlich entstanden, sondern Folge von Rodungsmaßnahmen. Heute sind sie ein erhaltenswerter Lebensraum für seltene Pflanzen, wie beispielsweise Orchideen, aber auch die **Arnika**. Diese im Volksmund Bergwohlverleih genannte traditionelle Heilpflanze erhielt im Jahr 2001 sogar den Titel „Heilpflanze des Jahres". Im Thüringer Wald ist sie so häufig zu finden, dass sie auch das Logo des Naturparks ziert.

Ganz anderer Art sind die Lebewesen, die sich in den Gewässern tummeln, Eiszeitrelikte wie der blinde **Höhlenflohkrebs** beispielsweise, der ebenso angepasst ist an seinen Lebensraum wie die Tiere, die mit den Bedingungen der **Hochmoore** zurechtkommen. Vor allem verschiedene **Libellenarten** sind hier anzutreffen, aber auch das **Birkhuhn** hat hier noch eines seiner in Deutschland raren Vorkommen.

Seltene Vögel

Bemerkenswertester Vertreter der Vogelwelt ist der **Auerhahn**, der ebenfalls noch gelegentlich im Harz und im Thüringer Schiefergebirge vorkommt. Früher ein typischer Vogel im Thüringer Wald, balzt er jedoch nur noch selten.

Im Thüringer Wald zählen der **Sperlingskauz** und der **Schwarzspecht** zu den vom Aussterben gefährdeten Tierarten, die hier ein Refugium finden. Der Sperlingskauz ist die kleinste Eule Mitteleuropas; auf noch nicht einmal 20 cm Größe bringt es der Miniaturgreifvogel, der im Gegensatz zu anderen Eulenarten eher am Tag und in der Dämmerung aktiv ist. Auch die größte europäische Eule, der **Uhu** (der mehr als dreimal so lang werden kann wie der Sperlingskauz), ist wieder im Thüringer Wald heimisch, nachdem er bereits ausgerottet war. Wie der gleichfalls wieder angesiedelte **Wanderfalke** bevorzugt der Uhu unzugängliche Felsen als Lebensraum. Wer das Glück hat, einen **Schwarzspecht** zu erspähen, wird von seiner auffälligen Erscheinung begeistert sein: Vom glänzenden schwarzen Gefieder hebt sich der rote Scheitel des krähengroßen Vogels – und damit größten europäischen Spechts – deutlich ab. Der in der Brutzeit äußerst scheue **Tannenhäher** kann vereinzelt in stillen Wäldern beobachtet werden. Weitaus häufiger ist der **Eichelhäher** zu sehen, der **Mäusebussard** nistet auf hohen Bäumen.

Reichtum an der Schwarza

Zwischen Bad Blankenburg und Scheibe-Alsbach beim Rennsteig schneidet sich tief das wilde **Schwarzatal** ein. Der 53 km lange Fluss ist der goldreichste in ganz Deutschland. **Goldwäscher** gingen ihrem Handwerk vor allem auf den Flussterrassen, etwa bei Sitzendorf, nach. Heute bezaubert die Flusslandschaft durch ihre besondere Schönheit. Weiß schäumend rauscht die Schwarza an manchen Stellen durch ihr Bett; an den Steilwänden wachsen Eichen und Buchen, dazu kommen zahlreiche seltene Pflanzen wie die **Gemeine Felsbirne** und die **Tannenmistel** vor. Gebirgsbachvögel, darunter **Wasseramsel**, **Gebirgsstelze** und **Eisvogel**, leben an den geschützten Uferzonen. Von Sitzendorf bis Bad Blankenburg ist die Zone als Europäisches Vogelschutzgebiet ausgewiesen. Auch im Fluss tummeln sich zahlreiche, vom Aussterben bedrohte Fische, darunter das bis zu 20 cm lange **Bachneunauge**.

Heilmittel der Wälder

Die Region beiderseits der Schwarza ist besonders reich an **Heilkräutern** wie Thymian, Bärwurz, Johanniskraut, Arnika und vielen an-

Dichter, Sänger, Heilige

Über die Jahrhunderte hinweg war die Mitte Deutschlands, auch und gerade der Thüringer Wald, Heimat großer Persönlichkeiten und Schauplatz historischer Ereignisse. **Goethe**, **Schiller** und **Luther**, sie alle hinterließen hier ihre Spuren, und vieles erinnert noch heute an ihr Schaffen.

Die Wartburg in Eisenach

Es ist ein durchaus eindrucksvoller Moment, wenn die berühmte Wartburg sichtbar wird, zu deren Füßen Eisenach liegt. 1067 soll sie der Sage nach gegründet worden sein. Gesiedelt wurde wohl schon von den Franken im 8. Jh. an der Stelle des späteren Eisenachs, das 1150 als „Isinacha" erstmals erwähnt wird. Im Schutz der Landgrafenburg entwickelte sich der Ort zum Handels- und geistlichen Bildungszentrum. Die Burg zählte unter den Landgrafen Ludwig III. und Hermann I. zwischen 1172 und 1211 zu den bedeutendsten Fürstenhöfen im Reich und war Zentrum der hochmittelalterlichen Dichtung und des Minnesangs. Hermann I. förderte bekannte

deren. Schon früh haben sich hier Menschen als Kräutersammler betätigt und sind als wandernde Apotheker mit ihren Mixturen, Salben und Wässerchen von Tür zu Tür gezogen. Die Öle und Essenzen nannte man auch Olitäten, touristisch vermarktet wird die Region als „Olitätenland". Der **Olitätenwanderweg** zieht sich 177 km durch die gesamte Region. Ausgangspunkt ist Bad Blankenburg. Der Name Olitäten leitet sich von lat. „oleum" („Öl") ab und bezeichnet selbst hergestellte Öle, Balsame, Pülverchen, Pillen und Essenzen aus dem Schwarzatal. Die Basis der Mittel bildeten die Arzneipflanzen der Umgebung. Ergänzt wurden sie um Pflanzen aus Kulturen und solchen aus Importen. Man kann davon ausgehen, dass viele Hausmittel tatsächlich halfen, die blut- und schmerzstillende oder verdauungsfördernde Wirkung vieler Heilpflanzen ist erwiesen. Zahlreiche Mittel wirkten universal, das Berg-Öl z. B. „erwärmet das kalt Geblüt, vertreibt Schwindel und dienet zum Gehör; ist gut dem kalten und verschleimten Magen, dient vor das Fieber, die Darmgicht, Colica und Mutterschmerzen, Blasen-, Lenden- und Nierenstein".

In diesem Zimmer übersetzte Martin Luther während seines Wartburg-Aufenthaltes das Neue Testament.

Dichter wie **Walther von der Vogelweide** und **Wolfram von Eschenbach**, der hier 1203 Teile des „Parcival" verfasste. Auch soll er an dem sagenhaften **Sängerkrieg** auf der Wartburg teilgenommen haben, gemeinsam mit Heinrich von Ofterdingen und Walther von der Vogelweide. 1211 kam Elisabeth von Ungarn auf die Burg und wurde als **Elisabeth von Thüringen** zu Deutschlands bekanntester Heiliger. Zu Lebzeiten stieß die Ehefrau des Landgrafen von Thüringen ihre feudale Umgebung vor den Kopf, kümmerte sich um Aussätzige, tat Gutes für die notleidende Bevölkerung. Nur 24-jährig verstarb sie 1231 in Marburg.

Zentrale Figur in der Geschichte der Burg ist der große Reformator **Martin Luther**. Kurfürst Friedrich der Weise ließ Luther, von Papst und Kaiser verfolgt, zum Schutz auf die Wartburg bringen. Der Mönch hielt sich hier 1521/1522 versteckt und übersetzte das Neue Testament ins Deutsche. Ein weiteres wichtiges Ereignis ist das Wartburgfest von 1817, bei dem sich ca. 500 Abgesandte deutscher Universitäten in der Burg versammelten, um für die Einheit Deutschlands zu demonstrieren.

Schmalkaldens Altmarkt säumt herrlich erhaltenes Fachwerk.

Schmalkalden

1531 rückte auch Schmalkalden ins Rampenlicht der europäischen Politik, als sich in der Stadt der **Schmalkaldische Bund** gründete: ein Schutzbündnis der protestantischen Reichsstände gegen den Habsburgerkaiser Karl V., der ihn im Schmalkaldischen Krieg (1546/1547) bei Mühlberg besiegte. 1537 verfasste Martin Luther hier die **Schmalkaldischen Artikel**, eine Bekenntnisschrift, die eine Basis des evangelisch-lutherischen Glaubens bildet.

Ilmenau

In Ilmenau hingegen dreht sich fast alles um **Goethe**, der zwischen 1776 und 1831 viele Male hier weilte. Er hatte in seiner Eigenschaft als Weimarer Minister die Aufgabe, dem damals darniederliegenden Bergbau wieder auf die Beine zu helfen. Seit Anfang des 14. Jhs. schürften im Tal der Ilm die Bergmänner nach Silber und Kupfer. Im **Amtshaus** am Markt (1753 – 1756 errichtet) quartierte sich Goethe während seines Wirkens in Ilmenau stets im 1. Stock ein. Spuren hinterließ er auch auf dem **Kickelhahn**, dem höchsten Berg der Stadt, wo er sich mit einem berühmten Graffito verewigte: Er ritzte das berühmte Gedicht „Wandrers Nachtlied" in die Bretterwand der dortigen Waldaufseherhütte. Die ganze Gegend gefiel Goethe überaus gut, der sich hier an der herrlichen Landschaft erfreute und in seiner Jugend mit Herzog Carl August viele wilde Tage verbrachte.

Arnstadt

Arnstadt gilt als Tor zum Thüringer Wald, und das kommt nicht von ungefähr: Schon in frühgeschichtlicher Zeit zog sich ein Weg vom heutigen Oberhof hinab an die Gera. Wall- und Grabenanlagen südlich der Stadt lassen eine keltische Besiedlung aus der La-Tène-Zeit vermuten. Erstmals erwähnt wird Arnstadt 704, damit ist die Kleinstadt der **älteste urkundlich bezeugte Ort in Thüringen** und einer der ältesten in ganz Deutschland. Hier ist die Heimat der **Musikerdynastie der Bachs** – 17 Familienmitglieder wurden hier geboren. Johann Sebastian Bach war als junger Mann 1703 bis 1707 Organist in der heutigen Bachkirche, die von 1676 bis 1683 als Neue Kirche erbaut wurde. Bachs Talent scheint man geschätzt zu haben, immerhin bezahlte man dem gerade mal 18-Jährigen ein unüblich hohes Gehalt. Allerdings gab der junge Bach immer wieder Anlass

Der Rennsteig

Der Rennsteig zählt zu den Legenden unter den deutschen Wanderwegen und erlebte sein größtes Comeback nach der Öffnung der deutsch-deutschen Grenze. Immer dem Hauptkamm des Thüringer Waldes entlang zieht sich der Rennsteig. 1330 tritt er als „Rynnesteig" ins Licht der Geschichte, ist vermutlich aber sehr viel älter. Als natürliche Scheidelinie markierte er die **Sprachgrenze zwischen Sächsisch und Fränkisch** sowie die politischen Grenzen zwischen vielen kleinen Territorialstaaten des 17. bis 19. Jhs. **789 Grenzsteine** rechts und links des Weges bezeugen dies. Der Bamberger Bischof Otto I. zog mit seinem Tross zur Missionierung gen Pommern, der Reformator Martin Luther betrat ihn von Coburg kommend auf dem Weg nach Lehesten, und die napoleonischen Truppen marschierten auf ihm der Doppelschlacht bei Jena und Auerstedt entgegen. Die Teilung Deutschlands riss auch den Rennsteig auseinander. Erst seit 1990 ist er wieder durchgängig begehbar.

Geburtshelfer für den Rennsteig als Wanderweg war **Julius von Plänckner**, der ihm in seiner 1830 erschienenen Topografie des Thüringer Waldes ein eigenes Kapitel widmete und einen willkürlich gewählten Anfang und ein Ende gab. Höchstselbst wanderte er in fünf Tagesetappen (44 Std. Wanderzeit) die 168 km lange Strecke zwischen Hörschel im Westen und Blankenstein im Osten ab – und Tausende sollten ihm folgen. „Ein deutscher Bergpfad ist's! Die Städte flieht er und birgt im Dickicht einen scheuen Lauf", jubelte 1863 Joseph Victor von Scheffel. Der Dichter hat recht: Die Einsamkeit des Waldes findet der Wanderer hier in Fülle. Oft verstellen die Fichten aber den Blick in die Ferne; einen natürlichen Überblick gewähren die Rodungsinseln und die Gipfel, deren höchste der **Große Inselsberg** und der **Große Beerberg** sind. Ist ein Aussichtspunkt erreicht, muss auch das Wetter gnädig sein: Der Hauptkamm des Thüringer Waldes bildet eine Wetterscheide, und oft verhindern tief hängende Wolken das „Aha-Erlebnis". Dem Mythos Rennsteig tut das keinen Abbruch.

Größtes Plus des Wanderweges ist seine Authentizität: Nirgends sonst erlebt man, allen Fichten zum Trotz, die die Sicht versperren, Natur, Geschichte, Land und Leute so intensiv – nicht nur in den Wanderhütten, Dörfern und Aussichtstürmen, die den Rennsteig säumen. Auch die Streckenabschnitte innerhalb des ehemaligen Grenzgebiets sind Heimatkunde pur.

Kleines Bild: Der Rennsteig ist ein wahres Paradies für Wanderer.

Großes Bild: Weit schweift der Blick über den Thüringer Wald bei Goldlauter-Heidersbach am Rennsteig.

Bei Oberhof geht es für Langläufer auch schon einmal über eine Loipenbrücke.

zum Stirnrunzeln: So schätzte es die Gemeinde keineswegs, dass er sich beim Orgelspiel nicht sklavisch an die Noten hielt, sondern immer wieder eigenwillige Verzierungen einflocht.

Wintersport und Waffenkunst

Die Attraktivität des Thüringer Waldes ist auch in schneereichen Wintern begründet. Für die Entwicklung der Städte waren Erzvorkommen und Schmiedekunst bedeutend.

Oberhof

Bereits 1885 besuchten Touristen das 830 m hoch gelegene Oberhof; die relativ schneesichere Lage machte es zudem möglich, umfangreiche **Wintersporteinrichtungen** zu schaffen. Schon 1905 wurden hier die ersten offiziellen Skiwettkämpfe ausgetragen, zwei Jahre später die erste Deutsche Meisterschaft im Fünfer-Bob – Beginn einer Tradition, die bis heute Bestand hat, denn es werden regelmäßig

Weltcups im Biathlon, Bobfahren, Skispringen, Langlauf, Rennrodeln und in der Nordischen Kombination veranstaltet. 1 km südlich von Oberhof lassen sich im **Rennsteiggarten**, dem größten Gebirgsgarten Europas, über 4000 Gebirgspflanzen aus Mitteleuropa, Asien, Amerika und Neuseeland in natura studieren. Die 7 ha große Anlage auf dem Pfanntalskopf wurde von Jenaer Professoren von 1968 bis 1970 mit dem Ziel aufgebaut, Studenten umfassende Studien zu ermöglichen. Das ehemalige Steinbruchgelände ist nicht nur für begeisterte Botaniker ein besonderes Erlebnis.

Auf der Fahrt nach Oberhof passiert man den **Tobiashammer**. Diese Hammerschmiede wurde 1482 errichtet, mehrfach modernisiert und ist heute ein technisches Denkmal. Es beherbergt eine der größten Dampfmaschinen Europas mit 305 t Gewicht und 1200 PS Leistung. Zu bestaunen sind bei einer Führung mit Schauschmieden wuchtige Fallhämmer sowie Poch-, Walz- und Schleifwerke.

Suhl

Auf eine lange industrielle Geschichte kann auch Suhl zurückblicken. 1437 gingen die Hammerwerke am Domberg in Betrieb. Dort lagerten **reiche Erzvorkommen**, die dank Holz- und

▶ **ERLEBTE GESCHICHTE**

Theresienfest in Hildburghausen
Mit Festumzug, Feuerwerk und Bierzeltromantik erinnert seit Anfang der 1990er-Jahre Hildburghausen alljährlich Anfang Oktober für vier Tage beim Theresienfest an die Hochzeit von König Ludwig I. von Bayern mit Prinzessin Therese von Sachsen-Hildburghausen am 12. Oktober 1810. Auch die Münchner tun das jedes Jahr; ihr Fest nennt sich „Oktoberfest" – das allerdings schon seit der Vermählung des Königspaars begangen wird.

Wasserreichtum – nötig zum Betreiben der Schmelzen und Schmieden – auch gleich vor Ort verarbeitet werden konnten. 1563 nahm der erste **Büchsenmacher** seine Arbeit auf, und Suhl entwickelte sich im Lauf der Jahrhunderte zur „Waffenschmiede Europas". Das ideale Zusammenspiel von Spezialisten wie Feinmechanikern, Graveuren und Holzschnitzern trug Suhl einen einzigartigen Ruf ein. Im 19. Jh. entstanden die großen Gewehrfabriken wie Sauer & Sohn, Merkel und andere. Hauptattraktion von Suhl ist das **Waffenmuseum.** Untergebracht ist es im ehemaligen Malzhaus, einem 1663 am Herrenteich errichteten lang gestreckten Fachwerkbau in hennebergisch-fränkischem Stil, der alle Blicke auf sich zieht. Das Museum zeigt den Werdegang der Suhler Waffenherstellung, die mit Rüstungen und Hellebarden ihren Anfang nimmt und bei den Präzisionsjagdwaffen des 21. Jhs. endet.

Blaues Gold und Kinderspaß

Ein weiterer Bodenschatz, das „Blaue Gold", prägte wie kein anderes Gestein über mehrere Generationen das Erscheinungsbild der Dörfer. Schriftlich verbürgt ist der **Schieferabbau** seit 1485. Burg- und Schlossherren forderten den Stein an, sogar bis nach Wien wurde der Deckschiefer verkauft. Richtig in Schwung kam der Handel, als es moderne Brandschutzverordnungen ab 1860 verboten, neue Häuser nach alter Väter Sitte mit leicht brennbarem Stroh und Schindeln zu decken. Ziegel und Schiefer boten die nötige Alternative. Die Einführung der allgemeinen Schulpflicht brachte den nächsten Schub: Denn die Schüler lernten das ABC noch bis ca. 1930 auf **Schiefertafeln** und schrieben mit **Schiefergriffeln** aus Thüringen. Diese Kinder mögen wohl auch mit **Spielzeug aus Sonneberg** gespielt haben; im Jahr 1913 wurden rund 20 % aller auf der Welt hergestellten Spielzeuge in Sonneberg und Umgebung produziert. Herausragendes Exponat des hier ansässigen **Spielzeugmuseums** ist die berühmte „Thüringer Kirmes". Die Miniatur machte schon 1910 auf der Brüsseler Weltausstellung von sich reden. Liebevoll und naturgetreu gestaltet sind die Figuren – Erwachsene, Kinder, Hunde und sogar ein Kamel –, die die Szene eines Volksfestes darstellen.

Thüringer Genüsse

Nicht zuletzt lässt es sich im Thüringer Wald auch gut speisen. Herzhafte, deftige Rezepte dominieren die Speisekarten, und auch Gourmetrestaurants bieten klassische Thüringer Zutaten – wenn auch oft verfeinert oder in raffinierten neuen Variationen. Die **Wurst** ist und bleibt ein nationales Kulturgut, ob gedünstet, gebrüht, geräuchert oder natürlich gegrillt. Neben der klassischen Bratwurst findet man Leberwurst, Blutwurst, Sülze und Knackwurst. Sogar ein eigenes Museum ist ihr gewidmet: Im **ersten Bratwurstmuseum Deutschlands** bei Arnstadt sieht man u. a. den ältesten Nachweis der Thüringer Bratwurst aus dem Jahre 1404. Zweite große Spezialität sind die **Thüringer Klöße**, in manchen Regionen auch „Hütes" oder „Knölla" genannt. Sie werden aus einer Mischung von geriebenen rohen und zerstampften gekochten Kartoffeln hergestellt. Beliebt ist eine Füllung aus in Butter gerösteten Brotwürfeln. Fast jede Hausfrau und jeder Koch haben ein persönliches Rezept für die Zubereitung, und auch den Klößen ist ein Museum gewidmet, das Kloßmuseum in Heichelheim bei Weimar.

Sie gehört zu Thüringens kulinarischen „Wahrzeichen": die berühmte Thüringer Bratwurst.

Das Sonneberger Spielzeugmuseum zeigt neben vielem anderen diese „Thüringer Kirmes".

Erzgebirge und Vogtland

Jahrhundertealte Bergmannstradition, Handwerkskunst und Weihnachtswunderland treffen im äußersten Südosten Sachsens aufeinander.

Zur Weihnachtszeit herrscht im erzgebirgischen Seiffen immer eine stimmungsvolle Atmosphäre.

Das Erzgebirge trägt nach wie vor den liebevollen Beinamen „Weihnachtsland". Denn nirgendwo anders in Deutschland erstrahlen Städte und Dörfer in den letzten Wochen des Jahres in solchem Lichterglanz, sind so viele Sitten und Bräuche mit dieser Zeit verbunden.

Ihren Ursprung haben diese Bräuche im Bergbau: Das Licht ist für den Bergmann seit jeher ein Zeichen für Leben und Hoffnung, für Geborgenheit und Glück. Früh, noch vor Sonnenaufgang, fuhr er ins Dunkle ein, und wenn er abends heimkehrte, war es meist schon wieder Nacht. Statt „guten Tag" wünschte man sich ein „**Glück auf**", das zum Bergmannsgruß wurde und noch heute gebräuchlich ist. Der Bergbau

hat mit den figürlichen Darstellungen von Bergmannszenen auf Schwibbögen und Pyramiden aber nicht nur das Weihnachtsfest geprägt, er hat das Erzgebirge seit 800 Jahren vielfältig geformt – im wahrsten Sinne des Wortes. Zum ersten Mal ertönte das „**Bergkgeschrey**" Mitte des 12. Jhs. (s. S. 190), 300 Jahre später brach in der Region ein regelrechtes Silberfieber aus. Maulwürfen gleich wühlten die Bergleute Gänge in die Erde. Die **Erzfunde** gaben dem Grenzgebirge zwischen Sachsen und Böhmen seinen Namen, das die Einheimischen „Huckelkuchen" nennen.

Das sich westlich anschließende **Vogtland** kam vor über sieben Jahrhunderten durch die einzigartige Machtfülle kaiserlicher Reichsvögte zu seinem Namen. Es war ein Gebiet mit wech-

etwa 600 Musikinstrumentenbauer. Musikinstrumente aus dem Vogtland sind nach wie vor in der Welt gefragt. Denn es sind in Handarbeit angefertigte Spitzeninstrumente, gespielt von berühmten Solisten. Selbst der große Yehudi Menuhin besaß eine vogtländische Geige, und Bill Clinton spielt auf einem Saxofon „made in Vogtland". Erzgebirge und Vogtland haben zu allen Jahreszeiten ihren Reiz. Im Winter, wenn die Fichten sich unter ihrer weißen Last biegen; im Frühling und Frühsommer, wenn Krokusse und Rhododendren blühen; im Sommer, wenn es in den dunkelgrünen Wäldern nach Harz und Moos riecht; und im Herbst, wenn Pilze reichlich sprießen, rote Vogelbeeren an den Straßenrändern leuchten und in den Tälern Nebel wallen. Um diese landschaftlichen Reize – die blumenübersäten Berg- und Feuchtwiesen, die Fluss- und Bachtäler, geheimnisvollen Hochmoore und dunklen Bergmischwälder – zu erhalten, schuf man den **Naturpark Erzgebirge/Vogtland**.

▶ TOPZIELE IN DER REGION

Traditionelle Handwerkskunst wird großgeschrieben in Erzgebirge und Vogtland, und historische Orte laden ebenso zu einem Besuch ein wie aussichtsreiche Höhen.

FICHTELBERG
*Auf der Höhe des Fichtelbergs steht das 1965–1967 errichtete Fichtelberghaus mit einem 42 m hohen **Aussichtsturm**, von dem aus sich bei günstiger Wetterlage eine Fernsicht von über 100 km bietet. Der Gipfel ist auch mit der ältesten Seilschwebebahn Deutschlands zu erreichen. → S. 184*

SEIFFEN
Einer der Höhepunkte in Seiffen ist das Spielzeugmuseum. Die große Sammlung umfasst Schwibbögen und Nussknacker, Räuchermännchen und Weihnachtsberge, Leuchter und Puppenstuben, die Arche Noah und Baukästen und, über zwei Stockwerke des Museums reichend, eine mehr als 6 m hohe Weihnachtspyramide. → S. 187

FREIBERG
Nördlich vom Freiberger Schlossplatz liegt Schloss Freudenstein. Es wurde 1168 als Schutzburg errichtet und im 16. Jh. zum Renaissanceschloss umgebaut. Bis Ende des 17. Jhs. wohnten hier die wettinischen Fürsten, danach überließ man es wechselnden Bestimmungen. → S. 188

PLAUEN
Die jahrhundertealte Tradition der Stickerei- und Spitzenindustrie ist noch immer lebendig im vogtländischen Plauen. Die Schaustickerei in einem historischen Stickereigebäude von 1902 zeigt bei Vorführungen auf alten Maschinen, wie die kunstvolle Plauener Spitze entstand. → S. 189

FREILICHTMUSEUM LANDWÜST
Auf 7 ha Fläche und in 25 Gebäuden typischer Vogtlandgehöfte zeigt es Landleben und Handwerk im Vogtland des 19. Jhs.; in der Einkehrstube werden vogtländische Gerichte angeboten. → S. 191

selnden Grenzen, zu dem teilweise auch Regionen Bayerns sowie Böhmens gehörten. Seine politische Selbstständigkeit verlor das Vogtland in der zweiten Hälfte des 16. Jhs. Als Landschaftsbezeichnung blieb der Name Vogtland für die südwestlichste Ecke Sachsens und eine kleine Region im Osten Thüringens um Greiz und Zeulenroda erhalten.

Nach dem Niedergang des Bergbaus mussten sich die Menschen damals nach neuen Erwerbsquellen umsehen. Sie begannen zu **schnitzen** und zu **drechseln** – was bisher Freizeitbeschäftigung war, wurde nun zum Broterwerb. Pyramiden, Räuchermännchen, Lichterengel und Schwibbögen aus Seiffen, Olbernhau und anderen Orten haben den Namen Erzgebirge in die Welt getragen. Als Vetter des erzgebirgischen Lichterbergmanns gilt übrigens der vogtländische Moosmann, ein kleiner Wicht, der der Legende nach in ebenso kleinen Waldhöhlen hausen soll. Im **vogtländischen „Musikwinkel"** um Klingenthal, Markneukirchen und Schöneck singt und klingt es das ganze Jahr über, und das seit mehr als 300 Jahren. Heute gibt es noch

Erinnerung an Urzeiten

888 m erhebt sich der höchste Berg des Mittleren Erzgebirges über dem Meeresspiegel. Der Hirtstein, ein 2 ha großes Hochplateau, bietet Ausblicke bis zum Fichtelberg und nach Böhmen. Ohne Schneedecke zeigt er am Nordostrand ein beeindruckendes Naturdenkmal: Wie ein Palmwedel breitet sich ein 15 m hoher Basaltfächer aus, der vor Millionen Jahren aus einem Lavastrom entstand.

Atemberaubend ist der Blick vom Fichtelberg auf die schneebedeckte Winterlandschaft des Erzgebirges.

Von Höhen und Tiefen

Sachsen hat Anteil an zwei geografischen Großlandschaften Europas. Teile Nordsachsens gehören zum mitteleuropäischen Tiefland, das in Flandern schmal ansetzt und sich nach Osten hin wesentlich verbreitert. Der südliche Teil Sachsens – und damit auch das Erzgebirge und das Vogtland – gehört zum nördlichen zentraleuropäischen Mittelgebirgsland.

Das **Erzgebirge** ist ein 150 km langes, durchschnittlich 40 km breites Mittelgebirge mit zahlreichen Flusstälern. 61 % der Fläche sind bewaldet, 30 % werden landwirtschaftlich genutzt. Die Hügellandschaft der Vogtländischen Schweiz geht über in das Erzgebirgsvorland. Über 1495 km² erstreckt sich der **Naturpark Erzgebirge/Vogtland** zwischen den Flüssen Weiße Elster und Freiberger Mulde entlang der deutsch-tschechischen Grenze. In Höhen zwischen 500 und 1215 m bieten Elstergebirge und Erzgebirgskamm zwischen Bergmischwäldern in Heckenlandschaften, Hochmooren und

Feuchtwiesen vielen gefährdeten Pflanzenarten einen Lebensraum.

Das **Vogtland**, eine liebliche Kuppenlandschaft, erstreckt sich zwischen Thüringer Wald, Fichtel- und Erzgebirge. Vom thüringischen Greiz im Norden bis Bad Brambach im Süden steigt die wellige Hochfläche mit ihren tief eingeschnittenen Tälern von 450 auf 650 m ü. NHN an. An der Grenze zur Tschechischen Republik verläuft das 800 m hohe Elstergebirge, an das sich das Erzgebirge anschließt. Die Vogtländische Schweiz mit ihrer Hügellandschaft, den Talsperren und Wäldern bietet zwischen den Flüssen Göltzsch und Weiße Elster wunderschöne Naturräume.

Erzgebirgsvorland

Im Gebiet südlich der Leipziger Tieflandsbucht bis hin zum Anstieg des Erzgebirges, etwa im Raum zwischen Zwickau im Westen und der Flöha im Osten, bestimmen die Höhen des Erzgebirgsvorlands die Landschaft. Hier schnitten sich die Zwickauer und die Freiberger Mulde, Flöha und Zschopau über zig Jahrtausende ein und bildeten reizvolle, bewaldete Täler, die der Region teils gebirgigen Charakter verleihen. Die maximal 350 m hohe, heute lösslehmbedeckte Ebene zeigt sich als vor allem landwirtschaftlich genutzte Kulturlandschaft.

Hochfläche und tiefe Täler

Das Erzgebirge steigt im Westen ohne scharfe Grenze vom Vogtland auf und sinkt im Nordosten ebenso unauffällig zur Elbtalzone hinab. Es erscheint – vergleichbar dem Harz, dem Vogtland oder dem thüringischen Schiefergebirge – als Hochfläche, in die sich tiefe Täler einschneiden. **Echten gebirgigen Charakter** erhält es vor allem da, wo die Erosion zwischen benachbarten Tälern nur schmale Höhenrücken übrig ließ. Die Tallagen sind waldbestanden, während die Hochflächen, insbesondere im Osterzgebirge, noch landwirtschaftlich als Ackerfläche oder Grünland genutzt werden. Die **höchste Erhebung** des sächsischen Erzgebirges und gleichzeitig höchster Punkt des Freistaats Sachsen überhaupt ist der 1214 m ü. NHN aufragende **Fichtelberg**.

Sächsisches Sibirien

Das raue Klima in den Kammlagen brachte dem Erzgebirge diesen Spitznamen ein. Die Sommer sind hier deutlich kürzer, eine geschlossene

Schneedecke im April ist keine Seltenheit. Die Jahres-Mitteltemperaturen liegen zwischen 2,8 °C auf dem Fichtelberg und 7,9 °C in Chemnitz, die mittlere Niederschlagsmenge zwischen 1000 und 700 mm.

Natur und Menschenwerk

Der namensgebende Erzreichtum der Region war über 800 Jahre Lebensgrundlage für die hier lebenden Menschen. Bis heute prägen Halden, Wassermühlen und Bergmannssiedlungen vielerorts die Landschaft. Doch auch die von **Menschenhand geprägte Kultur- und Industrielandschaft** ist mit Biotopen wie Steinrückenlandschaften (s. S. 186) und Bergwiesen Lebensraum für eine große Vielfalt an Tieren und Pflanzen, die andernorts nicht existieren könnten. Im Mittleren Erzgebirge treffen wiederum ursprüngliche Natur und Menschenwerk aufeinander: Wildromantische Täler, bizarre Felsformationen, blühende Wiesen und dunkle Wälder durchziehen es von Zschopau bis Annaberg-Buchholz. Löchrig ist hingegen der Untergrund, denn der Bergbau hat seine Spuren hinterlassen. Natur

und Mensch waren und sind in der Region untrennbar verbunden, und diese Tatsache spielte auch eine große Rolle, als die Montanregion Erzgebirge im Jahr 2019 zur UNESCO-Welterbestätte ernannt wurde.

Naturpark Erzgebirge/ Vogtland

Im Jahr 1996 entstand der 1494 km² große Naturpark Erzgebirge/Vogtland. Er erstreckt sich im Süden von Sachsen entlang der tschechischen Grenze und umfasst Teile des Vogtlands und vor allem die westliche und mittlere Region des Erzgebirges mit dem **Fichtelberg**. Auch auf seinem Gebiet haben Menschen schon seit dem frühen Mittelalter gesiedelt und gearbeitet und demzufolge ihre Spuren hinterlassen. Auf Höhen ab ca. 500 m bis hinauf zum Fichtelberg mit 1215 m schützt er zahlreiche Lebensräume von zum Teil seltenen und gefährdeten Arten wie **Enzian** und **Orchideen**, **Sperlingskauz** und **Flussperlmuschel**, aber auch unterschiedliche Landschaften – von Mooren über Wiesen bis hin zu Heckenland-

Steil ragen die „Butterfässer" genannten Basaltsäulen am Pöhlberg in Annaberg-Buchholz empor.

Im Erzgebirge lässt der selten gewordene Auerhahn noch seinen Balzruf erklingen.

Auffällig leuchtet die Blüte der Feuerlilie.

WUSSTEN SIE, ...

... dass in Lauter im westlichen Erzgebirge jedes Jahr die „Vogelbeerkönigin" gekürt wird? Die Vogelbeere oder auch Eberesche mit ihren roten Beeren ist der Charakterbaum des Erzgebirges.

schaften. Auf dem Gebiet des Naturparks liegt auch das **Naturschutzgebiet Kleiner Kranichsee** ca. 2 km südwestlich von Johanngeorgenstadt. Über das 29 ha große Hochmoor, durch das die Landesgrenze zur Tschechischen Republik verläuft, führt ein Knüppeldamm, der an einem hölzernen Aussichtsturm endet.

Karge Moore, bunte Wiesen

Die heute anzutreffenden Hochmoore haben sich vor etwa 10 000 Jahren in Gebirgssenken oder an Hängen gebildet. Hohe Niederschläge bei niedrigen Temperaturen ließen die Torfmoose sprießen, bis sich die Erdoberfläche wölbte wie ein Uhrglas. Eines der am besten erschlossenen ist das **Georgenfelder Hochmoor**, wo man auf dem Naturlehrpfad Moosbeere und Sonnentau, Sumpfporst und Wollgras betrachten kann.

Bunter geht es auf den Bergwiesen und Steinrücken zu mit leuchtend gelber Arnika, flammroter Feuerlilie, dunkelblauem Enzian und weißem Bärwurz.

Heilsames aus der Natur

„Alle Wiesen und Matten, alle Berge und Höhen sind Apotheken", wusste schon Paracelsus. Zwar ziehen keine Kräuterweiber mehr durch die Dörfer, die in vergangenen Zeiten – ohne medizinische Versorgung im heutigen Sinne – mit dem, was sie an **Pflanzenschätzen** in Wäldern und auf den Wiesen des Erzgebirges fanden, heilsame Tinkturen für allerlei Gebrechen brauten. Aber wohltuende **Getränke** wissen die Erzgebirger aus ihren Pflanzen immer noch herzustellen – vom Vogelbeerschnaps bis zum Kräuterlikör, den es in vielen Variationen und natürlich nach Geheimrezepturen gefertigt überall zu kaufen gibt.

Reichtum der Bergwiesen

Es gibt sie noch im Osterzgebirge – große, zusammenhängende und intakte Bergwiesen, wie sie in dieser Form selten geworden sind. Zwischen Fürstenwalde und Altenberg wurde das **Naturschutzgroßprojekt Bergwiese** initiiert, das eine Gesamtfläche von ca. 2700 ha umfasst. Beachtenswert ist, dass hier eine von Menschen geschaffene Kulturlandschaft geschützt wird. Während andernorts das Augenmerk darauf gerichtet ist, Natur in ihrem ursprünglichen Zustand zu erhalten oder sie wieder in diesen zurückzuführen, gilt es hier, die Biotope der Bergwiesen, die erst durch die landwirtschaftliche Nutzung entstanden sind, als Lebensräume zu erhalten. Wiesen sind ein Schutzprojekt, die sogenannten **Steinrücken** ein anderes. Ausgesprochen charakteristisch für die Region, wurden im Zuge der landwirtschaftlichen Bearbeitung Steine aufgelesen und zu niedrigen Wällen aufgeschichtet. Hier konnten sich Flechten und Moose ansiedeln, im Sommer leuchtet die **Feuerlilie** getreu ihrem Namen feuerrot, zwischen den Steinen schlängeln sich seltene Kreuzottern. Am Geisingsberg wiederum wiegen die raren **Trollblumen** im Frühsommer ihre rundlichen gelben Köpfe im Wind, während die stark gefährdete **Bekassine**, ein Schnepfenvogel, die Feucht- und Nasswiesen ebenso dankbar annimmt wie das ebenfalls seltene **Birkhuhn**. Eine Besonderheit im Schutzgebiet sind die äußerst selten gewordenen Zwischen- bzw. **Übergangsmoore**, die, wie der Name es andeutet, ein Entwicklungsstadium zwischen Nieder- und Hochmoor darstellen. Niedermoore speisen sich aus Grund- oder Quellwasser, Hochmoore aus Niederschlag, Übergangsmoore wiederum aus beidem.

Reiche Tierwelt

Neben den Tieren der Bergwiesen tummeln sich in anderen Naturräumen sowohl seltene als auch häufig anzutreffende Arten. Der früher in der

Sächsischen Schweiz heimische **Luchs** ist vereinzelt wieder aus seinem böhmischen Rückzugsgebiet herübergekommen. In den Bergen und an Felshorsten kann man Turmfalken, Waldkäuzchen, verschiedene Spechtarten und Tauben beobachten. Die Wälder werden u. a. bevölkert von Goldammern, Lerchen, Rotschwänzchen, Goldhähnchen, Tannenmeisen und Fichtenkreuzschnäbeln, Girlitzen und Waldschnepfen. Mit etwas Glück kann man in den Tannen-Buchen-Wäldern sogar einen **Auerhahn** zu Gesicht bekommen. Die Hochmoore in den Bergwäldern sind als Brutgebiete von Kranichen bekannt.

Märchenhaftes Weihnachtsland

Weihnachten und Erzgebirge gehören zusammen. Nicht nur weil die verschneite Landschaft so idyllisch ist und die Städte sich mit Weihnachtspyramiden und Lichterglanz schmücken, sondern weil hier aus religiöser Tradition heraus tatsächlich vom Andreastag am 30. November bis zum 6. Januar **sechs Wochen lang Weihnachten** ist. Räuchermänner, Engel, Reifentiere und Schwibbögen – alles, was mittlerweile rund um die Welt die weihnachtlichen Stuben schmückt, ist im Erzgebirge auch eine Erinnerung an große Not. Denn an den rauen Wintertagen vertrieben sich die Bergleute die Zeit mit Schnitzen, und als das Silber an Bedeutung verlor und überdies die Vorkommen zur Neige gingen, wurde das Hobby zur wichtigen Erwerbsquelle. Die Motive stammten aus der **Erlebniswelt der Erzgebirgler**: Bergleute, Wildhüter, Kurrende-Sänger (geistliche Kinderchöre), Spielzeugverkäufer, die mit ihren Bauchläden über die Dörfer zogen – und Engel. Einen Schutzengel nämlich, der gleichzeitig auch Lichtgestalt war, brauchte man wahrlich unter Tage, wo man stundenlang in nasser Kälte und tiefster Dunkelheit unter ständiger Lebensgefahr seine Arbeit verrichtete. Die Sehnsucht des Bergmanns nach Licht drückt sich auch im Schwibbogen mit seinen vielen Kerzen aus, der den Eingang zum Bergwerk symbolisiert.

Seiffen

Seiffen, mit seiner langen Tradition im Schnitzen und Drechseln, prägt wesentlich das Bild vom „Weihnachtsland Erzgebirge“. Die Heimat der

▶ LAND UND LEUTE

Nussknacker

Das einzige Nussknackermuseum des Erzgebirges ist in Neuhausen zu finden. 21 000 Exemplare sind dort versammelt, darunter der größte und der kleinste funktionsfähige Nussknacker der Welt.

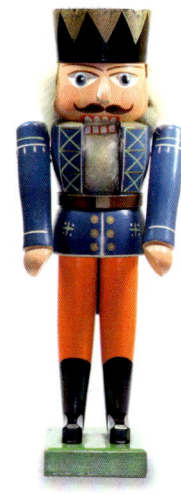

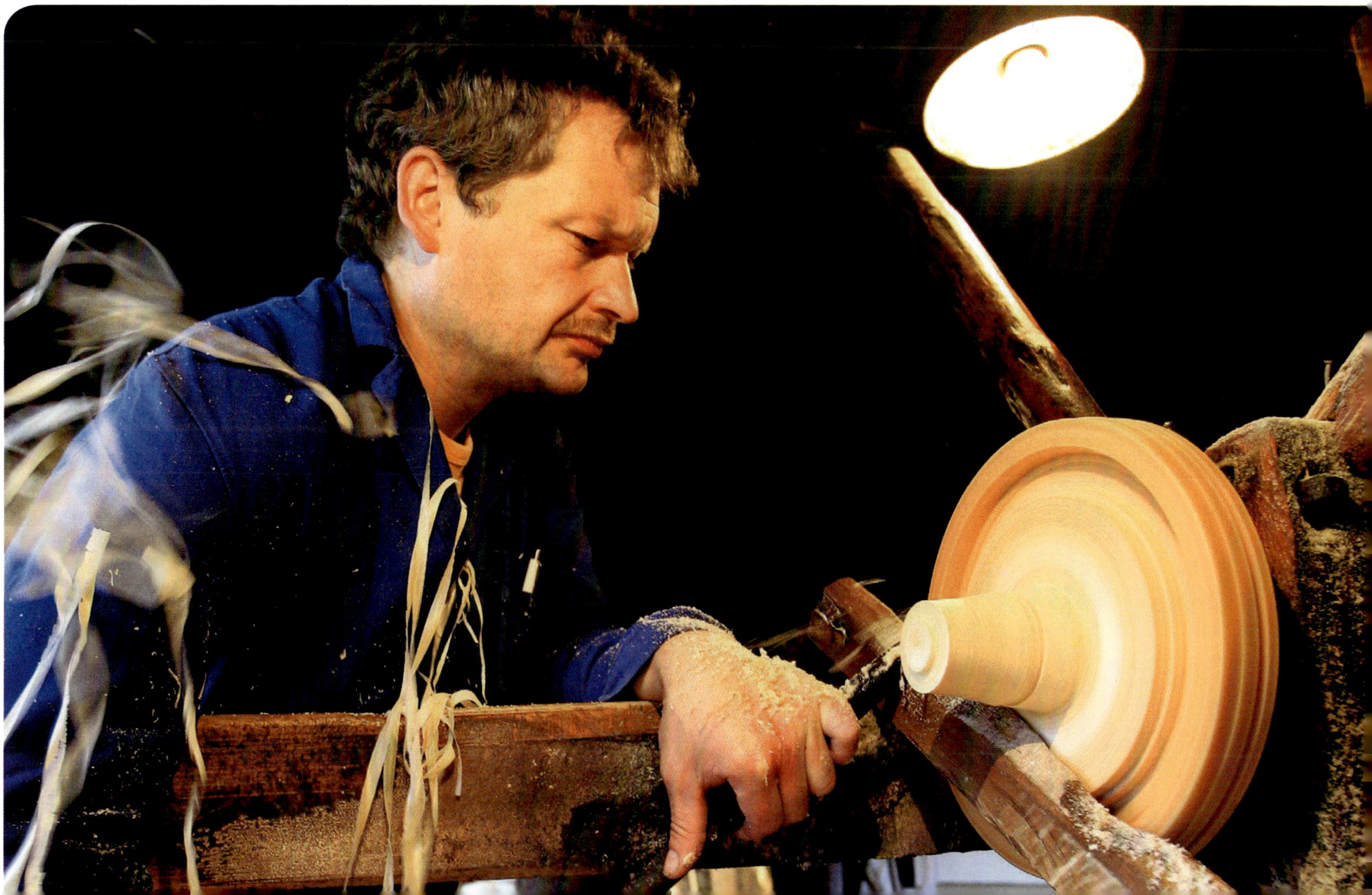

Schauvorführung im Freilichtmuseum Seiffen

Annaberger Kät

Seit 1869 beginnt zwei Wochen nach Pfingsten das größte Volksfest im Erzgebirge. An vielen Verkaufsständen wird angeboten, was kunstfertige Hände aus Holz zaubern.

erzgebirgischen Spielzeugmacher erhielt ihren Namen vom Auswaschen der Zinnkörner („Seifen") aus dem Verwitterungsschutt der Täler. Leben und Arbeit der Bergleute und Spielzeugmacher sind die Themen, die das **Erzgebirgische Freilichtmuseum** am Fuß des Ahornberges in elf Gebäudekomplexen präsentiert. In Schauwerkstätten können die Besucher beim Entstehen der berühmten Reifenfiguren zusehen, einer Drechselweise, die es nur in Seiffen gibt.

Stolze Städte mit Tradition

Jahrhundertelange Bergbautradition bedeutete auch die Entstehung selbstbewusster Städte, in denen heute noch das Erbe der Montanvergangenheit wachgehalten wird.

Annaberg-Buchholz

Weit und hell strebt das Innere des Doms St. Marien in Freiberg gen Himmel.

Auch die Wirkungsstätte des Rechenkünstlers **Adam Ries** repräsentiert bergmännische Geschichte und Brauchtum des Erzgebirges. Zur

Geburt von Annaberg erscholl das „**Bergkgeschrey**": 1492 hatte man am Schreckenberg reiche Silbervorkommen entdeckt und schon drei Jahre später begann unter Herzog Georg dem Bärtigen die planmäßige Anlage der „newen stat bey dem Schreckenberge", die 1496 das Stadtrecht und 1501 ihren endgültigen Namen Annaberg erhielt. Der Reichtum aus den zeitweise über 600 Silbergruben floss so enorm, dass Annaberg im 16. Jh. die wichtigste und reichste Stadt des Erzgebirges war. Von 1523 bis zu seinem Tod 1559 lebte Adam Ries als Bergschreiber und Leiter seiner Rechenschule in der Stadt; auch die „Wohltäterin des Erzgebirges" **Barbara Uthmann** lebte in Annaberg. Die von ihr geförderte Bortenherstellung fing den ab Mitte des 16. Jhs. einsetzenden Rückgang des Silberbergbaus einigermaßen ab. Das benachbarte Buchholz nahm eine ähnliche Entwicklung. 1945 wurden die beiden bereits räumlich zusammengewachsenen Orte vereint.

Freiberg

Seit 1168 in der Nähe die ersten Silbervorkommen entdeckt wurden, entwickelte sich Frei-

berg zu einer höchst ansehnlichen Stadt mit prächtigen Bürgerhäusern rund um den großen Marktplatz und reich ausgestatteten Kirchen wie dem **Dom St. Marien**. Die Ende des 12. Jhs. errichtete romanische Pfeilerbasilika, seit 1480 Dom, brannte 1484 ab. Unter Leitung der Gebrüder Falkenwalt wurde das Gotteshaus bis 1509 in seiner heutigen Gestalt als dreischiffige Hallenkirche wiedererrichtet. Eine Besonderheit sind die 38 Engelsfiguren, die am Deckensims der Grabkapelle im Freiberger Dom singen und musizieren. Bei Restaurierungsarbeiten fand man heraus, dass ihre Musikinstrumente aus dem 16. Jh. Originale sind: Sie wurden bespielt, bevor sie in Engelshände kamen. In Freiberg hatte der legendäre **Orgelbauer Gottfried Silbermann** (1683–1753) seine Werkstatt. Darum besitzt die Stadt neben den beiden prächtigen Orgeln im Dom noch drei weitere aus des Meisters Hand.

Zwickau

Der Komponist **Robert Schumann** kam hier zur Welt, auch der Maler **Max Pechstein** – und eine Menge Automobile liefen vom Band. Die Fahrzeuge der Marken Horch, Audi und DKW, später der Trabant, begründeten den Ruf der Stadt als **Zentrum des Automobilbaus**. Zwickau war bereits um 1200 ein Fernhandelsstützpunkt an der Handelsstraße Altenburg–Prag und profitierte ebenfalls von der Erschließung der Silbervorkommen im Erzgebirge. Noch heute sieht man der Altstadt ihre wirtschaftliche Blüte im 15./16. Jh. an, als sie sich zur größten Stadt Kursachsens entwickelte. Der im 19. Jh. begonnene **Steinkohlenbergbau** war 1977 beendet. Doch August Horchs 1904 gegründetes Autowerk, aus dem 1932 durch Zusammenschluss mit Wanderer, DKW und den Motorradwerken Zschopau die **Auto-Union** entstand, brachte wieder reichlich Arbeit in die Region. Nordöstlich von Zwickau, in **Hohenstein-Ernstthal**, wurde 1842 ein Sachse geboren, der weltweit Geschichte(n) schreiben sollte: **Karl May** wuchs hier in ärmlichen Verhältnissen auf, saß wegen Diebstahls und Betrügereien fast acht Jahre im Gefängnis – und wurde dank Winnetou, Old Shatterhand und Kara Ben Nemsi einer der berühmtesten Sachsen der Welt.

Plauen

Landschaftlich wunderschön im Tal der Weißen Elster und ihrer Nebenflüsse liegt das kulturelle und wirtschaftliche Zentrum des Vogtlands. Hier

sorgte eine andere Branche für Aufschwung: Als Zentrum der **Textilindustrie** war die Stadt seit dem 16. Jh. wohlhabend und angesehen. Die in Plauen gefertigten **Spitzen** sind weltweit berühmt, und auf der Weltausstellung 1900 in Paris eroberten die auch heute noch begehrten textilen Kostbarkeiten einen Grand Prix. Die im Zweiten Weltkrieg zu drei Vierteln zerstörte Altstadt strahlt heute wieder in neuem Glanz. Das schönste Gebäude ist das spätgotische, 1382 erstmals belegte **Alte Rathaus am Altmarkt**. An seinem Renaissancegiebel prangt das Wahrzeichen der Stadt, eine vom Nürnberger Meister Puhkaw im selben Jahr gelieferte mehrteilige Uhr: eine Sonnenuhr, darüber eine von zwei beweglichen Figuren flankierte Viertelstundenuhr und darüber eine Mondphasenkugel und zwei Löwen, die die Viertelstunde schlagen. Im Alten Rathaus illustriert das **Spitzenmuseum** Geschichte und Machart der Plauener Spitzen.

Klangvoll

Das **südöstliche Vogtland** entlang der tschechischen Grenze hat als „Musikwinkel" einen besonderen Klang: Seit dem 17. Jh. ist hier der von Exilanten aus dem nahen Egerland mitgebrachte Musik-

Das Rathaus von Plauen mit seiner ungewöhnlichen Uhr

Eng verbunden ist Plauen mit der Herstellung der kostbaren Spitze.

Das große Bergkgeschrey

Großes Bild: Alljährlich am 4. Advent findet in Annaberg-Buchholz die Große Bergparade statt.

Kleines Bild: Die sogenannten Silberlocken markierten den Auftakt für den Aufstieg des Bergbaus im Erzgebirge.

Kurfürst Friedrich der Weise hatte im 12. Jh. allen Grund zur Zufriedenheit, denn das Silber aus dem Erzgebirge füllte seine Schatullen reichlich. 1168 hatte sich auf dem Gebiet der heutigen Stadt Freiberg das große „Bergkgeschrey" erhoben: Man hatte in der Erde mehrere lange Drähte und zu Klumpen verflochtene Fäden von gediegenem, weißlich glänzendem Silber gefunden. Die Nachricht von der Entdeckung wunderschön gebogener „Silberlocken" verbreitete sich in Windeseile und zog viele Schatzsucher und Bergmänner an. Ihnen folgten Kaufleute und Handwerker. Dort, wo man das Silber fand, entwickelte sich Freiberg, für einen längeren Zeitraum die bedeutendste Stadt Sachsens. Ab 1256 stand hier der Bergschöppenstuhl, der bis ins 19. Jh. selbst für weit entfernte Bergbauorte in Skandinavien und auf dem Balkan Recht sprach.

Knappschaften

Im 14. Jh. wurde der Silberabbau immer mühsamer, Wasserabzugsstollen und trickreiche „Bergwerksmaschinen" mussten helfen. Viele Schächte konnten nur mit Unterstützung finanziell potenter Grundherrn weitergeführt werden. Ende des 14. Jhs. schlossen sich die in Not geratenen Bergleute zu Bruderschaften zusammen. Man feierte gemeinsam den Gottesdienst und gründete diverse soziale Einrichtungen, u. a. eine Kranken- und Hinterbliebenenfürsorge. Wenig später vereinigten sich die Bruderschaften der im Lohnarbeitsverhältnis stehenden Hauer, Schmelzer und Haspelknechte zur **Knappschaft**. Ihnen standen die „Gewerken" genannten Inhaber von Kuxen (Grubenanteilen) und Schmelzhütten gegenüber. Die einem Oberberghauptmann bzw. Generalbergkommissar unterstellten Bergbeamten des Landesherrn hatten für die Einhaltung der Bergrechte zu sorgen und vermittelten zwischen den verschiedenen Parteien.

Silbersegen zum Zweiten

Dann entdeckte man 1470 am Schneeberg einen zweiten „Silbersegen". Auch hier waren es wieder lange Drähte und Locken, dazu kamen zentnerschwere Klumpen und Blöcke. In die Geschichte des Bergbaus ist eine **400 Zentner schwere Silberstufe** eingegangen, 1477 in der Grube St. Georg entdeckt. Der Landesherr ließ es sich nicht nehmen, an diesem „silbernen Tisch" zu tafeln. Nun hatte man genug Edelmetall für ein ordentliches Münzwesen – der Meißnische Groschen wurde begehrtes Zahlungsmittel. In rascher Folge entstanden **neue Bergbaustädte** wie Annaberg, Buchholz, Marienberg und Johanngeorgenstadt. Nach 1560 gingen die relativ leicht erreichbaren Silbervorräte jedoch zur Neige, viele Erzgebirgler mussten sich neue Einkommensquellen suchen. Der Bergstreittag (22. Juli) erinnert jedoch noch heute mit Musik, Märkten und einer großen Bergparade an einen Streik der Schneeberger Knappen im Jahr 1496.

WUSSTEN SIE, ...

... dass ein Buckelbergwerk ein hölzerner Kasten ist, der auf dem Rücken (Buckel) getragen wird und in dem sich eine unterirdische Miniaturbergwerksanlage im Schnitt befindet? Eine seitlich eingeführte Kurbel setzt über Rollen, Hebel und Drähte die Figuren in Bewegung. Arbeitsunfähig gewordene Bergleute verdienten sich so auf Weihnachts- und Jahrmärkten einige Pfennige.

instrumentenbau zu Hause. Die **vogtländischen Instrumentenbauer genießen Weltruf** und stellen ihre Leistungsfähigkeit alljährlich im Mai bei den vogtländischen Musiktagen unter Beweis. In **Markneukirchen** hat der Instrumentenbau die längste Tradition. Hier gründeten 1677 zwölf Meister die erste Innung. Die mehr als 1000 Exponate umfassende Sammlung des **Musikinstrumentenmuseums** im Paulus-Schlössel gehört zu den größten der Welt. Fast 2 m hoch ist das Piano-Akkordeon, dessen 125 Tasten und 360 Bässe einst die sechs Tanzgirls der englischen Gruppe „Doorlay" spielten. 1940 gaben sie das Riesenakkordeon in Klingenthal zur Reparatur, bis heute holten sie es nicht ab. Ein Museum anderer Art hat das Waldhufendorf Landwüst in der Nähe von Markneukirchen der Sammelleidenschaft eines Landwirts zu verdanken. Bauer Walter Wunderlich trug das Inventar für das **Freilichtmuseum Landwüst** zusammen.

Klingenthal, der zweite Hauptort des Musikwinkels, erstreckt sich rund 17 km nordöstlich von Markneukirchen als Streusiedlung über mehrere Kilometer bis zum Fuß des Aschbergs. Es ist vor allem als **Zentrum des Mundharmonika- und Akkordeonbaus** bekannt, wenn auch sein Wappen von einer Lyra geziert wird. Dank hoher Schneesicherheit hat es sich auch einen Namen als Wintersportort gemacht. Die beiden Lokaltraditionen verbindet das **Musik- und Wintersportmuseum**.

Von Ardäppelklitscher bis Schwammetopf

Bergmannstradition und kalte Winter sorgten für deftige Küche: Ob Erdeppel oder Aardäppel – im Vogtland wie im Erzgebirge stehen **Kartoffeln** in vielen Variationen auf dem Speiseplan. Die **Kartoffelsuppe** gehört zu den Lieblingsspeisen aller Sachsen und ist nur echt, wenn die Kartoffeln püriert und mit einem Schuss Milch oder Sahne verfeinert sind. Variationen sind gestattet: So darf statt Bockwurst oder Wiener Würstchen auch mal Räucherlachs hinein. Der **Schwammetopf** besteht aus in der Pfanne gegarten, schichtweise eingelegten gekochten Kartoffeln und gedünsteten Waldpilzen. Als **Klitscher** (Reibekuchen) oder Rauchemaad (Reibekuchen aus gekochten Kartoffeln) steht die Kartoffel alltags auf dem Speisezettel. Sonntags gibt es

grüne – sprich: rohe – **Klöße** zum Sauerbraten. Im erzgebirgischen Weihnachtsgericht „Neunerlei" dürfen sie ebenfalls nicht fehlen; denn Klöße stehen dort für die vielen Taler, die man sich im neuen Jahr erhofft. Eine besondere Leckerei sind die erzgebirgischen **Buttermilchgetzen**, ein Auflauf aus geriebenen Kartoffeln mit Buttermilch, serviert entweder süß mit Kompott oder herzhaft mit Zwiebeln und Speck, manchmal auch süß und herzhaft zugleich, wenn Ananas obendrauf mit Käse überbacken wird. Angeblich ist die Kartoffel bereits 1647 in Würschnitz im Vogtland angebaut worden. Von dort kam sie zu Beginn des 18. Jhs. als „Vogtländische Knolle" ins Erzgebirge. Während man ihr damals noch eine aphrodisische Wirkung zuschrieb, wurde sie nach den Hungersnöten von 1770/71 zum Hauptnahrungsmittel der Bauern und Bergleute. Zur Kartoffel gesellen sich Fisch – zumeist Karpfen, Forelle oder Hering – und als Fleisch der Sauerbraten. Bei dem verstehen die Vogtländer übrigens keinen Spaß – der Streit zwischen einer Gastwirtin aus Mylau und einem Gast, dem der Braten nicht geschmeckt hatte, beschäftigte 2002 sogar das Amtsgericht Auerbach. Seither gibt man sich in dieser Frage sportlich: Jedes Jahr treten in Auerbach die Köche zum Wettstreit um den Sauerbraten-Champion an.

Einen Einblick in das Leben vogtländischer Bauern seit Ende des 18. Jhs. bietet das Freilichtmuseum Landwüst.

Schmackhafte Waldpilze gehören zu den unverzichtbaren Zutaten des Schwammetopfes.

Sächsische Schweiz

Zwei Schweizer gaben dieser ungewöhnlichen Landschaft ihren Namen – eine zauberhafte und zugleich bizarre Welt, geformt aus dem Elbsandstein.

Der Blick vom Ferdinandstein reicht über die Basteibrücke bis zum Lilienstein am Horizont.

Gewaltige Urkräfte haben vor über 100 Mio. Jahren aus dem Gestein Einzigartiges geschaffen, ein Labyrinth aus schroffen Felstürmen, engen Schluchten und abenteuerlichen Naturbrücken. So findet jeder etwas – ob man nun auf den Schrammsteinen bergwandern will, von der Basteibrücke aus das Elbtal bestaunen möchte oder mit der Kirnitzschtalbahn ins bezaubernde Kirnitzschtal fährt.

Sehnsuchtslandschaft der Romantiker, Touristenziel Nr. 1, ein Paradies für Kletterer und Wanderer – das alles ist der sächsische Teil des Elbsandsteingebirges. 360 km² groß, eine urwüchsige Landschaft mit viel Wald und bizarren Felsen.

Lange bevor Freeclimbing zur Trendsportart wurde, kraxelten die Kletterer im Elbsandsteingebirge nur mit Muskelkraft. Bereits 1913 wurde dazu ein Regelwerk verfasst. Die Schönheiten der bewaldeten Canyons sind den Menschen jedoch lange verborgen geblieben. Sie bewegten sich auf Handelsschiffen von Böhmen aus an den merkwürdigen Felsgebilden vorbei und hatten weder Zeit noch Lust, den Luchsen zu begegnen oder die Frühlingsplatterbse zu bewundern. Nicht einmal einen Namen wussten sie für die Gegend. Den erfanden erst zwei Schweizer Maler, Adrian Zingg und Anton Graff, die 1766 mit ihren Skizzenblöcken auf Motivsuche waren und sich an ihre Heimat erinnert fühlten. Vom **Basteifelsen** aus schweift der

Schmuckstück historischer Architektur verschiedener Epochen ist und mit dem **Barockgarten Großsedlitz** etwas außerhalb der Stadt noch ein besonderes Juwel zu bieten hat. Wer die Schönheit der Region gemächlich erfahren will, sollte mit einem der Raddampfer der **Weißen Flotte** elbaufwärts schippern, vorbei an Rathen mit den Basteifelsen – dann lockt als Ziel der Kurort Bad Schandau, und von hier ist es auch nicht mehr weit zu den Insignien früherer Macht, den Burgen Hohnstein und Stolpen. Höhepunkt der Festungsarchitektur ist zweifelsohne die **Festung Königstein**, linkselbisch zwischen Pirna und Bad Schandau gelegen. Nordöstlich von Bad Schandau, nahe der tschechischen Grenze, wird in Sebnitz noch Kunsthandwerk gepflegt: Hier entstehen kunstvolle Seidenblumen – und die laut Guinnessbuch größte Seidenrose der Welt reckt sich über 3,70 m hoch im Pavillon des örtlichen Kunstblumen- und Heimatmuseums. Und auch wenn es nicht unmittelbar zur Sächsischen Schweiz zählt: Ein Abstecher nach **Dresden** ist fast ein Muss, zu groß sind seine kunsthisto-

Blick in schier endlose Weiten: Links lugen am Horizont die böhmischen Berge hervor, rechts überblickt man einen großen Teil des Erzgebirges, und gleich vorne liegen der **Königstein** mit der Festung und der Lilienstein. 190 m tiefer schlängelt sich die Elbe als silbernes Band durch das Tal. Wer dieses Panorama bei klarer Luft und blauem Himmel erleben darf, kann nachvollziehen, weshalb es Carl Heinrich Nicolai dort oben die Sprache verschlug. Er verfasste anno 1801 den ersten Reiseführer durch die Sächsische Schweiz, und dieser ist heute noch lesenswert, weil die Natur sich nicht verändert hat. Um diese einzigartige Natur zu schützen, wurde der **Nationalpark Sächsische Schweiz** ins Leben gerufen, der seine Fortsetzung auf tschechischer Seite findet. Zahlreiche Tierarten sind (wieder) hier heimisch; Greifvögel kreisen über den verwunschenen Felsformationen, Gämsen und Mufflons tummeln sich in höheren Gefilden, durch die Wälder streift Dam-, Reh- und Rotwild. Prächtiges „Tor" zur Sächsischen Schweiz ist die Stadt **Pirna**, die, nach der Wiedervereinigung sorgsam restauriert, ein echtes

▶ TOPZIELE IN DER REGION

„Aussichten" gibt es in der Sächsischen Schweiz überall: herab von den Felsen über das Land, aber auch auf zahlreiche Schätze der Architektur.

BASTEI

Von der Bastei gelangt man über felsige Wege über die Basteibrücke zur Felsenburg. Diese 76,5 m lange Steinbrücke überquert die Mardertelle und schafft somit eine Verbindung zwischen der Felsenburg Neurathen und der Bastei in einer Höhe von 165 m über der Elbe. → S. 192 und S. 194

PIRNA

Der Stadtname kommt aus dem Sorbischen; „na pernem" bedeutet „auf dem harten Stein" und bezieht sich auf den Sandstein, von dessen Verkauf Pirna jahrhundertelang lebte und aus dem so berühmte Bauwerke wie die Dresdner Frauenkirche oder das Brandenburger Tor bestehen. → S. 196

BAROCKGARTEN GROSSSEDLITZ

Vor der Kulisse des 16 ha großen, schön angelegten Areals, eines Prunksaals unter freiem Himmel, sind die Sommerkonzerte ein ganz besonderes Erlebnis. → S. 197

KIRNITZSCHTAL

Wild und gleichzeitig romantisch ist das Tal der Kirnitzsch, die bei Bad Schandau in die Elbe mündet. Mühlen entlang ihrer Ufer zeugen von der Nutzung der natürlichen Kraft des Wassers. → S. 199

FESTUNG KÖNIGSTEIN

Mehr als 30 Räume im Torhaus und in der Streichwehr gehören zur Dauerausstellung „In Lapide Regis", die so anschaulich wie unterhaltsam acht Jahrhunderte aus dem Leben auf dem Königstein lebendig werden lässt. Modelle, Dioramen und Figureninstallationen illustrieren historische Meilensteine. → S. 201

kilometer großen Fläche eine der faszinierendsten Landschaften Mitteleuropas. Der hier gebrochene Baustein prägt nicht allein das Bild Dresdens, sondern wurde auch in Berlin, Leipzig und Hamburg verbaut.

Vor 144 Mio. Jahren bedeckte ein riesiges Meer das Gebiet der heutigen Sächsisch-Böhmischen Schweiz. Seine Zuflüsse lagerten über lange Zeit Sand am Meeresboden ab, der schließlich zu einer mächtigen Platte sedimentierte. Dieser Quarzsandstein wurde vor rund 100 Mio. Jahren gehoben und nach Rückzug des **kreidezeitlichen Meeres** von Wasser, Wind und Frost bizarr erodiert. Vor 65 Mio. Jahren ließen **Vulkanausbrüche** basaltene Kegelberge entstehen, wurde der mächtige Sandsteinsockel durch die Elbe und ihre Nebenflüsse tief zerschnitten. So bildeten sich erhabene **Tafelberge**, zerklüftete **Kamine**, **Spalten**, schroffe **Felswände** und wilde **Schluchten,** durch die sich bis zu 400 m tief das blaue Band der Elbe zieht.

Steine und Labyrinthe

Diese Landschaft gliedert sich in drei große Etagen des Sandsteins: die feuchtkalten **Gründe** mit engen Schluchten, darüber **Hochflächen** und im obersten Stockwerk die **Tafelberge**. Diese felsigen Tafelberge werden auch „Steine" genannt (z. B. der Königstein) und sind Überbleibsel der einstmals zusammenhängenden Sandsteinplatten. Örtlich formten sich wahre **Felslabyrinthe** wie im Bereich der Bastei und der Schrammsteine. Diese natürlichen Gegebenheiten bilden die Lebensgrundlage für eine reiche Flora: vom dichten Fichtenforst in den Schluchten bis zum Birken- und Kiefernwald an Hängen und auf Höhen. Die **Bastei**, ein Schluchtenlabyrinth bei Niederrathen oberhalb der Elbe, ist heute der größte Anziehungspunkt von Rathen, das im 18. und 19. Jh. vom Sandsteinabbau lebte und heute ein beliebter Kurort ist. Der Felsrücken überragt die Flusslandschaft 200 m hoch und zählt zu den **schönsten natürlichen Aussichtspunkten Europas**. Nur wenige Kilometer elbaufwärts von Rathen existiert bei Bad Schandau ein weiteres markantes Felsmassiv, die **Schrammsteine**. Sie sind heute ein sehr beliebtes Wander- und Klettergebiet. Ebenfalls in der Nähe von Bad Schandau liegen die **Affensteine**, eine lang gestreckte, imposante Felsformation, die nahezu senkrecht über grünen Wäldern aufragt.

Die enge Schlucht erhielt den Namen „Schwedenlöcher", als die Bewohner der Umgebung im Dreißigjährigen Krieg vor den schwedischen Truppen hierher flüchteten.

rischen und kulturellen Schätze von Zwinger über Frauenkirche und Semperoper bis hin zum Grünen Gewölbe.

Von Meer und Fluss geformt

Das sächsische Elbtal erstreckt sich von Riesa im Nordwesten über Meißen und Dresden nach Bad Schandau im Südosten. Der zweifellos interessanteste Abschnitt der Elbtalzone und die schönste Landschaft Sachsens ist das bei Pirna beginnende und bis nach Tschechien hineinragende Elbsandsteingebirge, auch **Sächsische Schweiz** genannt. In der 400 m mächtigen Schichtenfolge des **Elbsandsteins** entstand auf einer mehrere Hundert Quadrat-

Spezielles Klima

Die besondere Geografie des Elbsandsteingebirges mit tiefen Einschnitten und steilen Felsen hat auch zu einem speziellen Klimaphänomen geführt. Bis zum Grund der tiefen Schluchten dringt wenig Sonne vor, ebenso wenig auch starke Luftbewegungen. Das hier unten herrschende Klima ist daher dauerhaft feucht und kühl, ein sogenanntes **Kellerklima**. Ganz anders auf den Felsen: Hier gibt es im Sommer **extreme Temperaturschwankungen** zwischen Tag und Nacht, in Herbst und Winter kommen noch Einflüsse durch die Windverhältnisse hinzu.

Geschützte Landschaft

Dieses spezielle Klima der Sächsischen Schweiz hat auch zu einem weiteren Phänomen geführt, der sogenannten **Höhenstufeninversion**. Bei dieser kehren sich die Waldhöhenstufen um, in den Tiefen der kühlen, dunklen Schluchten existiert also eine Fauna und Flora, wie sie ansonsten in montanen Regionen zu finden sind. Hierzu zählt eine Vielzahl an Moosen und Flechten, aber auch Bäume wie Bergahorn, die rare Weißtanne oder Fichte sind hier heimisch. Um den Besonderheiten der Region Rechnung zu tragen und die naturgegebenen Schätze dauerhaft zu schützen, wurde im Jahr 1990 der 93 km² große **Nationalpark Sächsische Schweiz** gegründet, der die landschaftlich attraktivsten Gebiete des Elbsandsteingebirges umfasst. Der Nationalpark, zu dem auch das Polenztal mit seinen beliebten Märzenbecherwiesen, die Bastei, das Kirnitzschtal und der Große Zschand mit einigen Nebentälern gehören, grenzt an den 2000 gegründeten 80 km² messenden Nationalpark Böhmische Schweiz in Tschechien und bildet mit ihm zusammen sowie weiteren umgebenden Flächen ein 700 km² großes, das Elbsandsteingebirge umfassendes **Landschaftsschutzgebiet**. Riffkiefernwälder, Auen und Buchenwälder – die Pflanzenvielfalt ist groß auf dem Gebiet des Nationalparks.

Gezielte Rückkehr

Insbesondere dieses geschützte Gebiet des Nationalparks Sächsische Schweiz mit seinen streckenweise dichten Wäldern, die sich grenzübergreifend bis nach Böhmen erstrecken, ist

Bizarre Felsformationen, wie hier der Gamrig in der Nähe von Rathen, prägen das Gesicht der Sächsischen Schweiz.

Besonders auffällig sind die gedrehten Hörner der Mufflon-Widder.

Heute kreisen wieder die pfeilschnellen Wanderfalken über den Felsen der Sächsischen Schweiz.

erneut zur Heimat seltener, zum Teil einst in der Gegend ausgestorbener Tiere geworden. Einen wesentlichen Beitrag hierzu haben auch gezielte **Wiederansiedlungsprogramme** geleistet, wenn auch einige Arten von sich aus wieder in das Elbsandsteingebirge zurückgekehrt sind und sich weit ausgebreitet haben – wie beispielsweise Wildschweine.

Der **Wanderfalke** hingegen ist erst mit der Unterstützung des Menschen erneut in der Sächsischen Schweiz heimisch geworden, wo er in den stark gegliederten Felsen ideale Brutbedingungen vorfindet. Seit Anfang der 1990er-Jahre wurden zahlreiche junge Vögel ausgewildert, heute leben hier wieder ca. 30 Brutpaare. Auch der **Elbebiber** konnte durch gezielte Programme wieder in der Sächsischen Schweiz angesiedelt werden, nachdem seine Bestände u. a. durch Bejagung und menschliche Eingriffe in seinen Lebensraum stark zurückgegangen waren. Sogar der ausgesprochen seltene und gefährdete Fischotter, der sehr zurückgezogen lebt, hat sich in einigen Gewässern der Sächsischen Schweiz erneut angesiedelt, selbst in der Elbe. Zurückzuführen ist dies u. a. auf eine bessere Wasserqualität. Von selbst eingewandert ist der **Schwarzstorch**, der hier die Sommermonate verbringt, um seine Jungen in Horsten vorwiegend auf Felsen aufzuziehen, bevor er ab August in wärmere Regionen weiterzieht.

Ursprünglich nicht in der Sächsischen Schweiz beheimatet waren **Gämsen**, deren natürlicher Lebensraum eher Hochgebirgsregionen sind. Diese wurden erst im frühen 20. Jh. bis Mitte der 1930er-Jahre hier angesiedelt, vermutlich, um sie zu bejagen. Aus diesen ausgesetzten Tieren haben sich im Lauf der Jahrzehnte jedoch feste Populationen entwickelt. Auch **Mufflons**, eine Wildschaf-Art, wurden erst durch menschlichen Eingriff, ebenfalls im 20. Jh., im Elbsandsteingebirge heimisch. Neben seltenen und exotischen Arten streifen auch die typischen Bewohner wie das Reh oder der Rothirsch durch die Wälder.

Pirna, das Tor zur Sächsischen Schweiz

Italienische Piazza-Atmosphäre und ein von **Renaissance** und **Barock** geprägtes Stadtbild machen die kleine Schwester Dresdens zum Erlebnis. Vom Sandstein und anderen Handelswaren rührte der einstige Reichtum der Stadt. Heute profitiert sie von ihrer Schönheit und der malerischen Landschaft der Sächsischen Schweiz und des Müglitztals. An der Elbfurt gründeten Kaufleute eine Niederlassung, die 1233 erstmals erwähnt und 1291 als Stadt bezeichnet wurde. Von 1294 bis 1405 gehörte Pirna zu Böhmen, bis 1639 entwickelte es sich zur wichtigsten Ansiedlung im oberelbischen Gebiet und überstand u. a. die Belagerung durch die Hussiten 1429/1430 schadlos. In den folgenden Jahrhunderten litt die Stadt in wechselnder Folge unter Schweden, Preußen und Franzosen. Mit der Ansiedlung von Industrie, der Eröffnung der Dampfschifffahrt auf der Elbe 1837 und dem Anschluss an den Eisenbahnverkehr 1848 blühte Pirna jedoch wieder auf.

Architektonischer Schatz

Pirna ist ein „Muss" für Freunde der Baukunst mit sehenswerten Gebäuden aus unterschiedlichen Jahrhunderten, insbesondere aus dem 15. bis 17. Jh. – so wie dem **Rathaus**, das am malerischen Mittelpunkt von Pirna, dem **Marktplatz**, steht. Es geht auf das Jahr 1485 zurück und besitzt Elemente sowohl der Gotik als auch der Renaissance. Der Hofmaler Bernardo Bellotto (1720–1780) aus Venedig, genannt **Canaletto**, fand den Marktplatz so schön, dass er ihn als Bildmotiv wählte. Um ihn herum stehen einige bemerkenswerte **Bürgerhäuser** aus unterschiedlichen Epochen, z. B. an der elbzugewandten Seite die **Stadtapotheke Zum Löwen** von 1578 mit einem ungewöhnlichen Sitznischenportal. An der dem Schloss zugewandten Stirnseite fällt das hochgiebelige Haus ganz rechts auf, das 1423 erstmals urkundlich erwähnt wurde. Es trägt den Namen **Canaletto-Haus**, weil Canaletto es auf einem seiner Pirna-Bilder verewigt hat.

Barockgarten Großsedlitz

Eine weitere Kunstepoche in Reinform lässt der Barockgarten Großsedlitz, wenige Kilometer westlich von Pirna, erleben – er ist eine der **vollkommensten barocken Gartenschöpfungen Sachsens**. Zunächst ließ Graf Wackerbarth ab 1719 nach Plänen von Johann Christoph Knöffel das Gelände bebauen und den Park gestalten. August der Starke kaufte den Besitz 1723 und zog Matthäus Daniel Pöppelmann und Zacharias Longuelune hinzu, womit die damals drei besten Baumeister am Dresdner Hof als Schöpfer der Anlage gelten können. Der Garten ist weitgehend Longuelune zu verdanken. 1732 wurden die Arbeiten eingestellt, weshalb nur ein geringer Teil der Pläne verwirklicht werden konnte, doch

auch so beeindruckt der Garten u. a. durch seine Weite und die symmetrische Anlage. Die **Obere Orangerie** ist ein Entwurf Knöffels. Das **Friedrichsschlösschen** wurde anstelle der ehemaligen dreiflügligen Friedrichsburg erbaut. Die **Untere Orangerie** ist ein eindrucksvoller Flachbau mit lang gestreckter Fenstergalerie von Longuelune. Seinen Ruhm verdankt Großsedlitz dem mit Skulpturen geschmückten Barockgarten. Von den einst 360 Skulpturen sind allerdings nur 52 erhalten; die meisten fielen der Zerstörungswut preußischer Soldaten zum Opfer. Besonders harmonisch ist die **„Stille Musik"**, eine barocke Treppenanlage von Pöppelmann mit geschwungenen Balustraden und lebhaft wirkenden Puttengruppen.

Der Name wird Programm

Das Elbsandsteingebirge verdankt den Namen Sächsische Schweiz dem Porträtmaler Anton Graff und dem Kupferstecher Adrian Zingg.

▶ **ERLEBTE GESCHICHTE**

DDR-Museum Pirna
Das privat geführte Museum entführt auf über 2000 m² auf eine Zeitreise zurück in die Zeiten der DDR. Wie man dort lebte, was gekauft wurde und wie die Freizeitbeschäftigungen aussahen, dokumentieren zahlreiche Ausstellungsstücke. Unter anderem gibt es einen komplett eingerichteten Konsum, ein originales Schulklassenzimmer (natürlich mit entsprechendem Unterrichtsmaterial) und verschiedene Kraftfahrzeuge zu sehen.
www.ddr-museum-pirna.de

Dominiert von Schloss Sonnenstein schmiegt sich Pirna mit seinen Architekturschätzen an das Elbufer.

Abstecher nach Dresden

Kleines Bild: Schloss Pillnitz am Stadtrand von Dresden bezaubert mit seiner Architektur und der Parkanlage.

Großes Bild: Ein Blick über die Elbe verrät, warum Dresden auch als Elbflorenz bezeichnet wird.

War die Sächsische Schweiz nach ihrer Entdeckung als Urlaubsziel zum Favoriten der Dresdner geworden, so lohnt es sich ebenso, aus dem spektakulären Elbsandsteingebirge entlang der Elbe einen Ausflug in die sächsische Landeshauptstadt zu unternehmen. Denn ohne zu zögern bekennt ein jeder Dresdener, in der schönsten Stadt Deutschlands zu leben. „Elbflorenz" ist Anziehungspunkt für Besucher aus aller Welt.

Kunstschatz Altstadt

Es ist im Wesentlichen die **Altstadt** auf dem linken Elbufer, die Dresdens Ruf begründet hat. Hier sind die berühmtesten Bauwerke und Sehenswürdigkeiten versammelt. Ein schöner Gang durch die Altstadt führt vom **Zwinger** über den Theaterplatz an **Hofkirche** und **Schloss** vorbei zur **Brühlschen Terrasse**, von dort zum Albertinum und über den Neumarkt mit der original wieder aufgebauten **Frauenkirche** zum Altmarkt. Kunst und Kultur haben hier ihre Hochburg in zahlreichen Museen, deren bekannteste die „Alten Meister" und das „Grüne Gewölbe" sind.

In der rechtselbischen Neustadt findet man einige barocke Straßenzüge. Auch die Neustadt kann man gut zu Fuß erkunden: von der Altstadt über die Augustusbrücke und geradeaus weiter zum Albertplatz, zurück auf die Königstraße und über die Große Meißner Straße zum Neustädter Markt an der Augustusbrücke. Die Natur schafft zu all der barocken Pracht den passenden Rahmen mit **malerischen Hängen und breiten Auen entlang der Elbe**.

Schloss Pillnitz

Die Reize Dresdens sind jedoch nicht auf das Kerngebiet der Stadt begrenzt. Denn ein Ausflug nach Pillnitz an der östlichen Stadtgrenze Dresdens führt zum Schloss mit seinem Park, eine durch ihre Anmut und Heiterkeit wahrhaftig bezaubernde Anlage. Sie ist über einen Zeitraum von etwa 100 Jahren entstanden und war ein **Geschenk Augusts des Starken an seine Mätresse**, die Gräfin Cosel. Die Schlossanlage von Pillnitz besteht aus drei Teilen: dem Wasserpalais, dem Bergpalais und dem Neuen Palais. Wasserpalais und Bergpalais wurden in spiegelbildlicher Anordnung 1720–1723 nach Plänen von Pöppelmann und Longuelune erbaut, das Neue Palais 1818–1826 nach Entwürfen von Christian Friedrich Schuricht, nachdem das alte Schloss abgebrannt war. Wegen der Vorliebe Augusts des Starken für Exotisches und der zeitgenössischen Begeisterung für Chinoiserien entstand das Schloss in diesem Modestil. Die **Harmonie von Architektur und Landschaft**, die Anmut der Fassadenmalereien kommt besonders an der Elbseite des Wasserpalais zum Ausdruck. Dort führt eine Treppe hinab zur Anlegestelle der kurfürstlichen Gondeln. Die bereits im 19. Jh. gefertigte Nachbildung der Roten Tritonengondel ist im Schlosspark aufgestellt.

> ## WUSSTEN SIE, ...
>
> *... dass der sogenannte Fürstenzug aus rund 25 000 Porzellanfliesen auf mehr als 100 m Länge besteht? Das berühmte Porzellanbild entlang der links vom Georgentor abgehenden Augustusstraße zeigt mehr als 90 Personen, darunter die wettinischen Herrscher, Wissenschaftler und Künstler.*

Die beiden **Schweizer Künstler** arbeiteten ab 1766 an der Dresdner Kunstakademie. Ihre Wandererlebnisse und Landschaftseindrücke schilderten sie in Briefen, die mit „Grüßen aus der Sächsischen Schweiz" schlossen. Die tatsächliche „Entdeckung" der Sächsischen Schweiz als Urlaubsziel geht allerdings maßgeblich auf Maler der deutschen Romantik zurück. Künstler wie **Ludwig Richter** und **Caspar David Friedrich** zogen auf dem tatsächlich so getauften Malerweg von Dresden über Pillnitz nach Wehlen, Hohnstein und Bad Schandau.

Auf den Pfaden genialer Maler

Friedrich schuf mit dem „**Wanderer über dem Nebelmeer**" ein geradezu programmatisches Gemälde der romantischen Naturbegeisterung – die Anregung dazu holte er sich in der Sächsischen Schweiz. Den Künstlern folgten die ersten Touristen. Die Einführung der Massenverkehrsmittel Dampfschiff und Eisenbahn begünstigte die touristische Erschließung der Gegend. Vor allem die Einwohner und Besucher Dresdens konnten nun billig und schnell „ihre Schweiz" erreichen. Wer die Inspiration der Romantiker nachvollziehen will, sollte sich etwas Zeit nehmen. Für das „Wolfsschlucht"-Erlebnis des Carl Maria von Weber, der sich hier zu seinem „Freischütz" inspirieren ließ, muss man ein paar Schritte auf dem Malerweg von Rathewalde ins Polenztal gehen. Der „Wanderer über dem Nebelmeer" blickt in eine Landschaft, die so zwar nicht existiert, aber auf dem Wanderweg von Krippen zur Kaiserkrone begegnen einem tatsächlich die einzelnen Motive, nur weiter verstreut.

Bad Schandau

Was schon die Romantiker begeisterte, lohnt noch immer einen Besuch. Bad Schandau ist der **älteste Urlaubsort der Sächsischen Schweiz**. Mit der Entdeckung des „roten Flößgen", einer eisenhaltigen Quelle, begann um 1730 der Badebetrieb; 1799 entstand im Ort das erste Badehaus. Sehenswert sind u. a. der ehemalige Brauhof, ein schönes Renaissancegebäude, und die spätgotische, im 17. und 18. Jh. umgebaute Kirche St. Johannis. Von Bad Schandau aus fährt die 1898 erbaute **Kirnitzschtalbahn** durch das romantische Tal der Kirnitzsch. Die 8,3 km lange Strecke der mit Solarstrom betriebenen Straßenbahn endet nach rund halbstündiger Fahrt am 1830 angelegten Lichtenhainer Wasserfall.

Weiße Flotte

Besonders schön lässt es sich nach Bad Schandau (und nicht nur dorthin) auf der Elbe reisen. Seit 1836 besteht die **sächsische Personendampfschifffahrt**. Mit neun historisch detailgenau renovierten und als technische Denkmäler geschützten **Seitenraddampfern** ist sie die älteste und größte Raddampferflotte der Welt. Sieben Raddampfer stammen noch aus dem 19. Jh. und sind nach Städten an der Elbe benannt. Die Raddampferflotte wird ergänzt durch moderne Motorschiffe. An jedem 1. Mai geht die große **Dampferparade** von Dresden nach Pillnitz. An Schlössern und Weinbergen entlangzufahren ist wie ein Besuch auf der Schiffsbrücke ein besonderes Erlebnis.

Faszinierende Burgen

Weitaus älteren Datums als die historischen Dampfer auf der Elbe sind die Burgen der Sächsischen Schweiz, die heute noch von der wechselvollen Geschichte der Region Zeugnis ablegen. Wer sie besucht, trifft auf einen reichen Fundus an Historie und Kulturgeschichte.

▶ **ERLEBTE GESCHICHTE**

Schloss und Park Zuschendorf
Das Landschloss Zuschendorf am südlichen Stadtrand von Pirna ließen die Herren von Carlowitz im 16. Jh. anstelle einer mittelalterlichen Burg errichten. Zum Schloss gehört eine Kirche mit einem wertvollen Altarbild des Meisters Heinrich von Göding. Hauptattraktion des Anwesens ist eine großartige Kameliensammlung. Die Ableger stammen u. a. von der weltberühmten Kamelie von Schloss Pillnitz. Hinzu kommen wundervolle Azaleen, Efeu- und Bonsai-Züchtungen.

Mit einem 50 m hohen Jugendstilaufzug aus dem Jahr 1904 erreicht man die Stadtteile Ostrau und Postelwitz von Bad Schandau.

Felsenbühne Rathen
Die bekannte Felsenbühne Rathen (1938) ist mit 2000 Plätzen die größte Naturbühne Sachsens und gilt als eine der schönsten Freilichtbühnen überhaupt. Sie wird im Sommerhalbjahr ausschließlich von den Landesbühnen Sachsen bespielt. Die Landschaft am Wehlgrund beeindruckte Ludwig Richter und inspirierte Carl Maria von Weber zu seiner berühmten Wolfsschluchtszene im „Freischütz". Daher gehört diese Oper zum ständigen Repertoire der Felsenbühne, aber auch klassische Weltliteratur, Operetten, Kinderstücke und die Karl-May-Spiele mit verschiedenen „Winnetou"-Inszenierungen (www. felsenbuehne-rathen.de).

Mit der Sebnitzer Schauwerkstatt lebt das alte Handwerk der Kunstblumenherstellung fort.

Burg Hohnstein

Oberhalb des Städtchens Hohnstein am Nordrand der Sächsischen Schweiz „klebt" die gleichnamige, im 12. Jh. erstmals erwähnte Burg 140 m hoch über dem reizvollen **Polenztal** am Fels. Durch den Burgeingang mit dem kurfürstlichen Wappen betritt man den Unteren Burghof. Links erhebt sich das Untere Schloss mit dem Museum zur Geschichte der Burg. Ein in den Stein gehauener langer Wehrgang führt unter dem Oberen Schloss hindurch in den Oberen Burghof, wo man im ehemaligen Brauhaus eine naturkundliche Ausstellung besichtigen kann.

Burg Stolpen

Nur ca. 20 Minuten nördlich von Hohnstein erhebt sich auf einer Basaltkuppe das Städtchen Stolpen. Die 1218 zur Grenzfestung des Bistums Meißen ausgebaute Schlossanlage diente ab dem 16. Jh. als Gefängnis. Prominenteste Insassin war 49 Jahre lang **Gräfin Cosel**, die einstige Mätresse Augusts des Starken. Vier Höfe beinhaltet die fast ausschließlich aus dem örtlichen Basalt gebaute Burg. Der berühmteste der Stolpener

Türme, der Johannisturm (1509), ist als **Coselturm** bekannt, denn drei seiner Räume plus Küche und Bibliothek bewohnte die Gräfin von 1716 bis zu ihrem Tod 1765. Der Kapellenhof besitzt mit dem 82 m tiefen Burgbrunnen den **tiefsten Basaltbrunnen der Welt**.

Besondere Häuser, besondere Kunst

Nicht nur die Landschaft der Sächsischen Schweiz ist in ihrer Form einzigartig. Auch Architektur und Kunsthandwerk wissen in der Region um **Sebnitz** mit Besonderheiten aufzuwarten, die nahezu einzigartig sind.

Kreative Konstruktion

Die Gemeinde Hinterhermsdorf, ein Ortsteil von Sebnitz, besitzt eine große Anzahl der sogenannten **Umgebindehäuser**: „Umgebinde" kommt von „umbinden" und besagt, dass um einen massiven Bau herum oder an mindestens zwei Seiten eine oft arkadenartige Stützkonstruktion aus Holz angebracht wird, die die Last des Dachs oder des darüberliegenden Stockwerks aufnimmt.

Zarte Blüten

Auf mehr als 170 Jahre Tradition kann die Herstellung von **Kunstblumen** in Sebnitz zurückblicken. Hier wurden und werden in aufwendiger Handarbeit filigrane, täuschend echt wirkende Blüten aus Seide, Samt oder Baumwolle hergestellt – „Blümeln" wird das hier genannt. In der Schaumanufaktur kann man bei der Herstellung zuschauen oder die eigene Fingerfertigkeit bei der Blumenherstellung testen.

Licht und Schatten

Fingerfertigkeit erfordert auch die Herstellung der **Sebnitzer Schattenspiele**. Diese Kunst ist zwar überregional wenig bekannt, die Kunstwerke sind jedoch wunderschön anzusehen. Von außen wirken sie wie eine Laterne. Im Inneren sind auf einer Trommel aufwendige Scherenschnitte angebracht. Diese Trommel wird, ähnlich der Konstruktion einer Weihnachtspyramide, betrieben durch die nach oben ziehende Wärme einer im Fuß des Schattenspiels stehenden Kerze. In Bewegung gesetzt, werden kunstvolle Schattenspiele an die Wand gezaubert.

Festung Königstein

Südlich von Hohnstein und dem Kurort Rathen thront hoch über der Stadt Königstein die gleichnamige Festung. Vom Ort erreicht man sie in östlicher Richtung auf der B 172, von der eine Zufahrtsstraße hinauf zum Parkplatz abzweigt. Von dort muss man marschieren oder mit der Touristenbahn fahren. Versierte Wanderer wählen den direkten, steilen Aufstieg aus der Stadt. Die wahrscheinlich um 1200 angelegte und 1241 erstmals erwähnte **böhmische Königsburg** kam 1459 zur Mark Meißen. 1589 begann unter Kurfürst Christian I. der bis zum Ende des 19. Jhs. dauernde Ausbau der Festung. Das lohnte sich offenbar, denn sie konnte nie erobert werden. In den 1560er-Jahren wurde der über 150 m tiefe Brunnen gegraben, 1589 das Garnisonshaus (Alte Kaserne) fertiggestellt, 1594 das Alte Zeughaus mit einer Halle mit Kreuzgratgewölbe im Erdgeschoss. Wesentliche Bauwerke sind weiterhin die Friedrichsburg (1589), das Brunnenhaus (1715/1736), die Magdalenenburg (1622), der Fasskeller – bis 1819 stand hier das größte je gebaute Weinfass der Welt mit 250 000 l Fassungsvermögen –, das Neue Zeughaus mit Heldensaal (1631), die Georgenbatterie (1679), das Schatzhaus (1855), die Garnisonskirche (17. Jh.) und die Kasematten (16.–18. Jh.). Eine 1700 m lange Festungsmauer umgibt das gesamte Plateau. Der Königstein hatte viele Funktionen, aber hauptsächlich diente er dem Dresdner Hof in Krisenzeiten als Zufluchtsstätte und zur Unterbringung der Staatsschätze, der Kunstsammlungen und der persönlichen Habe des Fürstenhauses. Gleichzeitig war er Staatsgefängnis, u. a. für so bekannte Persönlichkeiten wie den Anarchisten **Michail Bakunin** (1849/1850), den SPD-Politiker **August Bebel** (1874), den Dichter **Frank Wedekind** (1899) und den Maler **Thomas Theodor Heine** (1899). Als Gäste freundlich bewirtet wurden u. a. **Zar Peter I.** und **Napoleon**. In mehreren Gebäuden sind interessante **Museen** eingerichtet. So befinden sich in den beiden Zeughäusern Ausstellungen des Militärhistorischen Museums Dresden zum Festungsbau und zur sächsischen Militärgeschichte. Sonderausstellungen sind im Torhaus und Schatzhaus zu sehen, während im Georgenbau eine Dokumentation zur Geschichte der Festung als Staatsgefängnis gezeigt wird. Die Friedrichsburg an der östlichen Festungsmauer kann für Feierlichkeiten gemietet werden.

Kleines Bild: Turm der Friedrichsburg auf der Festung Königstein

Großes Bild: Die Festung Königstein ist ein imposantes Zeugnis jahrhundertelanger Bautätigkeit.

WUSSTEN SIE, …

… dass August der Starke den Alchimisten Johann Friedrich Böttger auf Burg Königstein festhalten ließ, damit der dort das Geheimnis der Goldherstellung entdecken sollte? Tatsächlich aber gelang Böttger die Herstellung des „weißen Goldes", des später in Meißen berühmt gewordenen europäischen Porzellans.

Spreewald

Hunderte von Kanälen und Verästelungen der Spree, Moore, Äcker und Feuchtwiesen formen die einzigartige Auenlandschaft des Spreewaldes.

Fast wie im Dschungel fühlt man sich bei einer Kahnfahrt durch den Spreewald.

Traditionell wird das „Venedig Brandenburgs" auf einer gemütlichen Kahnfahrt entdeckt. An der Strecke liegen malerische Dörfer wie das komplett unter Denkmalschutz stehende Lehde mit seinem Freilandmuseum, das einen anschaulichen Eindruck davon gibt, wie die Menschen in vergangenen Zeiten gelebt haben.

Jahrhundertelang wurde die Region von sorbischer Kultur geprägt – die heute neue Wertschätzung erfährt. Das zeigt sich auch darin, dass es ein wichtiges Ziel ist, die sorbische Sprache wieder in den Alltag zu integrieren – nur noch rund 5 % der Spreewälder Sorben beherrschen sie. Der Unterricht beginnt deshalb schon im Kindergarten. Und wenn alles

gut geht, wächst die nächste Generation wieder zweisprachig auf – und bleibt dem Spreewald damit verbunden.

Wer den Spreewald mit dem Kahn erkundet, erlebt eine abwechslungsreiche Landschaft. Nach einem Urwaldabschnitt folgt Kulturlandschaft, ein Flickenteppich aus Wiesen, Feldern, Gärten und Gehöften. Ein Holzhaus lugt durch das Uferdickicht, daneben weiden Pferde, Rauch steigt aus einem Kamin. Manche Baumgruppe wirkt, als hätte Gartenbaumeister Peter Joseph Lenné sie persönlich in die Natur komponiert – so zeigt sich z. B. „Dorf", ein Teil der Gemeinde Burg, eine der größten **Streusiedlungen** Deutschlands. Der Ort wurde erstmals im 14. Jh. erwähnt, expandierte aber erst 400 Jahre später, denn die

Spreewald

sauer, gesalzen oder gepfeffert, Spreewälder Gurken sind Wahrzeichen und Verkaufsschlager der Region und erfreuen sich auch weit außerhalb des Spreewaldes großer Beliebtheit.

Fließe und Kaupen

Der Sage nach sollen dem Teufel beim Pflügen die Ochsen durchgegangen und beim wilden Hin und Her der Tiere die sogenannte Spreewaldfließe entstanden sein. Ob Sage oder nicht, charakteristisch für den Spreewald ist ein fein gegliedertes **Netz aus schmalen Gewässern**, den Fließen, die sich einst durch dichten Urwald zogen. Heute findet man rund um die unzähligen Wasserläufe eine einzigartige **parkartige Landschaft** mit Wiesen, Äckern und Wald vor – Ergebnis der Kultivierung durch die hier lebenden Menschen. Auf **Schwemmsandinseln**, den sogenannten Kaupen, entstanden durch die Besiedlung ab dem 2. Jh. n. Chr. Gehöfte und die charakteristi-

Menschen nahmen den unzugänglichen Spreewald einst nur zögerlich in Besitz. Die Ersten, die sich hier niederließen, waren die Slawen, von denen noch die **Slawenburg Raddusch** bei Vetschau zeugt. Später, ab dem 11. Jh., zogen auch deutsche Siedler hierher. Der Wald wurde seitdem großflächig gerodet, **Entwässerungskanäle** entstanden, im 19. Jh. auch ein ausgeklügeltes System aus **Wehren** und **Stauanlagen** – Grundstein für die bunte Auenlandschaft, die den Spreewald zu einem der beliebtesten Reiseziele in Brandenburg werden ließ. Seit 1991 ist die Region mit ihren vielen seltenen Tier- und Pflanzenarten, ihren 37 Dörfern und zwei Städten als **Biosphärenreservat** der UNESCO eingestuft. Weit über die Grenzen hinaus bekannt ist der Spreewald für die fast schon legendären **Gurken**. Gurken wurden in der Region seit jeher angebaut, schon die Slawen tüftelten an Rezepten. Aber erst holländische Tuchmacher brachten im 16. und 17. Jh. Anbau und Handel so richtig in Schwung. „Südfrucht vergeht – saure Gurke besteht": Dieser Kalenderspruch aus dem Jahr 1907 hat unverändert Gültigkeit. Denn ob süß,

---

▶ TOPZIELE IN DER REGION

Vor allem das direkte Erleben der Natur, wenn man mit dem Kahn durch die stille Auenlandschaft gleitet, macht den Spreewald so attraktiv. Aber auch die Ortschaften lohnen einen Besuch.

NATURSCHUTZGEBIET BUCHENHAIN
Wer den urtümlichen Spreewald erleben will, sollte das Naturschutzgebiet bei Schlepzig besuchen. Und wer darüber hinaus etwas über die Lebens- und Arbeitsweisen der Spreewaldbauern erfahren möchte, findet im Schlepziger Agrarhistorischen Museum Wissenswertes zur Entwicklung der Land- und Forstwirtschaft und Fischerei. → S. 205

LÜBBENAU
Schon Fontane hatte die „Stadt der Kahnfahrten und der Gurken" als „heimliche Hauptstadt des Spreewaldes" bezeichnet. Im Gurkenmuseum kann man sich einen Eindruck von der Weiterverarbeitung der bekanntesten Spreewälder Spezialität verschaffen. → S. 208

LEHDE
Mit einem Hof aus Lehde fing die Sammlung des Museumsdorfs an. Dieses Blockhaus brauchte nicht „verpflanzt" zu werden, denn es steht bereits seit Anfang des 19. Jhs. auf dem Gelände. Heute befinden sich hier rund 200 Gehöfte, die aus verschiedenen Teilen des Spreewalds hierher umgesetzt worden sind. → S. 208

SCHINKELKIRCHE STRAUPITZ
Hinter der Fassade der imposanten Schinkelkirche in Straupitz erwartet den Besucher ein schöner Emporensaal mit Rundbogenarkaden. Das Innere des Gotteshauses zeigt sich überwiegend in jungfräulichem Weiß. → S. 209

LÜBBEN
Eine Stadtführung der besonderen Art ist in Lübben möglich. Hier wird man im Kahn zu den Sehenswürdigkeiten gestakt: Schloss, Reste der mittelalterlichen Stadtmauer und Lübbener Hain, der noch die ursprüngliche Vegetation eines Auenwaldes besitzt. → S. 209

WUSSTEN SIE, ...

... *dass das Netz der Fließe eine Gesamtlänge von rund 1500 km hat? Davon können knapp 300 km mit dem Paddelboot befahren werden.*

schen Streusiedlungen; drei Viertel der Wälder wurden im Zuge der Bewirtschaftung in Weideland umgewandelt.

Urstromtal

Ganz pragmatisch und ohne Sagenbezug erklärt die Wissenschaft die Entstehung mit dem Ende der Weichsel-Eiszeit vor rund 12 000 Jahren, als abfließende Schmelzwasser im **Baruther Urstromtal** das Gebiet des heutigen Oberspreewalds formten. Später flossen die Gewässer nach Norden ab und bildeten den Unterspreewald. Die Spree verästelte sich in dem kaum merklich abfallenden Gelände in Hunderte von Wasserarmen mit großen **Überflutungsflächen**, auf denen später **Moore** entstanden – ideale Bedingungen für die dichten Erlenbruchwälder, durch die heute noch Kähne gleiten.

Einzigartige Wasserwelt

Still spiegeln sich die Bäume in diesem Kanal im Biosphärenreservat Spreewald.

Der Spreewald ist mit seinen zahllosen Fließen und Kanälen eine in Europa einzigartige Wasserwelt, die das Leben ihrer Bewohner geprägt hat. Über eine Länge von 75 km und eine Breite von bis zu 16 km erstreckt sich die urwüchsige Landschaft vom Nordrand am Neuendorfer See

bis nach Cottbus. Die etwa 300 Fließe sind oft die einzigen Verbindungswege zwischen den Gehöften.

Ober- und Unterspreewald

Die Region gliedert sich in Ober- und Unterspreewald. Beim Städtchen Burg beginnt der **Oberspreewald**. In diesem Gebiet verzweigen sich die Spree und die ihr zufließende Malxe in zahlreiche kleine und große baumbestandene Wasserläufe, die sich durch weite offene Wiesen sowie mehr oder weniger große Acker- und Gartenflächen winden. Im **Unterspreewald** nordöstlich von Lübben teilt sich die Spree erneut in mehrere Wasserläufe. Dauergrünland, Bruchwald und Äcker nehmen diese Beckenlandschaft ein. Die hochwasserfreien Gebiete im Spreewald sind ein altes Siedlungsland.

Biosphärenreservat Spreewald

Auf rund 480 km² ist der Spreewald jetzt von der UNESCO bestätigtes Biosphärenreservat, das noch kurz vor der Wiedervereinigung von der

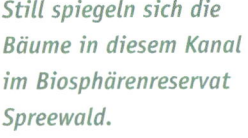

letzten DDR-Regierung ins Leben gerufen wurde. Mit diesem Schutzstatus wird das Ziel verfolgt, die Kulturlandschaft als Lebensraum zahlreicher Tier- und Pflanzenarten zu erhalten. Der Touristenstrom fließt eher in den oberen, bekannteren Teil des Spreewalds. Verhältnismäßig still geht es dagegen im nordwestlich davon gelegenen Unterspreewald mit seiner **vielgestaltigen Fauna und Flora** zu, der sich 20 km lang und 5 km breit in Nord-Süd-Richtung erstreckt. Fischotter, Ringelnatter und Hecht tummeln sich zwischen Seerosen und Wasserschwertlilien im geschützten Nass, aus dem im Frühsommer beachtlich ausdrucksvolle Froschkonzerte erklingen.

Buchen und Pappeln säumen die Uferränder, an denen sich die Menschen in reetgedeckten Holzbohlenhäusern niederließen.

Besonders schützenswert

Im Spreewald arbeiten Naturschutz und Landwirtschaft zum Erhalt einer wertvollen Landschaft zusammen: Die Landwirte der Region haben sich bereit erklärt, die **alte Kulturlandschaft** rund um einige völlig geschützte Bereiche schonend zu beackern. Sie haben sich bei der Bewirtschaftung ihres Landes auf die Brutzeiten der Vögel eingestellt und mähen die Wiesen erst, wenn deren Nachwuchs geschlüpft ist. Nur so konnten andernorts selten gewordene Vogelarten wie Wachtelkönig, Kiebitz und Weißstorch überleben. Allein 600 Pflanzen stehen in dem 47 500 ha großen Gebiet auf der Roten Liste der vom Aussterben bedrohten oder gefährdeten Arten, darunter Orchideen und fleischfressende Pflanzen.

Typisch, aber selten

Den früher für den Spreewald **typischen Erlen-Eschen-Wald** gibt es nur noch im Innern des Oberspreewalds und im Unterspreewald. Erlen und Eschen bevorzugen feuchte Standorte, wie sie im Spreewald einst großflächig gegeben waren. Bei Lübbenau, Lübben und Schlepzig blüht die ursprünglich aus Südeuropa stammende **Sommerknotenblume**, von den Spreewäldern aufgrund ihrer scheinbaren Ähnlichkeit mit dem Schneeglöckchen auch als großes Schneeglöckchen bezeichnet. Bei näherer Betrachtung fallen jedoch die Unterschiede der Blüten deutlich ins Auge. Die Sommerknotenblume hat im Spreewald ihr einziges Vorkommen im Osten Deutschlands.

Ur-Spreewald

Im Naturschutzgebiet „**Buchenhain**" im naturbelassenen Unterspreewald bei Schlepzig hat sich ein Stückchen Ur-Spreewald erhalten. Im Frühjahr blühen **Buschwindröschen**, **Wasserhahnenfuß** und die **Gelbe Schwertlilie**, und an den Rändern des Buchenhains brüten einige der seltenen **Schwarzstörche**. Selbst **Eisvögel** sind hier manchmal noch zu sehen, wenn sie von einem Baum Ausschau nach Beute halten. Der heisere Schrei des **Kranichs** ist zu hören, manchmal durchbricht auch das Klatschen einer Biberkelle die Stille in diesem abgelegenen Winkel des Spreewalds. Biber waren lange aus dem Spreewald verschwunden, siedeln sich aber nach und nach wieder hier an. Diesen Naturschatz kann man zu ausgewählten Terminen im Sommer unter Führung eines **Rangers** der Naturwacht erleben. Auf eintägigen Touren erläutern die Ranger das Ökosystem des Biosphärenreservats, die Nutzung durch den Menschen und die Gefahren des Klimawandels.

Er ist ein gern gesehener Gast: Der Weißstorch ist im Spreewald häufig anzutreffen.

Postmeilensäulen

1721 bestimmte August der Starke (1694–1733), Kurfürst von Sachsen und König von Polen, dass auf den „Land und Poststraßen steinerne Säulen aufgerichtet" werden sollten. Er ließ die Landstraßen von Adam Friedrich Zürner vermessen und Postmeilensäulen als Richtungs- und Entfernungsweiser aufstellen. Eine Postmeile hatte in Kursachsen die heutige Länge von 9,062 km. 1873 wurden Kilometersteine eingeführt, und die Postmeilensäulen verloren ihre Bedeutung. Die meisten der ca. 1000 Säulen wurden abgebaut oder vernichtet. Einige von ihnen wurden in jüngster Zeit restauriert oder rekonstruiert, so z. B. in Lübbenau und Lübben.

Zu einem Spreewälder Ostermarkt gehört die sorbische Tracht.

Der Buchenhain lässt sich auch auf einem Naturlehrpfad erkunden. An ihm informieren Schautafeln über die einzigartige Tier- und Pflanzenwelt des Unterspreewalds.

Heimat der Sorben

Nachfahren **slawischer Einwanderer**, die Sorben beziehungsweise Wenden, bildeten einst die Urbevölkerung der meisten Gemeinden im Spreewald. Ab dem 6. Jh. waren im Zuge der Völkerwanderung slawische Stämme aus Osteuropa in die damals nahezu menschenleere Region zwischen Erzgebirge, Neiße und Saale geströmt, darunter die Milzener, die sich in der Oberlausitz niederließen, und die Lusizer, die in der Niederlausitz lebten – und die der Gesamtregion ihren Namen gaben. Mit ringförmigen **Trutzburgen** aus Holz, Sand und Lehm versuchten sie, der Übermacht germanischer Eroberer standzuhalten. Vergeblich: Ab dem 9. Jh. verloren die Sorben zunehmend ihre Unabhängigkeit. Bis in die Neuzeit wurden ihre Sprache und ihre Kultur immer wieder unterdrückt. Und dennoch: Traditionen, Trachten und Sprache des Volkes überlebten trotz des Drucks – und erfahren seit einigen Jahren eine neue Aufwertung. Nach der Wende setzte ein Umdenken ein, viele Menschen begannen, ihre Familien- und Dorfgeschichte zu recherchieren. Es wurden **Vereine zur Traditionspflege** gegründet, in der Familie vererbte **Trachten** wurden aus alten Truhen hervorgezogen.

Sprache

In ihrer Sprache bezeichnen sich die Sorben selbst als **Serby** (Niedersorbisch) oder **Serbja** (Obersorbisch). Die Bezeichnung **Wende** geht vermutlich auf die römischen Geschichtsschreiber Plinius und Tacitus zurück, die von Venedi und Venethi berichteten. Die sorbische Sprache gehört zur Familie der slawischen Sprachen. Das Niedersorbische (um Cottbus) ist dem Polnischen nahe, das Obersorbische (um Bautzen, Hoyerswerda) dem Tschechischen. Was im Niedersorbischen *gora* (Berg), *carny* (schwarz), *zgto* (Hemd) und *swajźba* (Hochzeit) heißt, lautet im Obersorbischen *hora, čorny, košla, kwas.* In sorbischer Sprache erscheinen Zeitungen, Zeitschriften und Bücher, auch sorbische Rundfunksendungen werden ausgestrahlt. Sorbisch ist Unterrichtssprache an Schulen oder fakultatives Unterrichtsfach.

Von Zapust und Ostersingen

Der sorbische Jahreslauf war durch eine Vielzahl von Festen gegliedert. Die **Fastnacht** (Zapust) dauert meist von Ende Januar bis Anfang März. Sie bildet den Abschluss der „Spinte", jener Winterzeit, in der die jungen Mädchen Flachs verspinnen und sich dabei Geschichten erzählen. Gemeinsam mit den jungen Burschen ziehen sie zum „Zampern" um die Häuser, sammeln dabei u. a. Eier und Speck, um die „Beute" dann abends in geselliger Runde zu verspeisen. Beim **Zapustumzug** tanzen alle in ihren Trachten durch die Dörfer. Wachsen, Kratzen und Ätzen bestimmen anschließend den Kalender, wenn für das höchste christliche Fest die **Ostereier** verziert werden. Beim **Ostersingen** ziehen die jungen Mädchen am Palmsonntag und Karfreitag durch die Straßen und singen Trauerlieder, in der Osternacht dann Auferstehungsgesänge.

Ein Kahn für alle Zwecke

Auch namhafte Dichter können sich irren. So wähnte sich Theodor Fontane bei seiner „Wanderung" durch den Spreewald auf einem Boot. Das ist gänzlich falsch; denn seit Hunderten von Jahren benutzen die Spreewälder einen **kiellosen Kahn**, dessen Urform der Einbaum war.

Hagen Conrad ist in Burg aufgewachsen, jeden Sommer verbrachte er am Wasser – nicht nur zum Baden: Die Jungs öffneten den vorbeifahrenden Kähnen die **Schleusentore**, sagten ein freches Sprüchlein auf und verdienten sich damit einen „Schleusengroschen": „Ich bin ein kleiner Zwerg, ich komm nicht übern Berg, drum gebt mir mal 'ne Mark, dann bin ich wieder stark." Wenn die Gäste Conrad nach seinem Berufsleben fragen, erwarten sie eine Geschichte nach dem Motto „Kahnfahrer in fünfter Generation – vom Opa gelernt". Dann muss der Spreewälder erklären, dass er eigentlich Agraringenieur ist und seine Berufung zum Kahnfahrer erst vor einigen Jahren entdeckte. Dafür ist er jetzt mit Leib und Seele dabei: „In welchem anderen Beruf verlangt die Kundschaft ausdrücklich, dass man langsam arbeitet?", fragt er. Mit durchschnittlich 3 km/h geht es übers Wasser. Ursprünglich wurden die Kähne aus ausgehöhlten Baumstämmen gebaut, mit Sitzbänken quer zur Fahrtrichtung, oft auch mit Tischen in der Mitte. Seit dem 19. Jh. bestehen sie aus Holzbrettern, heute zunehmend aus Aluminium: „Alu wird sich durchsetzen, aber das scheppert und klappert", sagt Hagen Conrad. „Der Holzkahn ist und bleibt das leiseste Verkehrsmittel, das es gibt – das stille Gleiten fühlt sich fast an wie Schweben." Die Spreewälder hätten einst ohne den Kahn nicht überleben können in einer Landschaft, die keinen Straßenbau erlaubte. Sie nutzten ihn zum **Transport** von allem, was von einem Ort zum anderen bewegt werden musste: Heu und Hochzeitsgesellschaften, Ernte und Särge, Brennholz, Baumaterial und sogar das Vieh. Doch damit war ab den 1960er-Jahren weitgehend Schluss, als neue Straßen entstanden und bessere Technik verfügbar war: Auf einen Kahn passt nur ein kleiner Heuhaufen, ein Traktoranhänger befördert 30 Ballen. Heute werden nur noch abgelegene Gehöfte mit dem Kahn versorgt – und sogar die Post wird teilweise noch auf dem Wasserweg zugestellt. Und für Besucher ist die Kahnfahrt im Spreewald natürlich ein Muss.

Kleines Bild: Im Winter geht es mit dem Stoßschlitten über vereiste Kanäle.

Großes Bild: Den Spreewald entdeckt man am besten bei einer Kahnfahrt.

FAKTEN

An den großen Kahnfährhäfen in Burg, Lübben und Lübbenau stehen den ganzen Tag über Fährleute bereit, um Besucher durch das Wasserlabyrinth zu staken, in dem schon so manch unbedarfter Paddler die Orientierung verloren hat. Wehre und Schleusen regulieren den Wasserstand der Fließe für den ungehinderten Kahnverkehr.

Ein Dorf als Museum

Das Örtchen **Lehde**, heute komplett unter Denkmalschutz, war bis 1929 nur mit dem Kahn erreichbar. Die traditionelle Spreewaldsiedlung mit blühenden Gärten, moosigen Reetdächern und kleinen Holzbrückchen blieb beinahe so erhalten, wie es **Theodor Fontane** 1859 auf seinen „Wanderungen durch die Mark Brandenburg" erlebte: „Es ist die Lagunenstadt im Taschenformat, ein Venedig, wie es vor 1500 Jahren gewesen sein mag, als die ersten Fischerfamilien auf seinen Sumpfeilanden Schutz suchten." Frühmorgens, bevor die Touristen per Kahn eintreffen, lässt sich auch heute noch beschauliches Dorfleben kennenlernen. Fischen, Viehwirtschaft und Leinenweberei ernährten die Lehder über Jahrhunderte. Gemüse – darunter traditionell Meerrettich und natürlich die berühmten **Spreewälder Gurken** von ihren kleinen Feldern – kamen dazu.

Freilichtmuseum

Eine Lebensweise, die im Freilandmuseum des Ortes dokumentiert wird. Es zeigt die früher üblichen klobigen kleinen Holzhäuser, zum Schutz vor Hochwasser auf einem Sockel aus Feldsteinen errichtet. Im Winter ernteten die Spreewälder das Reet zum Decken der Dächer – es wurde von den dann zugefrorenen Fließen geschnitten. Auf dem Hausdach wachten zwei **gekreuzte Schlangen** aus Holz über das Heim – heidnisches Glückssymbol und heute Logo der Spreewaldregion.

Spreewaldorte

Früher ebenfalls nur per Kahn, heute aber auch zu Fuß erreichbar ist **Leipe** (sorbisch „Lipje", dt. „Linde") bei Lübbenau, ein typisches Spreewalddörfchen in Rundbebauung. Neben den kleinen malerischen Dörfern finden sich im Spreewald aber auch geschichtsträchtige Städte, die alle auf ihre ganz eigene Art einen besonderen Reiz verströmen.

Lübbenau

Das Dorf Lehde gehört heute als Ortsteil zu Lübbenau, dem touristischen Zentrum des Spreewalds. Die Stadt kann auf eine lange Vergangenheit zurückblicken. Erste Siedlungsspuren gehen auf das 9. Jh. zurück; im 17. Jh. kamen viele **holländische Tuchmacher** hierher. Da der Flachs gut auf den humusreichen Böden gedieh, wurde die **Leinenweberei** wichtigster Erwerbszweig. So gab es im 18. Jh. zwischen 250 und 300 Bleichanstalten und Handelshäuser. Mit der Industrialisierung kam das Gewerbe zum Erliegen, an seine Stelle traten der Gemüse-, vor allem der **Gurkenanbau**, den das feuchtwarme Mikroklima begünstigte. Die Altstadt wird überragt von der sächsisch geprägten **Pfarrkirche St. Nikolai** von 1714 mit ihrer freundlichen Fassade am dreieckigen Marktplatz. Das **Spreewaldmuseum** veranschaulicht mit Gerätschaften der Leinenweberei und einer Puppenstube von 1930 das Leben in der früheren Ackerbürgerstadt.

Lübben

Genau in der Mitte zwischen Unter- und Oberspreewald liegt die ehemalige Hauptstadt der Niederlausitz, die zu Unrecht im Schatten des touristisch bekannteren Lübbenau steht. Im 12. Jh. von Sorben als Burgort „Lubin" gegründet, wurde zu Beginn des 13. Jhs. auf einer idyllischen Spreeinsel eine Burg errichtet, um die herum sich die Stadt entwickelte. Am südlichen Altstadtrand steht seit der Spätrenaissance das dreigeschossige **Schloss Lübben** (1638); auch das älteste Gebäude der Stadt, der Schlossturm (14. Jh.), gehört zu seinem Ensemble. Das Schloss ersetzte die ursprüngliche mittelalterliche Wasserburg. Heute beherbergt das Schlossareal ein innovatives **Museum für Stadt- und Regionalgeschichte** – alle wichtigen Ereignisse werden durch multimediale Inszenierungen vermittelt. Dank eines interaktiven Stadtmodells lässt sich über jedes einzelne Haus etwas erfahren.

Burg

Burg, eine der flächenmäßig größten Gemeinden Deutschlands, ist eigentlich eine **Streusiedlung**, die sich mit ihren Ortsteilen Burg, Dorf, Kolonie und Kauper um 300 natürliche Wasserläufe, Wiesen, Felder und schöne Bauerngehöfte ausbreitet. Inzwischen hat sie sich als staatlich anerkannter Ort mit Heilquellenbetrieb zu einer kleinen Hochburg in Sachen Wellness gemausert. Aber auch die **sorbische Tradition** ist hier noch tief verankert. Wie tief, zeigt nicht nur die Heimatstube Burg mit historischen Trachten und Alltagsgegenständen des 19. und 20. Jhs. In einer Trachtenstickerei kann man bei der Entstehung der kunstvollen Stücke zusehen. Einen Abstecher lohnt auch das **Storchen- und Museumsdorf Dissen** östlich von Burg, wo im Heimatmuseum wechselnde Ausstellungen von Bräuchen

und Festen erzählen und über 20 Trachtenvarianten zu bestaunen sind. Südwestlich von Burg, bei Vetschau, liegt die **Slawenburg Raddusch**. Um die wieder aufgebaute, vor 1000 Jahren entstandene Fluchtburg herum führt ein „Zeitsteg" durch die Kulturgeschichte von der Eiszeit bis heute.

Straupitz

Etwa 13 km nördlich von Burg steht in Straupitz mit der 1810 errichteten **Holländermühle** eines der letzten Exemplare europäischer Dreifachmühlen, die Mahl-, Öl- und Sägemühle in einem war. Noch immer kann man beobachten, wie dicke Baumstämme zersägt werden und aus Ölsaat das für den Spreewald typische **Leinöl** gepresst wird. So hieß es nicht umsonst: „Was macht den Lausitzer stark? – Pellkartoffeln, Leinöl und Quark!" Die Leibspeise der Spreewälder war schon vor Jahrhunderten für ihre gesunde Wirkung bekannt. Die Ursachen für den gesundheitlichen Wert steuerte die Wissenschaft jedoch erst später bei: Leinöl, das aus der auch Flachs genannten Leinpflanze gewonnen wird, ist besonders reich an wertvollen Omega-3-Fettsäuren. Ihr Anteil am Leinöl liegt über 50 % – ein Vielfaches im Vergleich zu anderen Ölen. Was aus der ländlichen Umgebung von Straupitz auffallend heraussticht, sind die 40 m hohen quadratischen Zwillingstürme der klassizistischen **Kirche**. Von Karl Friedrich Schinkel stammt der Entwurf für den 1827 bis 1832 errichteten Prachtbau, der sich durch Beschränkung auf das Wesentliche, Helligkeit und Monumentalität auszeichnet.

▶ **ERLEBTE GESCHICHTE**

Sagengestalten
Gegenstand sorbischer Literatur und Malerei ist vielfach Krabat, der als Zauberer den Armen half und die Reichen narrte. So soll er als Küchenjunge Augusts des Starken den Hofleuten Nudeln in Regenwürmer und Brathähnchen zu Fröschen verwandelt haben. Krabat hat der Legende nach karge Böden fruchtbar gemacht und Sümpfe trockengelegt. Historisches Vorbild für die Figur soll ein kroatischer Reiterobrist im Dienst Augusts des Starken sein. Auch der Kinderbuchautor Otfried Preußler hat die sorbische Krabat-Sage spannend nacherzählt.

Die Nachbildung der Slawenburg Raddusch zeugt von den frühen Siedlern im Spreewald.

DER SÜDEN

Der Süden Deutschlands
besticht mit imposanten
Gebirgsketten, unberührter
Natur und einer einzig-
artigen Architektur (Wallfahrtskirche Maria Gern).

Fränkische Schweiz | 212–221

Bayerischer Wald | 222–235

Schwarzwald | 236–251

Schwäbische Alb | 252–263

Bayerisches Seenland | 292–301

Berchtesgadener Land und Chiemgau | 302–313

Allgäu | 278–291

Bodensee | 264–277

Fränkische Schweiz

Von dieser Region im Norden Frankens geht ein besonderer Zauber aus, begründet durch die charakteristische Landschaft und die vielen Burgen.

Tropfsteinhöhlen wohnt immer etwas Märchenhaft-Fabulöses inne, gerade mit einem Namen wie Teufelshöhle. Kantige Felsen symbolisieren Kraft und Beständigkeit. Stille Wälder verströmen den Hauch des Romantischen. Und charmante Dörfchen strahlen häufig eine auf Tradition gegründete Gemütlichkeit aus. Alles zusammen ergibt den Eindruck, dass die Fränkische Schweiz der modernen Hektik widerstanden hat.

Die Fränkische Schweiz, nördlichster Teil des Karstgebirges der Fränkischen Alb, gehört zu den schönsten Landschaften Deutschlands. Wer hierherkommt, den erwarten wiesengrüne, tief eingeschnittene Talsohlen, weite, kornbestandene Hochflächen, auf Felsen sitzende **Burgen**, eindrucksvolle Dolomitfelsen, an denen eifrig geklettert wird, märchenhafte Tropfsteinhöhlen und viele freundliche Ortschaften mit noch freundlicheren Wirtshäusern.

Das Gebiet der Fränkischen Schweiz erstreckt sich zwischen den historisch und kulturell bedeutsamen Städten **Bayreuth** und **Bamberg** sowie dem weiter südlich gelegenen **Nürnberg** und wird umflossen von Main, Regnitz und Pegnitz. Die wichtigen Verbindungsstraßen folgen dem Lauf von Wiesent, Leinleiter, Püttlach und Trubach. Hier reihen sich die größeren Orte aneinander. Die **Wiesent**, beliebt als Paddelrevier, ist der größte der kleinen Flüsse und durchzieht die Fränkische Schweiz in Ost-West-Richtung. Bei Forchheim mündet sie in die Regnitz. Diese

Fränkische Schweiz

lebte 1227 die heilige Elisabeth von Thüringen. Die Hauptattraktion des Orts aber ist die **Teufelshöhle**, etwas außerhalb gelegen und mit 1250 m Länge die größte Tropfsteinhöhle der Fränkischen Schweiz und wie andere Tropfsteinhöhlen ein Refugium für Fledermäuse. Faszinierend ist das **Felsendorf Tüchersfeld**, das in die steil aufragenden Felsen hineingebaut erscheint.

Wer die Ruhe sucht, der findet sie in der Fränkischen Schweiz: Das enge **Ailsbachtal** mit der weitläufigen **Sophienhöhle** und das anschließende weite **Ahorntal** gehören noch zu den ursprünglichsten, weil vom Tourismus am wenigsten berührten Teilen der Region. Und wer die Stille und Unberührtheit des **Aufseßtals** kennenlernen will, muss sogar die Wanderstiefel auspacken, denn eine Straße gibt es nicht.

Unterwelten

Unter den vielfältigen fränkischen Landschaften, zu denen auch die Fränkische Schweiz zählt, verbergen sich Gesteine aus den unterschiedlichsten Phasen der Erdgeschichte. Die ältesten

Stadt war einst karolingische Kaiserpfalz, später die wichtigste Festung des **Bistums Bamberg** und besitzt in ihrer Altstadt noch schmucke Fachwerkbauten wie das Alte Rathaus und die gotische Pfarrkirche St. Martin. In der **Kaiserpfalz**, 1353–1383 als fürstbischöfliche Residenz errichtet, werden vor- und frühgeschichtliche Funde sowie Trachten ausgestellt.

Zwischen Forchheim und Ebermannstadt dominiert das 523 m hohe **Walberla** die Landschaft, eine der höchsten Erhebungen der Fränkischen Schweiz, Wahrzeichen Frankens und Wallfahrtsort. Darüber hinaus ist der imposante Tafelberg ein wahres Naturparadies mit seltener Flora.

Über Streitberg mit der **Binghöhle** führt der Weg hinein ins Herz der Fränkischen Schweiz. Hier befindet sich auch der hoch gelegene Luftkurort **Gößweinstein**, der sich dank seiner stattlichen, prächtig ausgestatteten Wallfahrtskirche von Balthasar Neumann und der malerischen Burg zu einem der meistbesuchten Reiseziele in der Fränkischen Schweiz entwickelt hat. Geschichte atmet **Pottenstein**: In der dortigen Burg

▶ TOPZIELE IN DER REGION

Spektakuläre Natur und spannende Geschichte, das sind die beiden Schätze, die die Fränkische Schweiz in die Waagschale werfen kann:

TEUFELSHÖHLE
Knapp 2 km Fußweg führen durch die größte Tropfsteinhöhle Bayerns bei Pottenstein. Eine dramatische Lichtinszenierung macht den Höhlenbesuch zu einem eindrucksvollen Erlebnis. → S. 214

WALBERLA
Das „Walberla" ist nicht nur ein markanter Zeugenberg, sondern es wird auch von einem der größten Kirschanbaugebiete Europas umgeben. So ist es kein Wunder, dass die roten Früchte hier auch in flüssiger Form konserviert werden. Zahlreiche Brennereien halten köstliche preisgekrönte Tropfen nicht nur zum Probieren, sondern auch zum Mitnehmen bereit. → S. 215/216

BAMBERG
Die alte fränkische Kaiser- und Bischofsstadt überzeugt nicht nur mit den historischen Bauwerken, sondern auch mit der Braukunst. Malerisch ist der Blick von der Unteren Brücke regnitzabwärts auf „Klein-Venedig", idyllische ehemalige Fachwerk-Fischerhäuschen, die direkt am Wasser stehen. → S. 218

BAYREUTH
Bekannt ist Bayreuth vor allem durch Richard Wagner und die Wagner-Festspiele. Doch die Stadt am Roten Main verzaubert darüber hinaus auch mit dem sogenannten Bayreuther Rokoko. → S. 218

BURGRUINE NEIDECK
Die gewaltige Burgruine, die schon die Romantiker des 18. und 19. Jhs. faszinierte, wird seit 2008 durch den archäologischen Park historisch erfahrbar gemacht. → S. 219

Ammoniten gehören zu den vielfältigen Versteinerungen, die sich in der Fränkischen Schweiz als Relikte des Jurameers erhalten haben, das einst die Region bedeckte.

In der nahe Pottenstein gelegenen Teufelshöhle wird ein Höhlenbärenskelett effektvoll in Szene gesetzt.

findet man im Fichtelgebirge und im Frankenwald im Nordosten Frankens; harte **Gneise**, **Granite** und **Schiefer** wurden vor ca. 250 Mio. Jahren im Erdaltertum gebildet. Die Fränkische Alb weiter südöstlich besteht vorwiegend aus porösen Schichten aus 130–155 Mio. alten **Juragesteinen**, die von Höhlensystemen durchzogen sind. Hier wird ein heller Plattenkalk abgebaut, in dem zahlreiche Versteinerungen von Tieren und Pflanzen des Jurameeres erhalten sind. Der poröse Stein lässt das Oberflächenwasser direkt versickern, wodurch die Fränkische Alb insgesamt sehr wasserarm ist.

Die **Fränkische Alb**, die sich vom Fichtelgebirge bis zur Donau hinunterzieht, ist ein recht flaches Bergland mit Misch- und Fichtenwäldern und weiten Obstbaumkulturen. Im nördlichen Teil der Fränkischen Alb liegt die Fränkische Schweiz mit den Anhöhen **Walberla** (512 m), **Wolfstein** (580 m) und **Kleiner Kulm** (625 m). Im Innern der stark verkarsteten Kalkgebirge der Fränkischen Schweiz sind weitverzweigte Systeme von **Tropfsteinhöhlen** entstanden, von denen große Teile bis heute unerforscht sind. Vor rund 140 Mio. Jahren gab es in diesem Gebiet ein von Algenriffen durchzogenes Meer. Später wurden Kalke und Dolomite im Lauf der Zeiten durch Lösungsverwitterung ausgewaschen. Durch von oben eindringendes Wasser kam es

zur Tropfsteinbildung. Anteile von Eisen, Mangan etc., die aus dem Boden mitgeschwemmt werden, bewirken die unterschiedlichen Färbungen der Gesteine. Einige Höhlen sind für Besucher zugänglich.

Teufelshöhle

2 km talaufwärts von Pottenstein liegt die Teufelshöhle, die bekannteste Höhle der Fränkischen Schweiz mit ihren eindrucksvollen Tropfsteinbildungen. Mehrere Hallen – in einer von ihnen ist ein eindrucksvolles **Höhlenbärenskelett** zu sehen – können besichtigt werden. Teil der Höhle Teil dient als Therapiestollen, der bei Atemwegserkrankungen aufgesucht wird. Im Sommer ist die Höhle auch beeindruckender Schauplatz kultureller Veranstaltungen (u. a. Konzerte, Theater, Kleinkunst).

Binghöhle

Auch die Binghöhle in Streitberg, 1905 entdeckt von dem Nürnberger Industriellen Bing, zählt zu den bekannten Tropfsteinhöhlen im Frankenland. Sie erstreckt sich auf einer Länge von 300 m und ist für Besucher besonders attraktiv, denn sie kann gefahrlos und ohne Spezialkleidung begangen werden. Eindrucksvoll sind zahlreiche Topfsteingebilde, die mitunter eine Höhe von mehreren Metern erreichen.

Von Flüssen umgrenzt

Auch wenn die Fränkische Schweiz als Karstgebirge tendenziell wasserarm ist, besitzt sie doch mit **Main**, **Pegnitz**, **Wiesent** und **Regnitz** bedeutende Wasseradern. Der Main begrenzt die Region im Osten (als Roter Main) und Norden, die Pegnitz im Osten und Süden und die Regnitz im Westen. Die Wiesent hingegen entspringt inmitten der Fränkischen Schweiz bei Stadelhofen, durchquert sie nach Süden und mündet bei Forchheim in die Regnitz.

Mächtiger Main

Der größte und bedeutendste Fluss der Region ist der **Main**, der sich in Ost-West-Richtung in großen Windungen – u. a. dem Maindreieck und dem Mainviereck – durch den nördlichen Teil Frankens zieht.

Er entsteht bei Kulmbach aus dem Zusammenfluss des **Weißen Mains**, der am Ochsenkopf im Fichtelgebirge entspringt, und des **Ro-**

ten Mains, der südlich von Bayreuth entspringt. Der Main hat eine Länge von 524 km und ist ab Bamberg auf insgesamt 384 km schiffbar.

Romantisches Felsental

Als besonders malerisch gilt das Tal der **Wiesent**. Der Fluss, mal ruhig dahinfließend, mal über Stromschnellen sprudelnd, schlängelt sich auf seinem knapp 80 km langen Weg durch die Fränkische Schweiz durch weite Wiesentäler und entlang schroffer Felshänge, begleitet von den Schienen der **Museumseisenbahn**, die das Tal ebenfalls erschließt.

Ein Tafelberg als Wahrzeichen

Das „**Walberla**", von dem aus sich ein schöner Blick in das Wiesenttal bietet, ist zwar nicht die höchste Erhebung der Fränkischen Schweiz, der Hausberg Forchheims ist aber eine ihrer markantesten Landmarken. Offiziell trägt der Berg mit den zwei Kuppen den Namen „Ehrenbürg", der

höhere Gipfel ist der **Rodenstein**, der kleinere das eigentliche Walberla. Die Kelten machten aus dem Hochplateau als Erste eine Kultstätte; der **Tafelberg** ist seit alter Zeit der heiligen Walburga (Walpurgis) geweiht. Besonders auffällig sind bizarre Kalkfelsen, die sich durch Verwitterung ganz oder teilweise vom übrigen Gestein gelöst haben, wie die Wiesenthauer Nadel, die Steinerne Frau und die Zwillingsfelsen.

Mystischer Hain

Im sogenannten „**Druidenhain**" bei Wohlmannsgesees, ebenfalls in der Nähe von Forchheim, befindet sich ein Labyrinth aus moosbewachsenen Dolomitfelsen. Auch wenn die Nutzung als Kultstätte in vorchristlichen Zeiten noch nicht sicher nachgewiesen werden konnte, besitzen die teilweise imposanten Felsblöcke mit Höhen von bis zu 5 m inmitten des Waldgebiets eine geradezu magische Ausstrahlung. So überrascht es nicht, dass die von Buchen und Fichten beschatteten Felsen als wertvolles Geotop und Naturdenkmal ausgewiesen sind.

Verwunschen wirkt der Druidenhain bei Wohlmannsgesees mit seinen grün bewachsenen Felsbrocken zwischen hoch aufragenden Bäumen.

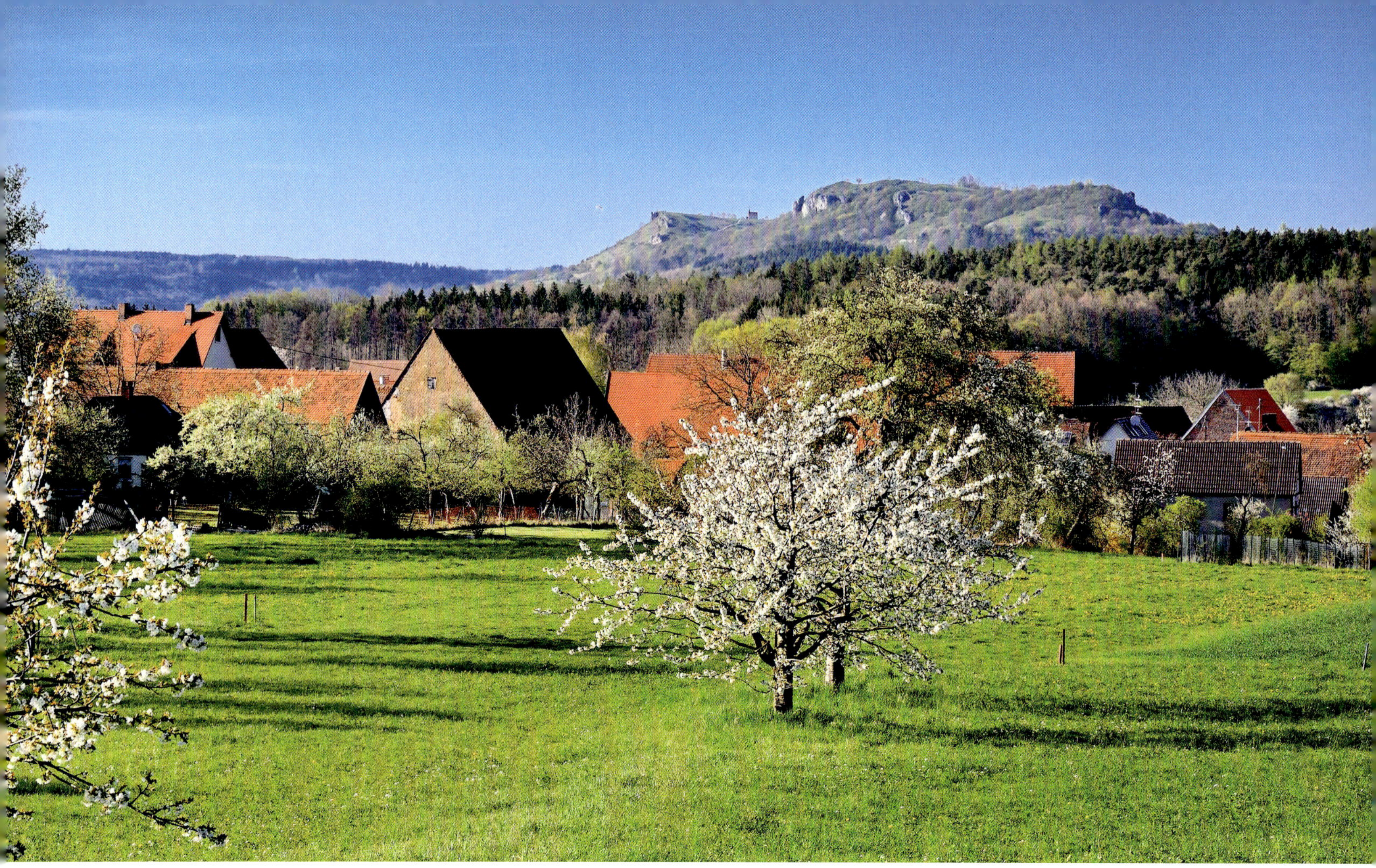

Unübersehbar erhebt sich das Walberla über dem Tal der Wiesent.

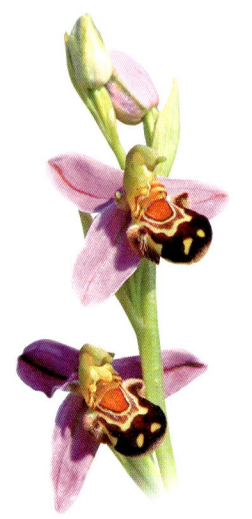

Kulturlandschaft als Lebensraum

Nicht immer sind es nur die unberührten, vollkommen naturbelassenen Regionen, in denen Artenvielfalt zu Hause ist. Auch von Menschen geprägte Kulturlandschaften können mit ihren besonderen Eigenheiten und Bedingungen zahlreichen Tieren und Insekten einen dauerhaften Lebensraum bieten. So wie in einem der größten Obstanbaugebiete Deutschlands – in der Fränkischen Schweiz, u. a. am **Walberla**, tummelt sich vielfältiges Leben auf **Streuobstwiesen** mit vorwiegend Kirsch-, Apfel- und Birnenbäumen. Zahllose Insekten leben auf und an den Bäumen, bedrohte Vogelarten wie **Wendehals** oder **Ortolan** finden hier noch Rückzugsgebiete. Der hübsche gelb und grün gezeichnete Ortolan, der zu den Ammern gehört, kehrt im Frühjahr aus seinem Überwinterungsgebiet Afrika nach Europa und auch in die Fränkische Schweiz zurück. Abgestorbene Bäume werden von verschiedenen Vogelarten dankbar als Nistplätze angenommen, beispielsweise von Eulenarten wie dem **Steinkauz**. Nicht zuletzt dienen die zahlreichen Obstbäume auch als reichhaltige Bienenweide. Auch Hecken, vor allem aus Weißdorn und Schlehe, bieten insbesondere verschiedenen Vogelarten geschützte Lebensbedingungen.

Die Bienen-Ragwurz mit ihren auffälligen rosafarbenen Blüten ist eine der zahlreichen Orchideen, die in der Fränkischen Schweiz noch anzutreffen sind.

Orchideen und andere Schätze

Vor allem am **Walberla** existieren noch zahlreiche, zum Teil seltene Orchideenarten wie die **Bienen-Ragwurz**. Besonders selten ist das **Breitblättrige Knabenkraut**, eine Orchideenart, die feuchte bis nasse Wiesenstandorte bevorzugt und noch am Walberla vorkommt.

Für ihre einzigartige Pflanzenwelt bekannt sind die oft als Naturschutzgebiete ausgewiesenen **Trockengebiete**. Auch diesbezüglich tut sich das Walberla hervor, finden sich hier noch zusammenhängende Gebiete des sogenannten fränkischen Trockenrasens. Die einst für die Fränkische Schweiz typischen **Wacholderheiden** – entstanden durch die Schafbeweidung, die hier in vergangenen Jahrhunderten Tradition besaß – konnten sich an einigen Stellen erhalten: so im Wacholdertal bei Wonsees, in der Nähe von Pottenstein, im Trockental bei Oberleinleiter oder im Kleinziegenfelder Tal. Im Frühjahr grüßen neben den dunkelgrünen Säulen der Wacholderbüsche auch die lilafarbenen Blüten der Küchenschelle.

Ein kleines Paradies

Das **Paradiestal** trägt seine Bedeutung schon im Namen. Im Norden der Frankenalb in einem Seitental des Wiesenttals gelegen, bietet es auf kleinem Raum **zahlreiche Vegetationsformen** von Trockenrasen über Wacholderheiden bis hin zu waldbestandenen Hängen, in denen sowohl Laub- als auch Nadelbäume wachsen, unter denen verschiedene Pilzarten gedeihen, darunter schmackhafte Speisepilze wie Steinpilze oder Pfifferlinge. Hier hört man noch den Ruf des Kuckucks oder auch den des Pirols mit seinem auffälligen gelben Gefieder.

Der Natur zuliebe

Auf fränkischem Gebiet gibt es **zehn Naturparks**, die mit einer Gesamtfläche von ca. 14 000 km² mehr als die Hälfte der Tourismusregion einnehmen. Die übrigen Gebiete Bayerns weisen nur halb so viel Naturparkflächen auf, und auch im bundesdeutschen Vergleich steht Franken mit seinen Naturparks an der Spitze. Der Naturpark „Fränkische Schweiz-Veldensteiner Forst" (gegründet 1968) ist mit einer Fläche von 2346 km² einer der größten von ihnen. Zu den botanischen Besonderheiten gehören die Pflanzen, die ausschließlich hier gedeihen, darunter die **Fränkische** und die **Hersbrucker Mehlbeere**. Die zahlreichen Höhlen des Frankenjura wiederum dienen verschiedenen **Fledermausarten** zur Überwinterung. In der bekannten Teufelshöhle finden sich u. a. das Große Mausohr, das Braune Langohr und die Fransenfledermaus. Eine Besonderheit der Höhlen ist die sogenannte **Lampenflora** – Pflanzen wie Algen, Farne und Moose, die sich hier angesiedelt haben, nachdem der Mensch begonnen hatte, die Höhlen auszuleuchten und so für das lebensnotwendige Licht zu sorgen.

Typisch Mittelgebirge

Die übrige Tierwelt der Fränkischen Schweiz unterscheidet sich nicht wesentlich von der im übrigen deutschen Mittelgebirgsraum. Neben dem Rotwild (Hirsche), Schwarzwild (Wildschweine) und Rehwild (Rehe) gehören viele andere Wildarten wie Hase, Fuchs, Dachs, Marder, Wiesel und der aus Nordamerika stammende Waschbär zur fränkischen Tierwelt. Selten ist die scheue Wildkatze. Die Biber sind wieder so zahlreich, dass sogar ehrenamtliche Biberberater bei Problemen, z. B. mit der Landwirtschaft, vermittelnd eingreifen. Das Damwild, ursprünglich in Kleinasien beheimatet, wurde zu Zeiten Karls des Großen in Mitteleuropa eingeführt; heute ist es noch in Wildgehegen zu beobachten. Weiter findet man Berg- und Teichmolche, Gras- und Wasserfrösche. Unter den Kriechtieren und Lurchen ist der Feuersalamander am häufigsten anzutreffen, außerdem leben Zauneidechsen, Bergeidechsen, Schlingnattern und Ringelnattern in den Bergregionen bzw. in Wassernähe.

So ein Prachtexemplar von Rothirsch wird man als Wanderer nicht oft zu sehen bekommen.

Reise ins Mittelalter

Über tausend Jahre Baukunst prägen das unverwechselbare Stadtbild des wie das antike Rom auf sieben Hügeln erbauten **Bamberg**. Seine vom Krieg verschont gebliebene **Altstadt**, überragt vom einzigartigen **Kaiserdom**, gehört zum Weltkulturerbe der UNESCO und ist ein denkmalgeschütztes Gesamtkunstwerk zwischen Gotik und bürgerlichem Barock.

Bamberg wurde im Jahr 902 als Sitz des Geschlechts der Babenberger (castrum Babenberch) erstmals genannt. 1007 gründete Kaiser Heinrich II. das Bistum, errichtete eine Kaiserpfalz und ließ den 1012 vollendeten ersten Dom erbauen. Dieser brannte allerdings zweimal nieder und wurde von 1211 an durch den heutigen Dom mit dem berühmten Bamberger Reiter ersetzt.

WUSSTEN SIE, ...

... dass die politische Landschaft des Mittelalters einem Flickenteppich glich und es rund 200 reichsunmittelbare Ritterschaften gab, die nur dem Kaiser untertan waren?

Bamberger Dom

Über der Stadt – die sogenannte Bischofsstadt liegt auf dem hohen Westufer des linken Regnitz-Armes – ragen am Domplatz die vier Türme des Bamberger Doms St. Peter und St. Georg auf, eines der herrlichsten Bauten des deutschen Mittelalters. Am nördlichen Seitenschiff zeigt das **Fürstentor** die auf den Schultern der Propheten stehenden Apostel und im Bogenfeld das Jüngste Gericht; die **Adamspforte** an der Südseite des Ostchors ist das älteste Domportal (um 1220). Im Georgen- bzw. **Ostchor** sind in einem 1499–1513 von Tilman Riemenschneider gearbeiteten Hochgrab Kaiser Heinrich II. (gest. 1024) und seine Gemahlin Kunigunde (gest. 1033) beigesetzt.

Bamberger Reiter

Am linken Chorpfeiler thront auf einer Akanthuskonsole der berühmte Bamberger Reiter. Diese um 1235 geschaffene Skulptur ist einer der Höhepunkte mittelalterlicher deutscher Bildhauerkunst und soll König Stephan den Heiligen von Ungarn, Schwager Kaiser Heinrichs II., verkörpern – es gibt allerdings auch genügend andere Deutungen.

Bayreuth

Als dem Werk Richard Wagners verpflichtete Festspielstadt genießt **Bayreuth** bis heute Weltruf. Beeindruckend ist aber auch das Stadtbild mit seinen Barockbauten und Rokokopalästen.

Die schon im 12. Jh. angelegte Stadt Bayreuth, im weiten Tal des Roten Mains gelegen, erlebte ihre glänzendsten Jahre erst unter den Markgrafen von Brandenburg-Bayreuth im 17. und 18. Jh., insbesondere unter **Prinzessin Wilhelmine**, der Gemahlin des Markgrafen Friedrich und Lieblingsschwester Friedrichs des Großen. Ihr sind die hohe bauliche Blüte der Stadt und die Durchsetzung des „Bayreuther Rokoko" zu verdanken. Zu den auf ihr Geheiß hin entstandenen Gebäuden zählt auch das im Zentrum gelegene 1745–1748 erbaute Markgräfliche **Opernhaus** mit einer prächtigen Ausstattung. Es ist das einzige ursprünglich erhaltene Barocktheater und wurde 2012 zum UNESCO-Weltkulturerbe ernannt. Im Jahr 1874 bezog Richard Wagner mit seiner Frau Cosima das **Haus Wahnfried.** Der außergewöhnliche Name wird durch Wagners Zitat an der Vorderseite des Hauses nachvollziehbar: „Hier wo mein Wähnen Frieden fand – Wahnfried – sei dieses Haus von mir benannt." 1872–1876 wurde das **Richard-Wagner-Festspielhaus** auf einer Anhöhe („Grüner Hügel") nördlich vor der Stadt nach den Vorstellungen von Richard Wagner errichtet. Mit 1800 Sitzplätzen ist es eine der größten Opernbühnen der Welt für die alljährlich im Sommer stattfindenden **Richard-Wagner-Festspiele.**

Eines der Wahrzeichen Bambergs ist der weltberühmte Bamberger Reiter.

Feste Veste

Auf stolze 170 **Burgen und Schlösser** bringt es die relativ eng begrenzte Region der Fränkischen Schweiz, steinerne Zeugen der Geschichte, die hier einst geschrieben wurde. Allein zwischen Waischenfeld und Egloffstein befinden sich auf kurzer Distanz sage und schreibe sechs mittelalterliche Wehrbauten, die, größtenteils gut erhalten, in die Vergangenheit entführen: Burg Waischenfeld, Burg Rabeneck, Burg Rabenstein, Burg Gößweinstein, **Burg Pottenstein** (die zu den ältesten der Fränkischen Schweiz zählt) und Burg Egloffstein. Burg Rabenstein, deren älteste Bauteile aus dem 12. Jh. stammen, besitzt Ritter-, Waffen- und Prunksäle, die besichtigt werden können. Nach jüngsten Erkenntnissen wurde die weiße Burg Gößweinstein, die sich hoch über der Talsohle weithin sichtbar erhebt, wohl um das Jahr 1000 erbaut. Die Burg, und damit auch der Ort, erhielten ihren Namen von ihrem Erbauer Graf Goswin.

Burgruine Neideck

Sie ist nur als Ruine erhalten, gleichwohl gilt die Burg Neideck oberhalb des Wiesenttals als ein besonderes **Wahrzeichen der Fränkischen Schweiz**. Noch immer imposant wächst sie förmlich aus den Felsen empor und zeugt mit der weitläufigen Anlage von ihrer einstigen Größe und Wehrhaftigkeit. Neideck wurde als Burg im frühen 14. Jh. erstmals urkundlich erwähnt, eine frühere Entstehung gilt jedoch als wahrscheinlich.

Vom Muggendorfer Gebürg zur Fränkischen Schweiz

Die Dichter der Romantik, wie Victor von Scheffel und Ludwig Tieck, sind für den merkwürdigen Namen Fränkische Schweiz mitverantwortlich. Vom rein geologisch-geografischen Standpunkt aus ist die Ähnlichkeit jedoch nicht so groß, bringt die Fränkische Schweiz, die ursprünglich unter dem Namen Muggendorfer Gebürg bekannt war, es doch gerade einmal auf Höhen von 500–600 m. Erst 1807 taucht der Begriff Fränkische Schweiz zum ersten Mal in einer Abhandlung des Geografen Johann Christian Fick auf. „Was du in der Schweiz vorfindest, findest du hier im verjüngten Maßstabe wieder", schrieb kurz darauf ein Epigone, und die schwärmerischen Dichter trugen den Begriff in die Welt.

Pottenstein ist mit seiner Burg und dem fränkischen Fachwerk ein echtes Kleinod.

Feste zum Lob Gottes
„Kerwa" oder „Kärwa" ist die Kirch-
weih, die zwischen Ende April und
Anfang November überall in Franken
in kleinen Dörfern oder Städtchen mit
Volkstanz und Musik gefeiert wird.
Auch Fronleichnamsprozessionen kann
man in zahlreichen kleinen Ortschaften
miterleben. Erntedankfeste werden An-
fang Oktober mit teilweise aufwendig
geschmückten Festzügen begangen.

Die fränkische Tracht wird
zu besonderen Gelegen-
heiten auch heute noch
getragen, wie hier zum
Erntedankfest.

Fränkische Spezialitäten

Zu den Lieblingsbeschäftigungen eines jeden gestandenen Franken gehört das „Brotzeitmachen", am besten am Vormittag oder am späten Nachmittag, wenn der nächste Hunger nach dem Mittagessen kommt. Zur Auswahl steht eine Menge feiner Sachen: Leberwurst, Presskopf, weißer und roter Press-sack, Stadtwurst oder Bratwurst, die man an zahlreichen Bratwurst-ständen im Brötchen bekommt.

Deftige Hauptgerichte

Eine der empfehlenswerten fränkischen Suppen ist die **Hochzeitssuppe**, eine klare Rinderbrühe mit Gemüse und kleinen Grieß- und Leberklößen. Pfannkuchensuppe ist eine andere Spezialität. Auf den fränkischen Speiseplänen steht sehr viel Fleisch. Vielfach bekommt man Schweinefleisch, z. B. als Schweinebraten oder als deftige Schweinshaxe. Gern wird Ochsenfleisch mit Preiselbeeren und Kren (Meerrettich), oder auch Sauerbraten gegessen. Metzelsuppe bzw. Kesselfleisch ist im Sud gekochtes Fleisch vom frisch geschlachteten Schwein, serviert mit Kraut, Leber- und Blutwürsten.

Knollenvielfalt

Natürlich werden Kartoffeln zu vielen Fleisch- und Fischgerichten serviert. Eine Besonderheit sind die **Klöße** (je nach Region heißen sie „Klöß", „Kleeß" oder „Klääß"). Die Vielfalt der Kloß-Varianten kennt keine Grenzen: Klöße aus rohen Kartoffeln, Klöße aus gekochten Kartoffeln, Klöße, die zur Hälfte aus gekochten und zur Hälfte aus rohen Kartoffeln hergestellt werden, Klöße aus gekochten Kartoffeln und Stärkemehl. Eine Art Kartoffelpuffer sind Backes oder Bagges, die süß oder salzig zubereitet werden.

Ganz schön scharf

Zuerst lodert er auf der Zunge und am Gaumen, dann prickelt er in der Nase: **Meerrettich** verleiht Speisen den kulinarischen Nervenkitzel. Nirgendwo in Deutschland wird so viel Meerrettich angebaut wie am westlichen Rand der Fränkischen Schweiz. Ihren Ursprung nahm die lange Anbautradition auf **Schloss Scharfeneck**. Der Nürnberger Markgraf Johann soll im 15. Jh. die scharfe Wurzel „aus einem fernen Land" nach Franken gebracht haben. Seither liegt rund um Baiersdorf zwischen Erlangen und Forchheim das traditionsreichste Meerrettich-Anbaugebiet der Welt.

Die Klassiker

Meerrettich schmeckt am besten in der Zeit von September bis Februar. Ein traditionelles Gericht der bäuerlichen Küche in der Fränkischen Schweiz ist **Meerrettichsauce** zu gekochtem Rindfleisch. Die scharfe Wurzel eignet sich aber auch hervorragend zu kalten Speisen wie Räucherfisch und Wurstplatten, zu Schinken, Wiener Würstchen, Bockwurst und Bratwurst sowie zu Fisch, besonders zu Forelle und Karpfen; Letzterer hat dem „Karpfenland Aischgrund" sogar seinen Namen geliehen.

Fränkische Bierspezialitäten

Wenn es um Bier-, Brau- und Trinkvorlieben geht, sind die Franken durchaus eigensinnig. Der Weißwurstäquator entlang der Donau (allerdings nur einer der möglichen Verlaufslinien) galt im 20. Jh. lange Zeit auch als Weißbieräquator – und auch heute noch zeigen sich bei den Biervorlieben messbare Unterschiede: Während die südbayerischen Brauereien zu mehr als 40 % Weizenbier herstellen, liegt der Weißbier- bzw. Weizenbier-Anteil bei den fränkischen Brauereien nur bei etwa 20 %. Etwa 1000 verschiedene Biere werden allein in Oberfranken gebraut, zum Pils und zum Lager bzw. Hellen kommen die dunklen Biere.

Biere nach Farben

Vor der Entwicklung der Pilsener Brauweise waren die Vorläufer des heutigen Dunkelbiers die typischen Biersorten. Für ihre Herstellung wurden bzw. werden dunkles Gerstenmalz und untergärige Hefe verwandt. Während im Raum Bayreuth früher das bernsteinfarbene **Braunbier** dominierte, war es im Raum Nürnberg das **Rotbier**.

Um das grüne Malz zu trocknen, wurde früher offenes Holzfeuer eingesetzt. Später wurde das **Rauchdarren** durch industrielle Trocknungstechniken verdrängt. Einige Brauereien in Bamberg pflegten und pflegen diese Tradition jedoch weiter. Räuchern verleiht dem Bier ein ganz spezielles Aroma. Diese würzig schmeckenden Biere sind bernsteinfarbig bis dunkel, untergärig gebraut – und haben rund 5 % Alkohol.

Kein geräuchertes, sondern ein dunkel geröstetes Malz wird eingesetzt, um **Schwarzbier** zu erzeugen. Das aromastarke, oft leicht karamellartig schmeckende Schwarzbier wird meist untergärig gebraut und nur von wenigen fränkischen Brauereien angeboten.

Zwickelbier oder Kellerbier

Kellerbier oder Zwickel ist ein ungefiltertes, naturtrübes Bier. Es ist ein ungespundetes Bier, weil es ohne Überdruck (auch Spundungsdruck genannt) gelagert wird. Dadurch entwickelt es nur wenig Kohlensäure und es schäumt nur schwach. Da es nicht filtriert wird, ist das naturbelassene, hefetrübe Bier besonders nährstoffreich. Zuweilen wird es deshalb auch als „flüssiges Brot" bezeichnet.

Eisbock

Um dieses überaus starke Bier zu gewinnen, frieren die Brauer ihr Bockbier ein und saugen den Bierkern ab, der innerhalb des gefrorenen Wassers verbleibt. So erhalten sie ein Bierkonzentrat mit einer Stammwürze von rund 28 %. Angeblich wurde diese Bierart durch Zufall entdeckt, weil ein Lehrling oder ein Brauergeselle – da gibt es unterschiedliche Versionen – einer Kulmbacher Brauerei vergessen haben soll, die Bockbierfässer im Winter in den Keller zu rollen.

Kleines Bild: Heute wie damals genießen Mönche – und nicht nur diese – ein gutes, frisch gezapftes Bier.

Großes Bild: Die Kunst des Rauchbierbrauens wird nur noch von zwei Brauereien in Franken gepflegt. Die in Bamberg ansässige „Brauerei Spezial" ist eine davon.

WUSSTEN SIE, ...

... dass die Fränkische Schweiz mit einer der höchsten Brauereidichten der Welt aufwarten kann? Über 70 Bierbrauer produzieren hier die typischen Biere der Fränkischen Schweiz – und das auf einer Fläche von gerade einmal 2000 km².

Bayerischer Wald

„Waldwoge steht hinter Waldwoge, bis eine die letzte ist und den Himmel schneidet" – der Bayerische Wald ist kaum besser zu beschreiben.

Deutlich sind die Ufer-filze, „schwimmende Inseln" (s. S. 225), auf dem Kleinen Arbersee zu erkennen.

Allerdings – so schön dieses Bild Adalbert Stifters anmutet, so liegt doch auch eine gewisse Schwermut darin. Die Landschaft ist nicht spektakulär, sondern ruhig, und der Wald kann finster wirken. Im Inneren Bayerischen Wald nimmt er gut 90 % der Fläche ein. Dort kann man noch einen ganzen Tag unterwegs sein, ohne auf eine andere Person zu treffen. Dort ist, in der Begegnung mit einer großartigen Natur, noch die „Waldeinsamkeit" zu finden.

Keine halbe Stunde zu Fuß vom Arbergipfel, auf den die Gondelbahn die Touristen bringt, ist man allein in der Arberseewand und sieht zwischen uralten Bergahornen und Fichten, zwischen umgeworfenen Tannen und Buchen

hinunter ins dunkle Auge des **Arbersees**: einmal Wildnis und zurück in zwei Stunden.

Der „Woid": So nennen die Bewohner ihre Heimat, ebenso wie den Wald. Es war harte Arbeit über Jahrhunderte, dem undurchdringlichen Forst kultivierbares Land abzuringen. Da ist nicht schwer zu verstehen, dass die Bindung der „Waidler" zu diesem Landstrich groß ist. 1970 hat man dem Wald hier ein „lebendes Denkmal" gesetzt: Der **erste deutsche Nationalpark** wurde geschaffen, in dem der Wald die Chance hat, wieder zum Urwald zu werden. Doch der wilde Wald ist das eine, **Kulturlandschaft** das andere. Die Bauern, die Milch- und die Holzwirtschaft haben das Bild der Landschaft geprägt. Sanft bis steil buckeln sich die Wiesen, und indem die

Grenzland zum Böhmerwald, steht man nicht nur ehrfurchtsvoll staunend vor überbordender Natur – ebenso gewaltig ist die Kunst der prachtvollen **Kirchen** und **Klöster**. Schon im frühen Mittelalter zogen Mönche aus, um die Wildnis zu besiedeln und urbar zu machen. Die Klöster **Metten** und **Niederaltaich**, der Passauer **Dom St. Stephan** und **St. Emmeram** in Regensburg zeugen eindrucksvoll von der Verehrung, die die Menschen Gott entgegenbrachten. Die Religion war schon immer wichtiger Lebensbestandteil der Menschen; und auch andere Traditionen werden gelebt und gepflegt. Musik wird geliebt im Bayerischen Wald – schließlich war sie eines der wenigen erschwinglichen Vergnügen der Waidler. Die **Volksmusik** ist weit mehr als reine Folklore, zahlreiche Veranstaltungen und moderne Interpretationen sind Ausdruck ihrer Lebendigkeit. Die **Glasbläserei**, einst ein wichtiger Broterwerb, lebt nicht als Massenprodukt fort, doch Künstler entdeckten Glas als Werkstoff und hauchten ihm neues Leben ein – zu bewundern

Bauern die Wiesen mähen und die Äcker bestellen, halten sie die Landschaft offen, machen sie den Blick frei zum Horizont, wo immer noch „Waldwoge hinter Waldwoge steht". Fast schon zärtlich ist das Gefühl, das die junge Generation für ihre Heimat empfindet: „Manchmal freue ich mich schon auf den Moment, wo gerade zum ersten Mal die dunkelblauen Hügelreihen am Horizont sichtbar werden ... Wenn man lange nicht da war, ist es umso schöner", schreibt Sebastian Stern, der Filmemacher aus Viechtach.

Romantiker haben im 19. Jh. den Bayerwald entdeckt, als Hort des Urwüchsigen, als das echte Bayern. Und etwas später, nämlich 1890, meinte Karl von Reinhardstoetter in seinem Buch „Land und Leute im Bayerischen Walde": „Der Bayerische Wald ist anspruchslos. Man muss ... sagen, er ist kein modernes Reiseziel für Komfortleute." Das ist anders geworden: Der Besucher findet hier heute alles, was man für einen erholsamen Urlaub braucht: eine schöne Landschaft, die der Seele guttut und erwandert werden will; mit **Passau** und **Regensburg** liegen im Vorland zudem zwei der schönsten bayerischen Städte. Hier, im

▶ TOPZIELE IN DER REGION

Wilde Natur und uralte Erdgeschichte, sakrale Kunst und UNESCO-Welterbe – die Waldregion im Grenzland wartet mit vielen Höhepunkten auf:

MUSEUM STEINWELTEN IN HAUZENBERG
Ein Publikumsmagnet ist das Granitmuseum Steinwelten, das in einen aufgelassenen Steinbruch gebaut wurde; der kühne, wuchtige Bau macht den nur scheinbar abweisenden Charakter des Materials schon optisch erfahrbar. Ein ruckelnder Aufzug befördert in die „Zeit des Steins", wo die Welt der Mineralien zu erleben ist. → S. 224

NATIONALPARKZENTRUM FALKENSTEIN
Über das Ökosystem Wald informiert das Nationalparkzentrum Falkenstein nördlich von Ludwigsthal. Das „Haus zur Wildnis" mit ausladenden, begrünten Dächern enthält ein 3-D-Kino, Ausstellungen, Cafeteria und Laden. → S. 227

BENEDIKTINERKLOSTER METTEN
Um 766 gegründet, war das Kloster bei Deggendorf einer der Ausgangspunkte für die Erschließung des Bayerischen Waldes und besitzt eine berühmte barocke Bibliothek. → S. 230

STEINERNE BRÜCKE REGENSBURG
Seit bald 900 Jahren kann man in Regensburg trockenen Fußes die Donau überqueren. Als das Bauwerk 1146 eingeweiht wurde, war es die einzige Donaubrücke zwischen Ulm und Wien. → S. 231

DOM PASSAU
Der imposante Dom ist ein Wahrzeichen Passaus. Chor, Querhaus und Vierungsturm sind spätgotisch, das Langhaus ist der größte barocke Dombau nördlich der Alpen. Engelsbeine ragen in die Vierungskuppel neben dem Fenster aus dem Bild: eine Barockillusion des Malers Carpoforo Tencalla, der als Erneuerer der Freskomalerei nördlich der Alpen gilt. → S. 233

Der Gipfel des Lusen ist übersät mit einem Blockmeer.

in Hauzenberg gewidmet. Hier zeichnet die Ausstellung „Zeit des Menschen" die Geschichte des Bayerwald-Granits seit dem 10. Jh. nach. Im Schausteinbruch mit alten Kränen, Gleisen und Steinhauerhütten wird der Weg des Granits bis zum fertigen Produkt nachvollziehbar.

Gneise formen lange **Bergrücken** wie am Großen Arber; Granite sind zu **Kuppen** oder wie am Dreisessel zu charakteristischen **Felstürmen** mit gerundeten Kanten erodiert. Vor etwa 65 Mio. Jahren wurde der Bayerische Wald durch tektonische Bewegungen angehoben; dabei sank das Donautal ab, es entstand der **Donaurandbruch** zwischen Regensburg und Vilshofen, der heute noch als Geländesprung zwischen den Vorwaldbergen (Einödriegel 1121 m) und der nur wenige Kilometer entfernten, 300–350 m hoch gelegenen Donauebene die Landschaft prägt. Die tiefen Einschnitte der Täler von Donau und Inn in der Umgebung von Passau entstanden ebenfalls durch die Gebirgshebung. Die Flüsse suchten sich dabei keinen neuen Weg, sondern wuschen in existierenden Tälern tiefe Betten mit steilen Wänden aus.

Der Pfahl

Die große **geologische Besonderheit** des Bayerischen Walds ist der Pfahl, ein schmales **Felsriff**, das sich über gut 140 km schnurgerade zwischen dem Naabtal (Naabburg) in der Oberpfalz und kurz vor Linz in Oberösterreich erstreckt. Bei Plattenverwerfungen vor etwa 275 Mio. Jahren wurden entlang einer „Störung" – der Vordere Bayerische Wald wurde dabei gegenüber dem Hinteren um mehrere Hundert Meter angehoben – Gneis und Granit zerrieben und zu **Schiefer** („Pfahlschiefer") gepresst. In seine Klüfte drangen heiße Kieselsäurelösungen ein; das Siliziumdioxid kristallisierte aus und schuf einen harten **Quarzkern**, der bis heute der Verwitterung weitgehend trotzt.

im Glasmuseum in Frauenau, in den Gläsernen Gärten mit Exponaten von Künstlern aus allen Teilen Europas rund um das Frauenauer Museum, im Gläsernen Wald von Rudi Schmid bei der Burgruine Weißenstein und in den vielen Werken, die in Ateliers und Galerien entlang der „**Glasstraße**" zu entdecken sind. Die Glasstraße verläuft auf ca. 250 km zwischen Waldsassen in der Oberpfalz und dem niederbayerischen Passau.

Ausflug in die Erdgeschichte

Bayerischer Wald und Böhmerwald sind geologisch Teil der **Böhmischen Masse** zwischen Donau und Moldau (Moldanubikum), einer der ältesten Landschaften Mitteleuropas. Die Gesteinsbildung begann vor etwa 1 Mrd. Jahren; das Ergebnis waren **Gneise**, die sich später durch plattentektonische Verschiebungen auffalteten. Bei erneuten Verschiebungen vor etwa 300 Mio. Jahren bildeten sich Spalten im Gestein, in die flüssiges Magma eindrang und zu **Graniten** erkaltete. Später wurde der Granitabbau zum Broterwerb; ihm ist das **Museum Steinwelten**

Berge, Seen und Flüsse

Der Bayerische Wald besteht aus zwei parallel verlaufenden Bergzügen, dem **Vorderen Wald** (Vorwald) und dem **Hinteren** (Inneren) **Wald**. Ersterer erreicht Höhen von etwas über 1000 m, Letzterer über 1300 m. Die höchsten Gipfel sind der **Große Arber** (1456 m) und der **Große Rachel** (1452 m). Zwischen den beiden Ketten verlaufen der **Pfahl** und – zwischen Chammünster und Regen bzw. Zwiesel – die **Regensenke**. Der Bayerische Wald bildet die **Wasserscheide** zwischen Donau und Moldau und somit zwischen Schwarzem Meer und Nordsee.

Spuren des Eises

Anders als in den Alpen waren während der letzten Eiszeit nur Höhen über 800 m in den Gipfelbereichen des Hinteren Bayerischen Walds, also um Arber, Rachel und Lusen, von der Vergletscherung betroffen; als **Karseen** (s. S. 239) sind der Rachel- sowie der Große und der Kleine Arbersee Spuren der Vereisung. Die charakteristischen **Blockmeere**, etwa auf dem Lusen, entstanden auf Gipfeln und an steileren Hängen innerhalb der Eiszone: Eindringendes Wasser und häufige Frostwechsel spalteten die Granitmassen in Blöcke. Der 1373 m hohe **Lusen** ist wohl der markanteste und eigenartigste Bayerwaldberg und zählt zu den „100 schönsten Geotopen Bayerns".

Der **Kleine Arbersee**, Ursprung des Weißen Regens, erhielt sein heutiges Aussehen, als er ab 1885 für die Holztrift, das Treibenlassen loser Baumstämme flussabwärts, aufgestaut wurde.

Durch den steigenden Wasserstand lösten sich **Uferfilze** vom Untergrund. Diese bildeten drei „schwimmende Inseln" aus bis zu 3 m dickem Wurzelwerk, die mit dem Wind über den See trieben; heute liegen sie fest. Die über 100 m über den See ansteigenden Felswände sind noch recht ursprüngliche Relikte der Vergletscherung.

Regen-System

Was die Einheimischen einfach als „Regen" bezeichnen, ist tatsächlich meist nur ein Teil des Regen-Systems. Der **Kleine Regen** entspringt am Nordostfuß des Großen Rachels in Tschechien und vereint sich in Zwiesel mit dem **Großen Regen** zum **Schwarzen Regen**. Unterhalb von Bad Kötzting stößt der **Weiße Regen** dazu, der vom Kleinen Arbersee kommt. Der nun „Regen" heißende Fluss strömt in westlicher Richtung weiter, nimmt vor Cham den von Furth im Wald kommenden **Chamb** auf und mündet nach einem scharfen Knick nach Süden in Regensburg in die **Donau**.

Ein urwüchsiges Naturschauspiel bietet die Buchberger Leite.

Die Ilz

Auch die Ilz bildet ein **Flusssystem**, das von der Mündung in die Donau bis hinauf in den Nationalpark reicht. Ihre Quellflüsse Große und Kleine Ohe entspringen im Bereich von **Rachel** bzw. **Lusen** und vereinen sich südlich von Grafenau mit der Mitternacher Ohe zur Ilz; nahe Fürsteneck nimmt sie dann noch die Wolfsteiner Ohe auf. Charakteristisch für den Fluss ist sein weiches, bräunlich-dunkel gefärbtes Wasser. Erstere Eigenschaft verdankt er den kalkarmen kristallinen Gesteinen Granit und Gneis, letztere den Hochmooren und Fichtenwäldern des Inneren Bayerischen Walds.

Die Donau

Bei Kelheim durchbricht die Donau in einer spektakulären Schlucht, der **Weltenburger Enge**, die Kalkschichten des Fränkischen Juras. Ihr weiterer Lauf wird am linken Ufer von den Bergen des Vorwalds begleitet, die teils sanft, teils mit steilen Hängen vom Fluss ansteigen, während das rechte Ufer vom ebenen Gäuboden gesäumt ist. Bei Regensburg fließt der Donau von Norden

Ein Traum von einer Winterlandschaft erstreckt sich am Großen Arber.

der Regen, bei Deggendorf von Süden die **Isar** zu. In Passau münden am berühmten **Dreiflüsseeck** Inn und Ilz in die Donau.

„Nei Monat Winter, ...

... drei Monat koid – des is da Woid." Es ist kein Zufall, dass der Bayerische Wald zunächst als **Winterreiseziel** beliebt wurde. Dank der östlichen, kontinentalen Lage ist es hier deutlich kälter als in anderen deutschen Mittelgebirgen, und es gibt häufig Niederschläge. Im Winter stellt sich oft Inversionswetter mit Nebel in den Tälern und Sonnenschein in den höheren Berglagen ein.

Drei Höhenzonen

Wie die Vegetation, so lässt sich auch das klimatische Geschehen in drei Höhenzonen einteilen. Im unteren Bereich des Bayerwalds, **bis etwa 700 m**, fallen jährlich 1100–1300 mm Regen. Schnee gibt es mindestens fünf Monate, in einigen Lagen kann es sogar das ganze Jahr über Frost geben. **Bis etwa 1150 m Höhe** reicht die zweite Höhenstufe, in der das Klima günstiger

ist, weil sich hier keine Nässe staut. Bei Inversionslagen sind diese Bereiche nicht vom Nebel betroffen. Temperaturen, Niederschläge und Schneeaufkommen unterscheiden sich kaum von denen der ersten Höhenstufe. Schneesicher, und das bis zu sechs Monate im Jahr, sind die **Gipfelbereiche** im Hinteren Wald. Am Großen Falkenstein wird ein Jahresmittel von 3,5 °C gemessen, bei 1400 mm Niederschlag jährlich.

Wälder, Filze, und Schachten

Der gesamte Gebirgszug ist – als Teil des größten zusammenhängenden Waldgebiets Mitteleuropas – **dicht bewaldet**, im Inneren Bayerischen Wald bedeckt der Baumbestand über 90 % der Fläche. Die aus der Verwitterung von Gneis und Granit hervorgegangenen Böden sind nährstoffarm und sauer, in Tälern und Lagen bis 700 m Höhe zudem feucht und kalt. Die Bedingungen im **Aufichtenwald** fordern von der Pflanzengesellschaft eine hohe Toleranz, weshalb sie hier fast ausschließlich aus widerstandsfähigen, frostbeständigen Fichten besteht.

Bessere Bedingungen bieten Hanglagen von 700 bis 1150 m, wo Buchen und Tannen die ursprüngliche **Mischwald-Vegetation** bildeten; durch Aufforstung mit den ertragreicheren Fichten wurde sie allerdings weitgehend verdrängt. Im Nationalpark, wo die Natur Gelegenheit zur Regeneration erhalten hat, bildet sich wieder die ursprüngliche Vegetation heraus. Zu **Buche** und **Tanne** gesellen sich hier **Bergahorn**, **Esche**, **Eibe** und **Vogelkirsche**. In der dritten Höhenstufe, in den Gipfellagen, werden die Mischwälder wegen der rauen klimatischen Bedingungen von Fichtenwäldern abgelöst. Eine eigene Vegetationszone begleitet den Pfahl: Hier finden sich **Birken**, **Kiefern** und **Wacholder**.

Hochmoore und Viehweiden

Als **Filze** werden die Hochmoore bezeichnet, die besonders auf tschechischer Seite die Gipfellandschaft prägen; kleinere Filze finden sich auch im Bayerischen Wald, so der **Latschenfilz** nördlich des Großen Rachels. **Schachten** sind Zeugnisse menschlicher Eingriffe in die Natur. Schon für die Zeit vor dem Dreißigjährigen Krieg sind solche fürs Vieh gerodeten Weiden in 1000–1200 m Höhe verbürgt (1613 wird der Ruckowitz-

Schachten erwähnt), in den 1960er-Jahren wurde ihre Bewirtschaftung aufgegeben. Heute sind die im Wald versteckten **Lichtungen**, oft mit alleinstehenden bizarren, uralten Baumriesen oder toten Bäumen geschmückt, mit ihrer Stille und Abgeschiedenheit wahre Juwele der Natur.

Nationalpark Bayerischer Wald

Dunkle Waldwildnis, Bergkuppen, Hochmoore, Felstürme, seltene Pflanzen und Tiere: Der Nationalpark Bayerischer Wald ist ein Naturparadies. Erschlossen wird es von Wanderwegen, Radwegen und Loipen für jeden Geschmack. Erst zu Beginn des 19. Jhs. begann die systematische Erschließung und Nutzung des „Hinteren Walds", wie die höchste und abgelegenste Region des Bayerischen Walds genannt wird. Der Nationalpark ist der **älteste in Deutschland**: 1969 wurde die Region zwischen Rachel und Lusen zum Nationalpark Bayerischer Wald erklärt, 1970 feierlich eröffnet und 2020 auf 248,5 km² erweitert. Er grenzt an Tschechien und reicht im Norden bis Bayerisch Eisenstein, im Südwesten bis Spiegelau und im Osten bis Finsterau. Seine höchsten Gipfel sind **Großer Falkenstein** (1315 m), **Großer Rachel** (1453 m) und **Lusen** (1373 m). Einblicke in den Nationalpark bieten die **Nationalparkzentren** Falkenstein und Lusen. Im Freigelände des Nationalparkzentrums Falkenstein

Der Ruckowitz-Schachten ist wie andere sogenannte Schachten eine Weidewiese, die ab dem frühen 17. Jh., ähnlich den Almen in den Alpen, angelegt wurde und bis heute als Kulturdenkmal gepflegt wird.

leben Auerochsen, Wisente und Wildpferde, die während der Eiszeiten hier heimisch waren. Sie können auf einem 2,5 km langen Rundweg und von einem Aussichtsturm aus beobachtet werden. In einer Steinzeithöhle ist eine Kopie der Höhlenmalereien der Grotte Chauvet (Südfrankreich) zu sehen.

Seltene Tiere

Der über Jahrhunderte bewirtschaftete Wald konnte nur wenige seiner ursprünglichen Pflanzen- und Tiergesellschaften erhalten. Der **Luchs** überlebte auf tschechischer Seite im Nationalpark Šumava, erste Tiere sind jedoch in den Nationalpark Bayerischer Wald zurückgekehrt. **Fischotter**, **Raufußhuhn**, **Auerhahn**, **Schwarzstorch**, **Wanderfalke** und **Kleineulen** sind weitere unter Naturschutz stehende Arten. Sogar **Elche** werden in freier Wildbahn im Bayerischen Wald gesichtet. **Wölfe** und **Bären** sieht man allerdings nur noch in den großen Freigehegen des Nationalparks.

Angepasste Spezialisten

Die Flora fällt weniger durch Blütenpracht als durch Spezialisierung auf. Unter den widrigen

Im Nationalpark Bayerischer Wald findet auch der Wolf wieder ein Refugium.

Klimabedingungen im Inneren Wald (Nationalpark) gedeihen vor allem **blütenlose Pflanzen** wie Farne, Bärlappe, Flechten, Moose und holzbewohnende **Pilze**, dazu Eiben und **Hochmoorspezialisten** wie Moosbeere, Andromedaheide, Wenigblütige Segge und Sonnentau; die **alpine Flora** ist etwa mit Alpenheckenrose, Schwarzer Heckenkirsche, Gebirgsfrauenfarn, Soldanelle und Gamswurz vertreten, die nordeuropäische mit Krähenbeere und Sumpfporst. In den **Gipfelregionen** wachsen Zwergsträucher und da und dort auch Legföhren (Latschen). In von Menschen angelegten Wiesen gedeihen Märzenbecher (Frühlingsknotenblume), Knabenkraut und Wollgras, an **trockenen, mageren Standorten** Borstgras, Arnika, Pechnelke und Glockenblume.

Ilzperlen und Gold

Trotz der Jahrhunderte während wirtschaftlichen Nutzung ist die **Ilz** ein überraschend **intakter Lebens- und Naturraum**. Als Bindeglied zwischen dem Bayerischen Wald und der Donau ist sie Heimat einer vielfältigen Fischgemeinschaft. Biber und Fischotter, Schwarzstorch und Eisvogel sind im Ilztal beheimatet; in den Wäldern wachsen Straußfarn und Sibirische Schwertlilien. Eine Besonderheit der Ilz sind die **Flussperlmuscheln**, die früher befischt wurden. Bei den Passauer Landesherren waren die dunklen Ilzperlen als Schmuck besonders beliebt. Unter Naturschutz gestellt, hat ihr Bestand sich nun leicht erholt.

In alten Zeiten wuschen die Talbewohner in der Ilz sogar **Gold**, und noch heute soll man mit etwas Geduld das eine oder andere Mini-Nugget aus dem Flusssand sieben können.

Überschwängliche Pracht

Klöster und **Kirchen** im Bayerischen Wald sind voll von reichen Kunstschätzen. Ihre Gründungen gehen weit bis in das Mittelalter zurück; ihre heute noch zu bestaunende Pracht erhielten sie im 17. und 18. Jh., hier wirkten bedeutende Künstler dieser Zeit wie Cosmas Damian Asam und Giovanni Battista Carlone.

Urkloster

Die Benediktinerabtei in **Niederaltaich** gehört zu den „Urklöstern" Bayerns. Sie wurde 731 oder 741 von dem Agilolfinger-Herzog Odilo zur Kolonisa-

Drachen und Panduren

Viele Jahrhunderte war die Grenzregion Zankapfel zwischen politischen und religiösen Kontrahenten, litt unter Vergeltungs- und Eroberungszügen, unter Plünderern und jungfrauenverschlingenden Ungeheuern. Heute sind die Ereignisse Anlass für farbenfrohe und unterhaltsame **Historienspiele**. So gut wie jeder größere Ort im Bayerischen Wald, so scheint es, hat einmal ein Drama erlebt, das sich als Stoff fürs Festspiel eignet.

Gut gegen Böse

Furth im Wald hat sich das Historienspiel um die Befreiung einer holden Jungfrau von einem blutgierigen **Drachen** einiges kosten lassen. In mehrjähriger Arbeit von Mechanikern und Computerspezialisten entstand der neue, 2010 stolz präsentierte, 11 t schwere Drache, der alles kann – fauchen, Feuer speien, Kunstblut vergießen, qualvoll keuchen oder aggressiv vorpreschen. Im Historienspiel geht es natürlich um den Kampf Gut gegen Böse, in diesem Fall **Hussiten gegen Furth im Wald**. Der die Hussiten verkörpernde Drache wird am Ende des Schauspiels vom tapferen Ritter Udo getötet und die Jungfrau gerettet.

Trenck, der Unhold

Im Jahr 1742 kam der **Österreichische Erbfolgekrieg** nach Waldmünchen. Die gefürchteten Panduren (ungarisch für „Soldat") belagerten unter ihrem Führer, Obrist Franz Freiherr von der Trenck, die Stadt. „Der Trenck vorm Tor", hallte es durch die Gassen, und schon drang die wilde Truppe auf Waldmünchen vor, Fackeln warfen im Kampfgetümmel bizarre Schatten auf die Stadtmauer. Aber die Waldmünchener erwiesen sich als geschicktere Gegner als vor ihnen die Räte von Deggendorf und Cham, ja selbst von München, die Trenck erobert und geplündert hatte. Sie verhandelten und lösten die Stadt mit 50 Species-Dukaten aus. Nach drei Tagen zogen die Panduren ab, und Waldmünchen war gerettet. Über 300 Laien erwecken dieses Geschehen im Juli und August auf der großen **Waldbühne** zum Leben.

Tod in der Donau

Dem bewegenden Schicksal der Augsburger Baderstochter **Agnes Bernauer** ist in **Straubing ein Festspiel** gewidmet, das allerdings nur alle vier Jahre aufgeführt wird. Vorher gibt es in Straubing einige Aufregung um die Frage, wer das Herzogpaar spielen wird, also die beiden tragischen Hauptrollen **Agnes Bernauer** und **Herzog Albrecht III.** Agnes, die Albrecht heimlich geheiratet hatte, wurde von ihrem Schwiegervater Herzog Ernst unter dem Vorwand der Hexerei angeklagt, zum Tod verurteilt und in der Donau ertränkt, als Albrecht fern der Stadt weilte und seine Liebste nicht schützen konnte.

Kleines Bild: Agnes Bernauer Festspiele in Straubing

Großes Bild: Drachenstichfestspiele in Furth im Wald – Deutschlands ältestes Volksschauspiel

WUSSTEN SIE, …

… dass der Drache von Furth im Walde, ein sogenannter 4-Bein-Schreitroboter, dank seiner gewaltigen Abmessungen (er bringt es u. a. auf eine Flügelspannweite von 12 m) im Guinessbuch der Rekorde steht?

Kötztinger Pfingstritt

Beim Kötztinger Pfingstritt am Pfingstmontag sind an die 900 Reiter und mehrere 10 000 Zuschauer dabei. Er geht ins Jahr 1412 zurück, als junge Burschen zu Pferd einen Priester zu einem Sterbenden nach Steinbühl begleiteten. Weil alle wohlbehalten wieder zurückkehrten (was nicht selbstverständlich war), gelobten sie, den Ritt jedes Jahr zu wiederholen. Eiserne Regel dabei: Es dürfen nur Männer in den Sattel.

Wie der Atlas, ein Titan in der griechischen Mythologie, das Himmelsgewölbe stützte, so scheinen dessen figürliche Darstellungen in der prachtvoll ausgestatteten Bibliothek des Klosters Metten das Deckengewölbe zu tragen.

tion des Bayerischen Waldes gegründet und mit Mönchen von der Insel Reichenau besiedelt. Im 18. Jh. war Niederaltaich das reichste Kloster in Bayern; damals wurde es weitgehend erneuert. Die meisten Bauten stammen aus dieser Zeit. Die **Kirche St. Mauritius** geht auf eine gotische Hallenkirche zurück, eine der größten im Donauraum. 1718–1722 wurde sie barock umgestaltet. Die dichte Folge der Pfeiler und Arkaden verleiht dem Mittelschiff einen mächtigen Tiefenzug hin zum 19 m hohen Hochaltar. Die prachtvoll ausgestattete Sakristei gehört zu den schönsten in Bayern.

Tempel der Buchkunst

Das **Benediktinerkloster in Metten** wurde um 766 gegründet und besteht – mit Unterbrechung durch die Säkularisation von 1803 bis 1830 – bis heute. Wie das Kloster Niederaltaich war es Ausgangsort für die Urbarmachung und Kolonisation des Bayerischen Walds, im 14./15. Jh. hatte die **Buchkunst** hier eine Blütezeit.

Die **Klosterkirche St. Michael** wurde um 1712–1729 tief greifend umgestaltet; am Chor sind außen noch die gotischen Strebepfeiler erhalten. Beachtenswert ist das **Hochaltarbild von Cosmas Damian Asam**, der auch das Deckenfresko im Altarraum malte. Die Klostergebäude datieren aus dem frühen 17. Jh. Die Höhepunkte sind der **Festsaal** und die **Bibliothek**, ein Kleinod barocker Gestaltungskunst, mit wuchtigen, höchst expressiven Figuren, die das Gewölbe zu tragen scheinen, und prachtvollen Bücherschränken. Die Deckenfresken des Sterzingers Innozenz Waräthi verweisen auf die Bibliothek als einen Tempel der Weisheit.

Barocke Glaubenswelten

Der **Dom St. Stephan** in Passau geht auf eine Kirche aus dem 7. Jh. zurück. Zwischen 1668 und 1686 entstand die größte barocke Kirche nördlich der Alpen mit einer wuchtigen, von zwei mächtigen, 68 m hohen Türmen flankierten Hauptfassade. Wie die Front, so lässt auch der Innenraum deutlich italienische Vorbilder erkennen. Der gewaltige Eindruck, den das Innere macht, verdankt sich neben der klassizistischen Architektur dem ursprünglich farbig gefassten Stuck, den um 1678 **Giovanni Battista Carlone** fertigte. Die herrlichen, figurenreichen Deckenfresken schuf um 1680 **Carpoforo Tencalla**.

Als älteste Kulturstätte des Mittleren Bayerischen Walds wiederum gilt das Dorf **Rinchnach** östlich von Regen. Vom Kloster Niederaltaich zog der Mönch Gunther um 1011 als Einsiedler hierher in die menschenleere Wildnis, bald folgten weitere: Keimzelle für die Kolonisierung im Nordwald. Der Niederaltaicher Abt Joscio Hamberger ließ das durch Naturkatastrophen und Krieg zerstörte Kloster neu errichten, und kein Geringerer als **Johann Michael Fischer** schuf 1727–1729 die bedeutendste und schönste Barockkirche des Bayerischen Walds.

Schon um das Jahr 730 wird die **Kirche von St. Emmeram** in Regensburg genannt, die zu einem der ältesten Klöster in Bayern gehört. 1731–1733 wurde der Komplex barock umgestaltet, wobei die Ausstattung in Händen der berühmten Brüder **Cosmas Damian** und **Egid Quirin Asam** lag.

Lebendige Tradition

Wie die Religion, die in Kirchen und Klöstern noch ihren Ausdruck findet, existiert in Bayern auch noch eine echte **Volksmusik** – nicht als

![Blick auf Regensburg mit doppeltürmigem Dom und Steinerner Brücke]

Medien- oder Tourismusinszenierung, sondern als Ausdruck von Lebensfreude und gelebtem Brauchtum. 50 000 Besucher bei einer Volksmusikveranstaltung? Im Bayerischen Wald gibt es seit 1998 in Regen, in den geraden Jahren um Pfingsten, das „Drumherum", die größte **Volksmusikveranstaltung** in Bayern, manche sagen in Deutschland. Rund 2000 Musikanten und Sänger in über 300 Besetzungen sind an den fünf Tagen dabei. Wer hören will, was es an bayerischer Volksmusik gibt, der wird hier fündig. Da spielen traditionelle Ensembles, Tanzböden werden mit dem vertrackten „Zwiefachen" und schwungvollen Ländlern beschallt, es sind aber auch Gruppen zu hören, die „Volxmusik" und „Voixtanz" schreiben und schräge Töne in das überlieferte Musikgut bringen. Volksmusik als Musik nur für gesetzte Jahrgänge, das war einmal, heute ist sie lebendiger denn je.

Toskana an der Donau

Der Steinernen Brücke und einer homogenen und überaus lebendigen Altstadt verdankt **Regensburg** den Status als UNESCO-Welterbe. Donau und Regen rahmen das bezaubernde mittelalterliche Ensemble mit ihren Flussarmen

romantisch ein. Nicht so sehr das südliche Licht oder ein mediterranes Mikroklima beschwören Erinnerungen an Regionen südlich der Alpen herauf; es sind die 20 noch erhaltenen stolzen **Kaufmannstürme** der Altstadt, die dem Besucher einen Hauch Italienromantik vermitteln. Die Ähnlichkeit kommt nicht von ungefähr: Italienische Geschlechtertürme dienten tatsächlich als Vorbild für den Turmbau zu Regensburg. Die durch Handel reich gewordenen Bürger wollten sich mit den bis zu 50 m hohen, zinnenbekrönten Aufbauten ihrer Wohn- und Geschäftshäuser ein Denkmal setzen.

Der Teufel als Baumeister?

Als Welfenherzog Heinrich X. 1135 den Auftrag zum Bau der **Steinernen Brücke** gab, zählte das an einem der wichtigsten europäischen Handelswege gelegene Regensburg 10 000 Einwohner, war also für damalige Verhältnisse eine Großstadt. Deshalb konnten sich die Bürger – so die Legende – zwei monumentale Bauprojekte gleichzeitig leisten: die 16-bogige, 336 m lange Donaubrücke und den nicht minder imposanten **Dom St. Peter**. Der Konkurrenzdruck zwischen den Baumeistern der beiden Projekte soll so heftig gewesen sein, dass er den Teufel auf den Plan rief.

Blick auf Regensburg mit doppeltürmigem Dom und Steinerner Brücke

In Stein gehauen blickt das „Bruckmandl", das Brückenmännchen, in Richtung Regensburger Dom. Man nimmt an, dass es ein Symbol für die Freiheitsrechte der Stadt gegenüber der bischöflichen Macht war.

Schmalzler, Virginias und Gezöpfelte

Das Schmalzeln – das Schnupfen von **Schnupftabak** – gehört zum Bayerischen Wald wie seine dunklen Wälder. Aber dass hier auch **Virginias** handgerollt werden, darf doch als Überraschung gelten.

„Wenn i an Schmai hätt, schnupfat i'n", lautet der Wahlspruch an jedem x-beliebigen Stammtisch irgendwo im Bayerischen Wald. Denn der Schmai (waidlerisch), Schmalzler (bayerisch) oder Schnupftabak spielt für das Wohlbefinden und das gesellschaftliche Leben der Waidler eine wichtige Rolle. Der korrekte Umgang mit den fein zerriebenen und früher mit Schmalz geschmeidig gemachten Tabakblättern ist nicht schwer: Man ballt die linke Hand zur Faust, spreizt den Daumen ab, gibt eine Prise des Schmai in die kleine Kuhle hinter dem Daumen und zieht sie langsam und bedächtig in die Nase. Das Tempo macht die Musik, denn wer zu schnell ist, muss unweigerlich niesen und hat sich als Laie disqualifiziert. Auf das genüssliche Einziehen folgt das Schnäuzen, wofür der Kenner ein rotes oder blaues Taschentuch verwendet.

Die Mischung macht's

Für einen guten Schnupftabak werden meist mehrere Tabaksorten gemischt; beim bayerischen Schmalzler kommen noch ätherische Öle hinzu, um die Mischung etwas feuchter und geschmeidiger zu machen. Wird der Schnupftabak mit Eukalyptus, Menthol oder anderen Aromen angereichert, heißt er Snuff, und der stammt ursprünglich aus England. Im 19. Jh. löste gerauchter Zigaretten- und Zigarrentabak die geschnupfte Prise ab. Nur in einigen Rückzugsgebieten wie Bayern blieb das Schmalzeln erhalten. Folgerichtig findet sich in Niederbayern die größte Schnupftabakfabrik der Welt: Pöschl bei Landshut stellt u. a. beliebte Marken wie die „Gletscherprise" her.

Zigarrendreher in Perlesreut

Eine innige Männerfreundschaft und der Erste Weltkrieg sind schuld daran, dass es auf dem Marktplatz von Perlesreut eigentümlich nach Tabak duftet. Der hübsch über dem Ilztal gelegene Ort steht auf der Genießerrangliste von **Zigarrenliebhabern** ganz weit oben, denn nur hier werden noch echte **Virginias** – die mit dem Strohmundstück und einem Binsenhalm nämlich – von Hand gedreht. Zum Rauchen wird der Binsenhalm entfernt und die Zigarre damit entzündet. Einige Liebhaber tauchen sie vor dem Rauchen ins Bier.

In Bayern ganz besonders beliebt ist die „Gezöpfelte". Ursprünglich wurden die drei schmalen, wie ein Zopf ineinander verflochtenen Zigarren für den Eigenbedarf der Tabakarbeiter produziert. Aus dem Abfallprodukt wurde Kult. Kenner sagen, die ungewöhnliche Form mache die Zigarre milder, weil sie den Rauch auf Umwegen durch den Tabak leite. Bei der Zigarrenmanufaktur Wolf & Ruhland heißen die Krummen liebevoll Kleine-Herren-Virginias.

Für den Preis von drei Seelen wollte er dafür sorgen, dass die Brücke schneller fertig würde als das Gotteshaus. Der Beelzebub hielt seine Abmachung ein; nach nur elf Jahren Bauzeit überspannte das mittelalterliche „Achte Weltwunder" die Donau. Der Brückenbaumeister aber bezahlte den verblüfften Teufel nicht mit menschlichen Seelen, sondern mit Henne, Hahn und Hund.

Drei Flüsse, eine Stadt

Fotogen zeigt **Passau** von nahen und fernen Aussichtspunkten zwischen **Donau**, **Inn** und **Ilz** seine schönsten Seiten – in weichem Licht und mit immer neuer Silhouette. Italienisches Flair versprüht der uralte Bischofssitz von der **Veste Oberhaus** aus, grün und romantisch wirkt die Stadt mit Blick auf den **Mariahilfberg**, und als von Flüssen eingerahmtes Dächerpuzzle erscheint sie vom **Stadtturm** in der Neuen Mitte.

Klassiker unter den Aussichtspunkten ist die am nördlichen Donauufer gelegene Veste Oberhaus mit Blick auf die Häuserzeilen entlang der Donau, bekrönt von den Kappen und der Kuppel des **Doms**. Er zeigt, so meinen die Passauer, die italienische Seite ihrer Stadt. Tatsächlich könnte man sich die schmalen, hohen, dicht an dicht gebauten Häuser am Donauufer auch an einem Fluss irgendwo in Oberitalien vorstellen. Der Grund für diese Architektur liegt im 17. Jh.: Nach den großen Stadtbränden ließ der Fürstbischof die zerstörten Häuser feuersicher aufmauern. Und damit die Flammen nicht mehr aufs Nachbardach übergreifen konnten, wurden in dem eng bebauten Altstadtbereich die Dächer mit hohen Schutzmauern umzirkelt. Brannte ein Dachstuhl, hatten es die Flammen nicht ganz so leicht, die steinernen Barrieren zum Nachbarn zu überwinden. Zur Schauseite hin verbergen die Mauern den Giebel, sodass die Häuser schmaler und höher scheinen, als sie tatsächlich sind. Diesem nach seiner Herkunftsregion Inn-Salzach benannten Baustil verdankt Passau sein südliches, heiteres Flair.

Das Tor zum Bayerischen Wald

Deggendorf, das lebhafte Städtchen an der Donau, nennt sich zu Recht „Tor zum Bayerischen Wald", liegt doch vor seiner Haustür eine der

schönsten Landschaften. Die 1002 erstmals erwähnte Siedlung an einem Donauübergang wurde von Herzog Otto II. um das Jahr 1250 neu angelegt, mit ungewöhnlichem ovalem Grundriss und typisch wittelsbachischem Achsenkreuz. 1316 erhielt sie das Stadtrecht. Mittelpunkt der Altstadt ist ein 400 m langer Platz. Das 1535 erbaute **Alte Rathaus** mit hohem Stufengiebel und Sonnenuhr sowie der frei stehende repräsentative **Stadtturm** teilen den Platz in Oberen Stadtplatz und Luitpoldplatz. Der Turm der **Heilig-Grab-Kirche** gilt als einer der schönsten Barocktürme Süddeutschlands, die Kirche selbst ist eine der wenigen gotischen Basiliken Altbayerns.

Grenz- und flussnah

Nahe der Grenze zu Tschechien liegen von Norden nach Südosten die drei Städte **Cham**, **Zwiesel** und **Regen** – und nicht nur Letztere liegt tatsächlich am namensgebenden Fluss.

▶ **LAND UND LEUTE**

Bogenberger Wallfahrt
Bei der Bogenberger Wallfahrt tragen Männer aus Holzkirchen im Landkreis Passau einen 13 m langen, mit Wachsdocht umwickelten Fichtenstamm über 70 km weit zum Bogenberg. Die über 500 Jahre alte Wallfahrt entstand aufgrund einer Borkenkäferplage. Spektakulär ist die letzte Etappe, wenn die „Kerze" senkrecht von jeweils nur einem Mann auf den Bogenberg hinaufgetragen werden darf. Wenn sie umfällt, droht Krieg – in den Jahren 1913 und 1938 soll das geschehen sein.

Für Alexander von Humboldt war Passau eine der sieben schönsten Städte der Welt.

Raunächte

Zwischen dem 21. Dezember und dem 6. Januar kommt die jenseitige Welt der diesseitigen gefährlich nahe. In den Raunächten (auch Rauchnächte, abgeleitet von „rauch", „Fell") ist es Aufgabe der jungen Burschen, Hexen und Dämonen von den Siedlungen fernzuhalten, und das tun sie, indem sie furchterregende Masken aufsetzen, Felle oder andere Verkleidung anlegen, Feuer entzünden und furchtbaren Lärm machen. Dieser alte Brauch geriet nahezu in Vergessenheit, wird aber seit einigen Jahren in immer mehr Gemeinden wiederbelebt. In Rinchnach jagen beispielsweise die Wolfauslasser.

Auffällig ist das soge-nannte Biertor von Cham, dessen Name sich von einer einst hier ansässigen Brauerei ableitet.

Am Bogen des Regen

Der Ortsname **Cham** (von kel-tisch „kambos", „Kurve") und der Beiname „Stadt am Regenbogen" spielen auf den Fluss Chamb an, der beim Ortsteil Altenstadt in den Regen mündet. Die Wurzeln der Stadt reichen ins 10. Jh. zurück, als auf dem Galgenberg eine Burg zur Sicherung des Wegs nach Böhmen errichtet wurde. Um das Jahr 748 gründeten Benediktinermönche aus dem Regensburger Kloster St. Emmeram im heutigen Stadtteil Chammünster eine Cella (klöster-liche Niederlassung), die als „Urpfarrei" zum Ausgangspunkt der Besiedlung des Oberen Baye-rischen Walds bzw. des mittleren Böhmerwalds wurde. Cham lag an der wichtigen Handels- und Heer-straße, die durch die Cham-Further Senke nach Böhmen führte. Deshalb gilt es auch als „Tor zum Bayerischen Wald und zum Böhmerwald".

Mittelpunkt der Altstadt ist das **Rathaus**; flussaufwärts hat man einen schönen Blick auf die Chamer **Altstadt**. Der über die Dächer ragende **Straubinger Turm**, ein Wehrturm aus Bruchsteinmauern, geht ins 13. Jh. zurück und gehörte zum inneren Teil der Stadtmauer.

Metropole des Glases

Im Jahr 1421 wurde hier die erste **Glashütte** eröffnet, und noch heute lebt **Zwiesel** vom Glas. Das hübsche Städtchen liegt 14 km südlich von Bayerisch Eisenstein am „Zusammenfluss" (das bedeutet der Name Zwiesel) von Großem und Kleinem Regen. Neben der Zwiesel Kristallglas AG, zu der die Marken Schott Zwiesel und Jenaer gehören, sind hier die 1452 erstmals erwähnte Glashütte Theresienthal und rund 15 kleine Werkstätten und Studios ansässig. Ihr Spektrum reicht von traditionell gestalteten bis zu avant-gardistischen Stücken.

Zwischen den Flussarmen

Hübsch ist **Regens** Lage am Schwarzen Regen: Zwischen seinen Armen wurde ein schöner Kur-park angelegt. Etwa 3 km südlich von Regen ragt eindrucksvoll der schmale Quarzrücken des Pfahls auf, der hier seinen höchsten Punkt erreicht (773 m). Auf ihm thront die **Burgruine Wei-ßenstein**, die schon für das 13. Jh. dokumentiert wurde.

Faszination Glas

Sand und Feuer – darauf lässt sich ein Phänomen reduzieren, das seit rund 4000 Jahren die Menschen fasziniert. Und ohne das Glas wären Geschichte und Kultur des Bayerischen Walds nicht denkbar.

Ein unscheinbares Gemenge aus **Quarzsand**, **Pottasche**, **Kalk** und **Metalloxiden**, die der Farbgebung dienen (Eisenoxid z. B. färbt grünlich), schmilzt bei einer Temperatur von fast 1500 °C zu einer zähen Flüssigkeit, die bei 1200 °C aus dem Ofen genommen und geformt wird und über mehrere Stunden abkühlt, damit das fertige Glas nicht zerspringt. Aus Glas macht man alltäglich Brauchbares ebenso wie höchst Kunstfertiges. Glas spielt mit Licht und Farbe, spiegelt Ideen, Moden, Kunst und Techniken seiner Zeit. Es bleibt „glatt" oder wird „dekoriert", ist von Hand gemacht oder von der Maschine produziert.

Wie das Glas in den Wald kam

Die Römer brachten ihre hochstehende Glastechnologie in die Provinzen nördlich der Alpen. Nach dem Ende des Römischen Reichs erhielt sie sich in Resten im Rheinland und auch im Umfeld der **Klöster**, die ihr Wissen untereinander in Handschriften austauschten. So kam wohl das Glas im Hochmittelalter in den kaum besiedelten Bayerischen Wald. Um 1260 wird berichtet, dass Abt Poppo II. von Niederaltaich in seiner Klosterkirche Fenster „aus den Hütten des Waldes" anbringen ließ. Auch die Klöster Rott am Inn, Oberaltaich und Windberg sowie der Bischof von Passau erhielten durch Schenkungen großen Landbesitz in den riesigen Wäldern. Diese Kirchenherren gründeten wohl kleine Glashütten. Nachgewiesen sind Glashütten im 15. Jh. im ganzen Bayerischen Wald in größerer Zahl. Diese „Waldglashütten" machten die Urwälder wirtschaftlich nutzbar. Die Rohstoffsituation war ideal: Quarz, der zu Sand zermahlen werden konnte, Kalk und vor allem Holz waren reichlich vorhanden. Das Holz diente nicht nur zum Feuern der Öfen, es war auch in großen Mengen für die Gewinnung von Pottasche zur Senkung des Schmelzpunkts nötig.

Im Lauf der Jahrhunderte entwickelte sich eine florierende und angesehene **Glasindustrie** im Bayerischen Wald, die im 19. Jh. ihre Blüte erlebte. Die seit den 1960er-Jahren international bedeutende **Glaskunstszene**, kleine Werkstätten und flexible Produktionsbetriebe für Nischenmärkte sowie die museale und touristische Vermarktung der Glastradition halten heute noch die Erinnerung an glanzvolle Zeiten wach.

Kleines Bild: Zur Verzierung dienen Glasstaub und -splitter.

Großes Bild: Die Glasbläser von heute beschäftigen sich eher mit Kunstwerken als mit billiger Massenware.

WUSSTEN SIE, ...

... dass einst für den Bedarf einer durchschnittlichen Glashütte pro Jahr ca. 30 ha Wald abgeholzt wurden?

Schwarzwald

Alpine Gipfel im Süden, Schluchten und verwinkelte Täler in der Mitte, anmutige Hügelkämme im Norden: Das ist der Schwarzwald.

Sind es die stillen Täler, der Duft sonnendurchfluteter Wiesen oder die dunklen Wälder, die den Zauber dieser Landschaft in Deutschlands Südwesten ausmachen? Wie immer die Antwort auch ausfallen mag, die Heimat von Bollenhut und Kuckucksuhr bietet sehr vieles, woran sich Sehnsüchte entzünden oder womit sich Träume erfüllen lassen.

Wie ein Bollwerk, ein grün bewaldeter Brocken aus Granit und Buntsandstein, bewacht das Mittelgebirge den südwestlichsten Winkel des Landes, zwingt den jungen Rhein zu einem umständlichen Bogen bis Basel und ins Elsass hinein, ragt stolz und steil aus der sonnenüberfluteten Rheinebene auf und verläuft sich im Osten in sanften Wellen Richtung Schwabenland. Diese prachtvolle Landschaft, eine gute Luft und wunderbare Küche sind immer noch die drei tragenden Säulen des Fremdenverkehrs, doch darüber hinaus haben die Themen Gesundheit, Sport, Erlebnisparks, bäuerliches Leben und Kultur ganz stark an Gewicht gewonnen. Aus dem heilklimatischen Kurwesen ist die Wellness- und Beautybewegung entstanden, mit Schwerpunkten im Nordschwarzwald und seinen Ausläufern Richtung Oberrhein. Derweil erlebt die Region in diesen Jahren eine interessante Entwicklung. Eine junge, selbst- und naturbewusste Generation wächst nach, die stolz ist auf ihre Heimat – und auf ihre Sprache, das **Alemannische**. Insgesamt erstreckt sich der Schwarzwald über

vom schwarzen Wald sprachen, liegt daran, dass sie von Beschaffenheit und Bewohnern dieses Gebirges keinerlei Kenntnisse hatten, es deshalb als unbeschriebenen und somit schwarzen Fleck auf ihren Karten verzeichneten. Die Römer haben nie einen ernsthaften Besiedlungsversuch unternommen, aber sie haben die **Thermalquellen** im Rheintal entdeckt und genutzt, und den **Weinbau** hinterlassen, Erbstücke, von denen die Region heute noch bestens lebt.

Kelten in der vorrömischen und **Alemannen** in der nachrömischen Zeit gelten als die frühesten Eroberer des Schwarzwalds. Archäologisch greifbare Spuren haben sie nur in der Vorbergzone hinterlassen. Die mühsame Besiedlung einzelner Täler durch **Mönchsorden** im frühen Mittelalter hat in teilweise grandioser Lage imposante **Klosterbauten** hervorgebracht. Den Mönchen folgten bäuerliche Kleinsiedler, ab dem 12. Jh. gründeten süddeutsche Adelsfamilien zur Festigung ihrer Gebietsansprüche systematisch

rund 160 km Länge. Von West nach Ost erreicht er im Süden eine Breite von fast 60 km, im Norden verjüngt er sich zu einer schmalen Gebirgszunge von gerade noch 20 km Breite. Richtung Rheinebene wird der Wald regelmäßig durchbrochen von malerischen, teils wildromantischen Tälern, die von kleinen, aber „energischen" Flüssen ins Gestein gegraben wurden. Erdgeschichtlich gesehen ist der Schwarzwald das Ergebnis einer tektonischen Hebung im Tertiär, die in der Eiszeit bis vor rund 12 000 Jahren teilweise wieder abgeschmirgelt und gerundet wurde.

Rund **60 % des Schwarzwalds sind bewaldet**, vorwiegend mit der typischen Fichte. Fälschlicherweise wird diesem Baum wegen seiner „finsteren Miene" die Patenschaft für den Namen vom schwarzen Wald zugeschrieben. Doch als die Römer, auf die diese Bezeichnung zurückgeht, im 1. Jh. n. Chr. zum ersten Mal an den südlichen Ausläufern des Gebirges auftauchten, fanden sie vorwiegend lichte Buchen-, Eichen- und Kastanienwälder vor und nur auf den Höhen Tannen und Fichten. Dass die römischen Geschichtsschreiber trotz des grünen Buchenwalds

▶ TOPZIELE IN DER REGION

Die Sehenswürdigkeiten des größten deutschen Mittelgebirges sind beeindruckende Dokumente – der Erdgeschichte, aber auch der menschlichen Arbeit und Kultur:

TRIBERGER WASSERFÄLLE
Sie sind ein Publikumsmagnet, doch es gibt die Wasserfälle auch ganz anders, nämlich märchenhaft verzaubert, glitzernd, starr und fast menschenleer: im Winter, wenn der Frost einen Eispalast aus ihnen zaubert. → S. 241

WUTACHSCHLUCHT
Diese mit Abstand interessanteste und schönste Schlucht des gesamten Schwarzwalds ist gewissermaßen ein erdgeschichtliches Lesebuch und wird zu Recht auch als „Grand Canyon" des Schwarzwalds bezeichnet. → S. 242

KLOSTER ST. PETER
Das Kloster, barockes Erbe der Benediktinermönche, ist bis heute kulturelles und geistliches Zentrum des Hochschwarzwalds geblieben und bietet

das ganze Jahr über ein reichhaltiges klassisches Konzertprogramm an. → S. 244

FREIBURGER MÜNSTER
116 m hoch ragt das Wahrzeichen Freiburgs, der Münsterturm, in den Himmel. Das ganze Münster ist überaus reich mit Skulpturen besetzt, darunter die typischen skurrilen Wasserspeier mit ihren vielfältigen dämonischen Fratzen. → S. 248

FREILICHTMUSEUM VOGTSBAUERNHOF
Zum originalen Vogtsbauernhof sind in den letzten 40 Jahren im 1964 gegründeten Freilichtmuseum viele weitere Original-Schwarzwaldhöfe aus anderen Regionen dazugekommen, entweder nach- oder wieder aufgebaut. Jetzt stehen sie, jeweils mit allen Nebengebäuden, von der Hofkapelle über die Scheune, die Backstube, den Hühnerstall bis hin zum Leibgeding, dem Altersruhesitz des Altbauern, auf engstem Raum zusammen. → S. 249

Der aus Vulkangestein bestehende Kaiserstuhl war vor der Schaffung landschaftsverändernder Großterrassen für seine vielen Hohlwege bekannt, hier die Eichgasse bei Bickensohl.

Städte. Im Spätmittelalter bildeten sich eigenständige **Handwerkszweige** aus. Am bekanntesten, und noch heute teilweise von Bedeutung, sind die Uhrmacher, die Glasbläser, die Geigenbauer, die Köhler und die Flößer. Durch den Schwarzwald kann man sich nicht bewegen, ohne auf Schritt und Tritt auf Spuren dieser Besiedlungs- und Kulturgeschichte zu stoßen. Das sind nicht nur die berühmten Klöster, das sind auch die mächtigen **Schwarzwaldhöfe**, die unter ihren weit heruntergezogenen Walmdächern ruhen. Und das sind genauso das klappernde Mühlrad und all die traditionellen Handwerkskünste, die bis heute bewahrt blieben.

500 Millionen Jahre Erdgeschichte

Naturräumlich wird das Gebirge in **Nord-**, **Mittel-** und **Südschwarzwald** gegliedert. Trennlinie ist das Kinzigtal, das den Mittleren Schwarzwald durchschneidet. Es trennt Randplatten, Grindenschwarzwald, Enzhöhen und Nördlichen Tal-schwarzwald von der Mittleren Schwarzwald-Ostabdachung und dem Hochschwarzwald. Die Gesteine des Schwarzwalds bilden verschiedene Epochen der Erdgeschichte ab.

Gneise zählen zu den ältesten Gesteinen der Region. Sie sind weitgehend am Ende des **Kambriums** und zu Beginn des **Ordoviziums**, also vor 520–480 Mio. Jahren entstanden. Rotliegend-Schichten aus der Zeit des **Perm** (vor 280 Mio. Jahren) finden sich im Schwarzwald nur sehr selten und dann in wenigen Randtrögen: Baden-Badener Senke, Offenburg-Teinacher Senke, Schramberger Senke und Breisgau-Senke. Der auf 230 Mio. Jahre **(Trias)** zu datierende Buntsandstein ist die einzige bedeutende Schicht, mit der das **Mesozoikum** (Erdmittelalter) im Schwarzwald vertreten ist. Vor 40 Mio. Jahren, im **Tertiär**, begannen die Heraushebung von Schwarzwald und Vogesen sowie der Einbruch des Oberrheingrabens.

Diese Vorgänge hatten auch großen Einfluss auf die Entstehung von **Thermalquellen** und Lagerstätten. Im **Miozän** (vor 25 Mio. Jahren) öffneten tief reichende Brüche den vulkanischen Schmelzen des **Kaiserstuhls** den Weg aus dem Erdinnern. Im **Pleistozän** (vor 1,5 Mio. Jahren) gehörte der Schwarzwald zu den wenigen Mittel-

gebirgen, die während der Eiszeiten eigene Gletscher aufwiesen, so etwa am **Feldberg** und am **Belchen**.

Relikte der Eiszeit

Relikte der Gletscherbedeckung des Schwarzwaldes sind in großer Zahl vorhanden. Besonders gut sind die glazialen Formen der letzten Eiszeit (Würm) erhalten mit dem **Feldberg** als Zentrum der Vereisung. Er war von einer dicken Eiskappe bedeckt (Plateau-Vereisung), von der einige Talgletscher gespeist wurden. Die Riß-Vereisung hatte eine größere Ausdehnung als die Würm-Vereisung. Im **Hotzenwald** trafen die Gletscher mit den Alpengletschern zusammen, was damals zur Bildung von Stauseen führte. Von den glazialen Formen sind in erster Linie die **Kare** (kesselförmige Vertiefungen) zu nennen, die man vor allem im Buntsandstein des Nordschwarzwaldes, aber auch im Südschwarzwald im Feldberggebiet findet. Sie wurden von den Hängegletschern an den Talflanken eingekerbt und sind häufig von kleinen Seen erfüllt, wie u. a. **Mummelsee**, **Wildsee** oder **Feldsee**. Moränen sind beispielsweise am **Titisee** und am **Schluchsee** nachweisbar, die nach der Ausschürfung von Gletscherzungenbecken entstanden sind.

Berge mit Weitblick

Das, was die Eiszeiten hinterlassen haben, bietet heutigen Besuchern wunderbare Ausblicke, wenn sie sich auf die Gipfelhöhen begeben. Ob Hornisgrinde, Belchen, Feldberg, Kandel oder Schauinsland, von den Schwarzwald-Bergen, die allesamt über 1000 m hoch sind, schweift der Blick weit über die Region.

Hornisgrinde

Vom Mummelsee aus kann man bei einer halbstündigen Wanderung mit prächtigen Ausblicken (vorausgesetzt, es regnet nicht, was statistisch an jedem zweiten Tag der Fall ist) die Hornisgrinde erklimmen, mit einer Höhe von 1164 m ü. NHN der **höchste Berg des Nordschwarzwalds**. Der lang gestreckte Bergrücken ist weitgehend kahl. Bereits im 15. Jh. rodeten Bauern die Hochfläche und nutzten sie als Viehweide. Größtenteils ist der Bergrücken vermoort, hier wächst nur Sumpfgras, an anderen Stellen sieht man Heidekraut.

Belchen

In aller Herrgottsfrühe – Schwarzwälder meinen damit die Zeit um Sonnenaufgang – sei es oben am schönsten. Die Rede ist vom Belchen, dem eindrucksvollsten **Aussichtsberg im Hochschwarzwald**. Seine kahle Kuppe eröffnet Ausblicke in alle Himmelrichtungen, besonders ergreifend, wenn die Sonne sich im Osten langsam erhebt oder abends jenseits des Rheintals versinkt. Für die **Kelten** hatte der Belchen, gute Fernsicht vorausgesetzt, sogar etwas Kultisches. Denn wenn die Sonne auf dem kahlen Schwarzwaldgipfel genau hinter dem Ballon d'Alsace, dem Elsässer Belchen, versinkt, ist Frühlings- (20. März) oder Herbstanfang (22./23. September).

Feldberg

Höher hinauf geht es in keinem deutschen Mittelgebirge. Weithin sichtbar thront der kahle Rücken des Feldbergs über dem Südschwarzwald als mächtiges **Gneismassiv**. Bei günstiger Witterung reicht der Blick im Nordosten zur Schwäbischen Alb, im Süden zu den Schweizer

Der Feldsee ist als trogförmiger Karsee des ehemaligen Feldberggletschers ein Überbleibsel der Eiszeit.

Alpen, während im Westen die Vogesen grüßen. Das raue Klima äußert sich auch in **hohen Niederschlagsmengen** (fast 2000 mm pro Jahr) und einer **Schneedecke** oft von November bis in den Mai. Der Gipfel des Feldbergplateaus, der „Höchsten", ragt mit 1493 m ü. NHN schon über die Baumgrenze hinaus und ist damit auch der höchste Berg Deutschlands außerhalb der Alpen.

Schauinsland

Der 1284 m hohe Schauinsland ist **Freiburgs Hausberg**. Der einstmals an wertvollen Erzen reiche Bergstock ist ein westlicher Ausläufer des Feldberg-Massivs. Auffällig sind die ausgedehnten Wiesen auf seiner Hochfläche, die bereits im Mittelalter durch Rodung entstanden sind. Damals sollten sie den Holzbedarf der hiesigen Bergwerke decken. Malerisch ist die Gruppe der auf dem Kamm stehenden knorrigen Rotbuchen, die Äste sind von Wind und Schneelast bizarr verbogen. Vom Gipfelbereich des Schauinsland und besonders von seinem Aussichtsturm bietet sich ein überwältigender Panorama-Rundblick hinüber zum Feldberg und westlich über die Rheinebene zu den Vogesen. Die frühere Bezeichnung „Erzkasten" für den Schauinsland verwies auf den einstigen Stellenwert des Berg-

baus. Vor allem im 14. und 15. Jh. florierte der Abbau von Silber, Blei und Zinkerz „im" Freiburger Hausberg. Von der Bergstation der **Schauinslandbahn** gelangt man zum Museumsbergwerk Schauinsland.

Kandel

Den unbestritten besten Blick über den Schwarzwald und die Rheinebene bietet der Kandel. 1241 m ist der Berg zwischen Elz-, Simonswälder und Glottertal hoch – doch er wirkt weit höher, da er die Umgebung deutlich überragt. Im 14. und 15. Jh. galt der Kandel als Blocksberg des Schwarzwaldes, also als ein zentraler Schauplatz von Hexenzusammenkünften, wo die Hexen ihrem unheimlich-magischen Treiben nachgingen.

Tiefe Seen, tosende Wasserfälle

Doch es sind nicht nur die Berge, die die Landschaft des Schwarzwalds so attraktiv machen. Auch Wasser spielt eine bedeutende Rolle – in Gestalt von Seen. Sie sind eine Hinterlassenschaft der Eiszeit, wie **Titisee**, **Schluchsee** oder der auf über 1000 m gelegene **Feldsee** und der

Nonnenmattweiher im Belchengebiet, der berühmt ist für seine schwimmende Insel mit Moorflora. Und wo Fließgewässer und Fels aufeinandertreffen, rauscht und tost es, wie an den **Todtnauer** oder den **Triberger Wasserfällen**.

Schluchsee

Südöstlich vom Feldberg, zwischen stark bewaldeten und sanft gerundeten Kuppen des Hochschwarzwalds, breitet sich der **größte See des Schwarzwalds** aus. Der ca. 7,5 km lange, 1,5 km breite und gut 60 m tiefe Schluchsee war ursprünglich ein kleiner Natursee, ein Relikt der letzten Eiszeit (Gletscherzungenbecken) im niederschlagsreichen Hochschwarzwald. Mitte des 19. Jhs. kamen bereits Sommerfrischler und Sportangler sogar aus England an den für seinen Fischreichtum bekannten See. In den 1920er-Jahren erkannte man die Eignung des Sees als Wasserspender für eine ganze Treppe von Wasserkraftwerken bzw. Speicherbecken bis hinunter zum Hochrhein. Also wurde 1932 am Ausfluss des Sees bei Seebrugg eine 35 m hohe, 270 m lange und an ihrem Fuß 40 m mächtige Talsperre errichtet. Nun wuchs der vormalige natürliche See zu einem **Stausee** mit einem Volumen von 108 Mio. m³ heran. Seitdem kann die Höhendifferenz von 620 m zwischen Schluchsee und Hochrhein zur Stromerzeugung genutzt werden. Vom Schluchsee wird das Wasser durch Druckrohre auf die Turbinen des 200 m tiefer an einem Staubecken im Schwarzatal gelegenen Kraftwerks Häusern geleitet.

Titisee

Der Titisee ist ein **eiszeitlicher Moränenstausee** von 2 km Länge und 750 m Breite, die größte Tiefe beträgt knapp 40 m. Diese Ausmaße reichen, um ihn zum **größten Natursee des Schwarzwalds** zu machen. Gespeist wird er durch den vom Feldsee herkommenden kleinen Seebach. Der Name des Sees taucht erstmals 1050 urkundlich als „Titinsee" und wenig später als „Titunsee" auf. Großartige Landschaftseindrücke vermitteln die am Seeufer entlangführenden Wege.

Triberger Wasserfälle

Zu den bekanntesten Sehenswürdigkeiten im Schwarzwald gehören die Triberger Wasserfälle. Hier stürzt das wasserreiche Flüsschen **Gutach** aus einem hoch gelegenen Muldental über sieben Kaskaden in ein enges Kerbtal des mittleren

Schwarzwaldes. Mit einer Höhe von 163 m sind die Triberger Wasserfälle die höchsten in ganz Deutschland. Die Waldschlucht ist durch einen gut befestigten Bergsteig mit mehreren Stegen erschlossen. Besonders eindrucksvoll bieten sich die Triberger Wasserfälle in niederschlagsreichen Perioden und zur Zeit der Schneeschmelze dar, ebenso auch in strengen Wintern, wenn die Wasserfälle in der Bewegung komplett zu Eis erstarren.

Die Triberger Wasserfälle sind ganzjährig ein beeindruckendes Schauspiel.

Eine der eindrucksvollen Passagen der Wutach-schlucht ist die Muschel-kalkwand zwischen Bonndorf und Wutach.

Der Feuersalamander ist in der Wutachschlucht und den Zuflüssen der Wutach heimisch.

In kühn angelegten Horsten nisten Mäusebussard, Wespenbussard, Roter Milan, Habicht, Sperber, Turmfalke und der seltene Wanderfalke. Und auch der noch seltenere Eisvogel kann mit Geduld gesichtet werden. Vielgestaltig wie sonst kaum in Deutschland ist die Welt der **Reptilien und Amphibien**. Blindschleichen, Ringel- und Schlingnattern, Kreuzottern, Feuersalamander, diverse Molche, Frösche und Kröten, darunter auch die kleine Geburtshelferkröte, haben hier einen Lebensraum.

Sonnengipfel und Wetterküchen

Das Klima im Schwarzwald hat seine Eigenheiten. Daran kommt den westlich des Schwarzwalds gelegenen Hochvogesen ein wichtiger Anteil zu, wirken sie doch wie ein Regenfänger.

Der Schwarzwald liegt in der ozeanisch geprägten Klimazone Mitteleuropas, d. h., er hat einen ausgeglichenen Temperaturgang und erhält hohe Niederschläge. Vor den Hochvogesen stauen sich die Luftmassen und kühlen sich beim Aufstieg ab. Es kommt zu Niederschlägen, die im Winter ihr Maximum erreichen.

Inversionswetterlage

Im Herbst und Winter tritt häufig eine Inversionswetterlage (in tiefen Lagen ist es kälter als in höheren) auf: Bei Hochdruckwetter versinken die Täler im eiskalten Nebel, während auf den wolkenfreien Höhen bei milderen Temperaturen die Sonne scheint und beste Fernsicht herrscht. Die Inversion, die eine Schicht in unterschiedlich starker Ausprägung bilden kann, wird auch als Sperrschicht bezeichnet. Denn sie ist ein relativ stabiles Phänomen, das den Austausch der Luft zwischen tieferen und höheren Lagen verhindert. Aus diesem Grund hält sich das Wetter einer Inversionslage oft lange. Im Winterhalbjahr ist der Feldberg mit durchschnittlich 91 Std. sonnenreicher als die Rheinebene (85 Std.), während sich hier im Sommer auf dem Gipfel ein Defizit von 60 Std. ergibt.

Gletscherkessel Präg

Das rund 80 km lange Flüsschen Wiese entspringt am Südwesthang des Seebucks und mündet nördlich von Basel in den Rhein. Der

Wilder Lebensraum

Das vom Hochschwarzwald zunächst in östlicher Richtung verlaufende und bei Blumberg scharf nach Südwesten umbiegende und streckenweise als Schlucht ausgebildete **Tal der Wutach** ist eine der interessantesten Flusslandschaften Deutschlands. Die Wutach entspringt im Südschwarzwald als Seebach, wird ab Titisee als Gutach bezeichnet und fließt ab Lenzkirch als Wutach weiter. Auf ihrem Weg von den Schwarzwaldhöhen bis zu ihrer Mündung in den Hochrhein bei Waldshut-Tiengen durchmisst die Wutach streckenweise in spektakulären Schluchten praktisch alle Stockwerke des Südwestdeutschen Schichtstufenlandes, vom kristallinen Grundgebirge mit Granit und Gneis über die Trias (Buntsandstein, Muschelkalk, Keuper) bis zum Jura (Lias, Dogger, Malm).

In den schwer zugänglichen schluchtartigen Talabschnitten hat sich eine artenreiche Flora und Fauna halten können. Man unterscheidet hier rund **2800 Pflanzenarten** – von der allgegenwärtigen Pestwurz und dem wegen seiner Früchte geschätzten Weißdorn bis zum Salbei und zum Enzian. Bekannt ist die **Wutachschlucht** auch als Standort seltener Orchideen. Kenner finden hier nicht nur verschiedene Knabenkräuter, sondern auch den Gelben Eisenhut und den Türkenbund.

Oberlauf des landschaftlich reizvollen Tales (nicht zu verwechseln mit dem Kleinen Wiesental bei Schopfheim) wurde in der letzten Eiszeit von einem etwa 20 km langen und bis zu 280 m mächtigen Talgletscher ausgehobelt. An jene Epoche erinnern Gletscherschliffe und Findlinge. Eine der eindrucksvollsten Erscheinungen ist der Gletscherkessel Präg. Im Kesselzentrum, wo heute die schmucken Schwarzwaldhäuser des Dörfchens Präg stehen, trafen sich in der Eiszeit **sechs Gletscher**. Heute treffen hier der Prägbach, das Schweinebächle, der Weißenbach, das Eulenbächle sowie das Vorder- und Hinter-Wildbodenbächle aufeinander. Ringsum erheben sich die Hänge sehr steil, und zusammen mit den vielen Wiesen, durchsetzt mit Sommerlinden, Spitzahorn und Eichen, ergibt sich ein bezauberndes Landschaftsbild. Die typischen knorrigen Weidbuchen wachsen vor allem am nach Süden ausgerichteten Schweinebuck. Hier singt im Frühling die äußerst seltene Zippammer, weitere rar gewordene Vogelarten wie der Neuntöter und der Baumpieper können ebenfalls beobachtet werden.

Urwald und Bannwald

Östlich der Wehra, also zum Kerngebiet des **Hotzenwalds** hin, gab es bis zur Mitte des 19. Jhs. keinen einzigen Weg. Urwaldähnliche Zustände herrschten dort, denn wegen des felsigen Geländes konnte der Wald lange nicht genutzt werden. Und als dies dann möglich war, lohnte es sich kaum noch. Dadurch konnte sich der **natürliche Baumbestand** ohne Aufforstungen erhalten, bis er 1970 zum **Bannwald** erklärt wurde – zusammen mit der Westseite der Wehra, wo seit 1826 auch kaum noch ein Baum gefällt wurde. Solche urwaldartigen Waldgebiete sind heutzutage eine Ausnahme in Mitteleuropa, und so lag es nahe, das gesamte Gebiet unter Naturschutz zu stellen. Naturliebhaber können den Bannwald auf einem Teil des Fernwanderwegs „Mittelweg" erwandern.

Seit mehr als 100 Jahren ist der **Bannwald „Wilder See"** an der Schwarzwaldhochstraße sich selbst überlassen. An diesem märchenhaften Ort kann man erahnen, wie wild der Nordschwarzwald einmal war und vielleicht wieder einmal sein wird – zumindest in den Grenzen des noch jungen Nationalparks. Auf 10 000 ha Wald um Hoher Ochsenkopf und Ruhestein

darf die Natur nun Natur sein. In 30–50 Jahren wird aus den nun unbewirtschafteten Waldflächen ein Urwald entstanden sein, der die Sehnsucht der Menschen nach unberührter Natur erfüllen wird. Nur im Nationalpark findet der größtmögliche Schutz auf einer sehr großen Fläche statt. Egal ob der Borkenkäfer nagt und frisst, Spechte Höhlen hacken, Sturm und Schneebruch den Wald durcheinanderwerfen, die schönsten Tannen ungenutzt alt und morsch werden, der Mensch greift nicht mehr ein.

Lebensraum alte Wälder

Ein ungehindertes Werden und Vergehen hebt an, der Wald darf vom Jugendstadium bis in die Zerfallsphase übergehen, wie es von Natur aus der Fall ist. „Prozessschutz" nennt sich die hier angewendete Art von Naturschutz. Gerade die Altersphasen durchlaufen die heutigen Wirtschaftswälder nicht mehr. Je älter ein Wald jedoch wird und je höher der **Totholzanteil** ist, desto mehr Arten bietet er Lebensraum. Von den rund 11 000 Arten sind 20–50 % auf Totholz angewiesen. Dieser Prozessschutz bildet die Hauptaufgabe eines **Nationalparks**. Und auch für selten gewordene Tiere bietet er den nötigen Rückzugsraum – wie für das **Auerhuhn**. Nur rund 600 dieser großen Vögel leben im Schwarzwald. Im Nationalpark finden sie größtmöglichen Schutz.

▶ **SCHÄTZE DER NATUR**

Geheimnisvolle Schönheiten
Ein violettes Meer breitet sich jedes Jahr Anfang März auf den Zavelsteiner Wiesen aus und verzaubert nicht nur die Natur. Der wilde Crocus napolitanus öffnet seine Blüten und lässt den nahen Frühling ahnen. Eigentlich ist der Wilde Krokus im Mittelmeerraum zu Hause. Wer ihn nach Teinach gebracht hat, bleibt nach wie vor ein Rätsel. 1825 wurde der Crocus napolitanus erstmals in Zavelstein erwähnt, seit 1979 stehen die Wiesen unter Naturschutz.

Weniger auffällig als das Männchen zeigt sich das weibliche Auerhuhn.

Mit dem Fischerkahn durch die amphibische Welt des Taubergießen

Einfach mal treiben lassen

Schillernde Eisvögel, springende Fische, dichtes Unterholz, aber auch Wiesen und Hecken – das alles macht das **Naturschutzgebiet Taubergießen** aus. Hier kann man wunderbar wandern, aber noch schöner ist es, mit einem alten Fischerkahn über das Wasser zu gleiten. Gemächlich fließt der Rhein durch den Oberrheingraben, klar geführt in einem festen Bett. Der badische Ingenieur Johann Gottfried Tulla ließ die einzelnen Fluss- schlingen mit Durchstichen auf geradem Weg verbinden und legte die Breite des Flussbettes auf 240 m fest.

Naturschatz Althrein

Übrig blieben die sogenannten **Altrheinarme**, die heute wie der Taubergießen reizvolle Nah- erholungsgebiete mit vielfältigen Tieren und Pflanzen sind. Am besten erkundet man diesen faszinierenden Naturraum zwischen Kappel- Grafenhausen im Norden und Rheinhausen im Süden in einem **Stocherkahn** und erfährt dabei, wie sich die so oft beschworene Entschleunigung anfühlt.

Botanisches Kleinod

Wilde Orchideen blühen am Kaiserstuhl besonders reichlich im Liliental bei Ihringen.

Sie sind die Stars im Blumenladen: Wenn man sie gut behandelt, zeigen sie üppige Blüten. Wild gewachsen am Wegesrand und an sonni- gen Hängen, entfalten **Orchideen** am Kaiserstuhl ihre natürliche Schönheit. Besonders üppig bringen sie ihre Pracht im **Liliental** bei Ihringen

zur Geltung. **20 Arten** haben Botaniker dort entdeckt, darunter Hundswurz, Knabenkraut, Bocksriemenzunge, Frauenschuh und Ragwurz. Seit das Liliental 1957 zum forstwirtschaftlichen Versuchsgelände wurde, lassen sich vor allem auf sonnengewärmtem Trockenrasen immer neue Arten nieder. Zudem wachsen hier **Mam- mutbäume** und 350 weitere Baumarten in einem Arboretum.

Gott zum Gefallen

Wer von den Belchenhöhen in die Niederungen der Rheinebene zurückkehrt, durchfährt das wunderschöne Münstertal mit dem **Kloster St. Trudpert**. Der Legende nach soll der Ire Trud- pert Mitte des 7. Jhs. im seinerzeit unwirtlichen Schwarzwald für eine kleine Klause gerodet ha- ben. Als seine Knechte die Entbehrungen nicht mehr ertrugen, erschlugen sie den Missionar. Am „Tatort" sei daraufhin eine Quelle entsprungen, sie wurde zu einem **Wallfahrtsziel**. Anfang des 9. Jhs. fassten Benediktinermönche die Quelle ein und errichteten die heute so prächtige Klos- teranlage. Die **Benediktiner** waren die treibende Kraft bei der Kultivierung des Schwarzwalds. Sie gründeten auch die **Klöster St. Blasien**, **St. Peter**, **St. Märgen** und **St. Georgen**, ebenso wie **Hirsau** und **Alpirsbach**, und erschlossen Acker- und Weideland nicht nur für die Selbstversorgung. Siedler kamen ins Waldgebirge, nicht zuletzt wegen der **Silbervorkommen** im Münstertal und am Schauinsland. Im Hochmittalter waren die Klöster zu hochkomplexen Wirtschaftsunterneh- men herangewachsen, deren Macht und Einfluss bis zur Säkularisierung Anfang des 19. Jhs. anhielt. Sie waren politisch, wirtschaftlich und geistig die treibenden Kräfte im Schwarzwald. Die **Klosterbibliothek** von **St. Peter** und der prächtige **Kuppelbau** der **Domkirche St. Blasien** erinnern bis heute an diese Zeiten.

Kloster St. Peter

Die ehemalige Klosterkirche und heutige **Pfarr- kirche St. Peter** ist 1724 bis 1727 nach Plänen des berühmten Vorarlberger Barockbaumeisters Peter Thumb errichtet worden. Südlich schlie- ßen Klostergebäude an, die sich um zwei große Innenhöfe mit Kreuzgängen gruppieren. Sie entstanden im Wesentlichen zwischen 1752 und 1757. Prunkstück des einstigen Klosters ist die ebenfalls vom Vorarlberger Baumeister Peter

Thumb geschaffene **Klosterbibliothek** mit ihrer eleganten, doch nicht überreichen Rokokoausstattung. Die allegorischen Figuren der Wissenschaften und Künste sind Arbeiten von Matthias Faller. Die alten Bücherschätze sind teils noch vorhanden.

Kloster Hirsau

Für den Schwarzwald sollte das bereits in der Karolingerzeit gegründete Hirsau, das sich im Investiturstreit auf die Seite des Papstes und damit gegen den Kaiser stellte, von überragender Bedeutung werden. Unter Abt Wilhelm (1069–1091) schloss sich das Benediktinerkloster der vom burgundischen Cluny ausgehenden **Reformbewegung** an, die von Hirsau aus zahlreiche weitere Klöster erreichte. Eine wesentliche Neuerung dieser Reform war die Aufnahme von Laienbrüdern in das Kloster.

Kloster Alpirsbach

Seit mehr als 900 Jahren beherrschen die mächtigen Sandsteinbauten des ehemaligen Benediktinerklosters Alpirsbach das enge Tal der jungen Kinzig. Besonders eindrucksvoll bietet sich die **Klosterkirche St. Nikolaus** dar, eine dreischiffige romanische Säulenbasilika auf kreuzförmigem Grundriss, die um 1130 errichtet worden ist. Anders als die himmelwärts strebenden gotischen

Kathedralen wirkt der Innenraum schwer, wuchtig und in sich gekehrt. Die in der ersten Hälfte des 13. Jhs. errichtete Sakristei ist eines der ältesten gotischen Baudenkmäler im deutschen Südwesten. In der früheren Abtswohnung im Westflügel ist heute das **Klostermuseum** eingerichtet. Es zeigt außergewöhnliche Schätze: Kleidungsstücke, Schuhe, Briefe und Zeichnungen von Klosterschülern und Mönchen des 16. Jhs., darunter auch einige Strafarbeiten, die bei einer Sanierung der Gewölbe 1958 in großer Zahl ans Licht kamen. So authentisch lässt sich sonst kaum irgendwo der Schulalltag der „Mönche und Scholaren" nachvollziehen.

Dom St. Blasien

Der 1771 bis 1783 nach Vorlagen der zu ihrer Zeit berühmten französischen Architekten Michel d'Ixnard und Nicolas de Pigage und unter der Leitung des fürstenbergischen Baumeisters Franz Joseph Salzmann errichtete Dom von St. Blasien war zu jener Zeit der drittgrößte Kuppelbau in Europa. Er gilt als Meisterwerk des Frühklassizismus. Das dem römischen Pantheon

Anmutig streben die Doppeltürme der Pfarrkirche des ehemaligen Klosters St. Peter gen Himmel.

Der Kuckuck ruft

Kleines Bild: In früheren Zeiten zogen Uhrenträger mit Schwarzwalduhren auf dem Rücken zum Verkauf in die Lande.

Großes Bild: Die weltgrößte Kuckucksuhr ist so groß wie ein Haus.

WUSSTEN SIE, …

… dass in Triberg die weltgrößte begehbare Kuckucksuhr steht, die auch seit 1997 im Guinnessbuch der Rekorde verewigt ist? Die Familie Eble fertigt seit 1880 Schwarzwälder Uhren und baute die Uhr mit einem 150 kg schweren Kuckuck, einem 6 t schwerem Uhrwerk und Pendeln von 8 m Länge.

„Die Schwarzwälder galten als die ersten Japaner; sie bauten hölzerne Uhren in großen Stückzahlen für den Export." Diesen Satz hört man bei einer Führung im Deutschen Uhrenmuseum Furtwangen. Tatsächlich weist eine Erhebung aus dem Jahre 1842 **Schwarzwälder Uhrenhändler** in vier Erdteilen und in 23 europäischen Ländern nach.

Von den ersten Schwarzwälder Holzuhren existieren keine Originale; auf nachgebauten Uhren ist häufig die Jahreszahl 1640 zu sehen. In der Forschung setzt man die Holzuhren auf das Jahr „um 1650" an. Unklar bleibt auch, ob eine einfache Uhr aus Metall in Holz nachgebaut wurde oder ob man eine außerhalb des Schwarzwalds entwickelte Uhr zum Vorbild genommen hat. Um die Mitte des 18. Jhs. war das **Uhrmachergewerbe** vor allem im **Hochschwarzwald** verbreitet. Die frühesten Uhren glichen einfachen Wanduhren aus Metall, die als Türmer- und Wächteruhren Verwendung fanden. Das Uhrwerk bestand nur aus Holz und Eisendraht. Angetrieben wurde die Uhr wohl von einem glatten Feldstein an einer Schnur mit kleinem Gegengewicht. Die Laufdauer betrug höchstens zwölf Stunden. Nach und nach ersetzte man

hölzerne Bauteile durch metallene – mit einer Ausnahme: Die Holzgestelle mit hölzernen Trägerplatten behielt man bei.

Wer erfand die Kuckucksuhr?

Die Palette Schwarzwälder Chronometer reicht von Bilderuhren über Wecker bis zur modernen Quarz- und Funkuhr. Es wurden Uhren mit beweglichen Figuren („Männle-Uhren") und solche mit Musikwerken hergestellt. Doch keine Uhr erreichte solche Popularität wie die Kuckucksuhr. Die ersten Uhren dieser Art sind für das Jahr 1629 in Polen nachgewiesen, ab 1730 findet man sie im Schwarzwald. Und erst hier wurde die Kuckucksuhr zur **Volksuhr**. Der Kuckucksruf funktioniert so: Über zwei Pfeifen befinden sich Blasebälge; werden diese durch ein Rad des Schlagwerks angehoben, füllen sie sich mit Luft; durch ihr Eigengewicht fallen sie in sich zusammen, die Luft entweicht durch die beiden Lippenpfeifen, der Kuckucksruf ertönt. Ihre heutige Gestalt erhielt die Kuckucksuhr 1850. Den Entwurf dafür lieferte **Friedrich Eisenlohr**, Professor am Polytechnikum in Karlsruhe und Regierungsbeauftragter für die Hochbauten der badischen Staatsbahnen. So verwundert es nicht, dass der Kuckuck in einem **Bahnwärterhäusle** wohnt. Verziert ist es mit Jagd- bzw. Waldmotiven, ferner gehören das Drahtpendel mit der Messingscheibe und den bronzefarbenen Tannenzapfen zur üblichen Ausstattung.

nicht unähnliche Gotteshaus mit hoher Kuppel-rotunde und sechssäuliger Kolonnade wird von zwei Türmen flankiert. Die Rotunde weist einen Durchmesser von 46 m auf. 20 im Kreis angeordnete korinthische Säulen tragen die gewaltige 63 m hohe Kuppel.

Alten Zeiten entsprungen

Nicht nur die Klöster und Kirchen sind Dokumente der reichen Architektur vergangener Zeiten im Schwarzwald. Auch **Dörfer** und **Städtchen** mit ihren Altstädten, Fachwerkhäusern und Marktplätzen lassen Geschichte lebendig werden.

Das Rothenburg der Ortenau

Gengenbach wird wegen seines romantischen Stadtbilds gern das „Rothenburg der Ortenau" genannt. Die ehemals Freie Reichsstadt bezaubert durch ihre Gassen und Fachwerkhäuser. Türme und Tore zeugen vom Selbstbewusstsein der früheren Reichsstädter vom 14. bis ins 16. Jh. Die **Altstadt** rund um den Marktplatz steht unter Denkmalschutz; dort krönt seit 1582 ein steinerner Ritter den Brunnen vor dem imposanten frühklassizistischen Rathaus. In der **Engelsgasse** lehnen die Fachwerkbauten an der ehemaligen Stadtmauer.

Die Stadt des Doktor Faustus

Eine Figur, die Schriftsteller bis hin zu Goethe immer wieder faszinierte, ist die des Doktor Faustus. In **Staufen** soll er seine alchemistischen Experimente betrieben haben, weil die Burgherren Gold nicht mühsam suchen, sondern herstellen wollten. Vermutlich ist der Magier und Gelehrte bei einer Explosion ums Leben gekommen oder er wurde 1539 eben von Mephistopheles geholt, wie es die Sage will.

Äußerst malerisch präsentiert sich der **Stadtkern** von Staufen. Entlang der Hauptstraße reihen sich hübsche, meist dreigeschossige Wohnhäuser aus dem 17. und 18. Jh. aneinander. Reizvolle Winkel sind auch in den Nebenstraßen und Gässchen zu entdecken. Der Marktplatz wird vom stattlichen **Rathaus** von 1546 beherrscht. Es wurde im 17. und vor allem im 19. Jh. umfassend umgestaltet. Im **Stubenhaus** am Marktplatz, einem der ältesten Gebäude Staufens, ist das **Stadtmuseum** untergebracht. Hier wird an den blühenden Silberbergbau erinnert, an den historischen Dr. Faust sowie die Schlacht von Staufen,

mit der die Badische Revolution 1848 zu Ende ging. Nach dem Berg Staufen haben das Herrschergeschlecht und die Stadt ihren Namen. Auf einem rebenbewachsenen Hügel thront nördlich oberhalb der Stadt die Ruine der mittelalterlichen Burg Staufen, einst Sitz der Herren von Staufen.

Schiltach

Schiltach mit seiner denkmalgeschützten Altstadt gilt als **Stadt des Fachwerks**, der **Flößer** und der **Gerber**. Hier steht ein Fachwerkhaus am anderen, u. a. auch die letzte Gerberei des Schwarzwalds, und mittendrin das über 400 Jahre alte Rathaus. In der Silvesternacht ist das Dorfzentrum besonders eindrucksvoll, wenn die Straßenbeleuchtung erlischt und die Schiltacher mit Laternen um ca. 20.30 Uhr zum Silvesterzug aufbrechen.

Freudenstadt

Freudenstadt ist im Gegensatz zu anderen Orten auf dem Reißbrett entstanden. Dem Planer hat es gefallen, hier den **größten Marktplatz Deutschlands** anzulegen – ein weiter offener Raum in einer von dichtem Wald umgebenen Gemeinde. 1599 gründete der württembergische Herzog Friedrich I. im „förchtig wilden Wald" die Stadt; sein Baumeister Heinrich Schickhardt gab ihr das Gesicht einer regelmäßigen vierzeiligen

Liebevoll gepflegt zeigen sich die schmalen, von Fachwerkhäusern gesäumten Gassen in Gengenbach.

▶ **ERLEBTE GESCHICHTE**

Hornberger Schießen
Das Volksschauspiel kommt alljährlich auf die Freilichtbühne. Es basiert auf einer Begebenheit, die sich im Jahre 1564 zugetragen haben soll: Zur Ankunft des damaligen Landesherrn sollte es Salutschüsse geben, aber der Ausguck gab so oft falschen Alarm, dass schließlich alles Pulver verschossen war ...

Das Freiburger Münster ist eines der schönsten Exemplare gotischer Architektur.

Stadtanlage. Der Herzog holte protestantische Flüchtlinge aus dem Salzburgischen und Bergleute hierher, um im nahen Christophstal nach Erzen zu graben.

Freiburg

Das Ende des 11. Jhs. von den Zähringern gegründete **Freiburg**, zwischen Kaiserstuhl und Schwarzwald gelegen, ist das kulturelle Zentrum des Breisgaus und das Tor zum südlichen Schwarzwald. Der Gehwegbelag in der größtenteils autofreien **Altstadt** besteht vielerorts aus halbierten Rheinkieselsteinen, die zu geometrischen Mustern, Zunftemblemen u. a. zusammengelegt wurden. Und dann sind da noch die „**Bächle**": Im Mittelalter dienten sie der Brandbekämpfung, der Wasserzufuhr und als Viehtränke, heute sind sie erfrischendes Kuriosum.

Meisterwerk der Gotik

Blickfang des von schönen alten Gebäuden gesäumten Münsterplatzes ist das aus rotem Sandstein erbaute **Münster**. Es ist eines der größten Meisterwerke der gotischen Baukunst in Deutschland. Um 1200 begann man an der Stelle eines Vorgängerbaus mit der Errichtung des Münsters, 1513 war der Bau im Wesentlichen vollendet. Viele Einzelteile am Außenbau des Münsters wurden und werden ausgetauscht bzw. erneuert, die Originale befinden sich im **Augustinermuseum**. Der schönste Schmuck der Seitenschiffe sind die überwiegend von den Zünften gestifteten **Glasfenster**. Vierung und Querhaus sind noch ganz in den großzügig schweren Formen der Romanik erhalten und lassen erkennen, dass hier ein Bau geplant war, der das Basler Münster übertreffen sollte.

Von der Stadt in die Weinberge

In der Umgebung Freiburgs kommen Weinliebhaber auf ihre Kosten. Sei es am nordwestlich gelegenen Kaiserstuhl, der bekannt ist für seine Burgundersorten, oder am Tuniberg, ebenfalls im Nordwesten, wo ebenfalls Spätburgunder, aber auch Müller-Thurgau angebaut wird. Das Markgräflerland südlich von Freiburg hingegen macht insbesondere mit dem Gutedel von sich reden, der hier Temperaturen und Böden vorfindet, die der empfindlichen Traube entsprechen.

Schwarzwälder Badekultur

Schon die Römer schätzten die heilenden Thermen etwa von **Baden-Baden** und **Badenweiler**. Aus diesen „Thermae", die schon seinerzeit manche Attribute heutiger Erlebnisbäder aufwiesen, sind im Lauf der Zeit Kurbäder von Weltruf geworden. Im 19. Jh. erlebte das Kur- und Bäderwesen im Schwarzwald eine ausgesprochene Blüte. Gekrönte Häupter und andere wichtige Persönlichkeiten aus aller Herren Länder ließen es sich nicht nehmen, in Baden-Baden, Badenweiler, Wildbad, Bad Teinach und auch in einigen kleineren Bädern zur Kur zu weilen. Damals baute man prächtige Badehäuser und Trinkhallen, Kolonnaden und Wandelhallen, Grandhotels und in Baden-Baden sogar ein Spielcasino. Kurpromenaden und herrliche Kurparks wurden angelegt.

Wer es sich leisten konnte, besuchte die illustren Kurorte, egal, ob krank oder gesund. Baden-Baden hielt über Jahre hinweg den Titel „Sommerhauptstadt Europas", weil sich hier immer besonders viele hochgestellte Persönlichkeiten trafen.

400 Jahre ein Zuhause

Im Zentrum des heutigen Freilichtmuseums steht der namensgebende **Vogtsbauernhof**, erbaut 1612. Hier lebte die erweiterte Großfamilie: Großeltern, Kinder und Enkel und das Gesinde. Je nach Hofgröße waren das 15–20 Personen. Insgesamt konnten während der 400-jährigen Nutzungsdauer 13 Generationen im Vogtsbauernhof nachgewiesen werden. Im Erdgeschoss trennt ein quer zum First verlaufender Hausgang Stall und Wohnbereich. Die **Stube** war der einzige beheizbare, rauchfreie Arbeits- und Aufenthaltsraum. Die Häuser besaßen bis ins 18. Jh. **keine Kamine**: Von den Feuerstellen in den Küchen zog der Rauch nach oben bis in den Dachraum und vertrieb so Ungeziefer, imprägnierte die Hölzer, glich die aufsteigende Feuchtigkeit der Ställe aus und diente zum Räuchern von Schinken und Würsten. Das ursprünglich mit Roggenstroh gedeckte Dach ist mit 45 Grad Neigung sehr steil. Typisch für viele **Schwarzwaldhäuser** ist wie hier ein Halbwalmdach, das weit hinab- und über den Hauskörper hinausreicht. Der mächtige liegende Dachstuhl stützt sich voll und ganz auf die Außenwände und nicht, wie bei anderen Häusern üblich, auf die durchgehenden Ständer. Zentrales Baumaterial der Schwarzwälder Häuser ist Holz. Neben dem Vogtshof sind fünf weitere typische Höfe samt 15 Nebenbauten (Mühle, Säge, Speicher, Backhäuschen, Kapelle und Leibgeding) und einem kleinen Tagelöhnerhaus zu besichtigen.

Wirtschaftsfaktor Holz

Holz war in einer so waldreichen Gegend wie dem Schwarzwald nicht nur Baumaterial, sondern auch ein bedeutender Wirtschaftsfaktor, der zahlreiche Berufe hervorbrachte. Im restaurierten **Resenhof** in Oberlehen ist ein Holzschnefler- und Bauernmuseum eingerichtet. Hier werden **alte Handwerke** und **Hausgewerbe** rund um das Holz wie die der Holzschnitzer, Schindelmacher, Löffelmacher, Kübler, Schachtelmacher und Drechsler erläutert.

Den Fluss hinab

Das **Kinzigtal** ist ein uralter Verkehrsweg. Bereits vor 600 Jahren nutzten **Flößer** den Fluss, um Holz von den Schwarzwaldhöhen zum Rhein und weiter nach Holland zu verfrachten. Es war ein gefährliches Unterfangen, und die Flößer galten daher als wagemutig. An ihrem schwarzen Hut, den Lederhosen und den hohen Stulpenstiefeln waren sie überall sofort zu erkennen. Bis zu 300 m lange Holzgefährte banden die Männer zusammen. Die Flößerei kam mit dem Bau der Schwarzwaldbahn zum Erliegen, und die Flößer mussten sich neuen Erwerbszweigen zuwenden.

Filigrane Kunst

Das **Schnitzhandwerk** hingegen hat sich bis heute erhalten. Über den ganzen Schwarzwald verstreut finden sich kleine Holzschnitzereien, die Masken, Krippen und Heiligenfiguren anfertigen, dazu Kuckuckspfeifen für die Kinder, Vogelhäuschen und Nistkästen.

Narrii! Narroo!

So hört man es zwischen Dreikönig und Aschermittwoch zumindest in den katholischen Landen der Alemannen zwischen Neckar und Rhein. Rottweiler Gschellnarra, Villinger Narro,

Der Vogtsbauernhof ist der Namensgeber für ein faszinierendes Freilichtmuseum, das profunde Einblicke in die bäuerliche Lebenswelt im Schwarzwald der vergangenen Jahrhunderte bietet.

„Fransenkleidle" beim Rottweiler Narrensprung-Umzug

Ein Hut wird zur Marke

Der weltbekannte **Bollenhut** ist nicht die im Schwarzwald übliche Tracht, auch wenn er als dessen Markenzeichen gilt. Bollenhüte trug man nur in den Dörfern Gutach, Reichenbach und Kirnbach. Weshalb aber wurde gerade der Bollenhut zum Markenzeichen für den Schwarzwald? Unter den vielfältigen Trachten in diesem Waldgebirge ist er nicht der einzige Hut. Er ist auch nicht der größte – der Schäppel aus anderen Dörfern wirkt schon imposanter. Es waren zwei „Reigschmeckte", also Zugereiste, die dem Gutacher Bollenhut zu Weltruhm verhalfen: der aus Sachsen stammende Maler und Illustrator **Wilhelm Hasemann**, der ebenso wie seine Künstlerkollegen der „Gutacher Malerkolonie" auf seinen Bildern das hiesige bäuerliche Leben in romantisierender Weise darstellte. Und es war der Berliner Komponist **Leon Jessel**. Er komponierte im Jahre 1917 die Operette „**Das Schwarzwaldmädel**", die bis 1925 in aller Welt gespielt wurde. Und nie fehlte der Bollenhut – auch nicht in den Schwarzwald-Heimatfilmen der Nachkriegszeit.

Die Farbe macht's

Hüte mit **roten Bollen** dürfen allerdings nur von nicht verheirateten Mädchen und Frauen getragen werden. Zum ersten Mal tragen sie sie bei der Konfirmation, dann bei verschiedenen kirchlichen und weltlichen Anlässen. Ihre Hochzeit begehen sie mit dem Schäppel, einer verzierten Brautkrone. Als verheiratete Frauen zieren ihre Hüte **schwarze Bollen**. Der Hut wird aus Strohbändern genäht, in Form gepresst, vorn und hinten leicht abwärts gebogen und mit einer Gipsmasse überzogen. Zum Schluss werden die Bollen – 14 zurechtgeschnittene Wollpompons – auf die verleimte Gipsmasse aufgenäht. Unter dem Hut trägt man immer ein schwarzes Seidenhäubchen, das unter dem Kinn mit einer Schleife gebunden wird. Zur Gutacher Tracht gehören ferner eine weiße Bluse, darüber ein Mieder mit eingewebten Blümchen sowie ein schwarz glänzender Rock. Die Männer tragen einen schwarzen, rot abgefütterten Samtkittel und einen breitrandigen Plüschhut. Die Trachten sind stark in die kirchliche Tradition eingebettet. Deshalb sieht man sie an großen Kirchenfesten wie Erstkommunion, Konfirmation, Erntedank, Kirchweih, Fronleichnam und anderen Festtagen.

Der Bollenhut ist wie die Kuckucksuhr ein weltweit bekanntes Symbol für den Schwarzwald.

Elzacher Schuttig, Gengenbacher Spättle und viele andere Hansele, Butzen, Hexen und Deifel bewegen sich in der **Fasnet** (Fastnacht), alemannische Urlaute ausstoßend, durch Straßen und Gassen. Besonders aktiv sind sie in der „heißen Phase" vom Schmutzigen Dunschdig (Schmutzigen Donnerstag) bis zur Fasnets-(-hexen-)verbrennung am Abend des Fastnachtsdienstags bzw. je nach Region bis zur Geldbeutelwäsche am Aschermittwoch.

Ein Stück Heimat

Das **Alemannische** ist eine lebendige Sprache, in der Stadt wie auf dem Land. Die „Muettersproch-Gsellschaft" und die Alemannische Bühne in Freiburg pflegen sie ebenso wie die „Lit uff de Stross". Für die Menschen am Oberrhein und im Schwarzwald ist ihre „Sproch" ein Stück Heimat, die im Markgräflerland wieder ein bisschen anders klingt als im Hotzenwald oder im Kinzigtal. Und dennoch verstehen sich alle 10 Mio. Sprecher der zum **Westoberdeutschen** gerechneten Sprache auch jenseits der Ländergrenzen zur Schweiz oder zum Elsass.

Im Schinken- und Tortenland

Der Schwarzwald ist als **Schlemmerecke Deutschlands** bekannt. Keine andere Gegend hierzulande hat so viele ausgezeichnete Restaurants vorzuweisen. Auf der badischen Seite macht sich die Nähe zum Elsass und der Schweiz bemerkbar, was der Qualität nicht schadet.

Handfeste Kost

Was haben Flößer, Holzfäller und Waldbauern im Schwarzwald einst gegessen? Handfeste Kost aus allem, was Acker und Wiese, Wald und Bach hergaben: im Rauch haltbar gemachte Schinken und Forellen, zu Schnaps gebrannter Überschuss der Obstbaumwiesen, gepökeltes Fleisch, Dauerwurst, eingelagerte Kartoffeln und Rüben. Und was von der Mahlzeit übrig blieb, wurde am nächsten Tag als Eintopf aufgetischt. Die Zeiten schmaler Küche und eng geschnallter Gürtel sind vorbei, geblieben sind viele Hausrezepte aus Uromas Zeiten, die so manches traditionelle Gasthaus in Ehren hält.

Brägele & Co.

Der Schwarzwald wird als eine Art Schmelztiegel der Regionalküchen gepriesen: Eine breite Basis bilden die badische und schwäbische Küche mit Brägele (Bratkartoffeln), Maultaschen, Zwiebelrostbraten, Spätzle und Knöpfle (beides Teigwaren in spezieller Form), dazu gesellen sich Spezialitäten aus der Schweiz (Käse) und dem El-sass (Flammkuchen). Die meisten dieser Gerichte gehören zum Standard in den Restaurants.

Höhepunkte der Saison

Im Frühjahr rollt die Spargelwelle. Im Rheintal hat der Schwarzwald wichtige Anbaugebiete für den zarten badischen **Spargel** quasi vor der Haustür. Ab August sind es die **Pfifferlinge**, die die Speisekarten beherrschen, und die teils tatsächlich aus dem Schwarzwald stammen. Besonders im Herbst tun sich die Küchenchefs mit **Wildspezialitäten** hervor. Die Palette reicht vom „Hasenpfeffer" bis zum „Rehrücken Baden-Baden". Nun öffnen auch die **Straußenwirtschaften** für vier Monate. Dort verkaufen **Winzer** ihren eigenen Wein und bieten in gemütlich-einfachem Ambiente kleine Mahlzeiten an, z. B. Bibbeleskäs (ein mit Kräutern angemachter Quark oder Hüttenkäse) mit Brägele, Zwiebel- und Flammkuchen sowie Vesperplatte. Zu den besonderen Köstlichkeiten gehört **Heidelbeerkuchen**, den so mancher Gastgeber aus selbst gesammelten Beeren zubereitet. Ein Ganzjahresrenner ist die **Schwarzwälder Kirschtorte**, die wohl bekannteste und beliebteste Torte der Welt, mit ihren Hauptingredienzen Sahne, Biskuitteig, Kirschen und Kirschwasser.

Kleines Bild: An der aufwendig verzierten Schwarzwälder Kirschtorte macht das Naschen besonders viel Spaß.

Großes Bild: Der Schwarzwälder Schinken gilt weit über die Region hinaus als Köstlichkeit.

FAKTEN

Der Kenner schmeckt es sofort: Das milde Aroma, leicht nussig, nach Tannenrauch duftend; das Fleisch zart, weil es Zeit genug hatte, langsam das Pökelsalz aufzunehmen und einige Zeit im Rauch zu hängen. Was alles erforderlich ist, um einen typischen Schwarzwälder Schinken herzustellen, dokumentiert das Schinkenmuseum im Feldbergturm.

Schwäbische Alb

Burgengekrönte Gipfel, weiße Felszinnen, tief
eingeschnittene Täler und Wacholderheiden –
all das und noch viel mehr ist die Schwäbische Alb.

*Fast unwirklich mutet die
intensive Färbung des Blau-
topfes bei Blaubeuren an.*

Die Schwäbische Alb gehört zu den
landschaftlich schönsten und viel-
fältigsten Regionen Süddeutschlands.
An ihrem Nordrand erhebt sie sich
bis auf 1000 m Höhe, im Süden fallen ihre
Wälder und Wacholderheiden sanft nach Oberschwaben ab.

Berühmte Fossilienfundstätten und Tropfsteinhöhlen haben dem Juragebirge zum Prädikat „Geopark" verholfen. Wanderern und Rad-
lern war die Alb schon immer ein Begriff, jetzt
entdecken auch Mountainbiker, Kletterer und
Skater ihre Vorzüge. Burgen, Schlösser und das
kulturelle Angebot der großen Städte am Fuße
der Alb garantieren ebenfalls abwechslungsreiche Eindrücke.

Ihre **Wacholderflächen** erinnern an die Lüneburger Heide, ihre **schroffen Steilhänge** an den
Schwarzwald, und dünn besiedelte **Hochebenen**
machen sie zu einem idyllischen Ziel für alle, die
die Einsamkeit schätzen: „D'Alb", wie die Schwaben sie liebevoll nennen, hat von vielem etwas
und ist doch einzigartig.

Woher der Name Alb kommt, darüber zer-
brechen sich die Sprachforscher noch den Kopf,
zur Erklärung ziehen sie aber gern indogermani-
sche und keltische Wortstämme heran: Alb käme
danach von „alpis", was Weide oder „nährender
Berg" heißen soll.

Der **Albanstieg**, der über dem Vorland
aufragt – für den Dichter Eduard Mörike wie
eine „blaue Mauer" –, offenbart sich als eine

Schwäbische Alb

„Klopfplätze" der Alb: In **Dotternhausen** und **Holzmaden** gibt es besonders fossilienreiches Schiefergestein. Mit ein wenig Glück findet man hier golden schimmernde Ammoniten, versteinerte Muscheln, Belemniten oder sogar Saurierknochen.

Die Menschen der Steinzeit fürchteten die Höhlenbären, Kolosse, die deutlich größer als heutige Bärenarten waren, sie setzten den Tieren ihres Lebensraums aber auch ein künstlerisches Denkmal. Hier, in den Höhlen der Schwäbischen Alb, entstanden die **ältesten Kunstobjekte der Welt**: Vor 35 000 Jahren schnitzten begabte Künstler aus Mammutelfenbein ein Wildpferdchen mit langem, gebogenem Hals, einen Schneeleoparden und ein Wollnashorn sowie eine bleistiftgroße Flöte aus Schwanenknochen. Diese Funde sind so einzigartig, dass sie in den Museen von Tübingen und Ulm stets unter dickem Panzerglas verwahrt werden. Ihren Zauber mindert das nicht.

Jurameer und Eiszeit sind längst vorbei. Heute zählt die Schwäbische Alb zu den sonnenreichsten Gebieten in Deutschland. Dennoch: „An Kittel kälter und meh Schtoiner als Kartoffla", so beschreiben die Albbewohner ihre Heimat. Man tut

Sequenz aus Tafelbergen, erloschenen Vulkanen und lang gestreckten Felsrücken, gespickt mit weißen Felszinnen, gekrönt von Schlössern und Burgen. An diese bis zu 1000 m hohen Berge schließt sich eine weite Hochebene an, die nach Süden hin sanft abfällt. Im Osten erheben sich drei berühmte Kegel: die **Stauferberge**, Wiege deutscher Kaiser. Und noch ein wenig weiter kommen bei Nördlingen und Steinheim zwei gewaltige **Meteoritenkrater** in Sicht – hier hat der Kosmos vor 15 Mio. Jahren nachhaltige Spuren hinterlassen.

Auf der Alb sein heißt, das Alltagstempo zu reduzieren und wieder richtig hinzuschauen: Hier tändelt ein Schwalbenschwanz über Honigklee, ein Bussard zieht langsame Kreise im großen Blau, die Luft flimmert über den Frühlingswiesen, in der Wildnis duften Thymian und wilde Rosen, und über löwengelben Feldern singen die Lerchen.

Wo es hingegen klopft und pocht, sind **Fossiliensammler** am Werk. Stetiges Hämmergeräusch, immer wieder übertönt von Freudenjauchzern, verrät die beiden beliebtesten

▶ TOPZIELE IN DER REGION

Die Schwäbische Alb ist ein Farben- und Formenspiel – ob in der abwechslungsreichen Natur oder bei prächtigen Gebäuden, überall wird das Auge gefangen genommen:

BLAUTOPF

Ohne Zweifel ist er die schönste Quelle der Alb – und wahrscheinlich sogar in ganz Deutschland: der Blautopf, dessen einzigartige namensgebende Farbe ein faszinierendes Spiel mit dem Grün der Umgebung eingeht. → S. 255

DONAUVERSINKUNG

Einmal trockenen Fußes die Donau queren: Möglich ist dies im Bereich der Donauversinkung (auch Donauversickerung) zwischen Immendingen und Möhringen. An vielen Tagen des Jahres versinkt das Wasser vollständig im verkarsteten Untergrund und hinterlässt ein trockenes Flussbett. → S. 256

BURG HOHENZOLLERN

An ihrer Westflanke wirft sich die Alb am höchsten auf. Und das auch kulturell, krönt einen der Berge bei Hechingen doch Burg Hohenzollern – ein romantischer Traum von einer Burg. → S. 259

ULMER MÜNSTER

Von seinem Turm aus blickt man auf einen Mix aus mittelalterlichen und modernen Gebäuden. Der weiße Ovalbau neben dem Münster ist das von Stararchitekt Richard Meier konzipierte Stadthaus (1993). → S. 261

KLOSTER ZWIEFALTEN

In der Kirche des vor über 900 Jahren gegründeten Benediktinerklosters in Zwiefalten präsentiert sich die prachtvolle Ausstattung als ein überbordender Goldrausch ganz im Zeichen des Barock. → S. 261

Ein schönes Panorama bietet der Blick auf den Albtrauf bei Bissingen an der Teck mit der Limburg im Vorder- und den drei Kaiserbergen im Hintergrund.

also gut daran, immer einen „Kittel", eine Jacke, zusätzlich griffbereit zu haben. Dass die kargen Böden „mehr Steine als Kartoffeln" hergeben, schreckte zwar weder Kelten noch Römer und Alemannen ab. Doch bis ins 19. Jh. zählte die Alb zu den ärmsten Gebieten in Schwaben. Von Armut ist in den Städten und Dörfern heute nichts mehr zu sehen, die Ortskerne sind saniert und die Fachwerkhäuser herausgeputzt, auf den Fensterbrettern blühen bunte Blumen, und Kirchen bestechen mit barocker Üppigkeit und gotischem Maßwerk.

Rückgrat Württembergs

Das „Rückgrat Württembergs", wie die Alb auch genannt wird, liegt von Nordost nach Südwest als mächtiger Riegel rund 200 km weit quer übers Land. Markenzeichen sind die schnee-weißen **Jurafelsen**, die den Steilabfall an der Nordkante zieren. Nach Süden hin flacht das Gebirge Richtung Bodensee überraschend sanft ab und misst in seiner Breite gerade mal zwischen 40 und 80 km. Die Kräfte der Erosion, vor allem das Wasser, nagen schon ein Erdzeitalter lang an dem **Karstgebirge**, haben es mit Höhlen und unterirdischen Wasserläufen durchsiebt und in Stücke gebrochen. Eine Kette von sogenannten **Zeugenbergen**, die als einsame Kegel die Abtragungen überstanden, säumt die Nordkante, darunter Ipf, Stuifen, Achalm und der Zollern. Auch in der Tiefe mahlen die Kräfte: Der **Hohenzollerngraben** sorgt immer wieder für leichte Erdbeben im Hechinger Raum. Der höchste Teil der Alb ist die Westflanke zwischen Balingen und Spaichingen. Mit 1015 m Höhe gebührt dem **Lemberg** die Krone, es folgen **Oberhohenberg** (1011 m) und **Plettenberg** (1002 m). Von ihren Gipfeln reicht der Blick bis zur nächsten Mauer: den weiß gezackten Alpen.

Drei Kaiserberge

Das Dreieck zwischen Schwäbisch Gmünd, Göppingen und Donzdorf wird gern als die „Schwäbische Schweiz", ja sogar als die „Toskana des Stauferlandes" gepriesen. In dieser ausdrucksstarken Landschaft verweben sich Wiesen und Wälder, Wacholderheiden und die eleganten Drei Kaiserberge Hohenstaufen, Rechberg und Stuifen in einzigartiger Harmonie. Der **Stuifen** ist mit 757 m der höchste der Drei Kaiserberge, gefolgt vom **Rechberg** mit 708 m und dem **Hohenstaufen** mit 684 m. Die Bezeichnung „Kaiserberge" leitet sich ab vom Geschlecht der Staufer, die auf dem Hohenstaufen ihren Stammsitz errichteten.

Steter Tropfen höhlt den Stein

Dies gilt insbesondere beim **Karst**, einem Kalkstein, der für die sogenannte Lösungsverwitterung anfällig ist. Die Schwäbische Alb als größtes Karstgebiet Deutschlands bietet dafür jede Menge Anschauungsmaterial: Gänge, Klüfte, Spalten, bröckelnde Felswände, die sich zu gewaltigen Bergstürzen auswachsen wie in Mössingen, und natürlich immer wieder Höhlen.

Sagenumwobene Karstquelle

Eine der berühmtesten Höhlen hat bislang nur eine Handvoll Verwegener zu Gesicht gekommen: die **Blautopf**-Höhle – Einstieg in das größte Höhlensystem der Alb, von dem kein Mensch weiß, wo es endet. Lediglich 6,5 km sind erforscht, denn vom Quelltopf der Blau aus geht die Unterwasser-Expedition weiter, und die ist nur mit Tauchausrüstung möglich, eng und gefährlich. Eduard Mörike sah die Schöne Lau, eine Wassernixe, in der Tiefe des Quelltopfes hausen. Das je nach Lichtverhältnissen in unterschiedlichen Schattierungen eines kräftigen Blaus schimmernde Wasser der Quelle, das dem **Blautopf** seinen Namen gab, beflügelt tatsächlich die Fantasie. Feinste Trübungen im Wasser durch Kalkpartikel streuen das kurzwellige Blaulicht und werfen einen Teil zurück und erzeugen die Färbung. Der Blautopf ist die zweitwasserreichste Quelle Deutschlands: Zwischen 2000 und 32 000 l pro Sekunde sprudeln je nach Jahreszeit und Witterung aus dem Urgrund der Alb ans Licht.

Von Höhlen „unterwandert"

Rund 2000 Höhlen ziehen sich durch die Schwäbische Alb. Eine der bekanntesten ist die **Bärenhöhle** bei Sonnenbühl. Hier bilden Tropfsteine zartfingrige Formen, türmen sich zu meterhohen Säulen auf und wachsen zu Wäldern aus Stein. Vorzeitliche Höhlenbären suchten hier Schutz – wie riesig sie waren, bezeugen ihre Skelette. Auch die **Charlottenhöhle** bei Giengen, 587 m lang, ist eine in Jahrtausenden entstandene Tropfsteinhöhle und zählt zu den schönsten in Deutschland. Ganz anderer Art ist die **Laichinger Tiefenhöhle**, eine sogenannte Schachthöhle. Die Schächte führen nahezu senkrecht 86 m in die Tiefe; bis zu 55 m ist die Höhle begehbar.

Ein Fluss verschwindet

Auf ihrer Reise zum Schwarzen Meer schneidet sich die **Donau** tief in die Südwestflanke der Schwäbischen Alb ein. Mächtige Felsen säumen diesen eindrucksvollen Canyon. Bei **Immendingen** und **Möhringen** fließt die junge Donau über ein weißes Schotterfeld. Hier

Die Bärenhöhle ist ein Tropfsteinwunder im Untergrund der Alb.

Der Neuntöter spießt seine Nahrung, zu der vorwiegend Insekten zählen, häufig in der Nähe seines Nestes an den Dornen von Büschen auf.

Im Biosphärenreservat Schwäbische Alb trifft man auf bizarre Felsformationen wie hier im Lautertal.

versinkt das Donauwasser und kommt erst 13 km weiter südlich im **Aachtopf** wieder zutage. Weil die Aach in den Rhein fließt, gelangt also ein guter Teil der Donau nie ins Schwarze Meer, sondern wird in die Nordsee umgeleitet. Besonders im Sommer und Winter hat man die Chance, Zeuge der Donauversickerung, korrekt **„Donauversinkung"**, zu werden, die rund 12 km lang ist. Heute liegt die Donau bis zu 260 Tage im Jahr trocken, mit steigender Tendenz. Nur zwei unterirdische Stollen sorgen dafür, dass nicht alles Wasser den Rhein hinuntergeht. Ohne sie wären der Möhringer Krähenbach und die Elta bei Tuttlingen die Quellflüsse der Donau.

Geopark und Biosphärenreservat Schwäbische Alb

Dort, wo sich heute die Schwäbische Alb befindet, überflutete vor ca. 200 Mio. Jahren ein **tropisches Meer** den gesamten Raum. Die Kontinente waren in Bewegung, und das spätere Europa lag noch am Äquator. In dieser Epoche entstand über einen Zeitraum von ca. 50 Mio. Jahren das Gestein, aus dem die Alb vorwiegend aufgebaut ist, der **Jura**. Zeugen dieser Zeit sind

die zahlreichen Fossilienfunde. Der **Geopark**, der sich über die gesamte Schwäbische Alb erstreckt, hat es sich zur Aufgabe gemacht, Besuchern das reichhaltige geologische „Geschichtsbuch Schwäbische Alb" näherzubringen.

Auch die unterschiedlichen und vielfältigen Naturräume der Schwäbischen Alb verdienen einen besonderen Schutz zu ihrem Erhalt. Dem wurde im Jahr 2008 mit der Errichtung des **Biosphärenreservats Schwäbische Alb** Rechnung getragen. Weite Teile der Mittleren Alb, mit Albtrauf und Albhochfläche, und ihres Vorlands bis zur südlich gelegenen Donau gehören seitdem zu dem über 85 000 ha großen Gebiet, in dem wiederum 40 Naturschutzgebiete ausgewiesen sind. Seit 2009 ist das Gebiet auch als Biosphärenreservat der UNESCO anerkannt.

Blumen statt Panzer

100 Jahre lang zogen Soldaten im Gleichschritt durch den **Truppenübungsplatz Münsingen** auf der Mittleren Alb. Doch im Jahr 2004 löste die Bundeswehr den Standort auf. Geblieben sind 6700 ha Fläche, eine der größten zusammenhängenden Freilandflächen des Landes Baden-Württemberg, die durch die militärische Nutzung anderen Verwendungen wie Bebauung oder Landwirtschaft entzogen war und die heute ebenfalls zum **Biosphärenreservat Schwäbische Alb** gehört. Wie in vielen anderen Regionen wurde dem ehemaligen Truppenübungsplatz die Chance gegeben, sich nach Abzug der Truppen natürlich weiterzuentwickeln. Hier leben seltene Vögel wie **Steinschmätzer**, **Heidelerche** und **Neuntöter**, der seine Insektenbeute vorrangig in Schwarzdornhecken findet, und der **Gebirgsgrashüpfer** kommt auf der ganzen Alb nur noch hier vor. Auf dem Gebiet des ehemaligen Truppenübungsplatzes ist auch eine reiche Flora heimisch – darunter die **Karthäusernelke** und duftende Kräuterpflanzen wie **Wilder Majoran** und **Feldthymian**.

Blaugras und Silberdistel

Auf den Felsköpfen am Abgrund wachsen **alpine Pflanzen** wie Blaugras und Immergrünes Felsenblümchen, auf den Magerwiesen der Berggipfel sind ab März die zart behaarten Küchenschellen zu entdecken. Im Juni blühen **Orchideen**, denen es auf der Alb so gut gefällt, weil sich die Böden

Am Kraterrand entlang

Rund 15 Mio. Jahre ist es her, dass ein **Meteorit** mit rund 72 000 km/h auf der Schwäbischen Alb einschlug. Er schuf einen kreisrunden Krater mit rund 4 km Durchmesser, der heute immer noch gut sichtbar ist: das **Steinheimer Becken**.

Zwei informative Wanderwege führen rund um den Schauplatz der kosmischen Katastrophe. Unvorstellbare Kräfte wurden durch diesen ca. 100 m großen „Brocken" aus dem All entfesselt: Er riss bei seinem gewaltigen Aufprall Gesteine aus bis zu 380 m Tiefe heraus, schleuderte einen Splitterregen bis in die Schweiz und löschte im Umkreis von vielen Hundert Kilometern auf einen Schlag alles Leben aus. In den Krater floss in der Folge Wasser, ein See entstand, in dessen Mitte der Zentralhügel – entstanden durch das zurückfedernde Gestein – aus den Fluten ragte. Irgendwann kehrte das Leben zurück, es entwickelte sich sogar eine sehr spezielle, berühmt gewordene Flora und Fauna. Das Innere des Kraters ist heute Ackerland; die beiden unterschiedlich langen, landschaftlich schönen Lehrpfade vermitteln einen interessanten Eindruck dessen, was hier einst geschah. Wer genau hinschaut, entdeckt in den Äckern sogenannte **Impaktbrekzien**, durch den Aufprall zertrümmerte Juragesteine.

Start beider Wanderwege ist das **Meteorkratermuseum in Sontheim**. Im Knillwäldchen trennen sich der geologische Lehrpfad und der Meteorkrater-Rundweg. Der **geologische Lehrpfad** führt über den Zentralhügel, wo sich der „Steinhirt", ein 8 m hoher Algenkalkklotz, wie eine mächtige Faust dem Kosmos entgegenstreckt. Der **Meteorkrater-Rundweg** misst 20 km Streckenlänge (Markierung Geweih), der geologische Lehrpfad 6 km (Markierung Meteorit).

Das **Wental**, ein für die Schwäbische Alb charakteristisches Trockental, entwässerte das Steinheimer Becken. Besonders bemerkenswert ist hier das sogenannte **Felsenmeer**: Aus der Wacholderheide ragen bis zu 10 m hohe Dolomitblöcke empor, einer bizarrer geformt als der andere. Ungewöhnlich sind auch ihre Namen: Hier begegnen dem Wanderer ein Nilpferd, eine Sphinx und ein Seelöwe. Auch das Wental lässt sich wandernd erkunden, eine insgesamt 59 km lange Strecke führt rund um die Landschaft des Albuch über das Wental, den Steinheimer Meteorkrater, den Brenztopf und die Kocherquellen.

Kleines Bild: Das Wental ist ein typisches Beispiel für ein Trockental auf der Schwäbischen Alb.

Großes Bild: Aus der Vogelperspektive ist der Meteorkrater Steinheimer Becken gut zu erkennen.

FAKTEN

*Über den Meteoreinschlag informiert das **Meteorkratermuseum** in Sontheim-Stubental (1. März bis 31. Oktober, Do., Fr. 13.00–17.00 Uhr, Sa., So., Feiertag 10.00–18.00 Uhr, Tel. 07329 960684, www.geopark-alb.de).*
*Bei der **Touristikgemeinschaft „Sagenhafter Albuch"** (Tel. 07321 2779595, www.albuch.de) erhält man Kartenmaterial für die Wanderung um den Albuch.*

Diese **Streuobstwiesen** bieten einen wertvollen Lebensraum für zahlreiche Tierarten und liefern den Grundstoff für Edelbrände, Saft und Most.

Der richtige Biss

Was wäre die Schwäbische Alb ohne ihre **Wacholderheiden**! Im Herbst leuchten Vogelbeeren aus den Hecken, und die Silberdisteln sprenkeln wie struppig-bleiche Sonnen den dürren Heiderasen. In den warmen Monaten ziehen wollige Herden darüber. Das ist gut so, denn erst die **Schafhaltung** hat diese romantische Landschaft entstehen lassen: Das Schaf beißt auf ideale Weise zu, indem es aufkeimende Bäume und Sträucher frühzeitig abfrisst, gleichzeitig aber, weil zu bitter oder zu kratzig, eine ganze Reihe von Arten verschmäht: den Wacholder und den Dornigen Hauhechel, Frühlingsenzian, Küchenschelle und viele andere. Ziehen die Schafe ab, bleibt ein ökologisches Schatzkästlein, ein Kalkmagerrasen, zurück. Diese spezielle Flora bietet einer ebenso **speziellen Tierwelt** Lebensraum, wie dem seltenen Schwalbenschwanz. Auch der **Warzenbeißer**, ein Vertreter der Laubheuschrecken, kommt hier vor. Seinen Namen verdankt das bullig wirkende Tier dem Umstand, dass man es früher in Warzen beißen ließ, weil man hoffte, die austretenden Verdauungssäfte hätten eine heilende Wirkung. Nur regelmäßige Beweidung schützt die Heiden vor dem Verbuschen. Zuschüsse für die „vierbeinigen Rasenmäher" sichern einen Teil des Einkommens. Einen weiteren erwirtschaften die Schäfer durch den Verkauf des Fleisches. Zahlreiche Metzger und Gaststätten auf der Alb werben mit Lammfleisch aus der Region.

rasch erwärmen: Knabenkraut, Fliegen- und Hummelragwurz stehen unter Naturschutz, ebenso die Symbolblume der Alb, die **Silberdistel**, die wie eine weiße Stachelsonne aus dem grünen Gras leuchtet. Eine Freude für Ästheten sind die einmähdigen (nur eine Ernte im Jahr liefernden) Wiesen im **Irndorfer Hardt** bei Irndorf nördlich von Beuron. Man fühlt sich fast wie in einem englischen Park: ausladende Buchen, Fichten und Moorbirken, von denen Bartflechten (Usnea filipendula) herabhängen – eine Pflanze, die übrigens nur dort wächst, wo die Luft noch sauber ist. Am Boden blühen Gelber Enzian, Moorklee und die heilkräftige Arnika.

Eine Liebesgeschichte

Kein Baum hat ein innigeres Verhältnis zur Schwäbischen Alb als die **Buche**. Sie liebt den kalkhaltigen Boden, den das Juragestein ihr bietet, und nimmt es auch mit dem Steilanstieg locker auf. Entlang des Traufs wie auch auf der Hochfläche recken sich die silbergrauen Stämme in den Himmel, im Herbst verwandeln die flammend rot verfärbten Blätter die Hänge in ein Farbenmeer. Im Frühling legt sich die Alb allerdings eine weiße Schärpe an: Am Steilanstieg und in den Tälern blühen Birnen-, Kirsch- und Apfelbäume zu Tausenden und tauchen die gesamte Vorbergzone in zarten Blütenduft.

Die Wiege der Staufer

Der Vater legte sich mit dem Papst an, der Sohn nahm Richard Löwenherz gefangen, der Enkel ging als eine der bedeutendsten Gestalten des Mittelalters in die Geschichte ein, und alle waren sie Kaiser aus dem Hause der Staufer: **Friedrich I. Barbarossa**, geboren 1122, legte den Grundstein für ein Großreich und ertrank 1190 auf dem dritten Kreuzzug in einem kleinen Fluss in der Türkei. Sein Sohn **Heinrich VI.** dehnte das staufische Imperium bis nach Sizilien aus. Barbarossas Enkel, **Friedrich II.**, ist als Verfasser des Falkenbuchs bekannt, sprach sieben Sprachen und wuchs in Palermo auf.

Doch die Wiege der Staufer steht weit entfernt vom Land, wo die Zitronen blühen, auf der rauen Schwäbischen Alb. Auf dem **Hohenstaufen** erhob sich die erste Burg der schwäbischen Herrscherfamilie, erbaut ums Jahr 1070. Im Dreißigjährigen Krieg niedergebrannt, diente sie als willkommene Ressource, das Göppinger Stadtschloss zu bauen. Lediglich eine Ruine ist es, die heute noch sichtbar ist und den Ruhm der Staufer nurmehr erahnen lässt. Umso größer der Mythos, der sich um die Staufer rankt. Zwar war Friedrich II. nie auf der Alb, doch Barbarossas Besuch scheint gesichert. Wie zu Zeiten des rotbärtigen Kaisers genießt man heute vom Bergesgipfel aus einen weiten, großartigen Blick über das Land.

Die Zierde des Bergs

Von den Höhenburgen auf den Zeugenbergen entlang des Albtraufs wie dem **Hohenstaufen** suchten die Grafen ihr Territorium zu überwachen. Eine der ältesten steht auf dem **Zollern**, einem der schönsten Berge Württembergs. Am Ende seiner wechselvollen Geschichte war das Stammhaus der Hohenzollern jedoch zu einer Ruine verfallen. Als ein Spross dieses Adelsgeschlechts, **Kronprinz Friedrich Wilhelm von Preußen**, 1819 auf dem Rückweg von Italien ihrer erstmals ansichtig wurde, schwor sich der 23-Jährige, die Festung seiner Ahnen wiederaufzubauen. Diese Stunde schlug jedoch erst rund 30 Jahre später, als er den Königsthron bestiegen hatte. Bis 1867 war der Zollern eine Großbaustelle. Mit dem Märchenschloss **Hohenzollern** im neugotischen Stil, dessen Fertigstellung er allerdings nicht mehr erlebte, gedachte **Friedrich Wilhelm IV.** zwei Fliegen mit einer Klappe zu schlagen. So sollte die Herrlichkeit des Hauses Hohenzollern-Preußen aufs Eindrücklichste unterstrichen werden – und dessen Führungsanspruch im Deutschen Bund. Doch weder wachten Soldaten jemals auf den Zinnen, noch donnerten hier Kanonen feindlichen Heeren entgegen. Die Burg wurde vielmehr zur Schatzkammer der Hohenzollern. Zierrat und Mobiliar aus anderen Preußenschlössern fand ihren Weg hierher und versetzt heute das Publikum in Entzücken.

Romantischer Traum von einer Burg: Burg Hohenzollern

Die Venus von der Alb

*Kleines Bild: Im Urge-
schichtlichen Museum von
Blaubeuren sieht man
auch die typische Kleidung
unserer Vorfahren.*

*Großes Bild: Die Steinzeit
liebte es üppig – Venus
aus der Karsthöhle Hohle
Fels.*

Als schön gilt sie den meisten nicht, aber als
Sensation: Die in einer Höhle bei Schelklingen
gefundene Frauenfigur ist die **älteste bekannte
Menschendarstellung der Welt**.

Die Höhlen der Schwäbischen Alb haben weit
mehr zu bieten als nur Tropfsteine. Seit Jahrtausenden ruhen in ihrem Dunkel die ältesten
Kunstwerke der Welt. In der letzten **Eiszeit**, als
die Alb eine unwirtliche baumlose Tundra war,
suchten die **jungsteinzeitlichen Menschen** in
den Höhlen gelegentlich Unterschlupf. Und
sie haben Werke zurückgelassen, die heute für
Schlagzeilen sorgen.

Ein besonderes Stück fand sich mit einer
eindrucksvollen Frauenskulptur im **Hohle Fels**,
einer Höhle bei Schelklingen nahe Blaubeuren.
Gerade mal 6 cm ist die „**Venus
vom Hohle Fels**" hoch, wiegt 33 g,
hat ausladende Hüften, Stummel-
beinchen und extrem betonte Ge-
schlechtsmerkmale. Ihr Leib trägt
zahlreiche Ritzlinien und Kerben
und dort, wo der Kopf sein sollte,
sitzt eine Öse. Jungsteinzeitliche
Frauenfiguren mit ähnlich üppigen
Körperformen sind aus mehreren
anderen Fundstellen in Europa
bekannt. Doch die Älblerin ist
mehrere Tausend Jahre älter als diese. Wie die
Radiokarbondatierung ergab, sind es 35 000–
40 000 Jahre her, dass ein Steinzeitmensch die
kleine Venus aus dem Stoßzahn eines Mammuts

geschnitzt hat. Doch wozu? Darüber können die
Archäologen nur spekulieren: Muttergottheit,
Talisman für glückliche Geburten, Teil schamani-
scher Riten, Furchtbarkeitssymbol?

Künstler und Musiker

Die Alb rückte 1931 als archäologische Fundgrube
ins Rampenlicht. Damals fand der Tübinger
Archäologe Gustav Riek in der **Vogelherdhöhle**
im Lonetal die **ältesten Tierfiguren der Welt**, darunter das weltberühmte **Höhlenpferdchen**. 2007
kam dank einer genaueren, modernen Methoden
entsprechenden Inspektion in den Funden aus
den 1930er-Jahren noch ein **Mammutfigürchen**
zum Vorschein. Nun hat sich die Zahl der **Eiszeit-
Kunstwerke** auf 50 erhöht. Fast alle sind Schnit-
zereien aus **Mammutelfenbein**. Auffällig ist, dass
die Künstler sich insbesondere von solchen Tieren
inspirieren ließen, die sie mit ihren Fähigkeiten
beeindruckt haben müssen. Dies waren vor allem
Tiere, die als besonders stark, schnell oder gefährlich galten wie Löwen, Bären, Mammuts oder
Pferde. Wie die Venus besitzen viele eine Öse,
wurden also als Anhänger getragen. Die Farbreste
aus dem Hohle Fels lassen vermuten, dass die
Eiszeitjäger der Alb ihre Höhlen auch bemalt
haben. Diesem umfassenden künstlerischen
Schaffen entstammen auch die **ältesten Musikinstrumente der Welt**: eine **Flöte** aus Schwanenknochen aus dem Geißenklösterle bei Blaubeuren
sowie eine aus Gänsegeierknochen im Hohle
Fels, beides zierlich feine Instrumente.

WUSSTEN SIE, ...

*... dass die 1878 erschienene Ge-
schichte von David Friedrich Weinland
über den Steinzeit-Jäger Rulaman
in kürzester Zeit zum Bestseller wurde
und sich bis heute verkauft? Kein
Roman berichtet packender über die
Vorgeschichte der Schwäbischen Alb.*

Fenster zur Geschichte

Die Architektur auf der Schwäbischen Alb ist von zahlreichen Stilepochen geprägt und hier wie andernorts sind es vor allem die sakralen Bauten, die eine besonders reiche Formensprache artikulieren, die speziellen Eigenheiten des jeweiligen Architekturstils dokumentieren und sichtbare Akzente setzen: Kirchen wie **Neresheim** und **Zwiefalten** gehören zu den Glanzpunkten des Barock. Wie ihre Bauherren höfischen Glanz interpretierten, versinnbildlichen die Schlösser **Lichtenstein** und **Sigmaringen**.

Klosterkirche Neresheim

Schon von weiter Ferne sichtbar erhebt sich Kloster Neresheim beim gleichnamigen Ort majestätisch über der weiten grünen Hochfläche des Härtsfelds. Das **Benediktinerkloster** geht auf eine romanische Gründung im Jahr 1095 zurück; aus dieser Zeit sind jedoch keine Spuren mehr erhalten. Die heutige Kirche wurde 1750–1792 nach Plänen von Balthasar Neumann erbaut und wird als Höhepunkt der Barockarchitektur gefeiert. Im Innenraum verdienen die wunderbaren Kuppelfresken mit der Darstellung biblischer Szenen wie dem letzten Abendmahl und der Auferstehung Jesu ebenso Beachtung wie der prächtige Hochaltar und die goldgeschmückte Kanzel. Die Kanzleiräume der Äbte im **Klostermuseum** zeugen von deren früherem Reichtum.

Ulm und sein Münster

Das im Stadtzentrum von Ulm gelegene Münster (1377–1529, 1844–1890 ausgebaut) ist nach dem Kölner Dom die größte gotische Kirche in Deutschland, die mit dem 161,53 m hohen Turm den **höchsten Kirchturm der Welt** besitzt. Erbaut wurde die großartige Kirche vorwiegend aus Backstein und aus Sandstein, die mittelalterliche Bausubstanz ist auch heute noch nahezu vollständig vorhanden. Hervorzuheben im Inneren ist besonders das prachtvolle **Chorgestühl** (1469–1474) von Jörg Syrlin d. Ä., das berühmte Gelehrte, Dichter und Philosophen der Antike darstellt. Beachtenswert sind außerdem der aufwendig geschnitzte Schalldeckel (1510) der Kanzel und das Sakramentshaus. Wer die 768 Stufen zur obersten Aussichtsplattform des Kirchturms hinaufklettert, genießt durch gotisches Maßwerk einen fantastischen Rundblick über die Stadt. Während das Rathaus mit astronomischer Uhr, das Schiefe Haus aus dem 14. Jh. oder das Fischerviertel für das alte Ulm stehen, markiert das auffällige Stadthaus in unmittelbarer Nähe des Münsters die Moderne. Das von dem New Yorker Architekten Richard Meier entworfene Gebäude ist Ausstellungsraum und Veranstaltungsort zugleich.

Kloster Zwiefalten

Fast 1000 Jahre Mönchstum haben in Zwiefalten Spuren hinterlassen. 1089 wurde das **Benediktinerkloster** gestiftet; noch heute wird das Klosterbier hergestellt. Während das Kloster selbst heute eine Klinik beherbergt, zieht die Klosterkirche noch immer Architekturbegeisterte in ihren Bann. Erbaut von 1744 bis 1765, zählt sie zu den grandiosen Barockkirchen Süddeutschlands. Im Inneren eröffnet sich ein Rausch aus Gold und Weiß und herrlichen Farben. Theodor Heuss, der erste Bundespräsident der Bundesrepublik, soll über die Klosterkirche gesagt haben, sie sei „ein Konzert von Stoffen, Formen, Farben, ein Überschwang, aber beherrscht". Vor allem dem **Fresko im Langhaus** wohnt eine unvergleichliche Dynamik

In der Klosterkirche Zwiefalten zeigt sich die gewaltige Ausdruckskraft des Barock.

inne. Franz Joseph Spiegler malte es 1751. Eine wahre Augenweide ist auch das Chorgestühl (1744–1752).

Schloss Lichtenstein

Es ist eins der Bilderbuchmotive der Schwäbischen Alb: Wie direkt dem Märchen entsprungen, erhebt sich Schloss Lichtenstein über dem **Echaztal**. Angeregt durch den Roman „Lichtenstein" von Wilhelm Hauff ließ Herzog Wilhelm 1840–1842 an der Stelle der längst verfallenen Burg der Herren von Lichtenstein seine mittelalterliche Idealburg im **neugotischen Stil** aufbauen. Die Säle und Kammern präsentieren stolz Ritterrüstungen, Wappen, Lanzen und Schwerter, prunkvoll zeigt sich das Königszimmer.

Schloss Sigmaringen

Bildschön thront Schloss Sigmaringen über der **Donau**, von 1623 bis 1849 war es Residenz der Fürsten von Hohenzollern-Sigmaringen. Insgesamt 15 Residenz- und Prunksäle zeugen vom luxuriösen Leben der Fürsten, darunter der Ahnensaal und die spektakuläre Waffenhalle mit 3000 Exponaten. Der Bergfried stammt noch aus dem 12. Jh.; das Schloss (15./16. Jh.) wurde nach einem Brand zwischen 1895 und 1899 wieder aufgebaut.

Araber auf der Alb

Tausende Pferdeliebhaber kommen auf die Schwäbische Alb, um bei der Fohlenschau und der **Hengstparade in Marbach** (Gomadingen) dabei zu sein. Großes Publikum und Shows hatte Graf Eberhard im Bart allerdings nicht im Sinn, als er das Gestüt 1491 gründete. Die beschafften Rösser aus Arabien, Holstein und der Türkei sollten den Nachschub an Reitpferden sicherstellen. 150 Jahre später, nach dem Dreißigjährigen Krieg, waren hingegen kräftige Arbeitstiere gefragt, und so züchteten die Marbacher das „**Württemberger Warmblut**". Einige besonders hell strahlende Sterne der Geschichte des **Haupt- und Landgestüts** stammen aus der Wüste: 1816 traf Murana ein, Stammmutter der „Silbernen Herde" der

Edle weiße Araberstuten tummeln sich mit ihrem noch dunkel gefärbten Nachwuchs auf den Weiden des Haupt- und Land-gestüts in Marbach.

Marbacher Araber. Stammvater wurde ein Jahr später das Leibreitpferd König Wilhelms I. von Württemberg, ein Schimmel namens Bairactar. Von Hadban Enzahi, legendärer Erbgutträger bis 1975, wird die Geschichte erzählt, er habe, frisch aus Ägypten eingetroffen, völlig ratlos auf dem Gras der Albweiden gestanden. Dass dieses zum Fressen geeignet ist, musste sich der „Wüstensohn" erst bei den anderen Pferden abschauen.

Hengstparade

Alljährlich findet im Herbst die legendäre Hengstparade des Haupt- und Landgestüts von Baden-Württemberg statt, die mehrere Zehntausend Besucher anzieht. Bei dem Spektakel werden stattliche Hengste und prächtige Stuten verschiedener Rassen – darunter natürlich auch die berühmten **Araber** und die mächtigen **Schwarzwälder Füchse** – präsentiert. In einem großen, abwechslungsreichen **Showprogramm** werden Dressur-, Spring- und Fahrvorführungen gezeigt; ein besonders beeindruckender Anblick ist die frei laufende „**Silberne Herde**" der Araber.

Maultaschen & Co.

Maultaschen, Laugenbrezeln und Spätzle bilden die Eckpfeiler der schwäbischen Küche. Die Maultaschen haben es sogar geschafft, als regionale Spezialität von der Europäischen Union geschützt zu werden. Einst war die Maultasche eine beliebte Fastenspeise: Fest vom Teig umhüllt, sollte das Fleisch „vor den Augen des lieben Gottes" verborgen bleiben.

Leibspeise der Schwaben

Mehl, Eier, Wasser, Salz – mehr enthalten Spätzle, die wichtigste Beilage der schwäbischen Küche, nicht. Spätzle begleiten die elementarsten Leibspeisen der Schwaben: gekochte Linsen, Zwiebelrostbraten, Gaisburger Marsch, und sie sind solo als Käsespätzle von der Liste schwäbischer Gaumenfreuden nicht wegzudenken.

Wer hat die besten Brezeln?

Der unangefochtene Klassiker unter den Backwaren Schwabens ist die **Laugenbrezel**. Was eine gute Brezel ist, darüber wird allerdings gestritten. Die einen mögen sie lieber dunkel, die anderen hell und weich; krosse, stramme Ärmchen werden hier bevorzugt, die teigige Variante da. Allen Brezeln ist die Form mit den verschlungenen Ärmchen gemeinsam und die aufgestrichene Natronlauge, die sie dunkel färbt.

Die Maultaschen gehören zu den Spezialitäten der schwäbischen Küche.

Typisch für die schwäbische Laugenbrezel ist der Einschnitt oben im „verdickten" Bogen.

Bodensee

Das Geheimnis des Bodensees ist seine Vielseitigkeit – so groß er ist, so mannigfaltig ist das Angebot: Natur, Kultur, Geschichte und Genuss.

Lindau am Bodensee ist bekannt für seine Hafeneinfahrt und die schöne, malerische Altstadt.

Die Bodenseeregion ist eine der ältesten und schönsten Kulturlandschaften Europas mit vielfältigen Freizeitangeboten für jeden Geschmack – und wohl nur an wenigen Flecken Deutschlands ist die Lebensqualität so hoch wie an den Gestaden des drittgrößten Binnengewässers Europas.

Der Bodensee hat eine Fläche von 536 km² und eine Länge von 63 km, er trägt daher zu Recht den Beinamen „Schwäbisches Meer". Dazu ist der Bodensee von einer Landschaft umgeben, die nie langweilig wird. Hinter Hügeln tauchen Barockkirchen auf. Von Gipfeln schweift der Blick über den See. Im Sommer schaut man bei strahlend blauem Himmel über Palmen bis hin zu den Gipfeln der Alpen. Naturschutzge-

biete wie das **Wollmatinger Ried** bieten mit ihren im Wind wogenden Schilfgürteln einen Eindruck vom ursprünglichen Bild des Sees, auf dem während des Vogelzugs Tausende Wasservögel ein Meer aus schwarzen und weißen Punkten bilden.

Doch nicht nur die Natur begeistert. Die Technik des frühen 20. Jhs. wurde wiederbelebt, und nach langen Jahren fliegt der Zeppelin wieder in Friedrichshafen. Bei Passagierflügen bieten sich außergewöhnliche Ausblicke auf den Bodensee.

Für Kulturbegeisterte gibt es Entdeckungsreisen in die Stein- und Bronzezeit im **Pfahlbaumuseum Unteruhldingen**, ins Mittelalter in den ehemaligen **Klöstern der Insel Reichenau** mit ihren wertvollen Wandmalereien, zur Zisterzi-

Bodensee

lesnarr und Hänsele während der **schwäbisch-alemannischen Fasnet** durch die Altstadtgassen.

Von der trutzigen **Meersburg** über Deutschlands größte Festungsruine auf dem Hohentwiel bis zu pittoresken Altstadtzentren wie in **Lindau** spannt sich der regionalgeschichtliche Bogen. Himmelan gerissen wird das Herz durch die zahlreichen barocken Rauminszenierungen, die die Vorarlberger Baumeisterfamilien Thumb und Beer kreierten.

Die landwirtschaftlichen Produkte der Bodenseeregion sind weithin geschätzt. Im See tummeln sich allerlei Fische, die Rebhänge liefern qualitätsvolle Seeweine, Gemüsefelder reihen sich dicht an dicht auf der Reichenau, **Obstplantagen** liefern knackige Äpfel, und **Tettnanger Hopfen** veredelt das Bier. Hier lässt man sich trefflich verwöhnen von den Erzeugnissen der Region in den zahlreichen historischen Gasthäusern, von Kretzer, Felchen (s. S. 277), Knöpfle und Reichenauer Gemüse bei einem guten Tropfen aus dem Staatsweingut Meersburg.

enserbaukunst in **Salem** sowie nach **Konstanz**, imposanter mittelalterlicher Bischofssitz, Konzilsort und Papstwahlstätte. Die kulturelle Vielfalt ist immens: Rund 100 Museen widmen sich so unterschiedlichen Themen wie Archäologie und Bier, Kunst oder Luftfahrt.

Vor mehr als 150 Jahren schrieb die Münsteranerin Annette von Droste-Hülshoff auf der **Meersburg** hoch über dem See die Worte: „Mir ist er gar ein trauter Freund." Hermann Hesse, der seine ersten Dichterjahre auf der Höri verlebte, Otto Dix als Maler des kritischen Realismus, der nach Hemmenhofen ins Exil ging, Henri Dunant, der Gründer des Roten Kreuzes, der in Heiden seinen Lebensabend verbrachte, sowie **Graf Zeppelin** und **Claude Dornier**, die die Luftschifffahrt revolutionierten, stehen für die kulturelle Vielfalt der Region.

Kultur anderer Art erlebt man beim **Konstanzer Seenachtfest**: Denn dann erhellt prachtvoller Feuerzauber den Nachthimmel. Urtümlich und rustikal und oft geradezu archaisch wiederum geht es zu, wenn die Narren los sind: Ungestüm, scheppernd und prasselnd ziehen Eckhexe, Blätz-

▶ TOPZIELE IN DER REGION

Ob malerische Städte, interessante Inseln, bedeutende Kirchen oder Museen – am Bodensee wird viel geboten:

MAINAU
Einen Rausch der Farben erlebt man auf dieser berühmten Insel, wenn die prächtigen Pflanzen in kunstvollen Beeten und Rabatten in voller Blüte stehen. → S. 269

PFAHLBAUTEN
Ein ganzes Pfahlbaudorf der Vorzeit ist in Unteruhldingen nachgebaut. Dort wird der Alltag der Menschen dargestellt, die in der Stein- und Bronzezeit am See siedelten. Die Originalfundstätte des Bronzezeitdorfs Unteruhldingen liegt nur wenige Hundert Meter entfernt und gehört seit 2011 zum UNESCO-Weltkulturerbe. → S. 272

WALLFAHRTSKIRCHE BIRNAU
In der Nähe der Pfahlbauten erhebt sich die Wallfahrtskirche Birnau, ein Meisterwerk der Barockkunst. Spek-

takulär ist auch die herrliche Lage der Kirche am See. → S. 272/273

REICHENAU
Die größte Insel im Bodensee ist vor allem wegen ihrer frühromanischen Kirchen berühmt. Über 1000 Jahre beteten und arbeiteten Mönche hier abgeschieden von der Welt. → S. 274

LINDAU
Der Name des aus einer Fischersiedlung hervorgegangenen Orts, dessen Altstadt auf einer Insel liegt, leitet sich von dem im 9. Jh. gegründeten Damenstift Unserer Lieben Frau unter den Linden her. → S. 276

MEERSBURG
Mit seiner idyllischen Altstadt gehört Meersburg zu den meistbesuchten Städten am Bodensee. Hier verbrachte die Dichterin Annette von Droste-Hülshoff ihre letzten Lebensjahre und ließ sich vom Bodensee zu vielen Werken inspirieren. → S. 276

Eisige Gletscher, heiße Vulkane

Der Bodenseeraum ist Teil des nördlichen Alpenvorlands, das vom Genfer See im Westen bis zum Wiener Becken im Osten reicht. Ganz im Westen ragen die Hegau-Vulkane auf, ihrer markanten Form wegen „des Herrgotts Kegelspiel" genannt. Im Süden erhebt sich das Alpstein-Massiv mit dem 2502 m hohen **Säntis** als prägnante Felsenburg.

Während des letzten Eiszeitalters, das vor ca. 720 000 Jahren begann und erst vor rund 10 000 Jahren zu Ende ging, stießen mehrmals mächtige

Von Kressobrunn aus hat man einen fantastischen Blick auf den mächtigen Säntis auf Schweizer Seite.

Gletscherströme von den Alpen kommend nach Norden vor und hobelten den Untergrund bis zu 400 m tief aus. Im süddeutschen Alpenvorland unterscheidet man **vier Eiszeiten**, die nach den Flüssen Günz, Mindel, Riß und Würm benannt sind. Das heutige Landschaftsbild des Bodenseeraums haben vor allem die beiden letzten Kaltzeiten, die Riß- und die Würmeiszeit, nachhaltig geprägt. In der Rißeiszeit lagerte der Rheingletscher enorme Mengen Schutt, Geröll, Sand und Lehm ab, die man als Moränen bezeichnet. Nach dem Abtauen des Eises blieben diese Moränen als Höhenzüge liegen.

Nicht mehr ganz so weit nach Norden ist der würmeiszeitliche Rheingletscher vorgestoßen. Allerdings hat er bis zu einer Linie Pfullendorf–Bad Schussenried–Bad Waldsee die rißeiszeitliche Moränenlandschaft überformt.

Des Hergotts Kegelspiel

So bezeichnete der Heimatdichter Ludwig Finckh (1876–1964) liebevoll die tertiärzeitlichen **Vulkankegel**, die das Landschaftsbild des westlichen Hinterlands des Bodensees, des **Hegaus**, maßgeblich bestimmen.

Die beiden bekanntesten Vulkane sind der 688 m hohe **Hohentwiel** bei Singen und der weiter nördlich 644 m aufragende **Hohenkrähen**. Der Hegau vermittelt zwischen dem Bodenseeraum, dem Hochrheingebiet, dem Schwarzwald, der Baar und der Südwestalb. Im östlichen Hegau befindet sich südwestlich von Eigeltingen Deutschlands stärkste und auch größte Quelle, der **Aachtopf**, der Quellsee der Radolfzeller Aach. In jeder Sekunde dringen aus dieser Quelle durchschnittlich 8500 l – abhängig von der Jahreszeit kann die Wassermenge jedoch stark schwanken: Bei Hochwasser können auch bis zu 24 000 l Wasser aus 18 m Tiefe aus dem stark verkarsteten Untergrund und dem Einzugsbereich der jungen Donau an die Oberfläche empordrängen. Hierbei handelt es sich hauptsächlich um das weiter nördlich in Immendingen und Fridingen versickerte Wasser der Donau.

Die mit Ablagerungen des Molassemeeres (vor ca. 25–30 Mio. Jahren) und eiszeitlichen Sanden und Geröllen angefüllte Beckenlandschaft ist geprägt von **zwei Reihen Vulkanruinen**. Die westliche Schlotreihe, deren markanteste Erhebung der Doppelgipfel des **Hohenstoffeln** (844 m) und des **Hohenhewens** (846 m) ist, entstand vor etwa 16 Mio. Jahren, als gewaltige Tuffmassen

Aus der Hegaulandschaft erhebt sich als ehemaliger Vulkankegel der Hohentwiel bei Singen.

und basaltische Schmelzen aus der Tiefe empordrangen. Vor rund 7 Mio. Jahren durchstießen Phonolithe das Deckengebirge und bildeten die östliche Reihe der Hegauvulkane, zu denen der **Hohentwiel** (686 m), der **Hohenkrähen** (643 m) und der **Mägdeberg** (664 m) gehören.

Ur-Bodensee

Der Vorläufer des heutigen Bodensees war wesentlich größer als sein „Nachfahre". Nach Norden erstreckte sich dieser sogenannte **Rheintalsee** bis in die Gegend von Ravensburg, und im Süden nahm er wie ein Fjord das Tal des **Alpenrheins** bis in den Raum Chur ein. Mit einem Seitenarm hatte er Verbindung mit dem Walensee und dem Zürichsee.

Der Ur-Bodensee war damit etwa doppelt so groß wie heute. Zuflüsse in den See füllten ihn mit Schutt, Kies, Sand und Lehm teilweise auf.

Der „Rheinbrech"

Am Südostende des Bodensees ergießt sich der Rhein in den See. Hellbraune Wolken färben an dieser „Rheinbrech" genannten Stelle das

Wasser. Der Alpenrhein schwemmt noch immer große Mengen Schutt aus den Alpen heran – bis zu 3 Mio. m³ Schlamm und Sand gelangen so jährlich in den See. Um zu verhindern, dass diese Sedimente das unmittelbare Mündungsgebiet auf Dauer vollständig zuschütten, hat man mittels Dämmen die Mündung künstlich weit in den See hinaus verlegt. Kombiniert mit permanenten Ausbaggerungen, soll damit auch die Hochwassergefahr für die Anrainer gebannt werden. Der größte Teil der Feststoffe bleibt im See und macht mittlerweile einen Unterwasser-Schuttkegel von 2,2 km² aus.

Dreiklang

Der Bodensee wird im Allgemeinen in drei Bereiche eingeteilt: Obersee, Überlingersee und Untersee. Der 46 km lange, ca. 14 km breite und bis 254 m tiefe **Obersee** reicht von Bregenz bis Konstanz. Die tiefste Stelle des Bodensees liegt zwischen Fischbach und Uttwil. Sein Spiegel liegt bei mittlerem Wasserstand bei 395 m ü. NHN und schwankt um ca. 2 m. Am Obersee erreicht der Bodensee seine größte Breite: Bis zu

Verwunschen zeigt sich die Insel Reichenau abseits des touristischen Trubels.

ca. 14 km trennen deutsches und schweizerisches Ufer auf der Höhe von Friedrichshafen. Der See kann ganz verschiedene Gesichter zeigen: Mal rücken bei schönem Wetter und klarer Sicht die Alpen nah heran, dann wieder lassen Stürme das Wasser wild wogen und Regen peitscht über den aufgewühlten See – so mancher Hobbysegler ist hier schon in Seenot geraten.

Zwischen Konstanz und Meersburg zweigt westlich der schmalere, fjordähnliche **Überlinger See** ab, der etwa 20 km lang und bis zu 147 m tief ist. Der nordwestliche Seeteil des Überlinger Sees bietet mit seinem südländisch geprägten Nordufer und dem schroff abfallenden, bewaldeten Südufer reizvolle landschaftliche Gegensätze.

Der Dritte im Bunde des Bodensee-Dreiklangs ist der **Untersee**. Dieser reich gegliederte Teil wird durch eine bei Konstanz vom Rhein durch-schnittene Landbrücke vom Hauptbecken ge-trennt. Der sogenannte Seerhein bildet den Ab-fluss des Ober- und den Zufluss des Untersees und verbindet beide Seeabschnitte auf einer Strecke von ca. 4 km. Der Untersee wird durch den auf 708 m ansteigenden waldreichen Schie-ner Berg, die 63 km² große Halbinsel Höri und die schmale Landzunge der Mettnau bei Radolf-zell fingerförmig in den Gnadensee, den Zeller See und den eigentlichen Untersee gegliedert.

Inselwelten

In den drei Becken des Bodensees gibt es je eine Insel, und alle sind ausreichend groß, dass Menschen sie vor Jahrhunderten zur Besiede-lung auswählten und urbar machten: **Lindau** (53 ha) liegt am östlichen Ende des Obersees, die Blumeninsel **Mainau** (44 ha) am Eingang zum Überlinger See und die Gemüseinsel **Reichenau** inmitten des Untersees, die mit 4,28 km² die größte der Inseln ist.

Mehrere weitere Inselchen verteilen sich über den See, darunter die **Konstanzer Insel** (2 ha), die Insel **Hoy** bei Lindau und auf Schweizer Gebiet bei Stein am Rhein die Inselgruppe „**Im Werd**".

Garteninsel Mainau

Jedes Jahr kommen 1,3 Mio. Besucher auf die Insel Mainau, vor allem während des **Blumenjahres** von März bis Oktober. Jeden Monat erwartet sie ein anderer Blütenschwerpunkt, von Schneeglöckchen, Tulpen, Narzissen und Krokussen im Frühjahr über die Rosen und Rhododendren im Sommer bis zu den Dahlien im Herbst. Das Geheimnis liegt vor allem in einer genauen und frühzeitigen Planung.

Diese beginnt für das Frühjahr bereits mit der rechtzeitigen Bestellung der Zwiebeln. Jedes Jahr ordern die Gärtner von Neuem, immer darauf bedacht, den Gästen aktuelle Züchtungen zu zeigen, die sie noch nirgendwo anders gesehen haben. **600 000 Blumenzwiebeln** setzen die Gartenteams im Herbst. Nach der Blüte im Frühjahr landen alle auf dem Kompost.

Am liebsten würden die Besucher die Pflanzen einpacken und mit nach Hause nehmen. Doch die Blumen sind darauf gezüchtet, ein Frühjahr lang wunderbar zu blühen. Die Kraft geht in die Blüte, weniger in die Zwiebel. Ergattert man mal eine Tulpe von einem Mainau-Beet, sollte man auf alle Fälle das Grün an der Pflanze lassen, bis es vertrocknet ist, da dadurch die Zwiebel Energie für einen neuen Austrieb bekommt.

Diese und andere **wertvolle Tipps für Hobbygärtner** geben die Mainau-Gärtner gern weiter – sei es direkt am Beet, in Workshops oder über das grüne Telefon. Wer es ganz genau wissen will, kann auch für ein, zwei oder sogar fünf Tage selbst zum Mainau-Gärtner werden. Wann sich im Frühling die gesetzten Zwiebeln entfalten, bleibt bei aller planerischen Kompetenz vom Wetter abhängig. Dass die Mainau ein Blumenparadies ist, ist Lennart Graf Bernadotte von Wisborg, einem Enkel der schwedischen Königin Victoria, zu verdanken, der die Insel seinem Vater abkaufte und zu dem machte, was sie heute ist.

Mehr als ein Garten

Die Insel Mainau lohnt aber nicht nur wegen der verschwenderischen Blumenbeete einen Besuch. Sehenswert sind u. a. auch das aus der Mitte des 18. Jhs. stammende Schloss und die Schlosskirche St. Marien mit barocker Ausstattung, der Gärtnerturm (ein Teil der mittelalterlichen Festungsanlage), ein italienischer Rosengarten sowie ein Palmenhaus und ein wertvolles Arboretum.

Kleines Bild: Tulpen und Narzissen säumen die Italienische Wassertreppe.

Großes Bild: Liebevoll angelegt, erstrahlen die Blumenbeete auf der Mainau in den schönsten Farben.

FAKTEN

Vom Festland ist die 45 ha große Insel Mainau über eine Fußgängerbrücke oder mit dem Inselbus ab dem Parkplatz erreichbar. Die schönste Anreise hat man allerdings mit dem Schiff.
Die Insel ist von Sonnenaufgang bis Sonnenuntergang geöffnet. Die frühen Morgenstunden sind besonders reizvoll für einen Rundgang. www.mainau.de

Das Wollmatinger Ried, ein wertvoller Lebensraum für zahlreiche Vogelarten, bietet im Licht der tief stehenden Sonne einen zauberhaften Anblick.

Wertvolle Moore

Trotz der relativ dichten Besiedlung und der starken Nutzung der Landschaft am Bodensee gibt es noch zahlreiche Naturrefugien, in denen es eine ausgesprochen artenreiche Flora und Fauna gibt.

In den Feuchtgebieten am Bodensee, im **Wollmatinger Ried** (nordwestlich von Konstanz) und **Eriskircher Ried** (südlich von Friedrichshafen), brüten vielerlei Wasser- und Watvögel. Hier leben Brachvögel, Kolbenenten, Haubentaucher und Seeschwalben. Weißkopf- und Lachmöwen folgen den Ausflugsschiffen. Auch Kiebitze und Schnepfen haben hier ihren Lebensraum. Im Schilf „schimpfen" die Rohrspatzen (Schilf- und Rohrsänger). Auf Frösche macht eine allmählich wieder wachsende Zahl von **Weißstörchen** Jagd. Spitzmäuse und andere Kleinsäuger werden oft von **Weihe**, **Milan** und **Waldohreule** erbeutet.

Natur pur

Direkt am Seeufer gibt es Röhricht mit Schilfrohr, Seegras, Seggen bzw. Riedgräsern und Pfeifengras. Landeinwärts steht Feuchtigkeit liebender **Bruchwald** mit Weiden, Pappeln, Birken, Erlen und sogar

WUSSTEN SIE, …

*… dass im **Wollmatinger Ried** jeden Mai 200 000 wilde Schwertlilien ihre Blütenpracht entfalten – ein einzigartiges Naturschauspiel.*

Kreuzdorn. In den ufernahen **Riedbereichen**, so z. B. im Wollmatinger Ried, findet man auch Lungenenzian und Knabenkraut. Das Eriskircher Ried ist bekannt für seine Irisblüte. In den Bergen nahe dem Bodensee gedeihen vor allem Buchen, Eichen, Erlen, Eschen, Fichten und Kiefern. Typische Gebirgsblütenpflanzen sind Anemone, Aurikel, Mehlprimel, Gelber und Blauer Enzian, Eisenhut, Alpenrose, Silberdistel und Türkenbund. Ferner findet man hier oben auch vielerlei Orchideen und Sonnentau. Vereinzelt kommen Felsnelken, Küchenschellen und Schwalbenwurz vor.

Ein Paradies für Vögel

Der Bodensee ist das größte und wichtigste **Rast- und Winterquartier** für Wasservögel in ganz Mitteleuropa. Auch im Sommer nutzen teils sehr seltene Vogelarten das Schilf zur Brut.

Im Winter versammeln sich Tausende Reiher- und Tafelenten auf der Wasserfläche und suchen nach Nahrung. Blässhühner kreischen durchdringend, Haubentaucher streiten sich, immer wieder bricht unter den Enten Geschnatter aus. Ab und zu startet einer der mächtigen Höckerschwäne durch, schlägt kraftvoll mit den Flügeln, scheint noch viele Meter weit über die Seeoberfläche zu rennen, bis er schließlich schwerfällig abhebt. Ein paar Vögel fliegen mit ihm auf, andere landen, ein stetiges Kommen und Gehen, selbst die Nacht hindurch.

Gäste aus dem Norden

Nicht nur die heimische Vogelwelt schätzt den See. Aus dem Norden treffen **Zugvögel** ein, angezogen von der eisfreien Wasserfläche und dem großen Nahrungsangebot. Einige bleiben den ganzen Winter über, andere nehmen Nahrung auf, gönnen sich ein paar Tage Ruhe und fliegen dann weiter Richtung Afrika.

Spießenten (die erkennbar sind an der langen, spitzen Schwanzfeder) kommen aus Island und der Polarregion. Schon über 1000 Stück wurden im Ermatinger Becken gezählt. Eine beringte Reiherente hatte 8000 Flugkilometer hinter sich gebracht, bis sie aus Sibirien kommend am Bodensee eintraf. Von November bis März bleiben die anmutigen Singschwäne am See. Im Herbst und Frühjahr unterbrechen die nordischen Graugänse ihren Zug nach bzw. von Algerien und Tunesien.

Im Frühling verwandelt sich das Schilf in eine große **Kinderstube**: Hier brüten die sehr seltenen Drosselrohrsänger und die Bartmeise. Der Klimawandel bringt heute neue Gäste an den See. So stieg das Vorkommen des Großen Brachvogels deutlich an. Diese beeindruckenden Vögel mit dem langen Schnabel bevorzugen das Ermatinger Becken, um im Winter tagsüber im Schlick nach Nahrung zu suchen. Friert das Flachwasser zu, fliegen sie auf die Wiesen bei Moos. Insgesamt wurden laut der „Ornithologischen Arbeitsgemeinschaft Bodensee" **412 Vogelarten** nachgewiesen.

Ornithologen beobachten aufmerksam das Geschehen. Seit 1961 erfassen die Experten des Naturschutzbundes NABU das ganze Winterhalbjahr über, was sich am und auf dem See tut. Mit Hochleistungsfernrohren, sogenannten Spektiven, können sie Arten auf bis zu 3 km Entfernung zuverlässig bestimmen. Wer selbst gern Vögel beobachtet, findet am **Wollmatinger Ried** Beobachtungsstände und kann sich das ganze Jahr über Führungen mit den Experten anschließen (www.nabu-bodenseezentrum.de).

Obstreichtum

Der Obstanbau in der **klimatisch begünstigten Region** hat eine lange Tradition, was sich etwa an alten Ortsnamen wie Birnau, Apflau oder Nußdorf ablesen lässt. Das Anbaugebiet am Bodensee erstreckt sich auf der deutschen Seite über vier Landkreise, nämlich Konstanz, Lindau, Ravensburg und den Bodenseekreis.

Hauptkultur der rund 1600 Erwerbsobstbaubetriebe ist der **Apfel**. Nach dem Alten Land in Norddeutschland ist die Bodenseeregion die zweitgrößte Anbauregion für Äpfel in Deutschland. Kultiviert werden rund 20 verschiedene Sorten.

Der von der Eiszeit geprägte Landstrich ist geradezu ideal geeignet für den Apfelanbau – die Flächen liegen auf 400 bis 500 m Höhe, und Niederschlagsmengen von 750 bis 1200 mm bringen ausreichend Feuchtigkeit. Für die Zuckerbildung und die intensive Ausfärbung sind die relativ warmen Herbstmonate verantwortlich, was auf die Wärmespeicherkraft des Bodensees zurückzuführen ist.

Im bayerischen Anteil der Region befindet sich die wichtigste **Birnenproduktion** am See. Die Streuobstwiesen rund um den See prägen die Landschaft. Besonders schön ist das rosa-weiße Blütenmeer im Frühling rund um den Überlinger See, im Sommer reifen Zwetschgen und Kirschen. Die Ernte wird nicht nur als Frischobst verwertet, sondern auch zu Saft gepresst oder zu Hochprozentigem vergoren. In Hanglagen wird Wein angebaut. Landeinwärts breiten sich Erdbeerfelder sowie Apfel-, Birnen- und Kirschplantagen aus. Wichtige Sonderkulturen sind die Gemüsefelder auf der Insel Reichenau sowie die Hopfengärten im Raum Friedrichshafen-Tettnang.

▶ **SCHÄTZE DER NATUR**

Aktive Vogelfreunde
Immer wieder finden sich in den Ortschroniken außergewöhnliche Ereignisse vermerkt wie z. B. der Besuch von über 100 Pelikanen am 8. Juni 1768 in Lindau. Kommt heute ein Schelladler oder andere Raritäten in Sicht, spricht sich das unter den Vogelfreunden wie ein Lauffeuer herum – nicht zuletzt dank der täglichen Bekanntgabe aller Beobachtungen im Internet, beispielsweise unter www.bodensee-ornis.de.

Der Schelladler ist am Bodensee ein seltener und insbesondere bei Vogelliebhabern gern gesehener Gast.

Das Haubentaucherpärchen mit seinem Nachwuchs fühlt sich wohl auf dem Wasser des Bodensees.

Unterhalb der Wallfahrts- kirche Birnau wachsen die roten Trauben für einen guten Tropfen heran.

Beliebter Seewein

Keimzelle des groß angelegten Weinbaus am Bodensee war die **Reichenau**: Im 9. Jh. pflanzten die Mönche hier die ersten Weinreben der Gegend. Der See sorgt auf seine Weise für die Reben, wirkt doch die Wasserfläche als gigantischer Spiegel, der das Sonnenlicht reflektiert und in einer Zone von rund 4–5 km über das Ufer hinaus die Sonnenintensität zusätzlich steigert. Das Wasser speichert Wärme und gibt sie im Herbst und Winter wieder als eine Extraportion Sonne ab. Allein die Gunst der Natur genügt freilich nicht für einen guten Wein. Der Trank, den die Bauern lange Zeit kelterten, geriet zu sauer. Und erst mit Einführung neuer Sorten und Methoden im 18. Jh. ließ sich Wein vom See auch verkaufen und wird heute für seine Qualität geschätzt.

Bei den Rotweinen überwiegt der samtig edle **Spätburgunder**, auch Blauburgunder oder Pinot noir genannt. Liebling und meistverkauft unter den Bodensee-Weißweinen ist der **Müller-**

Thurgau (eine Kreuzung aus Riesling und Gutedel mit weichem Muskatton und angenehmer Säure). Viele Freunde hat auch der Sauvignon blanc, ein ausgezeichneter Begleiter zu Bodenseefischen. Das gilt auch für den Ruländer, der, trocken ausgebaut, den Namen „Grauer Burgunder" trägt.

Frühe Besiedlung

Erste Spuren des Menschen am Bodensee reichen in die Zeit vor rund 20 000 Jahren zurück. Im arktisch rauen Klima boten u. a. Höhlen den Jägern und Sammlerinnen Schutz. Die ersten **Pfahlbausiedlungen** am Unter- und am Überlinger See entstanden in der Jungsteinzeit (ca. 5000–2000 v. Chr.), als die Menschen bereits von Ackerbau und Viehzucht lebten. Pfahlbauten sind auch in der Bronzezeit (ca. 1800–700 v. Chr.) nachweisbar. Seit 2011 zählen die Pfahlbaudörfer zum Welterbe der UNESCO.

Mit Beginn der Eisenzeit verschwanden um 600 v. Chr. die Pfahlbaudörfer, die Menschen siedelten häufiger im Landesinneren. Der **Hallstatt-Kultur** der älteren Eisenzeit (ca. 750–450 v. Chr.) werden Fürstengräber auf dem Ottenberg und im Eugensberg bei Salenstein mit reichen Grabbeigaben wie Lanzenspitzen, Dolchen, Armreifen und Gürtelschließen zugerechnet.

Träger der Hallstatt-Kultur und der anschließenden **La-Tène-Kultur** (jüngere Eisenzeit; ca. 450–1. Jh. v. Chr.) waren die **Kelten**, die nun die Bodenseeufer besiedelten. Im Hinterland bauten sie stadtähnliche Anlagen (sogenannte Oppida) sowie kleinere Befestigungswerke und betrieben erste Eisenschmelzen.

Geschichte und Kunst

Der Bodenseeraum gelangte erst seit der Regierungszeit von Kaiser Augustus unter **römischen Kultureinfluss**. Eine provinzialrömische Kultur entfaltete sich von der Mitte des 1. bis zur Mitte des 3. Jhs. n. Chr. in den größeren Orten Raetiens wie Brigantium (Bregenz), Constantia (Konstanz) oder Arbor Felix (Arbon). Kastelle, wie das 2003 in Konstanz entdeckte, Heerstraßen, Wasserleitungen, Thermenanlagen, Foren mit öffentlichen Gebäuden, Mietskasernen und vornehme Atriumhäuser sowie stattliche Gutshöfe auf dem Land gehörten zum Erscheinungsbild der römischen Zivilisation.

Die Pfahlbauten von Unteruhldingen gehören zu den besonderen Attraktionen am Bodensee.

Romanik

Vom Ende des 8. bis zum frühen 10. Jh. vollzog sich eine Erneuerung der christlichen Kunst durch das Erbe der Antike, vor allem durch die Übernahme spätantik-byzantinischer Vorbilder, die sich mit germanischen Formen im Frankenreich durchdrangen. Großartigstes Beispiel spätkarolingischer Baukunst ist die **Stiftskirche St. Georg** von Oberzell auf der Reichenau, die im Inneren eindrucksvolle romanische Wandmalereien besitzt.

Charakteristisch für die frühe Romanik von der 2. Hälfte des 10. Jhs. bis ins erste Viertel des 11. Jhs. sind monumentale doppelchörige Basiliken, wie das **Münster St. Maria und Markus** in Mittelzell auf der Reichenau.

Die spätromanische Epoche von 1150 bis 1250, in etwa zeitgleich mit der Herrschaft der Stauferkaiser, gibt dem Profanbau neue Impulse, nicht zuletzt durch den Pfalz- und Burgenbau. Die **Meersburg** ist im Kern ein imposanter stauferzeitlicher Burgbau, der möglicherweise sogar auf das 7. Jh. zurückgeht. Der Rheintorturm in Konstanz vermittelt noch einen Eindruck der Stadtbefestigung um 1200, auch Teile des Mauerrings von Lindau wie die Heidenmauer oder der Mangturm gehören ins ausgehende 12. und frühe 13. Jh.

Barocker Schatz

Die **Wallfahrtskirche in Birnau** beeindruckt durch ihre Lage inmitten von Weinbergen mit prächtigem See- und Alpenblick. Sie gilt als schönste Barockkirche am Bodensee. Viele Wallfahrer kommen zur Kirche St. Maria wegen des Gnadenbilds der Gottesmutter von Birnau.

Die Saalkirche ist durch kleiner werdende Räume gestaffelt, wodurch Langhaus und Chor eine vollendete Einheit bilden. Das Langhaus schwingt leicht aus, Chorraum und Apsis sind mit Bogendurchgängen schmal gegliedert. Die zweigeschossige Wandgliederung leitet über in das mit Stichkappen versehene Spiegelgewölbe im Langhaus sowie in die Kuppeln von Chor und Apsis. Das mit seinen vielfach geschwungenen Linien und den harmonisch abgestimmten Farben der Deckenfresken und Altären in reichstem Rokokostil ausgestattete Kircheninnere ist in seiner Gesamtwirkung äußerst beeindruckend.

Bildung und Literatur

Der Bodensee als Bildungsraum hat eine lange Tradition, die in den frühmittelalterlichen Klosterschulen ihren Ursprung hat. Später fanden sich berühmte Literaten hier ein, darunter **Annette von Droste-Hülshoff** und der Literaturnobelpreisträger **Hermann Hesse**. Der prominenteste Vertreter der zeitgenössischen Literatur am Bodensee ist der 1927 in Wasserburg geborene **Martin Walser**, der heute in Nußdorf lebt. Der mit zahlreichen Preisen geehrte Schriftsteller gilt als einer der bedeutendsten Literaten unserer Zeit. Einem breiteren Publikum wurde Walser durch seine Novelle „Ein fliehendes Pferd" bekannt, die 2007 am Bodensee verfilmt wurde.

> **▶ ERLEBTE GESCHICHTE**
>
> ### Ausflug ins Mittelalter
> *Wenn man schon auf der Höri ist, lohnt ein kurzer Abstecher in die Schweiz – direkt an der Grenze liegt Stein am Rhein, ein städtebauliches Kleinod erster Güte: Der historische Kern mit Stadttoren, spitzgieblgen Fachwerkhäusern mit pittoresken Erkern und herrlichen Bemalungen versetzt den Besucher quasi ins Mittelalter. Von der hoch über dem Ort gelegenen Burg Hohenklingen erkennt man schön die frühere Stadtanlage.*

Glaube, Geist und Macht

WUSSTEN SIE, ...

... dass das Kloster Reichenau auf eine Gründung von Karl Martell im Jahr 724 zurückgeht und die ottonischen Fresken der Klosterkirchen zu den wichtigsten Zeugnissen frühromanischer Kunst in ganz Deutschland zählen?

Ab dem frühen Mittelalter prägten **Mönche** und **Nonnen** das Leben am Bodensee. Aus den ersten Glaubensgemeinschaften und kleinen Klöstern entwickelten sich florierende Wirtschaftsunternehmen und geistige Zentren, deren innovative Impulse in ganz Europa aufgenommen wurden.

Die Geschichten über die hiesigen **Klostergründungen** erzählen sehr deutlich, dass der Bodensee im frühen Mittelalter ein eher rauer Ort war. Als der Mönchsbischof und Wanderprediger Pirmin im Jahr 724 seinen Fuß auf die Reichenau setzte, soll die Insel ein wilder Urwald voller Schlangen, Dornen, Sümpfe und giftiger Insekten gewesen sein. Da aber an der Stelle, an der Pirmin seinen Bischofsstab aufsetzte, eine reine Quelle zu sprudeln begann, wusste der Pilger, dass er am richtigen Platz war. Die wilden Tiere haben das Zeichen wohl verstanden und flohen von der Insel. Dass dies drei Tage und drei Nächte gedauert haben soll, unterstreicht das beträchtliche Ausmaß der Wildnis. Anschließend fällte Pirmin gemeinsam mit 40 Brüdern ungezählte Bäume und Sträucher, um die Insel für sich und nachfolgende Mönche bewohnbar zu machen.

Vom Urwald zum Welterbe

Als der Wanderprediger drei Jahre später die Reichenau wieder verließ, übergab er an seinen Nachfolger ein wohlbestelltes Haus, das zwischen 800 und 1100 zu einem geistigen und kulturellen Zentrum wurde. Die **Klosterschule** war berühmt und zog kluge Köpfe an, ebenso die Reichenauer **Malschule** und die **Bibliothek**. Im **Skriptorium** des Klosters Reichenau entstanden wie in St. Gallen die bedeutendsten Handschriften des Mittelalters. Heute erinnern an das einst bedeutende Benediktinerkloster die drei romanischen Kirchen, mittlerweile Teil des Welterbes. Der Stiftsbezirk in St. Gallen erhielt bereits 1983 diese Auszeichnung, vor allem wegen der architektonischen Bedeutung und des reichen Schatzes mittelalterlicher Handschriften, die in dem weltberühmten Barocksaal der Stiftsbibliothek aufbewahrt und gezeigt werden. Auch der St. Galler Klosterplan ist dort zu sehen. Als Idealplan eines Klosters zeichneten ihn Mönche auf der Reichenau.

Glaube und Macht

Nach der Blütezeit des benediktinischen Mönchstums im 10. und 11. Jh. gewann im 12. Jh. der Reformorden der **Zisterzienser** an Bedeutung. Kloster Salem, 1134 gestiftet, war schon vor dem Brand von 1697 das größte Zisterzienserkloster und die bedeutendste Reichsabtei des Bodenseeraums. Mit dem Neubau des Klosters sollte dies aber auch nach außen, vor allem gegenüber den weltlichen Mächten demonstriert werden, was in den Privaträumen des Abtes und im Kaisersaal besonders augenfällig wird. Die klösterliche Kultur endete mit der Säkularisation Anfang des 19. Jhs.

Freizeitparadies

Neben all der Kunst, Kultur und den landschaftlichen Schönheiten kommt am Bodensee aber auch der Freizeitspaß nicht zu kurz. Auf und am Wasser kann man sich die Zeit mit Segeln, Baden oder auch Fahrten mit der Weißen Flotte vertreiben. Radfahrer finden mit dem ca. 273 km langen Bodensee-Radweg eine attraktive Rundstrecke, die in mehreren Tagesetappen befahren werden kann. Man muss aber nicht gleich die ganze Strecke fahren: Die Bodenseeschiffe befördern Fahrräder, solange genügend Platz auf den Schiffen ist. Meistens klappt es, und so hat man die ideale Gelegenheit, einen Teilabschnitt des Sees entlangzuradeln und gemütlich mit dem Schiff wieder zum Ausgangspunkt zurückzufahren.

Faszinierende Luftschiffe

Die Bedeutung der Friedrichshafener Region als Industriestandort ist eng mit dem Namen Zeppelin verbunden. Am 2. Juli 1900 unternahm **Ferdinand Graf von Zeppelin** die erste Versuchsfahrt mit einem lenkbaren, gasgefüllten Luftschiff von einer Halle aus, die bei Manzell im Bodensee schwamm. 1910 folgte die erste Passagierfahrt und 1924, sieben Jahre nach Zeppelins Tod, die erste Atlantiküberquerung. Am 6. Mai 1937 jedoch endete die Ära der Luftschifffahrt in einem Feuerball – mit der Explosion des LZ 129 „Hindenburg" im amerikanischen Lakehurst. Aber seit dem 18. September 1997 fliegen sie wieder, die großen silbernen Zigarren, jetzt als **Zeppelin NT**, was für neue Technologie steht. Sie sind kleiner als ihre Vorgänger und mit sicherem Helium gefüllt. Seit 2001 bietet die Zeppelin-Reederei auch wieder Passagierflüge an.

Junge Städte, alte Städte

Viele der Städte am Bodensee blicken auf eine lange Geschichte zurück, die teilweise in keltische und römische Zeiten zurückreicht. Doch mit **Friedrichshafen** findet sich auch eine vergleichsweise junge Stadt unter ihnen, die ihren Namen Friedrich I. verdankt, dem ersten König von Württemberg, der 1811 die alte Stadt Buchhorn mit dem Dorf und ehemaligen Kloster Hofen vereinigte und den Hafen anlegte. Das Zeppelinwerk prägte im frühen 20. Jh. das Gesicht der Stadt: Um die Arbeiter unterzubringen,

entstand zwischen 1914 und 1919 das Zeppelindorf, eine Gartenstadt mit Einzel-, Doppel- und Reihenhäusern, über eine Verbindungsstraße direkt an das Werftgelände angeschlossen. In den großen Gärten konnten die Bewohner Obst und Gemüse selbst ziehen.

Deutlich älter als Friedrichshafen ist **Überlingen**, das mit seiner palmen- und blumengeschmückten Uferpromenade im Sommer mediterranes Flair vermittelt. Überlingen gelangte in reichsstädtischer Zeit (113. Jh.–1802) durch den Handel mit Salz, Getreide und Wein zu Ansehen und Wohlstand. Von dieser Zeit zeugen stattliche Reste der einstigen Befestigung mit Wällen, Wehrtürmen und Stadtgräben sowie zahlreiche historische Bauwerke.

Größte Stadt am Westende des Sees ist **Radolfzell** mit malerischer Altstadt mit verwinkelten Gassen sowie schönen Adels- und Patrizierhäusern. Der Name geht auf das von Bischof Radolf von Verona 826 gegründete Kloster, die „Radolf-Zelle", zurück. Bauhistorisch interessant sind die „Griener Winkel" genannten Teile einer Bauern- und Fischersiedlung aus dem 18. Jh. Der Marktplatz im Mittelpunkt der Altstadt wird beherrscht vom gotischen Münster Unserer Lieben Frau, 1436 an der Stelle der von Bischof Radolf von Verona errichteten Zelle erbaut. Im 18. Jh. wurde es teilweise barockisiert.

Am Rheinufer, in der Altstadt von Konstanz, wacht noch heute der mächtige Rheintorturm.

Die Königliche am See

Noch älter ist **Konstanz**, das seinen bildschönen Altstadtkern über den Zweiten Weltkrieg retten konnte. Mächtige Giebel, mittelalterliche Türme und Arkaden verleihen der Stadt ihr markantes Gesicht. Als Keimzelle der Stadt wird eine keltische Fischersiedlung angenommen, die in spätrömischer Zeit den Namen „Constantia" erhielt. Das hier um 590 gegründete Bistum war damals das größte im deutschen Raum. Im Schnittpunkt wichtiger Handelswege nach Italien, Frankreich und Osteuropa blühte die Stadt im Mittelalter auf, erhielt im Jahr 900 Marktrecht und war von 1192 bis 1548 Reichsstadt. Stadtbildbeherrschend erhebt sich das **Münster Unserer Lieben Frau** in der Altstadt von Konstanz – eines der bedeutendsten Bauwerke im Süden Deutschlands. Es ist das steinerne Zeugnis für das einst wichtigste Bistum des Reichs. Der erste Bau geht auf das Jahr 1089 zurück.

Die Schöne am See

Diesen Namen verdankt **Lindaus Altstadt**, die als einer der schönsten Plätze am Bodensee gilt, ihrer idyllischen Lage auf der gleichnamigen Insel. In der großteils als Fußgängerzone gestalteten, überaus malerischen Altstadt gibt es noch viele von Gotik, Renaissance und Barock geprägte Straßenbilder. In der Maximilianstraße bestimmen schöne Patrizierhäuser wie „Sünfzen", „Regenbogen", „Bären", „Schnegg" und „Pflug", zudem Laubengänge („Brodlauben"), Brunnen, Blumenkästen und Straßenlokale die Szenerie.

Der Hafen an der Südseite der Inselstadt wurde 1812 angelegt und 1856 ausgebaut. Auf den beiden Molen, die den Seehafen südlich umschließen, sieht man die beiden Wahrzeichen Lindaus, den **Bayerischen Löwen** und den **Neuen Leuchtturm**. Die 6 m hohe Tierskulptur wurde von dem Bildhauer Johann von Halbig in den Jahren 1853 bis 1856 aus Marmor geschaffen.

Die Wehrhafte am See

Mächtig thront die **Meersburg**, das Wahrzeichen der gleichnamigen Stadt, über dem See. Unterhalb ziehen sich Gässchen den Berg hinab, gesäumt von Fachwerkhäusern und üppigem Blumenschmuck. Zu beiden Seiten flankieren vielversprechende Weinberge die Altstadt. Die seit dem 12. Jh. bewohnte Burganlage war ab

Das pittoreske Meersburg ist bei Besuchern des Bodensees besonders beliebt.

1268 Sommerresidenz und ab 1526 ständiger Wohn- und Regierungssitz der Konstanzer Fürstbischöfe. Fast jedoch tritt die Meersburg hinter dem **Neuen Schloss** zurück, das die Silhouette der Stadt beherrscht. Da das Alte Schloss als Residenz der Fürstbischöfe nicht mehr repräsentativ genug erschien, veranlasste Fürstbischof Johann Franz Schenk von Stauffenberg den neuen Bau zu Beginn des 18. Jhs. Doch erst sein Nachfolger Damian Hugo von Schönborn ließ den Bau nach Entwürfen von Balthasar Neumann vollenden. Von 1762 bis 1802 war das Schloss die Residenz der Fürstbischöfe von Konstanz.

Die fünfte Jahreszeit

In Schwung kommt die **schwäbisch-alemannische Fasnet** nach Dreikönig und läuft zwischen dem „Schmotzigen Dunschtig" und dem Aschermittwoch zur Höchstform auf.

Die ganze Vielfalt der fantasievollen, meist holzgeschnitzten Masken und die aus vielen Stoffflecken zusammengenähten oder mit Schellen behängten Gewänder der traditionellen Fasnachtfiguren erlebt man eindrucksvoll beim leutseligen Ringtreffen der Narrenzünfte, bei den zahlreichen **Narrensprüngen** – besonders effektvoll ist der in Überlingen –, beim Narrenbaumsetzen sowie bei den farbenprächtigen Fasnachtsumzügen, z. B. in Konstanz und Kreuzlingen. Verkleidet mit „Larve" und „Häs", wie vor Ort die Maske und das Gewand genannt werden, treiben die oft skurrilen Gestalten allerlei Schabernack mit den Zuschauern.

Bodensee kulinarisch

Die Kulturlandschaft Bodensee zeigt sich nicht nur in historischen Bauten, sondern auch auf den Speisekarten. So vielfältig wie hier ist einheimische **Esskultur** selten. Rund um den Bodensee trifft badische auf schwäbische Küche, Strudel aus Österreich begegnet Schweizer Schokolade. Die Klöster rund um den See haben vor Jahrhunderten **Weinbau und Braukunst** an den See gebracht. Mit den Kräutern aus dem Klostergarten behandelten die Mönche nicht nur ihre Zipperlein, sondern würzten auch ihr Essen. Solche Traditionen leben bis heute fort. Der See liefert frischen Fisch, die umliegenden Wälder Wild. Obst, Gemüse und Getreide gedeihen im milden Klima, Kühe finden saftige Weiden.

Die Zahl der hochpreisigen **Sterneküchen** ist groß, aber auch die der **Landgasthöfe**. Viele von ihnen setzen auf die traditionelle Küche und vor allem auf Frische und Regionalität.

Mit kunstvollen Holzmasken und reichlich Getöse ziehen die Hafennarren durch Friedrichshafen.

Seefisch

Zander und Hecht räubern vorwiegend in der Uferzone, Seeforellen, Saiblinge und Felchen zieht es eher ins freie Gewässer. Insgesamt 35 Fischarten leben im See. Mehrere Hundert Tonnen Fisch ziehen die Berufsfischer Jahr für Jahr aus dem Bodensee. **Felchen**, **Kretzer**, **Seesaibling** und **Zander** kommen fangfrisch in die Küchen und auf den Teller. Ob gebraten oder gebacken, blau oder im Salzmantel, die Möglichkeiten für eine einfallsreiche Fischküche sind immens und werden von den Köchen mit Leidenschaft umgesetzt. Bei Gourmets besonders begehrt ist die seltene **Äsche** mit ihrem zarten Thymianduft; zu den teuersten Fischen, die in den Restaurants auf den Tisch kommen, zählt der wohlschmeckende Kretzer.

Allgäu

Hügeliges Voralpenland, steile Berge, Hochmoore und Bergseen, barocke Kunst und gelebte Tradition – das Allgäu steckt voller Vielfalt.

Ein rauch, wintrigs Land" – als Sebastian Münster im 16. Jh. in seiner Cosmographia das Allgäu so beschrieb, übernahm er Charakterisierungen, die seit Jahrhunderten gang und gäbe waren. Die Grenzen, die er zog, waren zudem recht ungefähr: vom „Schneegebirg" im Süden bis zur Donau, vom Bodensee bis an den Lech. Wie viele Landschaften hat das Allgäu keine klaren Grenzen.

Seit der alemannischen Besiedlung hat sich der Begriff „Allgäu" immer wieder geändert, sodass J. v. Stichaner 1815 schreiben konnte: „Nicht leicht sind in und über einen District so mancherley Begriffe im Umlauf, als man über das Allgäu selbst unter seinen Bewohnern findet." Dies gilt heute in gewisser Weise noch immer.

Das Allgäu richtet sich nur sehr eingeschränkt nach politischen, wirtschaftlichen oder sprachlichen Grenzen. Im engsten Sinn kann als „Allgäu" heute das Gebiet innerhalb folgender Grenzen gelten: im Westen vom Ostrand des Bodensees (Pfänder) nördlich über Wolfegg, dann, der Bahnlinie Memmingen–Mindelheim–Buchloe folgend, im Osten bis zum Lech, diesen aufwärts nach Schwangau bzw. zum Säuling, nun westlich in etwa entlang des Kamms der Allgäuer Alpen – mit weitem Ausgriff nach Süden, das österreichische Kleinwalsertal einschließend – wieder zum Pfänder. Besonders groß ist das Allgäu nicht, vom nördlichen bis zum südlichen Rand erstreckt es sich etwa über 80 km, etwa genauso lang ist die Ausdehnung in ost-westlicher Richtung.

Allgäu

märkten brachten neue Verdienstmöglichkeiten und eine Öffnung nach außen. Wenig später wurde dann das so wichtige Kapital des Allgäus entdeckt: seine wunderbare, abwechslungsreiche Landschaft. Kühn aufragendes, zerklüftetes Gebirge im **Oberallgäu** kontrastiert mit sanften, von Wald und kleinen Seen durchsetzten Wiesen, die das **Westallgäu** zum Bodensee und nach Oberschwaben hin prägen; noch weiter ist der Horizont im flacheren **Ost-** und **Unterallgäu**. Bucklige Viehweiden, melancholische Moore, große und kleine Seen – fast wähnt man sich in einem Reisebilderbuch, so wie man es heute eigentlich gar nicht mehr erwartet: Noch grüner sind die Wiesen, noch blauer ist der Himmel, sanft flüstert der Wind durch Gräser und Wälder. In der Ferne wachen die Berge mit ihren weißen, majestätischen Hauben über das Voralpenland; Bäche gurgeln herab in die Täler, Weiher und Seen ruhen still, Libellen kreisen sirrend, die Luft flimmert. Hier kreist noch der Steinadler, das Auerhuhn balzt, und Gämsen klettern behände über Felsen.

Es dauerte viele Jahrhunderte, bis das Land vor und in den Bergen urbar gemacht und besiedelt war. Als wohl im 8. Jh. der Name entstand – aus „Alpe" und „Geäu" zusammengesetzt, was etwa „Land der wasserreichen Weiden" bedeutet –, war ein Gebiet zwischen Scheidegg, Niedersonthofen und Oberstdorf gemeint. Bis weit ins 19. Jh. blieb das Allgäu, mit wenigen Ausnahmen, ein Land der Bauern.

Seit römischer Zeit war es ein **Durchgangsland** zwischen Bayern, Schwaben, der Schweiz und Österreich. Eine politische Einheit wurde es nie. Die Lage „dazwischen" sorgte aber auch für einen bescheidenen Wohlstand; die **Salz- und Handelsstraßen** brachten Arbeit für Fuhrknechte, Wirte und Schmiede. Hinzu kamen die Pferde- und Viehzucht, die Leinenherstellung (ein wichtiges zweites Standbein für die Bauern) und eine kleine Eisenindustrie am Grünten und im Hintersteiner Tal. Erst der Bau der Eisenbahn – die Strecke zwischen Augsburg und Kaufbeuren war 1847 fertig, bis Lindau schon 1853 – und der Ausbau der Viehwirtschaft mit neuen Produkten und Absatz-

▶ TOPZIELE IN DER REGION

Zwischen bayerischer Gemütlichkeit, schwäbischem Charme, legendären Sehenswürdigkeiten und herrlicher Natur findet jeder das Passende für sich:

LECHFALL

Der Lechfall gehört zu „Bayerns 100 schönsten Geotopen" – und das mit Recht. Denn einmalig ist der Anblick des Wassers, das hier 12 m in die Tiefe fällt. → S. 281

WURZACHER RIED

Auf einem Netz von 200 km ausgeschilderten Wander- und Radwegen kann man das einzigartige Wurzacher Ried gut erkunden. Das Oberschwäbische Torfmuseum im 1880 gegründeten Zeiler Torfwerk erzählt die Geschichte des Torfabbaus in der Region. → S. 285

OTTOBEUREN

Ihren zentralen „Höhepunkt" findet die Kirche des Benediktinerklosters in der über 35 m hohen Vierungskuppel,

die J. J. Zeiller mit dem Pfingstwunder ausmalte. Die Szene der Aussendung des Heiligen Geistes ist umgeben von den Allegorien der vier damals bekannten Erdteile. → S. 286

SCHLOSS NEUSCHWANSTEIN

Es ist das Sinnbild eines romantischen Schlosses – wohl kaum ein anderes deutsches Gebäude ist weltweit so bekannt wie Ludwigs Märchenburg. Auf hohem Felsrücken, 200 m über dem Tal, thront es in unvergleichlicher Position. Zur Anlage gehören Ritterhaus, Kemenate und ein fünfgeschossiges Palais. → S. 286

ALTSTADT WANGEN

Ein Spaziergang durch die Altstadt lohnt sich schon wegen der 25 steinernen, gusseisernen und figürlichen Brunnen. Letztere verkörpern ironische Witzfiguren aller Art, etwa der Amtsschimmelbrunnen in der Lindauer Straße. → S. 287

Ein leichtes Gruseln bleibt beim Blick auf die tosende Breitachklamm.

WUSSTEN SIE, ...

... dass die Breitach nur 10 000 Jahre gebraucht hat, um sich nach der letzten Eiszeit tief in den Felsuntergrund einzuschneiden und die imposante Breitachklamm zu schaffen?

Wie wenige andere Gegenden Deutschlands ist das Allgäu auch von **lebendigen Traditionen** geprägt. Barocke Kirchen mit Zwiebeltürmen und überwältigendem Stuck- und Freskenschmuck gehören ebenso zum Bild der Landschaft vor den Bergen wie schöne Trachten, Bauernhäuser, alte Bräuche und schön herausgeputzte Städte mit historischem Kern.

Gewaltige Urkräfte

Wo heute die Alpen liegen, breitete sich in grauer Vorzeit ein Arm des **Tethysmeers** aus, in dem sich vor 250–50 Mio. Jahren – im Wesentlichen während der Perioden Trias, Jura und Kreide – eine große Zahl unterschiedlichster Gesteine ablagerten. Als sich gegen Ende der Kreidezeit und zu Beginn des Alttertiärs, vor ca. 100–40 Mio. Jahren, die Afrikanische bzw. Adriatische Platte nordwärts gegen die Europäische Platte bewegte, wurden diese Gesteinsschichten in vielfältigster Form zusammengeschoben, angehoben, gefaltet, zerbrochen und zum Teil über mehrere Hun-

dert Kilometer übereinandergeschoben. Man schätzt, dass das Gesteinsmaterial der 150 km breiten Alpen einst ca. 600 km Breite einnahm. Gleichzeitig sorgten Verwitterung und Erosion für den Abbau des entstehenden Gebirges, das heute sonst wohl an die 14 000 m hoch wäre. Das abgetragene Material lagerte sich nördlich der Alpen ab und formte dort als schmalen Streifen die **Flyschzone** und das große **Molassebecken** (vom lateinischen Wort „molere", „mahlen"), das etwa bis zur Donau reicht. Der Flysch und der südlichste Bereich der Molasse wurden später selbst noch von der Faltung erfasst und bilden die Allgäuer Vorberge.

Vom Eis geprägt

Außer der „alpidischen Gebirgsbildung" ist ein weiterer Faktor für das Allgäuer Landschaftsbild verantwortlich: die **Eiszeiten**. Im Quartar – vor ca. 1 Mio. bis 10 000 Jahren – gab es mehrere Kalt- bzw. Eiszeiten, während derer die Alpen bis auf die höchsten Gipfel unter einem Eispanzer lagen und sich große **Eisströme** aus den Tälern weit in die Ebenen vorschoben. Im Bereich von Oberschwaben und Allgäu waren dies (von Westen) der Rhein-Bodensee-, der Iller- und der Wertach-Lech-Gletscher.

Auch die Alpen selbst wurden in den Eiszeiten teilweise überformt. Gipfel, die aus den Eismassen herausragten, blieben als schroffe Pyramiden (z. B. Säuling, Widderstein) und Kämme (Allgäuer Hauptkamm mit Mädelegabelgruppe) erhalten. Auch im Vorland wurden höhere Berge vom Eis umflossen, wie der Pfänder, der Grünten und die Adelegg.

Gletscher hobelten **Kare** (s. S. 239) in die Bergflanken, die heute zum Teil herrliche Seen enthalten (z. B. Rappensee, Seealpsee, Gaisalpseen). Ehemals v-förmige Flusstäler wie das obere Illertal wurden zu Trogtälern mit u-förmigem Querschnitt geweitet, seitlich mündende Täler wurden dadurch zu „Hängetälern", die erst hoch über dem Grund des Haupttals ansetzen: So liegt der Boden des Dietersbachtals bei Gerstruben gut 200 m über dem Trettachtal. Oft haben dort die Bäche enge Tobel in den Steilabsatz gesägt oder bilden hohe Wasserfälle (z. B. Traufbach- und Hölltobel, Stuibenfall, alle bei Oberstdorf). Trogtäler können großartige Abschlüsse in Form eines weiten, steilwandigen Kessels aufweisen, etwa das Traufbachtal oder das Ostrachtal. Heute besitzen die Allgäuer Alpen nur mehr einen kleinen **Gletscher**, den Schwarzmilzferner südlich des Mädelegabelgipfels.

Lechfall

Auch der Lechfall ist eine Hinterlassenschaft der Eiszeit, er entstand vor 12 000 Jahren. Die Lechschlucht ist die einzige in den bayerischen Alpen, durch die ein größerer Alpenfluss noch ungehindert fließen kann. Der Fels, in den sich der Lech eingeschnitten hat, besteht aus Kalk- und Dolomitgestein, das vor etwa 235 Mio. Jahren in einem flachen Meer abgelagert wurde. Nach dem Abschmelzen des Lechgletschers bildete sich im Lech- und Vilstal ein großer See, der sich bis nach Pfronten erstreckte. Beim heutigen Lechfall fielen die Wassermassen einst über 100 m in die Tiefe.

Breitachklamm

Ein weiteres Naturschauspiel entstand vor ca. 10 000 Jahren, nachdem die Eiszeitgletscher geschmolzen waren. Südwestlich von Oberstdorf hat die Breitach einen mächtigen Felsstock durchbrochen und sich in die Schrattenkalke des Engkopfs gesägt. Hundert Meter tief und wenige Meter breit ist die **berühmteste Schlucht des Allgäus**, in der sich im Winter oft meterhohe Eiskaskaden bilden.

Einzigartige Bergwelt

Die außergewöhnliche geologische Vielfalt hat ein sehr abwechslungsreiches Landschaftsbild hervorgebracht. Einzigartig im Alpenraum sind die **Grasberge**, auch Steilgrasberge oder Grasschrofen genannt, deren Flanken bis zu 70 Grad geneigt sind. Sie bestehen aus sogenannten Fleckenmergeln und Aptychenkalken aus dem Jura, berühmte Vertreter sind der bizarr geformte **Schneck** (2268 m) und die Zacken der **Höfats** (2258 m) südöstlich von Oberstdorf. Als schönstes Molasse-Gebirge der Alpen zwischen Genf und Wien gilt die **Nagelfluhkette** im westlichen Oberallgäu mit Hochgrat und Stuiben. Als „Nagelfluh" bezeichnet man ein fast betonhartes Konglomerat aus Flusskieseln, die mit Kalk und Sand verkittet wurden. Die südlich an die Nagelfluhkette anschließende Gruppe der **Hörner** (Riedberger Horn, 1787 m) mit ihren

Heute stürzt der Lechfall bei Füssen noch 15 m in die Tiefe.

sanft-runden Formen besteht aus leicht verwitterndem **Flysch**, der aus schieferigen Schichten aus Mergeln, Ton und Sandstein gebildet wird. Der Ostschweizer Begriff „Flysch" (gesprochen „fliesch") bedeutet so viel wie „fließend".

Ein ganz anderes Bild bieten hingegen die scharfkantig-zerklüfteten **Schrattenkalke** der Kreidezeit (Helvetikum): etwa der Grünten bei Sonthofen, der Besler und vor allem der Hohe Ifen mit dem Gottesackerplateau westlich von Oberstdorf. Diese Karststöcke enthalten auch **Höhlen**, darunter die einzige Schauhöhle des Allgäus (Sturmannshöhle bei Obermaiselstein). Ein hochalpines Felsgebirge schließlich ist der aus hartem Hauptdolomit bestehende **Allgäuer Hauptkamm** in seinem östlich-südöstlichen Teil, zwischen dem Schrofenpass im Süden und Oberjoch im Norden. Hier ragen die majestätischen **höchsten Gipfel des Allgäus** auf: Großer Krottenkopf (2657 m), Hohes Licht (2651 m), Hochfrottspitze (2648 m), Mädelegabel (2645 m),

Schroff gezackt zeigen sich die Allgäuer Alpen – hier u. a. Trettachspitze und Mädelegabel.

Biberkopf (2599 m), Trettachspitze (2595 m) und Hochvogel (2593 m). Der andere Hauptfelsbildner der bayerischen Alpen ist der widerstandsfähige Wettersteinkalk aus der Mittleren Trias, der seinen Namen vom Wettersteinmassiv mit der Zugspitze hat. Er ist im Allgäu nur im Osten anzutreffen, wo er steile Gipfel mit glatten Felswänden bildet: Säuling, Gimpel, Hoher Strausberg, Hochplatte; auch ein Teil des Falkensteins gehört dazu.

Moränenlandschaft im Alpenvorland

Mit dem vielfachen Wechsel von buckligen Wiesen, Wald, Mooren und Seen, die nach Norden in die Ebene auslaufen, gehört dieser Teil des Allgäus zu den schönsten Landschaften Deutschlands. Die wunderbare Szenerie des **Alpenvorlands** ist ein Produkt der eiszeitlichen Gletscher. Das vom Eis transportierte Gesteinsmaterial aus den Alpen lagerte sich an den Rändern der Gletscher als **Seiten- und Endmoränen** ab; heute grasen auf dem wellig-hügeligen Grünland die Milchkühe. Aus Molassemergeln und Moränenschutt bestehen die eigentümlichen **Drumlins**, kleine längliche Hügel, deren Form noch die Fließrichtung des Eises erkennen lässt. Sie treten in großen Feldern auf und erzeugen besonders reizvolle Ansichten: im Hinterland von Lindau etwa bis Ravensburg und Wangen, links und rechts der Iller um Kempten, nördlich der Linie Nesselwang–Füssen bis auf die Höhe des Auerbergs. Am Ende der Eiszeit blieben **Gletscherseen** zurück, deren Reste als Alpsee, Niedersonthofener See u. a. erhalten blieben; viele wurden bald von den Schmelzwasserflüssen mit Schotter und Ton aufgefüllt und bilden heute zum Teil moorige Ebenen.

Was blüht denn da?

Die Allgäuer Alpen nehmen beim „Wettbewerb" um botanische Vielfalt einen Spitzenplatz ein. Nur wenige Bergregionen in den Alpen bieten so viele unterschiedliche Landschaftsformen und Böden – von karg bis fett und von sauer bis basisch.

Von Mai bis Ende Juli blühen in den Alpen Pflanzen, die an extreme Lebensbedingungen angepasst sind: z. B. Silberwurz und Alpen-

Kräuterparadies Allgäu

Für viele Menschen sind die Pflanzen auf den Allgäuer Bergwiesen entweder Unkraut, Gräser oder Blumen. Dabei gibt es dort viele Wildkräuter, Schutz- und Heilpflanzen. Was man damit machen kann, zeigen drei Kräuterexperten.

Im **Gasthof Rössle** im Westallgäuer Stiefenhofen erlebt man eine kulinarische Entdeckungsreise der besonderen Art: eine **Kräuterküche** mit Blüten, Wild- und Gartenkräutern. Zum Auftakt gibt es beispielsweise Prosecco mit feinem Wildblütensirup, dazu knuspriges Kräuterwürzbrot im Blumentöpfle mit Löwenzahnbutter. Eine Offenbarung ist der eingelegte Alp-Ziegenkäse mit frischen Garten- und Wildkräutern, gefolgt von einem Rahmsüppchen aus Allgäuer Bergwiesenheu. Die Krönung ist das grillierte Wallerfilet im Speckmäntelchen an heißer Lavendel-Tomaten-Butter, sorgfältig drapiert auf Brennnessel-Blattspinat. Und zum Dessert wird ein Ringelblumen-Estragon- und Rosenblütenparfait an rotem Curry-Limonen-Sorbet gereicht.

Eine Blüte der besonderen Art

Artemisia ist der lateinische Name für rund 500 Korbblütler-Arten. Schon in der Antike wurden viele Artemisia-Arten als Heil- und Gewürzpflanzen genutzt, fast alle enthalten Bitterstoffe und ätherische Öle. Im inzwischen 13 ha umfassenden **Garten Artemisia** von Tilman Schlosser werden über 300 Kräuterarten angebaut, das Setzen, Pflegen, Ernten und Trocknen erfolgt per Hand. Der Garten ist stets zugänglich, es gibt viele Bäume, Büsche, Bächlein, Steinstrukturen und heimelige Winkel: ein Ort der Begegnung – das gilt auch für die **Teestube**, wo man die köstlichen Artemisia-Teemischungen genießen kann.

Hoch an Metern und Prozenten

Michels Brennerei liegt samt Alpenkräutergarten und Wohnhaus in 1300 m Höhe auf der sonnenverwöhnten **Hörmoos**-Alpe oberhalb von Steibis, direkt neben dem Berggasthaus Hörmoos-Alpe. Die kurze Vegetationszeit in dieser Höhe, die reine Luft, die intensive Sonneneinstrahlung, das quellfrische Wasser und der steinige Boden sorgen dafür, dass die Wirk- und Geschmacksstoffe dreimal so intensiv sind wie die der Pflanzen im Flachland. Besonders die Produkte aus Vogelbeere und Meisterwurz wurden in den letzten Jahren immer beliebter, beide Pflanzen haben in der Heilkunde seit jeher ihren Platz.

Kleines Bild: Axel Kulmus vom Landgasthof Rössle beim Kräuterernten

Großes Bild: Ein bunter Sommertraum ist die reich blühende Blumenwiese am Fellhorn.

FAKTEN

Landgasthof Rössle
Hauptstraße 14, 88167 Stiefenhofen
Tel. 08383 92090, www.roessle.net
Artemisia
Hopfen 29, 88167 Stiefenhofen
Tel. 08386 960510, https://artemisia.de
Michels Kräuter-Alp
Alpe Hörmoos, 87534 Oberstaufen-Steibis
Tel. 08386 980551, www.kraeuteralp.de

Eibe von Balderschwang

In einem Hochtal in der Nähe von Balderschwang in den Allgäuer Alpen wächst in ca. 1150 m Höhe eine weibliche Eibe, deren Alter auf über 1000 Jahre geschätzt wird. Der Baum, der zwei Stammteile besitzt, könnte damit der älteste Baum in Deutschland sein. Die Eibe (botanisch Taxus baccata) war früher aufgrund ihres harten, elastischen Holzes für Bogen und Armbrüste begehrt, weshalb es heute nur mehr wenige alte Exemplare gibt.

Bei Füssen zeigt sich die typische Allgäuer Landschaft mit Wiesen, Wäldern und den Bergketten der Alpen im Hintergrund.

azalee, Hochstauden wie Eisenhut, Alpendost, Milchlattich, sogenannte **Urwiesenpflanzen** wie die berühmten blauen und gelben Enziangewächse. An Stellen, auf denen der Schnee lange liegen bleibt und die im Sommer von Schmelzwasser durchflossen sind, bilden sich Alpenglöckchen. Auf Schutthalden wiederum gedeihen alpines Täschelkraut, alpiner Mohn, Alpenleinkraut und alpines Weidenröschen.

Auf den kargen Schrattenkalkböden am Gottesackerplateau und am Koblat des Nebelhorns wachsen wenige, dafür aber seltene Pflanzen wie Schweizer Mannschild, Zwergmannschild, Steinbrech oder Kohlröschen. In den Allgäuer Hochtälern wurden auf den Bergwiesen bis zu 40 **Orchideenarten** gezählt. Auf den fruchtbaren Tonschichten der Steilgrasberge wie der Höfats,

auch Edelweißberg genannt, wachsen ganze Büschel dieser seltenen Blütenpflanze und bis zu 400 Pflanzenarten, darunter Federgräser, die seltene Edelraute und die Straußglockenblume.

Die nährstoffreichen Böden der Flyschberge lassen botanische Vielfalt sprießen, auch am Nagelfluhkamm herrscht floraler Überfluss: Bei einer Exkursion der Naturhistorischen Gesellschaft Nürnberg wurden zwischen dem Mittag über Immenstadt und dem Hochgrat allein über 250 Gefäßpflanzenarten gefunden. Und zu all dem kommt im Allgäu noch die spezielle Pflanzenwelt der Hoch- und Niedermoore.

Im Wald und anderswo

Den spezifischen landschaftlichen Reiz des Allgäus macht der Wechsel von Wiesen, Weiden und Wäldern aus. Die Gegend ist viel lichter als etwa der Schwarzwald, nur 23 % der Fläche sind mit Wald bedeckt. Meist sind es kleine Bauernwälder, nur drei große Forsten schieben sich in

das Mosaik der kleinräumigen Landschaft: das Waldmassiv der **Adelegg** im Westen, der **Kempter Wald** im Zentrum und der **Große Wald** am Grünten. Der Kempter Wald im Osten der gleichnamigen Stadt ist bestens mit Ausflugswirtschaften erschlossen. Deutlich urwüchsiger ist die Adelegg, ein Paradies für Rotwild und Wanderer. An einigen Stellen der Adelegg balzen noch die schönen Auerhähne, eine faszinierende Demonstration ursprünglicher Natur. Im Großen Wald am Grünten schließlich wird das Gelände alpin; es gibt viele botanischen Raritäten, und man trifft auf Rehe, Hirsche und mit Glück auch auf Gämsen. Der Bergwald am Grünten wird von Fichten dominiert, hier sind sie auch von Natur aus zu Hause.

Tierische Spezialisten

Zu den im Allgäu lebenden Tieren zählen Arten völlig unterschiedlichen Ursprungs: **Tundratiere** wie Ringdrossel, Schneehase und Schneehuhn genauso wie die **Taigabewohner** Tannenhäher oder Perlmutterfalter. Die Schneemaus zieht sich unter die wärmende, weil isolierende weiße Pracht zurück, bleibt aber wach und ernährt sich von ihrem Vorratslager. Vor den Menschen in die Alpen zurückgezogen haben sich Auerhuhn, Kolkrabe und Steinadler. Besonders anpassungsfähig sind die „eigentlichen" **Alpentiere**: Alpensalamander, Kreuzotter, Bergeidechse und Schmetterlinge wie Mohrenfalter oder Alpenbläuling.

Die Nagelfluh als Lebensraum

Die Nagelfluhkette ist aufgrund der großen Höhenunterschiede eine Region mit besonders hoher Biodiversität. Auf jeder Höhenstufe finden sich zum Teil seltene Tiere und Pflanzen, die sich speziell an diesen Lebensraum angepasst haben. Das Konglomerat Nagelfluh bietet dem in Deutschland selten gewordenen **Apollofalter** ideale Lebensbedingungen. Die Raupe des geschützten Tagfalters ernährt sich von der Weißen Fetthenne, die auf den felsigen Böden gute Wuchsbedingungen vorfindet. Sind die hübschen Schmetterlinge geschlüpft, finden sie auf den Alpweiden mit ihrem Blumenreichtum ein opulentes Nahrungsangebot. Vom Mai bis weit in den August kann man die weißen Falter mit den rot gepunkteten Flügeln über den Wiesen

tanzen sehen. Wunderschön anzusehen sind auch die Männchen der seltenen **Birkhühner** mit ihrem glänzend schwarzen Gefieder, die hier noch Rückzugsräume finden.

Im Alpenraum ist der große Steinadler noch heimisch.

Wurzacher Ried

Die „Basis" für das Heilbad Wurzach liefert das **Wurzacher Ried**, das sich unmittelbar nordwestlich des Ortes ausdehnt. Mit ca. 8 km Länge und 3,5 km Breite (18 km² stehen unter Naturschutz) ist es eines der größten und wertvollsten Moore Europas. Etwa ein Drittel ist **Niedermoor**, ein Drittel unberührtes **Hochmoor** und ein weiteres Drittel Hochmoor, in dem über 200 Jahre (bis 1996) Torf abgebaut wurde. Insbesondere das nährstoffarme Hochmoor ist überaus reich an spezialisierten, selten gewordenen Pflanzen, von denen ein großer Teil als Relikte der Eiszeit gilt.

Auch Tiere wie der **Hochmoorgelbling** finden in solchen geschützten Mooren Rückzugsräume. Die Raupe des Schmetterlings ernährt sich ausschließlich von der Moosbeere, die vor allem in Mooren heimisch ist. In den Riedwiesen wiederum tummelt sich der seltene Große Brachvogel mit dem auffälligen langen Schnabel.

Auffällig ist der Apollofalter mit seiner roten und schwarzen Flügelzeichnung.

WUSSTEN SIE, ...

... dass der nördlich von Füssen idyllisch gelegene Hopfensee als einer der wärmsten Voralpenseen gilt und mit seinen sanft abfallenden Ufern ideale Badevoraussetzungen für Kinder bietet?

Frühbarock erkennen. Die eindrucksvollsten Teile der Kirche sind das 42 m hohe Choroktogon mit seiner ausgeklügelten Lichtführung und das Chorgestühl mit hervorragenden, seltenen Scagliola-Intarsien – Intarsien, die aus sogenanntem Stuckmarmor hergestellt werden, der echten Marmor nachbildet.

Der „Schwäbische Escorial"

Das Riesenwerk wurde nach über 50-jähriger Bauzeit 1766 geweiht. Doch über Monumentalität und Pracht hinaus ist es das einzigartige künstlerische Konzept der Anlage, weshalb die **Benediktinerabtei Ottobeuren** als Vollendung der barocken Klosterarchitektur in Süddeutschland gilt. Besonders prunkvoll ist die lichtdurchflutete Bibliothek, die rund 15 000 Werke umfasst. Betritt man die Basilika, überwältigt die Opulenz der Säulen, Gesimse und Gewölbe, der gewaltigen Deckenfresken und die Fülle an Marmor, Blattgold und Rocaillestuck mit allein über 1200 Engeln.

Überbordende Pracht

Die Architektur von Kirchen und Klöstern besaß schon immer einen besonderen Stellenwert, doch insbesondere in der Zeit des Barock und Rokoko entstand eine große Zahl an Kirchen- und Klosterbauten, die aus dem Bild des Allgäus nicht wegzudenken sind.

Umbau und Barockisierung des ehemaligen **Kartäuserklosters Buxheim** erfolgten 1680–1712 mit Stuck und Fresken. Im Großen Kreuzgang steht das überwältigende Chorgestühl – das schönste in Süddeutschland. Außer überschwänglichen Schmuckformen sind es ausdrucksstarke Figuren von Aposteln, Heiligen und Ordensstiftern, Dämonen und Propheten, die das Auge des Betrachters festhalten.

Die Klosterkirche **Mariä Himmelfahrt** des Klosters **Irsee** wurde 1699–1702 erbaut. Wunderbarer weißer Stuck und die Figuren in den prachtvollen Altären ziehen den Blick auf sich. Einzigartig ist die Kanzel: ein Schiffsbug, den Schalldeckel bildet ein blaues Segel mit Mast, Wanten und Mastkorb.

Die Stiftskirche **St. Lorenz in Kempten** gilt als Hauptkirche des Allgäus. Der Bau mit 65 m hohen Fassadentürmen, mächtigem Oktogon und seitlich vor das Langhaus gestellten Kapellen lässt noch italienische Renaissance bzw.

Füssen und die Königsschlösser

Füssen ist eine der ältesten Siedlungen am Alpennordrand. Für die römische Provinz Raetia Secunda ist ein Ort namens „Foetibus" bezeugt, und auf dem Schlossberg fand man spätrömische Festungsmauern: Hier überwand die Via Claudia Augusta zwischen Italien und Augsburg den Lech. Aus der um 748 gegründeten Zelle des St. Galler Mönchs Magnus entwickelte sich ein bedeutendes Kloster, das für Jahrhunderte wirtschaftliches und kulturelles Zentrum der Gegend blieb. Die Industrialisierung hielt im 19. Jh. mit einer Seilerwarenfabrik Einzug, für einen Aufschwung anderer Art sorgten zur selben Zeit die bayerischen Könige Max II. und Ludwig II., die im nahen Schwangau ihre prächtigen Schlösser umgestalteten bzw. neu erbauten.

Neuschwanstein

Am Platz der Burgen Vorder- und Hinterschwangau wurde das „Traumschloss" König Ludwigs II. 1869–1886 errichtet. Aus der Idee einer kleinen Ritterburg entwickelte sich – inspiriert von den Burgen der Île-de-France und der Sage der Gralsburg Montsalvat – eine monumentale neogotische Anlage.

Schloss Neuschwanstein wurde für Ludwig zum Kosmos seiner Fantasien und zur Gralsburg. Die Bilderzyklen und gewaltigen Fresken der prunkvoll ausgestatteten Burg sind inspiriert von den Opern des von ihm verehrten Richard Wagner. Ludwigs religiöse und politische Vorstellungen spiegeln sich im prunkvollen Thronsaal wider in den Abbildungen von heiliggesprochenen Königen, Szenen aus dem Alten Testament, den Zwölf Aposteln oder dem Kampf des heiligen Georg gegen den das Böse verkörpernden Drachen. Die Motive und Symbole zeigen, wie sich Ludwig II. das Königtum vorstellte: von Gottes Gnaden, als heiligen Auftrag. Technisch war Schloss Neuschwanstein seiner Zeit weit voraus: fließendes Wasser in allen Stockwerken, Toiletten mit automatischer Spülung, zentrale Warmluftheizung, Rufanlagen, Telefon. Ludwig II. wohnte insgesamt 172 Tage in seinem Schloss, erlebte aber die Fertigstellung nicht mehr.

Hohenschwangau

In leuchtendem Ocker thront Schloss Hohenschwangau dort, wo im 12. Jh. die Hohenstaufenburg Schwanstein stand. Sie war ein Zentrum des Minnesangs; einer der ersten Ritter von Schwangau, Hiltpold, ist als Minnesänger in der Heidelberger Liederhandschrift erwähnt. 1538–1547 wurde die Burg von der Augsburger Familie Paumgartner erneuert, später verfiel sie. Kronprinz Maximilian, künftiger König Max II., erwarb die Ruine 1832 und ließ sie bis 1837 zu seinem Lieblingssitz aufbauen. Sein Sohn Ludwig II. verbrachte hier einen Großteil seiner Kindheit; Richard Wagner war hier zu Gast. Für Ludwig war Hohenschwangau das „Paradies auf Erden, das ich mit meinen Idealen bevölkere, und wo ich glücklich bin".

Ehrwürdiges Kempten

Kempten ist die älteste urkundlich nachgewiesene Stadt in Deutschland. Der griechische Geograf Strabon erwähnt 18 n. Chr. den keltischen Ort „Kambodunon", was so viel wie „befestigte Siedlung an der Flussbiegung" heißt. Keltische Reste hat man zwar nicht gefunden, wohl aber die einer großen römischen Stadt, die unter Kaiser Tiberius (14–37 n. Chr.) angelegt wurde.

Die politische und wirtschaftliche Macht der späteren Kemptener Fürstäbte wird in der **Residenz** sichtbar, deren Bau kurz nach dem Dreißig-

jährigen Krieg begonnen wurde. Es entstand eine etwa 145 × 80 m große Anlage mit dem Klosterbau im Osten und dem Residenzbau im Westen, jeweils annähernd quadratisch; vor die Residenz ist die Basilika gestellt. Diese Konzeption wurde bestimmend für die süddeutsche Stiftsarchitektur. Ihre reiche Ausstattung in französischem Rokoko erhielten die Privat- und Repräsentationsräume 1733–1742.

Malerischer Hintergrund

Die Natur des Westallgäus bietet eine prachtvolle Kulisse und einen angemessenen Rahmen für die Städte: Wangen schmiegt sich in sanfthügelige Landschaft, Isny liegt in herrlicher Umgebung mit Voralpengipfeln, Mooren und romantischen Schluchten.

Wangen im Allgäu

Die einstige Freie Reichsstadt lockt mit der unter Denkmalschutz stehenden **Altstadt** – einer der

▶ **LAND UND LEUTE**

Reiterprozessionen
Sehr prächtig sind die Pferde- bzw. Reiterprozessionen zu Ehren der Schutzpatrone der Pferde, des heiligen Georg und des heiligen Leonhard. Die Prozessionen finden vorwiegend im April und Oktober an verschiedenen Orten wie auf dem Auerberg, bei Schwangau oder in Bodelsberg statt – am Blutfreitag, dem Tag nach Himmelfahrt, ist es in Weingarten die größte der Welt. Nur wenig steht dem das Heilig-Blut-Fest in Bad Wurzach am zweiten Freitag im Juli nach.

Idyllisch zeigt sich die Altstadt von Wangen im Allgäu mit dem Ravensburger Tor, auch Frauentor genannt.

WUSSTEN SIE, ...

... dass jedes Jahr im September entlang der Alpenkette in einer festgelegten Reihenfolge in 32 Orten der Almabtrieb stattfindet, bei dem ca. 30 000 Kühe und Jungvieh in die Täler getrieben werden?

schönsten in Süddeutschland. „In Wangen bleibt man hangen", dieser viel zitierte Spruch ist sogar im Kopfsteinpflaster der Fußgängerzone stolz in Bronze festgehalten. In der Tat sollte man sich Zeit nehmen, die liebevoll restaurierte Altstadt mit gotischen Staffelgiebeln, üppigen Barockfassaden, prachtvollen goldglänzenden Wirtshausschildern und blumengeschmückten Erkern auf sich wirken zu lassen.

Die Herstellung von Haferlschuhen besitzt in Oberstdorf eine lange Tradition.

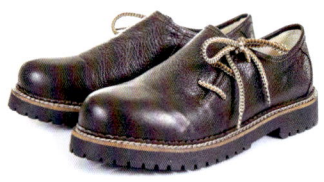

Oberstdorf liegt im südlichsten Allgäuzipfel.

Isny

Auch Isny war Freie Reichsstadt; ihre mittelalterliche Stadtmauer mit einigen stattlichen Türmen ist erhalten geblieben. Die als Gesamtanlage denkmalgeschützte Altstadt wird von zwei Durchgangsstraßen – mit spätgotischen bis barocken Bürgerhäusern – geviertelt, der Marktplatz liegt in der Mitte. Dort versammeln sich markante Bauten: das schöne Rathaus, der schlanke, himmelstürmende Blaserturm aus dem 16. Jh.; diesem benachbart steht das Hallgebäude, bis ins 19. Jh. Tuchhaus, in dem die Leinwandprodukte amtlich bewertet wurden; und diesem gegenüber befindet sich das Heiliggeistspital.

Die Heimat des Haferlschuhs

Im äußersten Süden Deutschlands, mitten in den Allgäuer Alpen, liegt **Oberstdorf**. Den Haferlschuh, der zur „Basis" der bayerischen Männertracht wurde, erfand im Jahr 1803 der Oberstdorfer Franz Schratt. Diese Fußbekleidung soll dem Huf einer Gämse nachempfunden sein. Den Namen hingegen prägten britische Touristen, die damals hohe Schuhe gewöhnt waren und von „half shoes" sprachen. Bis heute hält das Schuhhaus Schratt in Oberstdorf die Tradition hoch.

„Entdeckt" wurde der Marktflecken durch Prinz Luitpold – ab 1886 bayerischer Prinzregent –,

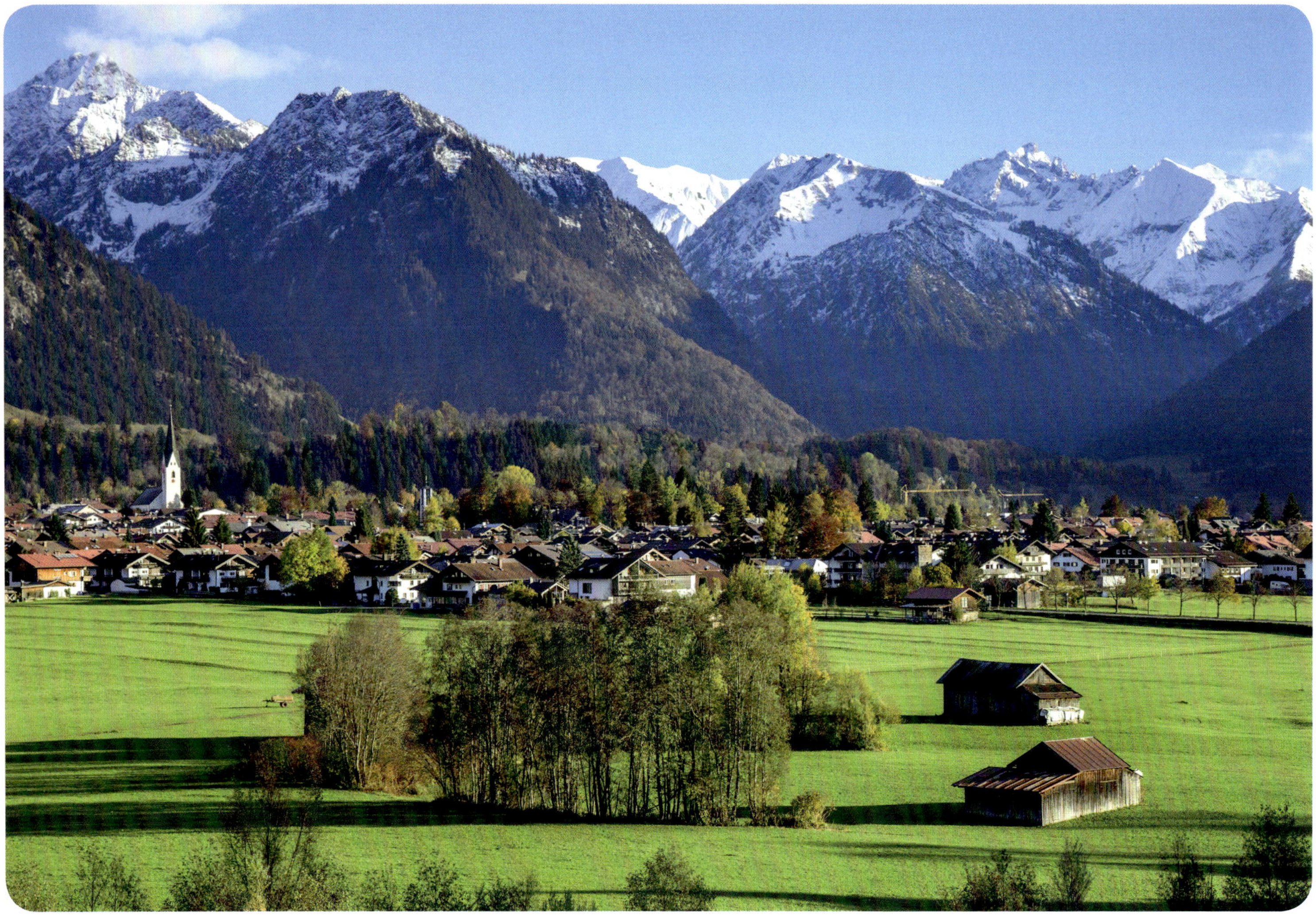

der 1851 die Gemeindejagd pachtete und viel für Oberstdorf tat, das damals ein armes Dorf war: in einer „Sackgasse" fern der Welt gelegen, mit rauem Klima und langen Wintern, mehr schlecht als recht von der Landwirtschaft lebend. Der Bahnanschluss 1888 schuf die Grundlage für die Entwicklung zum Ferienort, der seit 1937 das Prädikat Heilklimatischer Kurort trägt und seit 1964 auch Kneippkurort ist.

Kleine Sprachkunde

Die Sprache ist überall ein zentrales Element der kulturellen Identität. Und im Allgäu spricht man anders als in Oberbayern, anders als in Württemberg. Auch für weniger geübte Ohren hat das **Allgäuische** leicht erkennbare Merkmale: neben dem allgemein-schwäbischen „sch" für „s" die ausgeprägten, gerollten Laute „l" und „r", die für die lokale Färbung sorgen, selbst wenn ein Allgäuer sonst Hochdeutsch spricht. Das Kerngebiet teilt sich in das **Ostschwäbische** und das **Niederalemannische**; im Osten geht das Schwäbische allmählich, mit diversen Mischformen, ins Bairische über. Die Grenze zwischen Alemannisch und Schwäbisch wird als „Wiib-Weib-Linie" definiert: Im Spätmittelalter trennten sich die Sprachgruppen; die eine blieb bei den alten Langvokalen (alemannisch: Wiib, Ziit), die andere machte die „Diphthongierung", die Folge von zwei verschiedenen Vokalen, mit (schwäbisch: Weib, Zeit).

Allgäuer Trachten zwischen Schwaben und Bayern

Im Allgäu trifft man auf zwei Grundtypen. Die **Schwabentracht** präsentiert sich in Rot und Weiß, den angestammten Farben Schwabens: für Männer über dem weißen Hemd eine rote Weste („Leible" genannt, hochgeschlossen, mit 16 oder 18 Silberknöpfen), dazu Bund- oder lange Hosen aus dunklem Stoff. Die aus Oberbayern übernommene **Gebirgstracht** kopiert weitgehend die Miesbacher Tracht mit der grauen Lodenjoppe, der im Allgäu auffällig knappen kurzen oder knielangen Lederhose, wobei die Hosenträger mit Edelweißen bestickt sind, und dem Hut mit prachtvollem Gamsbart. Die Frauen tragen entsprechende Dirndl: oberbayerisch mit dunklem Mieder (mit Schnürkette und Blumenschmuck) sowie Schürze in unterschiedlichen

Farben; die „schwäbischen" sind einfacher und überwiegend in Rot und Weiß gehalten. Seit Langem hat die bayerische Tradition die Übermacht. Bemerkenswerterweise bevorzugen aber die Musikkapellen – auch im Oberland – die schwäbische Tracht. Das ist ein Ergebnis der Arbeit des **Heimatbundes Allgäu**, der 1884 in Kempten als „Allgäuer Alterthumsverein" gegründet wurde und sich die Erhaltung des „schwäbischen" Brauchtums auf die Fahnen geschrieben hat.

Allgäuer Bauernhäuser

Während im inneralpinen Bereich aufgrund der Geländebedingungen die Mehrhausanlage vorherrscht, ist an der Alpennordseite der **Einfirsthof** typisch: Wohntrakt, Stall und Scheune sind unter einem durchgehenden Dach vereint, was sich in den strengen Wintern bewährte. Die Höfe, vor allem

Beim Kaufbeurer Tänzelfest spielen Kinder die Hauptrolle.

Die Herstellung von Allgäuer Käse ist noch immer mit viel Handarbeit verbunden.

▶ ERLEBTE GESCHICHTE

Funkenfeuer

Am Abend des ersten Sonntags nach Fastnacht werden auf den Hügeln des Allgäuer Voralpenlandes Funkenfeuer entzündet. Auch damit wollten die Altvorderen den Winter vertreiben und das Ende der dunklen Jahreszeit feiern. Vom Funkenfeuer versprach man sich Hinweise auf den weiteren Jahresverlauf: Je höher und heller die Funken stieben, desto besser sei es um die Ernte und somit um das Wohl aller bestellt. Heute versammelt sich Alt und Jung an den Feuern und sieht bei Glühwein und „Funkenkiachle" zu, wie die „Funkenhexe", eine mit Schießpulver gefüllte Strohpuppe, angezündet wird und explodiert.

die frei stehenden, sind mit der Scheune nach Westen ausgerichtet, der Hauptwetterseite. Die diversen Varianten des Allgäuer Bauernhauses wurden fast ausschließlich aus Holz errichtet, und zwar im sogenannten **Strickbau**, d. h. aus Balken mit verzahnten Eckverbindungen.

Der **Riegel**- oder **Fachwerkbau** verbreitete sich im 18. Jh. vor allem im Unterallgäu. Sein Erdgeschoss ist gemauert oder ebenfalls in Strickbauweise ausgeführt; sein Dach steht ringsum viel weiter über. Besonderheiten weist auch das Westallgäuer Haus auf: Sein Wohnteil ist mit Schindeln verkleidet, seine Fenster liegen unter geschweiften Wandvorsprüngen.

Im ganzen Allgäu, vor allem im Oberallgäu, lässt sich der wachsende Raumbedarf im 19. Jh. aufgrund der Umstellung auf Grünlandwirtschaft an charakteristischen Veränderungen ablesen. Bei dieser Bewirtschaftung wird das Land in Form von Weiden und Wiesen insbesondere zur Futtergewinnung für Tiere, wie Milchkühe, bestellt. Dieses Futter, beispielsweise Heu,

musste entsprechend gelagert werden können. Alte Grundform ist ein einfaches Rechteck, das durch den Hausgang in Wohn- und Wirtschaftstrakt geteilt wird. Dann wurde südlich an den Wirtschaftstrakt der **Hakenschopf** (Schopf = Schuppen) angebaut, später kam diagonal gegenüber, am Wohntrakt, der **Wagenschopf** hinzu. Etwa ab 1870 wurde der Wirtschaftstrakt um den sogenannten **Wiederkehr** vergrößert, einen quer zum Hauptfirst orientierten Scheunenbau. Um auch den Raum unter seinem Dach nutzen zu können, bekam er häufig ein **Obergeschoss** (Hoch- oder Obertenne), das über die „Hoch(ein)fahrt" zu erreichen ist.

Köstliche „Laibspeisen"

Der Sommer auf der Alpe, die gute Luft, die sonnenverwöhnten Bergwiesen mit ihren würzigen Kräutern und Gräsern und das reine Quellwasser bieten beste Voraussetzungen für eine gute Milch und hervorragende **Milchprodukte**. Zweifellos ist das Allgäu heute ein bedeutendes **Käseland**. Aber das war es nicht immer: Vor der Umstellung auf Milchwirtschaft und Käseerzeugung spielten neben Viehhandel und Ackerbau der Flachsanbau und dessen Verarbeitung zu Leintuch ökonomisch die wichtigste Rolle. Durch die Erfindung des mechanischen Webstuhls und die Industrialisierung der Baumwollverarbeitung in England war es im 19. Jh. mit der Leinenweberei allerdings vorbei, was viele Allgäuer Familien in schwere existenzielle Not stürzte. Als Antwort auf diese wirtschaftlich schwierigen Zeiten nutzte der Oberstaufener Fuhrunternehmer Josef Aurel Stadler seine Kontakte in die Schweiz, deren Käsequalität er schätzte, und holte 1823 zwei junge Schweizer in die Käserei von Weiler im Westallgäu. Dort stellten sie den ersten „Allgäuer Emmentaler" her.

Ein weiterer Käse-Pionier – und Förderer des Tourismus im Allgäu – war Carl Hirnbein, Großbauer, Landtagsabgeordneter und Reformer. 1830 eröffnete Hirnbein in Wilhams eine Weichkäserei und begann mit den Brüdern Grosjean aus Limburg mit der Produktion eines Limburgers aus einheimischer Milch. Wer sich heute einen Überblick über das Allgäuer Käseangebot verschaffen will, der kann viele der kleinen Alp-Sennereien an der Westallgäuer Käsestraße und in den Allgäuer Bergen aufsuchen und deren Käse direkt vor Ort probieren.

Von Alphorn und Scherrzither

Die ganze Vielfalt der **Allgäuer Volksmusik** erfährt man bei Veranstaltungen vor Ort, im Bierzelt bei Dorf- und Vereinsfesten, bei Brauchtumsabenden oder beim Marien- oder Adventssingen.

Was aber ist das Besondere an der Allgäuer Musik? Im Allgäu sind immer wieder Einflüsse der benachbarten Regionen festzustellen, so aus Oberbayern und Tirol, Vorarlberg und der Schweiz, wodurch aber doch wieder Eigenes entsteht. Gerade wegen der Offenheit der geografischen und gesellschaftlichen Grenzen zeigt die Allgäuer Volksmusik ein besonders interessantes Profil. Und: Sie ist stark von Einzelpersonen geprägt. Ob nun ganz traditionell oder auf neuen Wegen, in ihrer Musik kommen die Heimatverbundenheit und erdige Kraft der Bewohner dieser Landschaft zum Ausdruck.

Das eigentümliche **Alphorn** kann als typisches Beispiel für die Musikgeschichte der Region gelten. Das alte **Hirteninstrument** hat im Allgäu eine über 400-jährige Tradition. Offenbar kamen die Hirten und Älpler aber allmählich von diesem urtümlichen Instrument ab – das einst als „Alpen-Telefon" diente –, sodass es einer Wiederbelebung bedurfte: Nach langer Zeit wurde im Allgäu 1958 zum ersten Mal wieder Alphorn geblasen. Seither ist das Alphorn zu einer Art Markenzeichen des Allgäus geworden, und im August wird an wechselnden Orten das „Allgäuer Alphornbläsertreffen" mit über 200 Teilnehmern abgehalten.

Die Neubelebung der instrumentalen Volksmusik setzte im großen Ganzen nach dem Zweiten Weltkrieg ein und verlief ähnlich wie in anderen Gebieten Bayerns. Die Saiteninstrumente (chromatisches) **Hackbrett, Zither, Gitarre** und **Harfe** erlebten einen Aufschwung, viele „Stubenmusiken" entstanden.

Ein typisches Instrument der Allgäuer Volksmusik ist die **Scherrzither**, die mit Plektron gespielt wird. Die Besaitung besteht in der Regel aus drei Griffsaiten und unterschiedlich vielen frei schwingenden (Bordun-)Saiten. Mit dieser Vorläuferin der Zither ist eine besonders „rassige" Spielweise möglich: durch das „Scherren" (Scharren) mit dem Plektron.

Eine weitere, jüngere Allgäuer Eigenart stellt die **Trio-Besetzung** dar, wie sie seit ca. 1950 zu erleben ist: Harmonika, Gitarre, Kontrabass. Die Begleitgitarre wird dabei – in traditionellen Volksmusikkreisen sonst nicht üblich – nicht gezupft, sondern „geschlagen".

Kleines Bild: Unverzichtbar in der alpenländischen Volksmusik ist die Zither.

Großes Bild: Die mehrere Hundert Jahre alte Tradition des Alphornblasens wird auch heute noch im Allgäu gepflegt.

WUSSTEN SIE, ...

... dass für das Allgäuer Jodeln die Größe der Jodlergruppen charakteristisch ist? Nicht selten sind da bis zu 16 gestandene Mannsbilder vereint, die vierstimmig singen (oft a cappella) und unter denen ein oder zwei Solisten herausragen.

Bayerisches Seenland

Sanfte Farben, schmucke Orte und goldene Pracht – die Landschaft rund um die bayerischen Seen des Voralpenlandes bezaubert die Sinne.

In Herrsching am Ammersee lässt es sich im Sommer vortrefflich entspannen.

Das Fünf-Seen-Land ist Oberbayern für „Seen-Süchtige" und für Stadtflüchtige aus München. Zwischen dem Starnberger See mit seinen Millionärsvillen und dem bäuerlich-bürgerlichen Ammersee liegen die drei kleineren Mitnamensgeber Pilsen-, Weßlinger und Wörthsee.

Wobei der Name Fünf-Seen-Land eindeutig Untertreibung ist: Fünfzig-Seen-Land käme der Sache schon näher. Denn zwischen all den sanften Hügeln und satten Wiesen finden sich noch zahllose Weiher und kleinere Seen wie die zauberhaften Osterseen mit ihrem besonderen Artenreichtum.

Doch damit ist es der schönen Wasserflächen längst nicht genug: Denn südlich des Fünf-Seen-Lands spiegelt sich das Bayerisch-Blau des Himmels in Staffel-, Kochel- und Walchensee. Insbesondere die Landschaft um Murnau am Staffelsee faszinierte mit ihren Pastelltönen in Blau und Grün vor allem die Künstler des frühen 20. Jhs. – kein Wunder, dass die Expressionisten um **Wassily Kandinsky** und **Franz Marc** hier von der einzigartigen Umgebung zur Gründung der Künstlergruppe **Blauer Reiter** inspiriert wurden. Blaues Land wird der Landstrich folgerichtig heute genannt, und wer sich hierher begibt, wird verstehen, warum.

Hier ist die Landschaft noch lieblich, doch südlich grüßen bereits die schroffen Gipfel der Alpen, der höchste auf deutschem Terrain die mächtige **Zugspitze** mit fast 3000 m Höhe.

Bayerisches Seenland

Überhaupt spielte und spielt der Gottesglaube in dieser Region zwischen den zahlreichen Seen eine bedeutende Rolle und gehört zur Alltagswelt der Menschen. Das **Kloster Andechs** am Ammersee hält nicht nur selbst gebrautes Bier bereit, sondern auch zahlreiche Kunstschätze wie die im Rokoko ausgestattete ursprünglich gotische Hallenkirche. **Oberammergau** wiederum ist für seine Herrgottsschnitzer, vor allem aber für die alle zehn Jahre stattfindenden **Passionsspiele** bekannt, an denen ein Großteil der Bevölkerung jedes Mal aktiv teilnimmt. Und **Wessobrunn** ist in die Kunstgeschichte eingegangen dank der Kunstrichtung der Wessobrunner Schule, die ab Ende des 17. Jhs. starken Einfluss auf die Gestaltung sakraler Bauten nahm. Ebenso war auch das nur wenige Kilometer westlich von Wessobrunn gelegene Weilheim für seine Bildhauerschule bekannt. Zur künstlerischen Ausdrucksweise der Region gehört auch die **Lüftlmalerei**, die sich auf zahlreichen Hausfassaden in kunstvollen Darstellungen findet.

Zu verdanken ist der Seenreichtum im Voralpenland der Eiszeit. Gletscher schoben sich von den Alpen vor, hinterließen Moränen, Gletscher- und Toteisseen (s. S. 294) und schufen eine Landschaft von einzigartigem Charme. Auch die Moore, die hier Moose heißen, sind eine Hinterlassenschaft jener gewaltigen Eiszeitkräfte, die hier einst wirkten. Eines der bedeutsamsten ist das **Murnauer Moos**, ein vielfältiger und artenreicher Naturschatz südlich des namensgebenden Ortes. Hier erlebt man alle Phasen eines Moores von Nieder- bis zum Hochmoor, Lebensraum seltener Pflanzen und Tiere.

Das, was sich vor Ort findet, gab wie dem Blauen Land auch dem **Pfaffenwinkel** seinen Namen. Denn hier, zu Füßen der Berge und eingerahmt von Starnberger See und Lech, findet sich eine unglaublich große Dichte an **Klöstern** und **Kirchen** – mehr als 150 sind es auf diesem begrenzten Raum. Berühmtestes Prunkstück ist zweifelsohne die auf einer Wiese bei Steingaden gelegene **Wieskirche**, ein unübertroffener Schatz des Rokoko, dessen Wert auch die UNESCO mit der Auszeichnung Welterbe adelte.

> **TOPZIELE IN DER REGION**

Zwischen berührender Sakralkunst und einzigartigen Landschaften finden sich im Land der bayerischen Seen besonders sehenswerte Ziele:

MURNAUER MOOS

Ein 12 km langer Moosrundweg erschließt das größte Moor im deutschen Alpenraum – ein einmaliges Erlebnis für Wanderer und Naturfreunde. → S. 296

ZUGSPITZE

Mächtig erhebt er sein Haupt gegen den Himmel, der höchste Berg Deutschlands. Ein Erlebnis ist die Rundreise von Garmisch-Partenkirchen zur Zugspitze und zurück mit allen drei Bahnen: mit der Zahnradbahn zum Zugspitzplatt und mit der Gletscherbahn zum Gipfel; Talfahrt mit der Seilbahn zum Eibsee und mit der Zahnradbahn zurück nach Garmisch-Partenkirchen. → S. 297

EIBENWALD VON PATERZELL

Vom gleichnamigen Landgasthof aus kann man den mystischen Eibenwald von Paterzell auf einem Pfad erkunden. Tafeln liefern dem Interessierten zusätzliche Hintergrundinformationen zu diesem einzigartigen Naturschatz. → S. 298

OBERAMMERGAU

Im berühmten Pilatushaus ist eine „Lebende Werkstatt" untergebracht, in der man Kunsthandwerkern zusehen kann. Im 1. Stock sind Hinterglasbilder ausgestellt, eine der größten Sammlungen Europas; sie stammen aus dem Murnauer Raum und haben die Mitglieder des „Blauen Reiters" inspiriert. → S. 298

KLOSTER ANDECHS

Das Kloster am Ammersee ist nicht nur für sein Bier bekannt; in der Kirche ist auch der berühmte Komponist Carl Orff beigesetzt. Andechs war schon früh ein Wallfahrtsziel. Im 10. Jh. brachte Graf Rosso aus dem Heiligen Land Reliquien mit, den Grundstock des Andechser Heiltumsschatzes. → S. 299

Bayerischer geht es kaum: Der weiß-blaue Himmel spiegelt sich im Kochelsee am Fußes des Herzogstands.

Fünf Seen und mehr

Das Oberbayerische ist mit Seen reich gesegnet – spektakulär oder malerisch-verträumt, sie alle haben eine gemeinsame Vergangenheit in den **Eiszeiten**. Das Eis trug große Mengen von Gesteinsmaterial mit sich, das End- und Seitenmoränen formte. Diese prägen auch heute das charakteristische Antlitz der Hügellandschaft. Wie im nahegelegenen Allgäu hat das Wirken der Eiszeit auch in dieser Region die kleinen, **Drumlins** genannten Hügel (s. S. 282) entstehen lassen, hier z. B. zwischen Ammersee und Starnberger See. Am Ende der Eiszeit blieben **Gletscherseen** zurück, Ammersee und Starnberger See zählen zu den größten. Auf den wasserundurchlässigen Seeböden stocken heute noch große Moore, so das **Murnauer Moos**. Einige kleine Seen, wie die Osterseen südlich des Starnberger Sees, sind **Toteisseen**: Sie gehen auf Eisblöcke zurück, die am Ende der Eiszeit zurückblieben und langsamer abschmolzen.

Fünf-Seen-Land

Der **Starnberger See** füllt eine von sanften Moränenhügeln umgebene, 21 km lange, 2–5 km breite und 127 m tiefe eiszeitliche Gletscherrinne.

Bis 1965 hieß er offiziell Würmsee; Würm heißt immer noch der kleine Fluss, der ihn bei Percha im Norden verlässt. Der **Ammersee**, der drittgrößte See Bayerns, gilt als der „ländliche" Bruder des benachbarten Starnberger Sees. Er liegt ca. 35 km südwestlich von München und ist der nördlichste See des Alpenvorlands. Mit 16 km Länge, 3–6 km Breite und 47 km² Fläche füllt er ein 87 m tiefes eiszeitliches Gletscherzungenbecken. Umgeben ist er von teils bewaldeten Moränenhöhen. Zu den fünf Seen des eigentlichen Seenlands zählen auch noch der **Wörthsee**, benannt nach der in ihm gelegenen Insel Wörth, der **Pilsensee** und der **Weßlinger See**. Der Pilsensee ca. 2 km südlich des Wörthsees war einst eine Bucht des Ammersees, die Trennung beider Seen wurde aber noch während der Eiszeit eingeleitet. Im Gegensatz zu den anderen Seen bezieht der Weßlinger See, ein typischer Toteissee und mit einer Fläche von gerade einmal 18 ha der kleinste der fünf Seen, sein Wasser ausschließlich aus dem Grundwasser.

Kochelsee und Walchensee

Im Süden des Benediktbeurer Moors blinkt, ca. 30 km südlich des Starnberger Sees gelegen, die blaue Fläche des Kochelsees vor der

beeindruckenden Bergkulisse von **Heimgarten,
Herzogstand** und **Jochberg**. 200 m höher, nämlich auf 800 m ü. NHN, liegt südlich davon der
benachbarte Walchensee, mit 192 m der **tiefste
Gebirgssee Deutschlands**. Beide Seen bilden die
Grundlage für ein Speicherkraftwerk: Die Lage-
energie des Wassers aus dem höher gelegenen
Walchensee wird über ein komplexes Röhren-
system genutzt, um Turbinen zur Stromerzeugung anzutreiben. Das Wasser wird dann in den
Kochelsee geleitet. Die Leistung des Kraftwerks
beträgt 124 MW.

Staffelsee und Riegsee

Im Staffelsee, nordöstlich des Kochelsees gelegen, mit seinen drei Abschnitten Obersee,
Untersee und Stegsee liegen die **sieben bewaldeten Inseln** Große Birke, Kleine Birke, Jakobsinsel,
Wörth, Mühlwörth, Buchau und Gradeneiland.
Kein anderer See der Region besitzt so viele
Inseln, bewohnt ist im Staffelsee jedoch lediglich
die Insel Wörth. Mit vielen Buchten und weichem, im Sommer wohltemperiertem Wasser
ist er ideal zum Baden. Die angenehme Wassertemperatur des Sees resultiert daraus, dass er
nicht, wie andere Seen des Voralpenlands, durch
Gebirgsbäche gespeist wird, sondern von warmen Moorbächen.

Der östlich benachbarte **Riegsee** ist ungefähr
halb so groß wie der Staffelsee und noch urtüm-
licher. Hier trifft man auf ein besonderes Phänomen, die sogenannten **schwimmenden Inseln**,
Uferbewuchs aus Moorpflanzen, der sich löste
und inselartig über das Wasser treibt. So hatte
sich beispielsweise im Jahr 2002 ein 100 × 30 m
großes Stück eigenständig gemacht. Es brach
aber nicht in sich zusammen, sondern trieb als
Insel über den See – samt seiner Bäume und
Sträucher. Immer wieder tritt dieses Phänomen
auf, manchmal in so großem Umfang, dass es
notwendig wird, die vom Ufer gelösten Teile zu
verankern.

Einzigartiger Lebensraum

Auch die **Moore**, die in Bayern Moose oder Filze
genannt werden, gehen auf das Wirken der
Eiszeit zurück. Sie entstanden aus ehemaligen
Gewässern, die nach und nach ein Stück verlandeten. Heut sind die Moore wertvolle Lebensräume für eine Vielzahl an Tieren und Pflanzen.
Südwestlich von Fürstenfeldbruck erstrecken

sich bis zum Ammersee die Am-
perauen; im **Ampermoos** südlich
von Grafrath, einem Naturschutzgebiet, brüten Kiebitz und Großer
Brachvogel. Das **Loisach-Kochel-
seemoos**, ein 3,6 km² großes Moor,
das zu den bedeutendsten in
Süddeutschland zählt und in den
Naturatlas Bayern Arche aufgenommen wurde, ist Lebensraum
für viele bedrohte Pflanzen und
Tiere, wird aber auch seit Jahrhunderten landwirtschaftlich genutzt.
Zu den hier lebenden **seltenen
Vogelarten** zählen die Bekassine und der Eisvogel, aber auch die Kornweihe, ein mittel-
großer Raubvogel, der zu den Habichtartigen
gehört, und der Raubwürger, ein Vogel, der
seine Beute – meist Mäuse und Insekten – auf
Dorne spießt, um sie dann zu zerteilen oder
dort aufzubewahren.

*Die Bekassine ist leicht
an ihrem ungewöhnlich
langen Schnabel zu er-
kennen.*

*Die Wasserschläuche, die in den Os-
terseen heimischen fleischfressenden
Pflanzen, fangen ihre Beute, indem
sie in ihren Fangblasen Unterdruck
erzeugen, der beim Öffnen der Blase
dafür sorgt, dass Beutetiere einge-
saugt werden.*

*Auf dem Holzbohlenweg
gelangt man sicheren
Fußes durch das Murnauer
Moos.*

Murnauer Moos

Das Murnauer Moos ist mit einer
Fläche von mehr als 30 km² das
größte zusammenhängende Moor
Bayerns und eines der intaktesten
Moore Deutschlands, das zu einem
Teil ein **Niedermoor** ist, dem das
Wasser sprichwörtlich „bis zum
Hals" steht. Denn das Grundwasser
reicht bis in den Wurzelbereich der
Pflanzen, was für ein Niedermoor
typisch ist. Aber auch Bereiche mit **Übergangs-**
und **Hochmooren** bilden die ökologisch wertvolle
Landschaft des Murnauer Mooses. Aus den bis
25 m dicken Torfschichten ragen – einst Inseln
– die bewaldeten „Kögel" oder „Köchel" heraus,
deren hartes Quarzitgestein bis ins Jahr 2000 für
den Straßenbau abgebaut wurde. Beinahe 960,
davon über 160 sehr seltene Pflanzenarten sind
hier heimisch, hierunter das Karlszepter oder
der Moor-Steinbrech. Zu den im Murnauer Moos
lebenden Vögeln zählen Tüpfelsumpfhuhn,
Wasserralle und Teichrohrsänger.

Die Südsee lässt grüßen

Wenige Kilometer südlich vom Starnberger See
finden sich versteckt echte Seejuwelen. Die
24 Osterseen bieten an flachen Stellen eine
Farbpalette von Hellgrün bis Türkis, die dann
in tiefes Dunkelblau übergehen. 1000 ha, rund
ein Drittel davon Wasserfläche, sind seit 1981
Naturschutzgebiet, inklusive fünf Inseln, einer
urwüchsigen Moorlandschaft und dichtem
Mischwald. Die Osterseen entstanden aus dem
Zerfall von Toteisblöcken der letzten Eiszeit –
eine sogenannte **Eiszerfallslandschaft**. Sowohl
Tiere als auch Pflanzen sind hier in besonders
vielen Arten vertreten. Bemerkenswert sind
die zahlreich auftretenden Arten des **Wasser-
schlauchs**, einer fleischfressenden Pflanze, von
denen an diesen Moorseen auch sehr seltene
Exemplare vorkommen. Auf den Wiesen gedeihen nicht nur Trollblumen und Wiesen-Salbei,
sondern auch das rare Sumpf-Herzblatt. Über die
Wiesen tanzen im Frühjahr und Sommer zum
Teil seltene Schmetterlinge wie der Skabiosen-
Scheckenfalter und das Moor-Wiesenvögelchen,
durchs Gras schlängeln sich Kreuzottern, und
mit etwas Glück hört man den Gesang eines
Drosselrohrsängers.

Der Riesenschwamm

Im Jahr 2002 wurde im **Staffelsee** ein faszinierendes Gebilde entdeckt. Denn hier hatte sich
ein riesiger **Süßwasserschwamm** an den Holz-
pfählen eines ehemaligen Stegs entwickelt. Es
war ein einzigartiger Fund in Europa, denn nur
im sibirischen Baikalsee existieren noch andere
Süßwasserschwämme, insgesamt gibt es überhaupt nur sechs Arten. Mehr noch – im Vergleich
zu anderen Süßwasserschwämmen, die in der
Regel auf etwa 20–30 cm heranwachsen, erreichte das im Staffelsee beheimatete Exemplar eine
imposante mannshohe Größe, ein veritabler Riese also. Die Tiere, die fest auf einem Untergrund
wie Holz oder Steinen wachsen, sind ein Indika-
tor für die Wasserqualität, die im Staffelsee

Ganz oben, wo Geister toben

Spätestens bei Garmisch-Partenkirchen endet das liebliche Alpenvorland. Im **Wettersteingebirge** und **Werdenfelser Land** beginnt raues hochalpines Terrain, das bis knapp an die 3000-m-Marke heranreicht. Das teils zu Bayern, teils zu Tirol gehörende Wettersteingebirge südlich von Garmisch ist hauptsächlich aus dem nach ihm benannten Wettersteinkalk, dem ältesten und widerstandsfähigsten Gestein der Oberbayerischen Alpen, aufgebaut. Seine drei Hauptkämme – Waxenstein-, Blassen- und Wettersteinkamm – gipfeln in der **Zugspitze**, deren Nordwestwände dem Gebirge das charakteristische Profil geben.

Deutschlands höchster Punkt ist der **Ostgipfel der Zugspitze**. Er misst genau 2962 m. Das Dach der Republik bietet auf seinem Massiv auch das höchstgelegene Haus, Postamt, Hotel, Restaurant und Skigebiet Deutschlands. Bei schönem Wetter ist eine grandiose **Rundumsicht** auf bis zu 400 Gipfel vom Piz Bernina über den Ortler, die Wildspitze bis zum Großglockner sowie nach München im Norden und Italien mit den Dolomiten im Süden möglich. Mehrere Bergbahnen führen nach oben. Die einfachste Route zu Fuß ist der Weg durch die Partnachklamm, wofür bis zu 14 Std. einzuplanen sind und 2200 Höhenmeter bewältigt werden müssen.

Der Berg ist der Überrest eines zu Kalk gewordenen Korallenriffs. Vor mehr als 200 Mio. Jahren lag an seiner jetzigen Stelle noch ein tropisch warmes Meer. Heute pfeift hier oben der Wind, manchmal mit mehr als 200 km/h, die Temperatur fällt schon mal auf Arktisniveau, und hier toben die Geister, wenn die letzte Bergbahn talwärts ging. In alter Zeit galt der Berg schließlich als verhext.

Die Erstbesteigung erfolgte 1820 durch Leutnant Joseph Naus, der topografische Aufnahmen machte. Pfarrer Christoph Ott stellte 1851 mit 28 Helfern das **Gipfelkreuz** auf. 1897 folgte das „Münchner Haus", heute eine Alpenvereinshütte, einst das meteorologische Observatorium. Die Kreuzeckbahn ging 1926 in Betrieb. Sie war die erste Seilschwebebahn in Bayern, die 2002, nach 76 Jahren und 15 Mio. unfallfrei beförderten Fahrgästen, am 7. April ihre letzte Fahrt machte und im selben Jahr durch eine neue Gondelbahn ersetzt wurde. 1931 eröffnete das „Hotel Schneefernerhaus", und 50 Jahre später wurde die Kapelle Maria Heimsuchung geweiht.

Kleines Bild: Nirgendwo in Deutschland ist man höher als am Gipfelkreuz der Zugspitze.

Großes Bild: Vom Eibsee aus eröffnet sich ein großartiger Blick auf das Wettersteinmassiv mit der Zugspitze.

WUSSTEN SIE, …

… dass man auf der Zugspitze in einem Iglu-Dorf übernachten kann? Es besteht von Dezember bis April aus gefrorenem Wasser – von den Betten, Wänden, Decken bis hin zur Bar. Der winterliche Sternenhimmel und das grandiose Panorama mit Natur, wohin das Auge reicht, dienen als Kulisse.

Rinde, Nadeln und Samen der Baumriesen sind giftig, doch das tut dem imposanten Anblick keinen Abbruch. Besonders schön ist der Eibenwald im Oktober, wenn die Früchte zwischen den grünen Nadeln rot leuchten.

Kunst und Glauben

Das stattliche Dorf **Oberammergau** ist weltberühmt für seine **Passionsspiele**, die alle zehn Jahre aufgeführt werden. Wie im benachbarten **Ettal** mit seiner herrlichen Klosterkirche prunken die Häuser mit Lüftlmalereien, und **Schloss Linderhof** von Ludwig II. im Graswang-Tal setzt der Pracht die Krone auf.

Der Ammergau, ursprünglich welfischer Besitz, kam 1192 an die Hohenstaufen und 1269 an die bayerischen Herzöge. Bis zur Mitte des 16. Jhs. war Oberammergau ein wichtiger Umschlagplatz (Stapelmonopol 1332) an der Handelsstraße von Augsburg über Mittenwald nach Venedig. Die seit Anfang des 16. Jhs. dokumentierte **Bildschnitzerei** („Herrgottsschnitzer"), die vor allem Devotionalien für die Wallfahrt von Ettal herstellte, war europaweit geschätzt und wurde durch den 1775 gegründeten „Verlag" der Familie Lang kräftig gefördert. In Oberammergau leben heute etwa 60 Holzbildhauer, und eine Berufsfachschule bildet seit 1887 den Nachwuchs aus.

Passionsspiele

Im Pestjahr 1633 gelobten die Einwohner, alle zehn Jahre die **Leidensgeschichte Christi** darzustellen, wenn die Seuche aufhörte. 1634 fand die Aufführung zum ersten Mal statt. Fast der halbe Ort – über 1500 Erwachsene und 500 Kinder – ist in irgendeiner Form beteiligt, von den (doppelt besetzten) Hauptrollen bis zum Platzanweiser. Der älteste Text beruht auf zwei Augsburger Passionsspielen: eines aus dem Kloster St. Ulrich und Afra (15. Jh.), das andere schuf der Meistersinger Wild im 16. Jh. Die Grundlage des heutigen Textes entstand Anfang des 19. Jhs. und wurde 1860/70 von dem Pfarrer Joseph Daisenberger neu gestaltet; die letzte Revision nahmen Christian Stückl und Otto Huber für die Aufführung 2010 vor. Die Musik schrieb der aus Oberammergau gebürtige Lehrer und Komponist Rochus Dedler (1779–1822), der im Kloster Polling und in München ausgebildet wurde.

Weltberühmt sind die Passionsspiele von Oberammergau, die nur alle zehn Jahre aufgeführt werden, 2020 allerdings Corona-bedingt auf 2022 verschoben werden mussten.

mithin besonders gut zu sein scheint. Denn in den Folgejahren wurden weitere, allerdings deutlich kleinere Schwämme ausgemacht, die sich inzwischen über den ganzen See verteilen und beweisen, dass der Schwamm sich fortpflanzt.

Baumriesen

Einst waren Eiben im ganzen Alpenraum verbreitet; ihr elastisches Holz war jedoch für die Herstellung von Bogen begehrt, sodass sie mittlerweile selten geworden sind. Ca. 4 km südlich von Wessobrunn, nahe dem Zellsee, liegt der **Eibenwald von Paterzell**, ein 21 ha großes Naturschutzgebiet, in dem mehr als 2000, teilweise bis zu 500 Jahre alten Eiben stehen. Eine solche Häufung von Eiben ist in Deutschland sehr selten. Und schon 1907 erkannte der Arzt Friedrich Kollmann die besondere Bedeutung; 1913 wurde der Wald dank seines unermüdlichen Engagements und mit Unterstützung der letzten bayerischen Königin Marie Therese zum „staatlichen Kulturdenkmal" ernannt, 1939 zum Natur-

Das 1900 eingeweihte **Passionsspielhaus** am nördlichen Ortsrand hat eine Zuschauerhalle mit 4720 Sitzplätzen und ein offenes Bühnenhaus mit der Landschaft des Ammertals als Hintergrund (gegen Regen schützt ein Glasdach).

Hort der Kultur

Wessobrunn, knapp 20 km südlich vom Ammersee gelegen, ist einer der großen Orte der deutschen Kulturgeschichte. Sein 753 gegründetes **Kloster** war im Besitz des vor 814 aufgezeichneten Wessobrunner Gebets, eines der ältesten deutschen Sprachdenkmäler, das in Stabreimen die Schöpfungsgeschichte beschreibt (heute in der Bayerischen Staatsbibliothek in München). Die **Wessobrunner Schule** von Baumeistern, Stuckatoren und Malern – etwa 600 Künstler rechnet man dazu – prägte ab 1680 den oberschwäbisch-bayerisch-tirolischen barocken Sakralbau. Von der von Johann Schmuzer entworfenen barocken Klosteranlage wurden nur der Konvent und der Gäste- oder **Fürstentrakt** ausgeführt. Vor allem das Treppenhaus des Gästetrakts, der 88 m

lange Gang des Fürstentrakts und der daranstoßende Gang des **Prälatenflügels** wurden von Schmuzer in wunderbarem Variantenreichtum stuckiert, eine unvergleichliche Symphonie von Muscheln, Engelsköpfen, Akanthusranken und anderen Ornamentformen. Ebenso schön und meisterhaft ist die Gestaltung des **Tassilosaals** in verspielten, farbenfrohen Stuckformen mit Blumen und Jagdszenen, die auf die Gründungslegende des Klosters Bezug nehmen.

Mehr als „bete und arbeite"

177 m über dem Ostufer des Ammersees thront das **Kloster Andechs**, das 1438 als Augustinerstift gegründet wurde. 1455 übernahmen die Benediktiner die Betreuung der ältesten bayerischen Wallfahrt. Gastfreundschaft wird hier seit gut 550 Jahren großgeschrieben. Nach der Regel des heiligen Benedikt – „alle Fremden, die kommen, sollen aufgenommen werden wie Christus" – wurden Pilger seit jeher von den Mönchen verköstigt. Doch das Kloster ist nicht nur für seine Gastfreundschaft und das hier gebraute **Bier**

Der dunkle Doppelbock ist eine der Spezialitäten der Klosterbrauerei Andechs.

Kloster Andechs ist nicht nur ein architektonisches Kleinod, sondern auch ein sehr beliebtes Ausflugsziel.

Die Wasserwallfahrt

Die Seehauser Fronleichnamsprozession beginnt am 2. Donnerstag nach Pfingsten mit einem Gottesdienst um 8.00 Uhr, ehe es in bester Tracht zur Anlegestelle am Staffelsee geht. Die Fähre mit Priester, Chor und Musikanten sowie zahllose Kähne wallfahren dann via Jakobsinsel zur Kapelle auf der Insel Wörth. Zurück in Seehausen, werden alle Prozessionsteilnehmer gesegnet – auch die Gäste, denn sie sind willkommen.

Zentraler Blickfang in der Wieskirche ist der prächtig ausgestattete Altar.

berühmt. Auch seine Kunstschätze faszinieren den Besucher. Die **gotische Hallenkirche** (um 1425) erhielt von 1751 bis 1755 durch J. B. Zimmermann und J. B. Straub die prachtvolle **Rokokoausstattung**. Das Gnadenbild der Muttergottes im Hochaltar (um 1468) wird dem Münchner Schnitzer U. Neunhauser zugeschrieben. In der „Heiligen Kapelle" wird der **Klosterschatz** aufbewahrt: u. a. die Drei-Hostien-Monstranz (um 1435) und das Brautkleid der heiligen Elisabeth, die aus dem Haus Andechs-Meranien stammte.

Die Herrlichkeit auf Erden

... verspricht man hier dem Gast. Mindestens seit 1750 nennt man das Land zwischen Starnberger See, Lech und den Bergen „Pfaffenwinkel": Zur idyllischen Landschaft vor der Kulisse des Zugspitzmassivs gehören über 150 Kirchen und Klöster.

Zentrum des Pfaffenwinkels

Weilheim, im Alpenvorland südlich des Ammersees gelegen, ist der Hauptort der Region. Seit 1176 ist hier ein Markt nachweisbar, der von Herzog Otto II. 1236 zur Stadt erhoben wurde. Berühmt war am Übergang vom 16. zum 17. Jh. die „**Weilheimer Bildhauerschule**", vertreten vor allem durch Hans Krumper oder Krumpper, der insbesondere in München Großartiges hinterlassen hat. Weilheim war mit dem benachbarten Wessobrunn im 16.–18. Jh. ein bedeutendes Zentrum des Kunsthandwerks. Noch heute ist das am „Herz" Weilheims ablesbar, dem Marienplatz mit seiner Mariensäule (17. Jh.).

Die bedeutendste romanische Kirche Oberbayerns steht wiederum in **Altenstadt**. Um 1180–1200 wurde die dreischiffige Basilika (Pfarrkirche St. Michael) mit mächtigen Osttürmen aus Tuffstein erbaut. Das kostbarste Ausstattungsstück der Kirche ist ein romanischer Kruzifixus, der Große Gott von Altenstadt (nach 1220): kein Leidender, sondern der majestätische Sieger über Tod und Hölle.

Märchenhaftes Rokoko

Nach **Steingaden**, im Alpenvorland südlich von Schongau gelegen, kommen Gäste aus aller Welt. Mit dem **Welfenmünster** besitzt es eine der bedeutendsten Kirchen des Pfaffenwinkels, vor allem aber gehört die wunderbarste Schöpfung des deutschen Rokoko zur Gemeinde: die berühmte **Wieskirche**. Sie ist das Hauptwerk des 1685 in Wessobrunn geborenen genialen Baumeisters Dominikus Zimmermann. Der ganze Zauber des Alpenvorlands scheint sich in dieser Kirche zu vereinen. Auf einer abgelegenen Wiese – vor der Kulisse des Hohen Trauchbergs, umgeben von Wald und Mooren – steht der wunderbare Bau, der zum Welterbe der UNESCO gehört. Für diese ist das Kirchlein „ein Meisterwerk menschlicher Schöpferkraft und ein außergewöhnliches Zeugnis einer untergegangenen Kultur". Die wichtigsten Gründe im Einzelnen waren die **Deckenfresken**, in deren Zentrum der auferstandene Jesus auf einem Regenbogen, dem Symbol der Versöhnung, thront, die vergoldeten Stuckarbeiten und die Figur des Heilands in einem vollendeten Rokokobau. Auch die Chorausstattung und die Kanzel sind grandios. Mehr als 40 Fenster sorgen für einen faszinierenden Raumeindruck in dem Oval von nur 45 m Länge, 24 m Breite und bis zu 32 m Höhe.

Lüftlmalerei

Ihre hohe Zeit hatte die Lüftlmalerei in der zweiten Hälfte des 18. Jhs., als die Verwüstungen durch die Erbfolgekriege behoben waren und wieder Wohlstand einkehrte. Dargestellt wurden religiöse Motive, aber auch Szenen aus dem Alltagsleben der Bauern und Bürger – das Ganze abgerundet durch schmückende oder illusionistische Elemente. Der berühmteste Maler, **Franz Seraph Zwinck**, nannte sich nach dem Namen seines Hauses „der Lüftl", womit er der Zunft den Namen gab. Die Lüftlmaler arbeiteten in der **Freskotechnik**. Dabei wird frischer Kalkmörtel – daher „al fresco" – dünn aufgetragen und mit wässrigen Mineralfarben bemalt, solange die Fläche noch feucht ist. Mörtel und Farbe verbinden sich beim Trocknen zu einer dünnen, glasigen Schicht, die die Farben vor Witterungseinflüssen schützt.

Das Blaue Land

Dieser Begriff klingt poetisch, verwunschen und – passend. Wechselnde Lichtstimmungen bestimmen die Gegend um **Murnau** mit Staffel- und Riegsee. Häufig wirken die Seen und Moore, die Wälder und Wiesen, ja sogar die Alpenkette im Süden wie modelliert und mit weichem Blau getönt. Berühmt wurde Murnau durch Gabriele Münter und Wassily Kandinsky, die hier mit Freunden lebten.

Die Geschichte Murnaus reicht jedoch weiter zurück: Im 12. Jh. erstmals erwähnt, erhielt es 1322 das Marktrecht, 1332 schenkte es Kaiser Ludwig der Bayer dem Kloster Ettal. Wie Murnau liegt auch das Fischerdorf **Seehausen** am Staffelsee, dessen stattliche Pfarrkirche St. Michael von 1775 mit ihrem gemalten Stuck ein schönes Beispiel des Bauernrokoko ist.

Die Grenzen sprengen

1911 gründeten Wassily Kandinsky und Franz Marc die Künstlervereinigung **Der Blaue Reiter**. Sie ließen sich inspirieren von der Landschaft und so machten ihre Wohnorte Murnau und Sindelsdorf das Blaue Land zum Geburtsort und bis heute zu einem Zentrum expressionistischer Kunst. Wassily Kandinsky und Franz Marc wollten die Grenzen des künstlerischen Ausdrucksvermögens sprengen, neue Farbwelten entdecken und bis in metaphysische Dimensionen vordringen.

Vor den Toren Münchens

Die Nähe zur bayerischen Landeshauptstadt macht das Seenland und seine Städte zu beliebten Zielen. **Starnberg**, das am Nordwestende des Starnberger Sees terrassenförmig ansteigt, entwickelte sich früh zum Villenvorort Münchens. Das stattliche Gebäude westlich über der Stadt ist das **Schloss**, das sich die Wittelsbacher Herzöge im 16. Jh. als Sommersitz erbauten (heute Finanzamt). Hier stand das 1244 erwähnte „Castrum Starnberch" der Grafen von Andechs-Meranien. Die hoch gelegene **Josephskirche** (1766) am Rand des Schlossgrabens besitzt einen schlanken, mit einer Doppelzwiebel gekrönten Turm und eine vorzügliche Rokokoausstattung: Stuck von Franz Xaver Feuchtmayer, Deckenfresken von Christian Wink, Hochaltar von Ignaz Günther; auch die Kanzel wird Günther zugeschrieben.

Auch **Wolfratshausen** profitiert von der Nähe zu München. Das Städtchen an Loisach und Isar war einst eine Flößerstadt. Etliche der typischen **oberbayerischen Giebelhäuser**, teils bemalt, im alten Ortskern stammen aus dem 17./18. Jh. Die Stadtpfarrkirche St. Andreas entstand 1621–1626 auf den Resten der gotischen Kirche. Nicht nur der Hochaltar, sondern auch die Gemälde an der unteren Brüstung stammen von Wolfratshausener Künstlern.

Prächtig geschmückte Pferde ziehen ebenso aufwendig verzierte Truhenwagen anlässlich des Leonhardifestes.

▶ **ERLEBTE GESCHICHTE**

Leonhardifest
Überall in Oberbayern wird zwischen Ammersee und Zugspitze am 6. November der Schutzpatron der Tiere in Landwirtschaft und Haushalten beim Leonhardifest mit prächtig geschmückten Pferden und Kutschen geehrt. Begleitet von Musikkapellen, reiten in Festtagstrachten gewandete Männer auf herausgeputzten Pferden, und noch schöner anzusehende Frauen nehmen auf bemalten „Truhenwagen" teil.

Berchtesgadener Land und Chiemgau

„Wen Gott liebt ... den lässt fallen er in dies Land" – so schwärmte einst der bayerische Heimatdichter Ludwig Ganghofer über das Berchtesgadener Land.

Vom Jenner aus bietet sich ein grandioser Blick auf den tiefblau schimmernden Königssee, der vom gewaltigen Watzmannmassiv flankiert wird.

Das Berchtesgadener Land ist, ebenso wie der sich nördlich anschließende Chiemgau, eine bayerische Bilderbuchlandschaft. Die Region um Königssee und Watzmann gehört zum einzigen alpinen Nationalpark Deutschlands, und Städte wie Bad Reichenhall und Berchtesgaden warten mit einer jahrhundertealten Geschichte auf.

Berge und Wasser – die Faszination, die Chiemgau und Berchtesgadener Land auf ihre Besucher ausüben, liegt im kontrastreichen Zusammenspiel dieser beiden Landschaftselemente. Wie sich die Felsgipfel der Bayerischen Alpen hinter dem Chiemsee und seinen kleineren Geschwistern erheben, ist ein spektakulärer Anblick. Chiemgau und Berchtesgadener Land wiederum bilden zusammen den südöstlichen Teil Oberbayerns. Dieses bayerische „Eckgebiet" stößt im Süden wie im Osten (wo die Salzach die Grenze markiert) an die österreichische Staatsgrenze und wird im Westen wie auch im Norden vom Inn begrenzt. Zu einem richtigen „Eck" fehlt ihm jedoch der rechte Winkel: Im äußersten Südosten ragt es mit dem Berchtesgadener Land wie mit einem Entenbürzel nach Österreich hinein.

Rein optisch und ohne allzu große Rücksichtnahme auf historische und geophysische Gegebenheiten lässt sich dieser Teil Südostbayerns in zwei relativ griffige Regionen aufteilen. **Das verzauberte Land**: Wie's scheint, verführt

Frieden und seiner ruhigen Heiterkeit vergessen, dass viele Menschen um ganz anderer Eindrücke willen anreisen: **Schloss Herrenchiemsee**, ein Versailles-Nachbau des bayerischen „Märchen-königs" Ludwig II., ist die mit Abstand populärste Sehenswürdigkeit des Chiemgaus.

Das dramatische Land: Das Berchtesgadener Land ist Bühne für Gefühlsregungen extremer Natur. Der Anblick des **Watzmanns**, wie er sich, einer versteinerten Riesenschere gleich, über den Doppeltürmen der Berchtesgadener Stiftskirche erhebt, kann einem selbst nach Jahren einvernehmlicher Nachbarschaft noch Schauer über den Rücken jagen. Das Berchtesgadener Land ist das Land der **Berge** und **Wälder**, der **Steine** und des **Salzes**. Den Mönchen, die sich Anfang des 12. Jhs. an die Kultivierung des abgelegenen Gebirgswinkels machten, stellte sich eine unwegsame Natur entgegen. Heute ist das Berchtesgadener Land ein überaus ertragreiches Stück Erde. Das Salzgeschäft belohnt nicht mehr mit den astronomischen Gewinnspannen, die vom späten Mittelalter an die geistlichen Landesherren, die

Berchtesgadener Land und Chiemgau

kaum eine andere deutsche Landschaft so sehr zum Seufzen, zum Dichten und zum Schreiben sehnsüchtiger Lobreden wie der **Chiemgau**. An den Ufern des **Chiemsees** verfällt der Mensch in romantische Schwärmerei. Was ist das Einzigartige am Szenario Chiemgau? Die Region ist eine uralte Kulturlandschaft zwischen Inn, Alz und Traun, im Süden von den Bergen begrenzt, im Norden irgendwo hinter Trostberg allmählich auslaufend. Sein beherrschender Mittelpunkt ist der See. Dass der Chiemsee mit seinen rund 80 km² der drittgrößte See Deutschlands ist und ein wunderbares Segelrevier dazu, mag einen Teil seiner Anziehungskraft erklären. Der eigentliche Zauber aber beruht auf seinem harmonischen Zusammenspiel mit dem Umland: Der See liegt in einer weiten, grünen Ebene. Diese Ebene umschließt in größerer Entfernung, halbkreisförmig nach Norden sich ziehend, eine sanfte Hügelkette. Mit der zackigen Bergkette aus Hochfelln, Hochgern und Kampenwand, an klaren Tagen überragt vom österreichischen Kaisergebirge, findet der sanfte Chiemgau einen würdigen Abschluss. Dieses Bild lässt in seinem

▶ TOPZIELE IN DER REGION

Vom Chiemsee über den Königssee bis zum Watzmann – hier drängt sich die Prominenz bayerischer Sehenswürdigkeiten:

ACHENDELTA
Interessant und erlebnisreich sind die Touren durch die einzigartige Natur auf einer alten Barkasse von Feldwies aus. → S. 306

KÖNIGLICHES SCHLOSS BERCHTESGADEN
Im spätgotischen Dormitorium zeigt das Schlossmuseum großartige wittelbachische Kunstschätze, insbesondere Skulpturen aus dem 15.–18. Jh. (u. a. Erasmus Grasser, Veit Stoß, Yselin, Riemenschneider). → S. 310

KÖNIGSSEE MIT ST. BARTHOLOMÄ
Elektroboote bringen Königssee-Besucher von der Seelände in Schönau nach St. Bartholomä und weiter zur

Saletalm. Kaum denkbar ist eine Königssee-Schiffahrt ohne Bläsersolo vor der Echowand. → S. 311

ALTE SALINE BAD REICHENHALL
Im Quellenbau der Alten Saline und im Salzmuseum gewinnt man Einblick in die Salzgewinnung alter Zeiten. Zwischen 1498 und 1512 modernisierte der berühmte Münchner Schnitzer Erasmus Grasser die Saline. Das Hauptbrunnhaus mit einer Kapelle ist ein neoromanisches Prachtstück, erbaut nach dem Stadtbrand 1834. → S. 312

HERRENCHIEMSEE
Im Südflügel wird das tragische Leben von Ludwig II. nachgezeichnet. Hier hängt das bekannte Bild von Ferdinand von Piloty, das den König in bayerischer Generaluniform zeigt, hier sind Königsmantel und Totenmaske zu sehen. Ebenso wird Ludwig als Auftraggeber des Kunsthandwerks vorgestellt. → S. 312

Fürstpröpste, reich und mächtig machten – an seine Stelle ist der Tourismus getreten. Klare Luft, wunderlich frei stehende Tafelberge, jäh abfallende Felswände und waldreiche Täler schaffen eine aufregende Szenerie, geschützt durch den **Nationalpark**. Wild, stark und dunkel erscheint die einzigartige Landschaft. Das Berchtesgadener Land beflügelt die Fantasie.

Gletscher im Vormarsch

Fast wie ein Fjord windet sich der Königssee zwischen den steil aufragenden Felswänden.

Vor 2 Mio. bis 10 000 Jahren schoben sich, während mehrerer Eiszeiten, große **Gletscherströme** aus den Alpentälern in die Ebenen, zum Teil bis nach Erding nordöstlich von München. In Bayern waren dies vorwiegend der Iller-Lech-Gletscher, der Loisach-Isar-Gletscher, der Inn- und der Salzachgletscher. Die **Eiszeiten** gaben auch den Alpen ihre Gestalt. Höhere Gipfel, die aus den Eismassen herausragten, blieben als schroffe Pyramiden wie **Watzmann** und **Hochkalter** oder Kämme wie der **Wetterstein** erhalten. Lokale Gletscher hobelten Kare (s. S. 239) in die Felsflanken, die heute zum Teil Hochseen oder großartige Talschlüsse bilden, so z. B. am Obersee beim **Königssee**. Heute gibt es nur noch einen deutschen Gletscher, den **Blaueisgletscher** am Hochkalter, der zugleich der nördlichste Gletscher der Alpen ist. Mit dem Ende der Eiszeit schmolzen auch die Gletscher ab und hinterließen gewaltige Schuttablagerungen: die **Moränenhügel**, die im Westen, Norden und Osten einen breiten Gürtel um das Chiemseebecken bilden. Vor allem aber blieb der **Chiemsee** zurück. Dass er ursprünglich zehnmal größer war als heute, davon künden seine vielen kleinen Ableger wie **Simssee** und **Seeoner See** im Norden und die Moorlandschaften im Süden.

Die Kräfte, die einst wirkten, lassen sich noch immer an den faszinierenden Bergwelten ablesen. Die **Chiemgauer Alpen** zwischen dem Inn und dem Zwiesel bei Bad Reichenhall bieten, aus verschiedensten Gesteinen aufgebaut – Buntsandstein, Muschelkalk, Wettersteinkalk, Kössener Mergel, Jurakreide –, ein sehr abwechslungsreiches Bild. In den majestätischen **Berchtesgadener Alpen** mit dem Watzmann (2713 m) widerstanden die bis 2000 m mächtigen Dachsteinkalke der Faltung durch plattentektonische Kräfte, und es blieben große Schollen wie die Reiter Alpe oder der Untersberg erhalten. Die Wasserlöslichkeit des Gesteins brachte bizarre **Karstformen** mit Karrenfeldern hervor. Karrenfelder sind durch Erosion entstandene Rinnen im Gestein und zeigen, wo einst Wasser verlief. Ein schönes Beispiel findet sich im Steinernen Meer südlich des Königssees.

Wahrhaft königlich

Ein absoluter Höhepunkt Oberbayerns ist der in eine großartige Gebirgsszenerie eingesenkte **Königssee**. 7,7 km lang und bis 1,2 km breit, ringsum von über 1500 m hohen Kalkwänden eingeschlossen – im Westen Watzmanngruppe, im Süden Steinernes Meer, im Osten Hagengebirge –, macht er den Eindruck eines Fjords. Sein Wasser ist so sauber, dass es Trinkwasserqualität besitzt. Dennoch lockt das smaragdgrüne Gewässer nur bedingt zum Baden, denn

selten reicht die Wassertemperatur über 15 °C hinaus. Als **tektonischer Spaltensee** entstand er lange vor der Eiszeit. Vom Seegrund (Tiefe 194 m) bis zur Spitze des Watzmanns sind es 2300 m Höhenunterschied. Zwei Welten stoßen am See aufeinander: zeitweise intensiver Tourismus einerseits und ein weithin menschenleeres Hochgebirge andererseits.

Watzmann

Südwestlich von Berchtesgaden ragt in unvergleichlicher Majestät der **Watzmann** auf, das höchste Bergmassiv der Berchtesgadener Alpen. Nach Osten fällt er steil zum Königssee ab; die Watzmann-Ostwand ist mit 2000 m Höhe die größte Felswand der Ostalpen. Der Hauptkamm verläuft nord-südlich und hat drei Gipfel: **Hocheck** (2651 m), **Mittelspitze** (2713 m) und **Südspitze** (2712 m). Von der Mittelspitze zieht der Felsgrat der „Watzmannkinder" hinüber zum Kleinen Watzmann (2307 m). Der Name der fünf Bergspitzen verweist auf die Sage über die Entstehung des Bergstocks. In Maria Gern bei Berchtesgaden sieht man sie besonders schön, diese **Watzmann-Familie**. Schenkt man der Legende Glauben, soll der König Watzmann einst ein

barbarischer Herrscher gewesen sein. Als er eine unschuldige Hirtenfamilie grausam niedermetzeln ließ, waren es die Götter leid und versteinerten den brutalen Despoten samt seiner Frau und den sieben Kindern. Und so kann man sie als Bergpanorama heute noch sehen: die Watzmann-Frau, die Kinder und den Watzmann-König.

Höhenstufen

Auf der Alpennordseite unterscheidet man **fünf Höhenstufen**, deren Grenzen je nach den kleinklimatischen Verhältnissen variieren. Sanft beginnt zunächst die **Hügelstufe** (bis 600 m) mit Obst- und Gemüseanbau, gefolgt von der **Bergstufe** bis zur Laubwaldgrenze (1200 m) mit Laubmischwald aus Buche, Eiche und Ahorn und mit Weidewirtschaft. Die **Untere Alpenstufe** bis zur Baumgrenze (1800 m) ist wiederum gekennzeichnet durch Nadelwald (Fichten, Weißtannen, Föhren). Auf der **Oberen Alpenstufe** bis zur Schneegrenze (bis 2300 m) finden sich Sommerweiden, Einzelbäume wie Lärchen, Arven, Legföhren (Latschen) und eine besonders reichhaltige, prächtige Blumenflora, während die **Schneestufe** (über 2300 m) durch Steinschutt und Geröllhalden, Schneefelder und möglicher-

Das Delta der Tiroler Achen darf sich gänzlich ungehindert von menschlichem Einfluss in den Chiemsee ergießen.

Der Flussuferläufer verbringt die Sommermonate von April bis Oktober am Chiemsee, um zu brüten.

weise Gletscher charakterisiert ist. Die Region von Chiemgau und Berchtesgadener Land ist geografisch besonders bevorzugt, umfasst sie doch all diese verschiedenen Höhenstufen mit ihren spezifischen Charakteristika, und diese Schätze machen sie zu einem außerordentlich abwechslungsreichen Landstrich.

Wunderbares Flussdelta

Ganz ungezähmt mündet die **Tiroler Achen** westlich von Grabenstätt in den Chiemsee und zerfließt dabei zu einem der imposantesten und der am besten ausgebildeten Binnendeltas in Mitteleuropa. Die Auwälder des **Achendeltas** gehören zu den letzten naturnahen ihrer Art in Deutschland. Im Mündungsbereich brüten **seltene Vogelarten** wie Uferläufer und Flussseeschwalbe. Ein Labyrinth aus Haupt-, Seitenarmen, verzweigten Schlamm- und Kiesbänken umspült üppigen Baumbestand. Es ist ein Werden und Vergehen zugleich, denn die Tiroler Achen ist nicht nur der größte Zufluss des Sees, sondern führt auch jedes Jahr mehr als 200 000 m³

Sand und Kies mit sich. Wegen seiner seltenen Vogel- und Pflanzenarten ist der Zutritt in die Kernzone des seit 1956 unter **Naturschutz** stehenden Achendeltas verboten. Für Naturinteressierte wurden jedoch zwei **Beobachtungstürme** errichtet. So ist es möglich, die Westseite des Deltas von Übersee-Lachsgang und die Ostseite von der Hirschauer Bucht her zu beobachten. Bis an den Rand der Achenmündung werden **Bootsfahrten** nicht nur geduldet, sondern auch angeboten. Weil das etwa 5 km² große Delta jährlich um etwa 1 ha wächst, bleiben dem See bei einer aktuellen Fläche von 8000 ha noch etwa 8000 Jahre bis zur vollständigen Verlandung ...

Rund um das Bayerische Meer

Der **Chiemsee**, das größte bayerische Binnengewässer, ist das Kronjuwel einer der schönsten Gegenden Oberbayerns. Vor den Alpen in ein flachhügeliges Moränenland gebettet, umgeben ihn Natur- und Kulturlandschaften in buntem

Wechsel von Wäldern, Feldern und Wiesen, Seen und Mooren. Das 14 km lange, 5 km breite, 82 km² große und bis 73 m tiefe „Bayerische Meer" nimmt die Mitte eines eiszeitlichen Gletscherzungenbeckens ein. Hinter den südlichen Ufern steigt die **Kampenwand** unmittelbar aus der Ebene auf, und an klaren Tagen kann man bis ins Kaisergebirge sehen. Umgeben ist der Chiemsee von einer reichen Natur, zu der nicht nur die Tiroler Achen und ihr Mündungsdelta gehören, sondern auch wertvolle Moore wie das Grabenstätter Moos und die Kendlmühlfilze.

Naturparadies Moor

Im **Grabenstätter Moos** zwischen Grabenstätt und Übersee, einem Naturschutzgebiet und einer Vogelfreistätte, leben etwa **250 Vogelarten**, darunter so seltene wie Blaukehlchen, Wachtelkönig und Brachvogel. Im Mai und Juni blüht die Sibirische Schwertlilie und bildet blaue Teppiche. Im Süden reichte der Chiemsee einst bis Grassau, wobei der Wester- und der Osterbuchberg – sogenannte „Härtlinge" – als Inseln herausragten. Das Moorgebiet der **Kendlmühlfilze** wurde intensiv für den Torfabbau genützt und steht heute zum Teil unter Naturschutz, sodass speziell auf die Lebensbedingungen im Hochmoor angepasste Tiere und Pflanzen einen geschützten Lebensraum vorfinden. Bäume finden auf dem sauren Untergrund zu wenig Nährstoffe, um gedeihen zu können, während sich Pflanzen wie Wollgras und spezielle Torfmoose wohlfühlen.

Stille Wasser

Sie sind die Stars am See: die Gebänderte Prachtlibelle, die frühe Adonislibelle und die ganz seltene zierliche Moosjungfer. **50 Libellenarten** gibt es im ältesten Naturschutzgebiet Bayerns, der **Eggstätt-Hemhofer Seenplatte**. Das Naturparadies aus 17 kleinen Eiszeitseen, das im Nordwesten des Chiemsees zwischen Wäldern und Schilfgürteln liegt und eine Gesamtfläche von etwa 3,5 km² umfasst, ist vor etwa 10 000 Jahren entstanden. Gletscher hatten zuerst riesige Eisbrocken zurückgelassen, Flüsse füllten die Landschaft langsam mit Gestein. Als das Eis darunter zerfiel, bleiben Mulden voller Wasser, heute Biotope für viele vom Aussterben bedrohte Pflanzen- und Tierarten. Ein Rückzugsort auch für Menschen, die im Sommer Stille am See ganz für sich allein suchen.

Vielfältige Pflanzenwelt

Ausgesprochen artenreich ist die Pflanzenwelt im Gebirge und im Voralpenland. Allein im Berchtesgadener Land kennt man **700 Arten**. Das „Landl" ist zudem **waldreich**. In den Tälern überwiegen Laubbäume wie Buche und Linde, weiter oben wächst dann der Nadelwald, stehen Fichte, Tanne und Lärche zusammen. Die Baumgrenze liegt bei etwa 1800 m, in höheren Lagen gedeiht nur noch die Latsche, ein anspruchsloses Krummholz. Wiesen, Weiden und Almen reichen bis auf 2500 m hinauf. Auf den **Bergwiesen** wachsen noch Pflanzen, die es in der Ebene längst nicht mehr gibt: Enzian, Arnika, Berglöwenzahn und Mehlprimel blühen in intensiven Farben. Klassiker des Berchtesgadener Landes sind auch Schnee- und Alpenrose sowie das **Edelweiß**. Das streng geschützte Edelweiß kommt in großen Höhen der Hochgebirge bis zu ca. 3000 m vor. Die charakteristischen weißen Blüten zeigen sich zwischen Juli und September. Im gleichen Zeitraum blüht auch die Silberdistel, wie das Edelweiß ebenfalls in Weiß.

Einer der Pflanzenschätze des Alpenraums ist der intensiv blau blühende Enzian.

Die Gebänderte Prachtlibelle wirkt im Flug wie ein filigranes Kunstwerk.

Hindenburglinde bei Ramsau
Über 400 Jahre alt ist der Solitärbaum, der mit einem Kronendurchmesser von ca. 35 m und einer Höhe von ca. 30 m beeindruckt. Schon in der Mitte des 19. Jhs. wurde die imposante Sommerlinde in Reisebeschreibungen erwähnt, Anfang des 20. Jhs. erstmals genauer vermessen. Ungewöhnlich für eine Linde ist die Höhe ihres Standortes, denn sie befindet sich auf ca. 850 m ü. NHN.

Der Steinbock fühlt sich als versierter Kletterer im Hochgebirge wohl.

Alpiner Reichtum

Der rund 210 km² große **Nationalpark Berchtesgaden** ist der einzige deutsche Nationalpark in den Alpen und nimmt den Südzipfel des Berchtesgadener Landes mit dem Königssee, der Berggruppe des Watzmanns, dem Hochkalter und dem Steinernen Meer sowie der Göllgruppe ein. Seit 1978 ist das Gebiet als Nationalpark ausgewiesen. Hier wird die Natur weitgehend sich selbst überlassen. Auch der Fremdenverkehr unterliegt Einschränkungen; gefördert werden dagegen die **Alm-** und die mit traditionellen Mitteln betriebene **Forstwirtschaft**. Unter den hier gedeihenden Blütenpflanzen sind Tauernblümchen, Steinbrech, Alpenmohn und Zwerg-Alpenrose, die ganze Buschflächen bilden kann, besonders hervorzuheben. Auf der **Reiter Alpe** wiederum ist das größte Vorkommen von Arven (Zirbelkiefern) in den deutschen Alpen zu finden. Informationsstellen des Nationalparks gibt es in Berchtesgaden (Haus der Berge), Ramsau-Hintersee, St. Bartholomä, an der Wimbachbrücke und auf der Kühroint, angeboten werden u. a. geführte Wanderungen mit Themen wie Natur, Vogelstimmen, Geologie und Volkskunde.

Emsige Kletterer und andere Bergbewohner

Von den Tieren verdienen der **Schneehase**, der als Eiszeitrelikt besonders gut an den unwirtlichen Lebensraum der Hochgebirgslagen angepasst ist, und der auffällig tiefschwarze **Alpensalamander** besondere Beachtung. In den höheren Bergregionen leben die putzigen **Murmeltiere**, die bei Gefahr mit gellendem Pfiff in ihrem Bau verschwinden und den Kontakt mit Menschen eher meiden. Als kühne Flieger zeigen sich die kleinen schwarzen **Alpendohlen**. Ab und zu sind **Steinadler** zu entdecken. Seit einiger Zeit im Hochgebirge wieder anzutreffen, aber oft nur mit dem Fernglas zu beobachten, sind **Rotwild** sowie **Gämsen** und **Steinböcke**, die leichtfüßig an steilen Felswänden herumkraxeln. Oben wie auch in den unteren Chiemgau-Regionen sind Auer-, Schnee- und Birkhuhn heimisch.

Kalt, kälter, am kältesten

Eine Besonderheit im Nationalpark Berchtesgadener Land ist der **Funtensee**, ein Karstsee, der im sogenannten **Steinernen Meer** auf über 1600 m Höhe liegt, denn das Gebiet an diesem See weist eine „umgekehrte" **Waldgrenze** auf. Je näher man ihm kommt, d. h. je tiefer, desto spärlicher wird die Vegetation. Die Waldgrenze wird ca. 100 m oberhalb des Sees erreicht, direkt am See und rund um ihn herum findet sich keinerlei Baumvegetation. Der See ist der **kälteste Punkt Deutschlands**. Eine Wetterstation hat hier im Dezember 2001 die tiefste Bodentemperatur in Deutschland von −45,9 °C gemessen. Zurückzuführen ist dieses Kältephänomen auf die besondere Lage des Sees inmitten steil aufragender Berge: Zum einen sinkt kalte Luft in das umgebende Becken und bleibt dort „gefangen", zum anderen wird der See im Winter kaum von der Sonneneinstrahlung erreicht.

Wilde Heimat

Almen prägen seit Generationen das Leben im Berchtesgadener Land. Im einzigen **Alpen-Nationalpark** Deutschlands müssen Naturschutz, Landwirtschaft, Kulturpflege und Verwilderung harmonieren. Ein Besuch auf der **Bindalm im Klausbachtal** zeigt, wie diese Harmonie realisiert werden kann.

Im morgendlichen Licht zeigen die mächtigen Mühlsturzhörner, warum man sie auch die Ramsauer Dolomiten nennt. Golden leuchten die markanten Zackenberge in der aufgehenden Sonne über dem Klausbachtal. Wenn am Vormittag die ersten Wanderer auf der Bindalm eintreffen, um sich mit selbst gemachtem Schüsselkäse und Buttermilch zu stärken, hat die Sennerin schon einige Stunden harter Arbeit hinter sich. Im Sommer heißt es auf der Alm früh aufstehen, denn sobald es hell wird, stehen bereits ab vier Uhr morgens die Kühe vor der Hütte und warten darauf, gemolken zu werden. Die Bindalm liegt am Ende des Klausbachtals und ist eine typische **Nachtweide**, bei der das Vieh tagsüber im Stall und in der Nacht draußen ist. Die Kühe haben so vor lästigen Insekten ihre Ruhe und vor allzu neugierigen Touristen auch.

Einzigartige Kulturlandschaft

Die Bindalm ist Teil des **Nationalparks Berchtesgaden.** Zwar wird die Natur hier im Prinzip sich selbst überlassen, aber die **Almwirtschaft** darf gleichzeitig noch auf traditionelle Weise erfolgen, weil man die bis ins 14. Jh. zurückreichenden Erbrechte der Bauern bei Gründung des Nationalparks berücksichtigen musste. Ohne die Kühe wären die Almwiesen zudem schnell wieder von Bergwald bewachsen, und eine mittlerweile einzigartige **Kulturlandschaft** mit seltenen Pflanzen und Tieren würde für immer verschwinden. Ursprünglich hatte die Almwirtschaft damit begonnen, dass die Bauern das Vieh im Sommer von ihren Höfen in die Berge trieben, weil im Tal das Futter nicht reichte. Heute hält man aus Gründen der Tradition und auch wegen der besseren Qualität von Milch und Fleisch daran fest. Denn das Gras auf der Alm ist feiner als das im Tal und reicher an Kräutern und Almblumen. Die Almfläche der Kaser ist allerdings meist vergleichsweise klein und die Verköstigung der Wanderer mit Produkten aus eigener Herstellung daher ein willkommenes Zubrot. Über alle Generationen hinweg ist eines immer gleich geblieben: Für die Sennerinnen bedeutet eine Alm stets harte Arbeit. Für die Gäste ist sie dagegen Erholungs- und Rückzugsort. Auch hektische, gestresste Großstädter merken mit der Zeit, dass auf der Alm die Zeit zwar nicht stillsteht, aber noch genau richtig geht.

Kleines Bild: Die Almkühe geben nicht nur besonders gute Milch, sondern sind auch willkommene Landschaftspfleger.

Großes Bild: Ganz nach alter Tradition plätschert auf der Bindalm im Klausbachtal das Wasser aus dem Brunnen in einen hölzernen Trog.

FAKTEN

Mitte der Fünfzigerjahre gab es noch vier Hütten, sogenannte Kaser. Heute sind davon noch zwei bewirtschaftet. Die Bindalm ist zu Fuß in 2–2,5 Std. vom Klausbachhaus, der Informationsstelle des Nationalparks Berchtesgaden, oder von Mai bis Oktober mit dem Almerlebnisbus zu erreichen.

Almabtrieb per Boot

Anfang Oktober findet am Königssee einer der schönsten und kuriosesten Almabtriebe der Welt statt – mit Kühen, die eine Bootsfahrt machen. Etwa 30 Tiere müssen von den Almen am Südufer des Königs- und des Obersees in ihre heimischen Ställe zurückgebracht werden. Doch es gibt keinen passablen Fußweg, die mächtigen Felsen der Berchtesgadener Alpen fallen fast senkrecht zum Ufer hinab. Deshalb sind die Kühe vom Königssee die einzigen im gesamten Alpenraum mit einstündigem Bootstransfer.

Eine Bootsfahrt über den Königssee und vorbei an St. Bartholomä gehört zum Almabtrieb von der Saletalm.

Oberbayern pur

Wohl nirgends ist die oberbayerische Szenerie mächtiger und schöner als im südöstlichsten Winkel Deutschlands, an Königssee und Watzmann im Nationalpark Berchtesgaden. Früh durch das Salz zu Wohlstand gekommen, empfängt **Berchtesgaden**, gelegen in einem weiten, von gewaltigen Bergmassiven umgebenen Talkessel, mit der Atmosphäre eines typischen südbayerischen Marktorts den Besucher. Beherrschend ragen im Süden die Felszähne des Watzmanns (2713 m), der Hohe Göll (2522 m) und – an der Grenze nach Österreich – das Steinerne Meer auf.

Ausflug in die Geschichte

Im 11. Jh. waren in dieser Gegend die Sippe der Aribonen beheimatet. Ein Angehöriger von ihnen namens Perther errichtete im Wald ein einstöckiges Haus, einen „Gaden"; aus Perthersgaden wurde Berchtesgaden. Keimzelle des Marktorts war das im Jahr 1103 gegründete **Augustinerchorherrenstift**. Durch den Salzbergbau ab Ende des 12. Jhs. wurde das Stift wohlhabend und erlangte Reichsfreiheit; die Pröpste wurden 1491 Reichsfürsten. Die Bauern erhielten Güter als Lehen, weshalb die Höfe heute noch so heißen. Der karge Boden hat seine Bewohner schlecht ernährt; eine zusätzliche Einnahmequelle war die „Berchtesgadener War" (= Ware): von einfachem Holzspielzeug über schön bemalte Spanschachteln bis zu feinsten Beinschnitzereien.

Historie und Moderne

Der **Marktplatz** ist Mittelpunkt des bürgerlichen Zentrums und der einstigen Fürstpropstei. Die meisten Häuser gehen auf das Spätmittelalter zurück. Der **Schlossplatz** mit den Arkaden des Hofbaues, der Stiftskirche St. Peter und St. Johannes und dem **Schloss** ist ein eindrucksvolles Denkmal der **700-jährigen Geschichte der Fürstpropstei**. Ein Erlebnis anderer Art ist der Besuch im **Salzbergwerk**. Heute fährt man im

eleganten Overall mit der Grubenbahn ein, auf 40 m langen Rutschen gelangt man ins Salzlabor, in die Schatzkammer und zum unterirdischen See, den man per Floß überquert. Auf der „Salzzeitreise" erfährt man alles über die begehrten weißen Kristalle.

Wallfahrtsziel

Zu Füßen des Kleinen Watzmanns ragt ein Schwemmfächer in den **Königssee** hinaus, an dessen Ufer schon 1134 die „basilica Chunigesse" begründet wurde. 1697/1698 entstand an ihrer Stelle die **Wallfahrtskirche St. Bartholomä**. Vermutlich seit 1635 ist St. Bartholomä Ziel der **Almer Wallfahrt**. Die Wallfahrer kommen aus Maria Alm im österreichischen Pinzgau. Bartholomäus ist der traditionelle Heilige der Senner und Almbauern. Der kleeblattförmige Grundriss der Kirche hat wohl den Salzburger Dom zum Vorbild. Zu beachten sind ein Vesperbild (um 1600) und eine Statue der Muttergottes (1630). An die Kirche stößt das Jagdschloss an, das bis 1803 den Berchtesgadener Fürstpröpsten und 1811–1918 den Königen diente; schon 1382 als Fischerhaus erwähnt, erhielt es im 15. Jh. seine Gestalt. Seit 1919 ist es prachtvolles Gasthaus mit Biergarten.

Bad Reichenhall, das bayerische Meran

Das „Bayerische Staatsbad" mit Meran zu vergleichen liegt nahe. Umgeben von einer großartigen Gebirgsszenerie, mit einem milden Reizklima und der Atmosphäre eines Gründerzeit-Kurorts ist **Bad Reichenhall** ein attraktives Urlaubsziel. Es liegt ganz im Osten Oberbayerns, nahe der österreichischen Grenze, im weiten Talkessel der Saalach. Wegen seiner geschützten Lage und der **16 Solequellen** (Salzgehalt 0,5–26 %) wird Reichenhall bei Rheuma, Asthma und Erkrankungen der Atemwege geschätzt. Schon die Kelten, die hier siedelten, besaßen Wissen um die Salzgewinnung. Um 800 gründete der Salzburger Erzbischof, der seitdem mit den bayerischen Herzögen um das **Salzmonopol** stritt, die Mönchszelle St. Zeno. Die gewaltige romanische Kirche des **Augustinerchorherrenstifts St. Zeno**, mit 90 m Länge die größte im altbayerischen Raum, wurde um 1150 begonnen und

1228 geweiht; nach dem Brand 1512 wurde sie als gotische Pfeilerbasilika erneuert. Der Bau von Soleleitungen von Reichenhall nach Traunstein (1617–1619, Verlängerung nach Rosenheim 1811) und von Berchtesgaden nach Reichenhall (1817) sorgten für den Aufschwung der Salzproduktion. 1834 wurde Reichenhall durch Feuer zu drei Vierteln zerstört; danach entstand das historisierende Ortsbild.

Vom Kurwesen geprägt

Das Leben konzentriert sich an der Ludwigstraße und der Salzburger Straße, an der der **Kurgarten mit Salzbrunnen**, prächtigem Altem Kurhaus (1900) und Kurmittelhaus von 1829, Trinkhalle und **Gradierwerk** liegt. Das 160 m lange Gradierwerk wurde 1912 errichtet. Etwa 100 000 Schwarzdornbündel sind hier aufgeschichtet, an denen 150 000 l Sole pro Tag herab-

Stimmungsvoll illuminiert zeigt sich der Bad Reichenhaller Gradierbau in den Abendstunden.

▶ ERLEBTE GESCHICHTE

Tittmoninger Georgiritt
Alljährlich findet zum Gedenken an den hl. Georg um den 23. April, den Tag des Schutzpatrons der Reiter und Pferde, der Tittmoninger Georgiritt zwischen Tittmoning und Kirchheim statt. Seine Wurzeln hat der Festzug im Jahr 1635, und auch heute noch ziehen aufwendig geschmückte Pferdewagen, prachtvoll herausgeputzte Pferde mit ihren Reitern und Musikanten durch die Straßen und empfangen auf ihrem Weg den kirchlichen Segen.

tropfen. An der Salinenstraße befindet sich die Alte Saline, ein 1851 im Rundbogenstil fertiggestelltes Backsteingebäude und sehenswertes Industriedenkmal.

Altes salzburgisches Land

Im Rupertiwinkel – dem schönen, sanften Land im Osten Oberbayerns, das sich entlang der Salzach zwischen Tittmoning, dem Waginger See und Freilassing erstreckt – orientiert man sich eher an dem nahen Salzburg als an München. Der heilige Rupert, im Jahr 718 gestorben und im Salzburger Dom bestattet, war Patron des Salzburger Landes (Fürstbistum Salzburg), zu dem auch die Bezirke Teisendorf, Waging, Laufen und Tittmoning gehörten. Erst nach 1810 wurden diese bayerisch, und seit 1816 verläuft die deutsch-österreichische Grenze in den Flüssen Salzach und Saalach. Der heilige Rupert gilt als Schutzpatron des Bergbaus; meist wird er als Bischof mit einem Salzfass dargestellt, denn im Besitz des Bischofs befanden sich ein Drittel der Reichenhaller Salzquellen. **Tittmoning** hat durch den wirtschaftlichen Niedergang im 19. Jh. wie kaum eine andere Stadt in Ostbayern ihr historisches Bild bewahrt. Im 13. Jh. als Stadt erstmals genannt, war es nördliche Grenzfestung des erzbischöflich-salzburgi-

schen Herrschaftsbereichs. Bedeutung hatte der Ort als Umschlagplatz für das Salz, das die Salzach hinuntertransportiert wurde. Die mächtige, das Stadtbild beherrschende **Burg** des 13./16. Jhs. wurde nach der Belagerung 1611 als Jagdschloss neu errichtet. In der **Schlosskapelle** ist ein dramatisches Altargemälde von dem berühmten Künstler Johann Michael Rottmayr zu sehen.

Verschwenderische Pracht

Die Mönche und Nonnen des Mittelalters hatten an den Inseln im Chiemsee Gefallen gefunden: Im Jahr 766 stiftete Herzog Tassilo auf der Insel **Frauenchiemsee** ein Benediktinerinnenkloster, das König Ludwig der Deutsche zur königlichen Pfalz ausbaute. Seine erst im Jahr 1929 seliggesprochene Tochter Irmengard war Mitte des 9. Jhs. die erste Äbtissin. Nach der Säkularisation 1803 wurde das Kloster 1838 wieder eröffnet.

An der Anlegestelle der mit 238 ha größten Chiemsee-Insel **Herrenchiemsee** wiederum empfängt das **Alte Schloss**, das einstige Kloster, den Besucher. Ein Jahr vor Frauenchiemsee, 765, gründete Herzog Tassilo hier das Männerkloster, von dem die Insel ihren Namen hat. Im Jahr 1130 übernahmen Augustinerchorherren das Kloster.

Ein neues Versailles

Im Jahre 1873 erwarb **König Ludwig II.** die Insel Herrenwörth, wie Herrenchiemsee damals genannt wurde, sein Hang zur Einsamkeit hatte ihn dazu bewogen. Ein neues Versailles sollte hier entstehen; auf seinen Reisen nach Frankreich hatte Ludwig das Zentrum des Absolutismus kennengelernt. Nach vielen Schwierigkeiten wurde 1878 der Grundstein der **Dreiflügelanlage** gelegt, 1881 stand der Rohbau. 1885 mussten die Arbeiten aus Geldmangel eingestellt werden, und 1886 setzte der Tod Ludwigs dem Unternehmen ein Ende. Insgesamt hat sich der König nur neun Tage hier aufgehalten. Obwohl ein Torso geblieben, ist das Schloss eines der charakteristischsten Baudenkmäler des Königs. Anordnung und Ausstattung der Räume folgen dem Vorbild Versailles. Die wichtigsten: Treppenhäuser (eines davon noch Rohbau), Schlafzimmer, "Paraderaum" und grandiose **Spiegelgalerie**, die sich 98 m über die ganze Gartenfront erstreckt und noch länger ist als die in Versailles (73 m). Vor der Westfassade liegt der vom Hofgärtner Carl von Effner entworfene **Park** mit monumentalen Brunnen.

Der Spiegelsaal von Schloss Herrenchiemsee ist glanzvolle Kulisse für Konzertveranstaltungen.

Braten, Fisch und flüssige Schmankerln

Die Köstlichkeiten der regionalen Küche machen zwar nicht schlank, dafür aber mit Sicherheit satt. Die **oberbayerische Küche** zeigt sich von zwei starken Einflüssen geprägt: vom bäuerlichen Leben einerseits und vom Katholizismus andererseits. Der bäuerlichen Daseinsform verdankt sie nicht nur die Größe der Portionen, sondern auch ihre oftmals recht derbe Schlichtheit. Auch die große Lust am **Fleischessen** – und hier ist insbesondere Schweinefleisch beliebt – wurzelt in der ländlichen Lebensweise. Das katholische Erbe hingegen schmeckt süß: Es findet sich in der großen Vielfalt an Mehlspeisen wie Kaiserschmarrn oder Hollerküchel, Holunderblüten in Ausbackteig.

Im Chiemgau und im Berchtesgadener Land sind viele der wirklich guten Adressen für bayerische Küche immer noch die alteingesessenen Dorfwirtschaften – ob sie nun „Alte Post" oder „Zum Ochsen" heißen. Wo der Stammtisch voll besetzt ist, wo der Koch erst gar keine großen Experimente unternimmt, wo die Speisekarte sich dennoch täglich neu und einigermaßen überschaubar präsentiert, dort lernt man die regionalen Spezialitäten am besten kennen. Der **Schweinsbraten** z. B. ist eine Art bayerisches Nationalgericht und Prüfstein für die Qualität der Küche: Von einer nicht zu mageren Sau muss er geschnitten sein (am besten aus der Schulter), saftig und von einer reschen,

krachenden Kruste gekrönt soll er auf den Teller kommen. Auch in Sachen **Fisch** sieht es im südöstlichen Oberbayern gut aus: Frische Forellen, Renken aus dem Chiemsee oder ein aus dem eiskalten Wasser des Königssees gezogener Saibling bereichern die Speisekarten der örtlichen Gastronomie.

Rund um den Chiemsee und im Berchtesgadener Land wird **Bier** getrunken – wiewohl nicht gleich jedes! Bayern hat seine eigenen Biergesetze, seine eigenen Bierspezialitäten und Trinksitten. Als typisches bayerisches Bier gilt ein **mild gehopftes helles Vollbier**, das den zarten Malzgeschmack betont. Es hinterlässt deshalb einen eher süßen Eindruck. Eine ganz besonders beliebte Bierspezialität ist das **Weißbier**. Von obergäriger Brauart und entsprechend spritzig und frisch, passt es wunderbar zu heißen Tagen und lauen Abenden, zu Frühschoppen und Brotzeiten. Weinstöcke gibt es weder im Chiemgau noch im Berchtesgadener Land. Dafür hat man sich vielerorts auf die Herstellung „harter" Getränke spezialisiert, deren Ingredienzen aus der heimischen Natur stammen. Berühmt ist der **Kräuterlikör** von Frauenchiemsee, der Obstler ganz allgemein und der Berchtesgadener Enzian.

Kleines Bild: Eine Flasche Klosterlikör ist ein beliebtes Mitbringsel von der Insel Frauenchiemsee.

Großes Bild: Typisch oberbayerisch ist eine deftige Mahlzeit mit Schweinsbraten und Knödeln.

WUSSTEN SIE, …

… dass das Bier als Maß, also als ganzer Liter, meistens nur in Biergärten und bei Volksfesten auf den Tisch kommt? Im Lokal werden „Halbe" ausgeschenkt, also halbe Liter. Die sogenannte „Preuß'nhalbe", ein 0,4-l-Glas, konnte sich im Alpenvorland noch nicht richtig durchsetzen.

Register

Impressum

© DuMont Reiseverlag GmbH & Co. KG,
Marco-Polo-Straße 1, 73760 Ostfildern
Layout, Grafik und Satz: GSD-Grafik, Miklos Schiberna
Redaktionelle Bearbeitung: Petra Lindner
Aktualisierung: Anne Winterling
Produktentwicklung: Jochen Fischer
Kartografie: © MAIRDUMONT, Ostfildern
www.dumontreise.de

Printed in EU

2. aktualisierte Auflage 2021

Bildnachweis

Umschlagmotive:
Umschlagvorderseite: Blick auf Burg Hohenzollern, Hechingen
© Olimpio Fantuz/HUBER IMAGES
Rückseite: Seehunde (oben) ©GRETADESIGN - stock.adobe.com;
Sächsische Schweiz, Basteibrücke (Mitte oben) ©mojolo - stock.adobe.com;
Moselschleife (Mitte unten) ©mh90photo - stock.adobe.com;
Sonnenaufgang Leuchtturm in List auf Sylt (unten) © stock.adobe.com/Benno Hoff

© DuMont Bildarchiv: Sabine Lubenow (12, 13 groß, 13 klein, 18, 19, 20, 21, 23, 51 o.,
54 u., 55, 158), Martin Kirchner (26 o., 32, 36 o., 170/171, 173, 178, 180, 181 u., 238, 239,
249), Olaf Meinhardt (39 groß), Johann Scheibner (45 groß und klein, 74 u., 79 klein,
187 u., 190 groß, 191 o., 269 klein, 274 groß), Urs F. Kluyver (46), Roland Jung (58 o.,
64 u., 65 o., 66 r., 69 klein,), Peter Frischmuth (81 o., 83), Georg Knoll (94/95, 97, 98,
100 groß, 103 klein, 132, 215, 219), Ralph Lueger (113), Rainer Kiedrowski (116, 275),
Thomas Haltner (153), Ralf Freyer (160 klein, 166, 169 u.), Karl Johaentges (165 l.),
Isabel & Steffen Synnatschke (206), Peter Hirth (230, 232 klein), Markus Kirchgessner
(244 o.), Reinhard Schmid (258, 259, 260 klein, 263 o.), Katja Kreder (280, 283, 286 o.,
289), Markus Heimbach (290), Christian Bäck (309 groß, 310, 311, 312, 313 klein);

© stock.adobe.com: Benno Hoff (8/9), ttoennesmann (15 u.), travelpeter (17),
Raymond Thill (22 groß), wideworld (22 klein), Mikhail Markovskiy (24/25), Katarzyna
M. Wächter (26 u.), jaromo (27 o.), Schmutzler-Schaub (27 u.), Markus Hofmann
(28 klein), Marek R. Swadzba (29 o.), TasfotoNL (33), Udo Kruse (35), greenpapillon
(37), Esther Hildebrandt (38), Kalle Kolodziej (39 klein), contadora1999 (42), Natika
(47 u.), travelpeter (48/49, 122 u., 146 u., 234), Alexander Erdbeer (52 o.), hfox (53 klein),
Oliver Raupach (54 o.), motivthueringen8 (59), photographie.und.mehr@freenet.de
(60 groß), DeanMartin (61 o.), Laks (61 u.), EM Art (64 o.), refresh(PIX) (66 l.),
kentauros (67), Matthias Stolt (68), Dominik Rueß (69 groß), Jan Rose (77), hansraschen
(79 groß), nmann77 (80), ksch966 (82 groß), Branko Srot (1 u. l., 84/85), mojolo (86/87,
130, 151, 252/253), mirko graul (90), Martina Berg (91 klein, 92, 101), Heino Pattschull
(99 u.), R.-Andreas Klein (100 klein), Jörg Lantelme (103 groß), oldline2 (104/105),
dutchlight (108 o.), Xaver Klaussner (109 o.), stefanmissing (110 groß), Pixel62 (111),
Vincent Sima (114/115), Christian Müller (117), RalfenByte (118 groß), Guenther
(120/121 u.), Alexander Erdbeer (121 o.), Ruckszio (122 o., 307 o.), Petair (123), David
J. Engel (126), travelview (128/129), mh90photo (131, 135 groß), Achim Seidel (133),
Yvonne Stadtfeld (134), Erwin Wodicka - wodicka@aon.at (135 klein), Ally (136), Sina
Ettmer (137, 264/265, 272), marcociannarel (138), berndleicht (142/143), Nailia Schwarz
(144), cityfoto24 (147 klein), greenphotoKK (149 o.), fuchsphotography (150), LianeM
(1 o. r., 154/155, 164, 168, 195 u., 197), aotearoa (159), Detlef M. A. von Hoff (160 groß),
WuP Media (161), Daniel Kühne (167 groß), photocrew (169 o., 191 u., 251 groß),
Knut Niehus (172 u.), U. Gernhoefer (174), unpict.com/Paul Schwarzl (176 o.), Henry
Czauderna (179), fineart-collection (181 o.), kathik (184), etfoto (185, 201 klein), Fotodu-
ke (186 u.), Björn Wylezich (187 o., 190 klein), traveldia (188), Kitty (194), Harald Biebel
(195 o.), santosha57 (198 groß, 201 groß), Vladimir Ovchinnikov (198 klein), biggi62
(205), Thomas Francois (208 u.), HPW (209), JFL Photography (1 r. u., 210/211, 299 u.),
digi dresden (212/213), reimax16 (216 o.), SusaZoom (216 u.), Rainer Fuhrmann (217),

Arnold (222/223), nidafoto (224), bietau (226), stgrafix (231 u.), mmuenzl (233), Clemens
Schüßler (240), vichie81 (241), simonwhitehurst (242 o.), Omika (242 u.), Jürgen
Fälchle (254), johannesoehl (261), msl33 (263 u.), Manuel Schönfeld (266, 276, 287),
Takashi Images (274 klein), Wolfilser (278/279, 284), ARochau (282, 288 u.), grafik-
plusfoto (288 o.), Andreas P (291 groß), STphotography (291 klein), zauberblicke (294),
fotobeam.de (297 klein), vesta48 (300), stockphoto-graf (302/303), Markus (304);

© mauritius images: Uwe Steffens (10), Christian Bäck (11), Uwe Steffens (14 u.),
Peter Lehner (16), Ingo Boelter (28 groß), Raimund Linke (30 o.), Thomas Robbin (34),
Premium Stock Photography GmbH/Alamy (44), Erhard Nerger (62), tbkmedia.de/
Alamy (63 o.), Justus de Cuveland (63 u.), Norbert Eisele-Hein (72), Andreas Jäkel (73),
Thomas Robbin (82 klein), Werner Otto/Alamy (93), Zoonar GmbH/Alamy (109 u.),
Horst Jegen (119), Heinz-Dieter Falkenstein (127 groß), Westend61/Dieter Heinemann
(140 klein), Dierk Boeser (147 groß), Werner Dieterich (152), Oliver Gerhard (175 u.),
Reiner Bernhardt (186 o.), Kuttig-Travel/Alamy (199), Siepmann (227 o.), digifoto
(228), Bernd Zoller (256 o.), Markus Lange (256 u.), RODRUN/Knöll (257 klein),
Markus Keller (267), Stefan Arndt (270), Roland Hemmi (271 u.), Hans Lippert (277
o.), Bernd Zoller (285 u.), mediacolor's/Alamy (286 u.), Uta & Horst Kolley (292/293),
Volker Lautenbach (295), Harry Laub (296), Prisma by Dukas Presseagentur GmbH/
Alamy Stock Photo (298), Bernd Römmelt (305), Prisma/Bernhardt Reiner (308),
Niels Quist/Alamy (309 klein); © istockphoto.com: bluejayphoto (2/3), MBPROJEKT
Maciej Bledowski (56/57), RelaxFoto.de (89), MissPassionPhotography (99 u.), GlobalP
(108 u.), instamatics (139), Ken Wiedemann (140 groß), ollo (141), Viesinsh (176 u.),
LianeM (182/183), ZU_09 (192/193), sack (202/203), hsvrs (204, 207 groß), bluejay-
photo (248), Kerstin Waurick (269 groß), AlecOwenEvans (285 o.), DieterMeyrl
(297 groß, 306 o.), filmfoto (301); © shutter stock.com: travelpeter (91 groß, 107, 112),
Pecold (125), ANCH (146 o.), Martin Prochazkacz (148), matin (149 u.), Zoonar GmbH
(162 o., 208 o.), Gert Hochmuth (189 o.), Mikhail Markovskiy (231 o.), Erni (243),
LENS-68 (245), SF photo (247), Yuri Turkov (281); © Lookphotos: Daniel Schoenen
(1 o. l., 6/7), Arnt Haug (15 o.), Konrad Wothe (31, 43, 244 u.), Heinz Wohner (40/41,
145, 156/157), H. & D. Zielske (50 u.), Sabine Lubenow (53 groß);

© picture-alliance/dpa: Michael Narten (29 u.), Reinhold Grigoleit (30 u.), blick-
winkel/McPHOTO (51 u.), akg-images/Andre Held (60 klein), Stefan Sauer (65 u.),
ZB-Fotoreport/Bernd Wüstneck (76), Zentralbild (78), ZB/Bernd Wüstneck (81 u.),
blickwinkel/G. Franz (88 o.), ZB/euroluftbild.de/Hans Blossey (118 klein), Arco Images
GmbH/de Cuveland, J. (162 u.), Holger Hollemann (163 groß), Wolfgang Weihs (163
klein), Hendrik Schmidt (167 klein), K. H. Jacobi/OKAPIA (175 o.), Daniel Kalker
(177), Wolfgang Thieme (189 u.), blickwinkel/S. Meyers (196 o.), Sebastian Willnow
(196 u.), Robert Schlesinger (200), Peter Becker (207 klein), David Ebener (218), Daniel
Karmann (220), Marcus Führer (221 klein), Patrick Seeger (250), Westend61/Holger
Spiering (268), Arco Images GmbH/S. Gatto (271 o.), blickwinkel/A. Hartl (277 u.),
WILDLIFE/M. Varesvuo (306 u.), Arco Images GmbH/W. Rolfes (307 u.), Bernd Jürgens/
Shotshop (313 groß); © Huber Images: Christian Bäck (58 u.), von Dachsberg (70/71);
© laif: Martin Kichner (235 klein); Hella Andreas/www.steinkern.de (14 o.);
Christina Kohnen/Ostfriesische Landschaft (36 u.); Peter Siegmund/Uelzen (47 o.);
www.geoschaetze-holstein-shop.de (50 o.); Gernot Blum (52 u.); Rainer Zelinski (74 o.);
Klaus Steindorf-Sabath/Müritzeum gGmbH (75); Oliver Krato/www.oliverkrato.de
(88 u.); Touristikzentrum Westliches Weserbergland (96); Museum Schloss Fürstenberg (102); Attendorner Tropfstein-höhle/www.atta-hoehle.de (106); Rothaarsteig-
verein e.V./Björn Hänssler (110 klein); Burg Satzvey/Fotograf Mike Göhre (124);
www.hof-steinrausch.de (127 klein); Weltkulturerbe Erzbergwerk Rammelsberg
Goslar GmbH (165 o.); HOLTZHAUS am Fuße der Wachsenburg/Holzhausen
(172 o.); www.fossilien-minera lien.de (214 o.); www.gesundwandern.de (214 u.);
Ralf Gamböck/www.brauerei-spezial.de (221 groß); Touristinformation Freyung (225);
Tourist-Info Furth im Wald/Andreas Mühlbauer (229 groß); Jürgen Sperl
(229 klein); Touristinformation Grafenau (232 groß); Ernst Wrba Foto-Design/
www.wrba.eu (235 groß); Achim Mende (236/237); Stadt Triberg (246 groß);
© Schwarzwald Tourismus (246 klein); Tourist-Information Todtmoos (251 klein);
Gemeinde Sonnenbühl (255 o.); Franz Schiberna (255 u.); Geopark Schwäbische Alb
(257 groß); Urgeschichtliches Museum Blaubeuren (260 groß); © Archiv Boiselle/
Gabriele Boiselle (262/263); Pfahlbaumuseum Unteruhldingen/Mende (273);
Argum/Falk Heller (299 o.)